LAS MEMORIAS DEL ALMIRANTE CERVERA

El oficial de la Armada Española a quien SM Alfonso XII, el Rey de España, y la Regenta María Cristina de Habsburgo-Lorena, su madre, confiaron la última defensa del Imperio Español en América

COLECCION CUBA Y SUS JUECES

DEL MISMO AUTOR:

HISTORIA DE LA QUÍMICA INDUSTRIAL
TOTAL QUALITY AND PRODUCTIVITY MANAGEMENT
PERFORMANCE MANAGEMENT
STRATEGIC PLANNING
MANAGEMENT DEVELOPMENT
PROCESS IMPROVEMENT TEAMS
QUALITY STRATEGIES
GESTIÓN DE FUTURO

CONTRAMAESTRE
BARAGUÁ
POETAS Y MEMORIAS DE CUBA
JIMAGUAYÚ
GUÁIMARO
COLONIAL CUBA
REPUBLICAN CUBA
EXILED CUBA
THREE DAYS IN MARCH
RAÍCES CUBANAS
ÁLBUM DE CUBA
RESCATANDO A MARTÍ
UN FESTÍN DE PALABRAS
DAMN THE REVOLUTION
LAS MEMORIAS DEL ALMIRANTE CERVERA

EDICIONES UNIVERSAL, Miami, Florida, 2018

Dedicatoria

Para Alina y Tomás
López-Gottardi

Arriba, **SM Alfonso XIII,** Rey de España a la edad de 13 años, junto a su madre, **SM María Christina Henriette Desideria Felicitas Rainería de Austria**, viuda de Alfonso XII y Regente de España en 1898.
Debajo, el Almirante de la Marina Española **Pascual Cervera y Topete.**

RAUL EDUARDO CHAO

LAS MEMORIAS
DEL ALMIRANTE CERVERA

El oficial de la Armada Española a quien SM Alfonso XII,
el Rey de España, y la Regenta María Cristina de Habsburgo-
Lorena, su madre, confiaron la última defensa del
Imperio Español en América

Copyright © 2018 por **Raúl Eduardo Chao**.

Primera edición de:

EDICIONES UNIVERSAL
P.O. Box 450353 (Shenandoah Station)
Miami, FL 33245-0353. USA
Tel (305) 642-3234   Fax (305) 642-7978
e-mail: ediciones@ediciones.com
http://www.ediciones.com
Desde 1965

Library of Congress Catalog Card No.: 2017964151
ISBN-10: 1-59388-279-204-7
ISBN-13: 978- 1-59388-294-5

Diseño de la cubierta: Luis García Fresquet

En la cubierta: Batalla de Santiago de Cuba

Todos los derechos
son reservados. Ninguna parte de
este libro puede ser reproducida o transmitida
en ninguna forma o por ningún medio electrónico o mecánico
incluyendo fotocopiadoras, grabadoras o sistemas computarizados
sin el permiso por escrito del autor, excepto en el caso de
breves citas incorporadas en artículos críticos o en
revistas. Para obtener información diríjase a
Ediciones Universal.

Tabla de Contenido

Prólogo	8
Una Breve Introducción	9
Notas e Imágenes Preliminares	19
Una Breve Cronología de la Derrota Española en Santiago de Cuba en 1898	27
Los Antecedentes de la Batalla Naval de Santiago de Cuba	29
Detalles e Imágenes en los Documentos que presenta Cervera en sus Memorias	41
Apéndices	117
Reproducción Digital de las Memorias de Cervera, según publicadas en 1899	135

Prólogo

En los primeros días del año 2001, buscando documentación en una antiquísima librería del Barrio Gótico de Barcelona, tropecé inesperadamente con un viejo libro que contenía las **Memorias del Almirante Cervera**, publicadas en Agosto de 1899, por una imprenta Ferrolana ya desaparecida de nombre *El Correo Gallego*.

La lectura de ese antiguo testimonio, escrito apenas un año después de los sucesos desastrosos que le tocó vivir a Pascual Cervera, me pareció fascinante y tomé la resolución de darlo a conocer a aquellos que se interesan por la historia de España y la historia de Cuba.

Es ahora, más de quince años de estar el libro en mi poder, que lo he reencontrado una vez más y estoy dando lugar en este año a la resolución indebidamente aplazada que tomé en 2001.

Al final de este libro, en su totalidad, el lector encontrará una copia de los documentos y comentarios que forman parte de las Memorias de Cervera. Las he añadido aquí para deleite del estudioso que quiere conocer detalles de lo ocurrido en la Bahía de Santiago de Cuba en las palabras del propio Almirante Cervera, que son mucho más elocuentes e inmediatas de las que yo he hecho el esfuerzo de resumir y presentar.

Los eventos relatados por Cervera marcaron el crepúsculo final del Imperio Español. Al leerlos, uno no puede dejar de sentir la hidalguía, el señorío y la nobleza que siempre ha caracterizado a la raza Española.

1
UNA BREVE INTRODUCCIÓN

La historia que relata Pascual Cervera en sus memorias tiene su origen en los últimos meses de 1897 cuando Práxedes Mateo Sagasta, primer ministro Español, recibió una nota amenazadora del Presidente Norteamericano McKinley en la cual los EEUU señalaban su disposición de reconocer a los insurrectos cubanos si el gobierno Español no tomaba las medidas necesarias para pacificar a Cuba. La nota ofrecía además una ayuda diplomática para lograr un acuerdo entre España y los independentistas Cubanos que garantizase una solución perdurable y beneficiosa tanto para Cuba como para España.

Sagasta satisfizo inmediatamente las demandas de McKinley reemplazando en Abril de 1897 al Capitán General de Cuba, el mallorquín Valeriano Weyler y Nicolau,[1] Marqués de Tenerife (1838-1930), por un militar con fama de contemporizador, dócil, blando y acomodaticio, el santanderino Brigadier Ramón

---

[1] **Valeriano Weyler**, "*el carnicero*," había sido nombrado Capitán General de Cuba en Febrero de 1896, en sustitución del General Martínez Campos, el héroe Español de la Guerra de Independencia Cubana de 1868-1978. No pudiendo controlar el apoyo de la población Cubana durante la Guerra de Independencia Cubana de 1895, Weyler instituyó la política de reconcentración de la población campesina en "*campos de concentración*," donde murieron de hambre y enfermedades varios miles de campesinos. Weyler había llegado a La Habana el 10 de Marzo de 1896 a bordo del Alfonso XIII, recibiendo del gran sector Españolista de la capital Cubana un recibimiento apoteósico.

Blanco Ebenas Riera y Polo,[2] Primer Marqués de Peña Plata (1833-1906).

En ese momento España tenía un ejército de más de 200,000 hombres en Cuba, de los cuales una gran parte estaban debilitados por las enfermedades; muchos de los que estaban en perfecta salud, siguiendo la pomposa estrategia de los militares liberales, permanecía a salvo de todo peligro en sus acuartelamientos.

Al llegar a Cuba, Ramón Blanco y Erenas, concedió amnistía total a los sublevados que entregaran las armas. Más aun, el 26 de Noviembre de 1897, las Cortes Españolas aprobaron las Constituciones que regirían a Cuba y Puerto Rico, en las que España daba plena autonomía a las dos islas y sólo se reservaba la representación exterior y la defensa exterior. Los EEUU aceptaron las medidas del Gobierno de Madrid, pese a la oposición de los independentistas Cubanos, tanto los que pensaban acogerse a la amnistía como los que rechazaban la autonomía aprobada por Madrid.

La discutida y nunca aceptada autonomía entró en vigor en Cuba el primero de Enero de 1898, firmada e instituida en Cuba por el Consejo de Secretarios Español, bajo la Presidencia de José María Gálvez. En realidad, la autonomía no satisfacía a nadie, ni a los conservadores, defensores de la hispanidad de la isla, ni a los militares criollos más beligerantes, ni a los Mambises, que ya sólo aceptaban una solución independentista; no era más que otra patraña política de los liberales, que ya no sabían qué hacer para estabilizar la situación en la *"Joya de la Corona Española, la siempre fiel isla de Cuba."*

Ocurrió en Cuba entonces un fenómeno sin precedentes: Varios oficiales Españoles asaltaron las redacciones de periódicos que simpatizaban con el nuevo *status quo* de la autonomía, cre-

---

[2] **Ramón Blanco** trató infructuosamente de ganarse a las tropas de Máximo Gómez, prometiéndole que Cuba obtendría su autonomía si las tropas Cubanas se unían a las Españolas para derrotar a *"los invasores Norteamericanos, que son de una raza distinta a la nuestra."* Al conocer la inevitable derrota del ejército Español en Cuba, una de las últimas medidas de Blanco al abandonar la isla fue mover los restos de Cristóbal Colón, que se encontraban en la Catedral de La Habana, a la Catedral de Sevilla, el 26 de Septiembre de 1898.

ando un ambiente de inseguridad en la capital de la isla de Cuba. El gobierno de Washington, con el pretexto de una amistosa visita, reaccionó enviando a la Habana al acorazado *Maine* [3], que serviría de garantía a los Norteamericanos residentes en Cuba.

El acorazado Maine era el orgullo de la Armada Americana. Sin embargo, con los rápidos avances de la tecnología de construcción marina, el buque se inauguró con un futuro incierto en la Marina de los EEUU. Carecía por una parte de armas y blindaje para servir en la primera línea de batalla contra acorazados enemigos y, por otra parte, carecía de la velocidad para servir como crucero. Su artillería principal, erróneamente situada en una cubierta de cañones cortada, se inundaba con el mal tiempo. Debido a que los cañones estaban montados hacia los extremos, demasiado lejos de su centro de gravedad, el Maine era propenso a un mayor balanceo con un mar agitado. El cinturón sobre la línea de flotación estaba hecho de acero al níquel, con un espesor máximo de 305 mm, que se reducía paulatinamente hasta los 178 mm en su borde inferior.

El 25 de Enero de 1898, el Maine entró en La Habana sin haber avisado previamente su visita, lo que era contrario a las prácticas diplomáticas de la época. En correspondencia a ese hecho, el gobierno Español envió al crucero Vizcaya al puerto de Nueva York. A pesar de lo sorpresivo e inoportuno de la visita, casi toda la población habanera o ignoró la presencia del Maine o permaneció tranquila y expectante, deseosa de visitar el navío Norteamericano. Tal parecía que el capitán general, Ramón Blanco, controlaba perfectamente la situación e iba a dar paso a las

---

[3] El **Acorazado Maine** había sido comisionado en 1895 y bautizado en honor del Estado de Maine al nordeste de los EEUU. Junto a su gemelo, el **Texas**, fue construido en 1883 como respuesta al acorazado blindado brasileño **Riachuelo** y al incremento de las fuerzas navales de Iberoamérica. La disposición de su armamento principal era similar al del **Ironclad** británico **HMS Inflexible** (1876) y era plenamente comparable al de los buques Italianos de guerra. A pesar de estos adelantos, el **Maine** era un buque obsoleto en el momento de su entrada en servicio. El **Maine** fue conocido en el mundo entero por su catastrófica pérdida en el Puerto de la Habana en la mañana del 15 de Febrero de 1898, en la cual perdieron la vida tres cuartas partes de su tripulación.

acostumbradas ceremonias de bienvenida. Por otra parte, a pesar de que el Maine tuvo un gélido recibimiento por parte de las autoridades españolas, el Capitán General Español Ramón Blanco y el Capitán del Navío, Charles Sigsbee, simpatizaron desde el primer momento, se hicieron amigos y compartieron tragos y anécdotas a bordo del acorazado y en el Palacio de Gobierno.

Sorprendentemente, al filo de las 11:40 PM del 15 de Febrero de 1898, al anochecer de un día frío y de poca faena en la capital de Cuba, hubo una explosión a bordo del Maine en el puerto de La Habana. Investigaciones posteriores revelaron que más de 5 toneladas de las cargas de pólvora de los cañones de 203 y 152 mm. habían detonado, destruyendo un tercio de la parte delantera del buque. Los restos del Maine se hundieron rápidamente y quedaron en el fondo del puerto. La mayor parte de la tripulación se encontraba descansando en los dormitorios de tropa en la parte delantera del buque.

La tripulación del buque constaba de 355 personas: 26 oficiales, 290 marinos, y 39 infantes de marina. De estos, 261 perecieron en su hundimiento en La Habana. El *New York Journal* y el *New York World*, propiedad respectivamente de William Randolph Hearst y Joseph Pulitzer, dieron al hundimiento del Maine una intensa cobertura informativa, pero usaron tácticas que posteriormente serían etiquetadas como "*prensa amarilla*".

Ambos periódicos exageraron y distorsionaron la información, alcanzando a veces la "fabricación de noticias" cuando no había disponible ninguna que se ajustara a su línea editorial. Durante la semana siguiente al hundimiento, el *Journal* dedicó ocho páginas y media a noticias, editoriales e imágenes sobre la tragedia. Sus editores enviaron un equipo de reporteros y artistas a la Habana, incluyendo el famoso escultor Frederic Remington. Hearst anunció una recompensa de $50,000 "*para la condena de los criminales que enviaron a 258 marinos Americanos a la muerte.*"

La destrucción del Maine no provocó la inmediata declaración de guerra a España. Sin embargo, creó una atmósfera que prácticamente impedía una solución pacífica. La guerra Hispano-

Cubano-Americana comenzó en Abril de 1898, dos meses después del hundimiento del acorazado Maine. Los defensores de la guerra comenzaron a utilizar el grito *"¡Recordad el Maine, al infierno con España!"* El episodio centró la atención de la crisis de Cuba, pero no fue utilizado por la administración de William McKinley como *casus belli*, aunque era citado por algunos fanáticos Norteamericanos que ya se inclinaban a entrar en guerra con España más que nada por la percepción de su pérdida de control en Cuba.[4] Eventualmente EEUU acusó a España del hundimiento y declaró un ultimátum en el que se le exigía la retirada de sus tropas y gobierno en Cuba, y comenzó a movilizar voluntarios antes de recibir respuesta. Por su parte, el gobierno Español rechazó cualquier vinculación con el hundimiento del Maine y se negó a plegarse al ultimátum Estadounidense, declarándole la guerra *"en caso de invasión de sus territorios."* Sin ningún aviso, Cuba fue bloqueada por la flota Estadounidense, desde la capital La Habana, frente a Matanzas, Cárdenas y los cayos al norte de Camagüey, alrededor de la bahía de Nipe, hasta las costas de Manzanillo y todo el sur de Oriente.

La intervención de los EEUU en la Guerra de Independencia Cubana de 1895 ya era inevitable y no se hizo esperar. Los EEUU estaban atraídos a la idea de incorporar a Cuba a su territorio desde el gobierno de Thomas Jefferson a principios del siglo XIX. Los principales atractivos eran su fuerte valor económico, agrícola y estratégico, los cuales ya habían provocado numerosas ofertas de compra de la isla por parte de varios Presidentes Estadou-

---

[4] Durante varios años, el **Maine** permaneció hundido en el puerto de la Habana. El 9 de mayo de 1910, el Congreso autorizó fondos para reflotar el Maine y el traslado de los cuerpos de su interior para su entierro en el Cementerio Nacional de Arlington, así como para recuperación y transporte a Arlington del mástil principal. El 16 de Marzo, el Maine fue remolcado a cuatro millas de Cuba por buques Norteamericanos. Fue hundido a 1,100 m.+ de profundidad mientras se disparaban salvas de saludo. Durante el rescate, se encontraron 66 cuerpos, de los cuales sólo uno pudo ser identificado y devuelto a su pueblo natal; el resto fue enterrado en el Cementerio Nacional de Arlington, donde permanecen enterrados 229 de sus tripulantes rodeando una rotonda con el mástil del Maine. Una de sus seis anclas fue llevada a un parque en Reading, Pensilvania. Otros pedazos del acorazado residen en Oakland, California, Bangor, Maine, Canton, Ohio, Marion, Indiana, Tacoma Washington y Pompton Lakes, New Jersey.

nidenses (John Quincy Adams, James Polk, James Buchanan y Ulysses S. Grant). Por largos años el gobierno Español siempre había rechazado esas proposiciones y ofertas formales. Cuba no sólo era una cuestión de prestigio para España, sino que se trataba de uno de sus territorios más ricos; el tráfico comercial de su capital, La Habana, era comparable o mayor al que registraba Barcelona en la misma época. Psicológicamente era el último reducto de un imperio donde por varios siglos no se ponía el sol.

Por otra parte, desde la Revolución de 1868, el incremento de un sentimiento nacional en Cuba había ido ganando adeptos y el nacimiento de una burguesía local criolla se oponía a las limitaciones políticas y comerciales impuestas por España, las cuales no permitían el libre intercambio de productos, fundamentalmente azúcar de caña, café, productos textiles y ganado con los EEUU y otros mercados cercanos.[5]

No todo el mundo en España estaba de acuerdo con pelear hasta el último hombre para mantener a Cuba bajo la bandera Española. Como veremos después, la propia Armada Española determinó que el Acorazado *Pelayo* y el Crucero *Carlos V* no participarían en la defensa de Cuba, a pesar de ser ampliamente superiores a sus contrapartidas Estadounidenses. Varios historiadores Españoles han interpretado eso como evidencia de una "*demolición controlada*" de las colonias ingobernables de Cuba, Puerto Rico y las Filipinas que, por la carga económica y militar que representaban, podían causar el desplome del régimen de la Restau-

---

[5] Por ejemplo, la burguesía textil Catalana había logrado la promulgación de la **Ley de Relaciones Comerciales con las Antillas** (1882) y el **Arancel Cánovas** (1891), que garantizaban el monopolio de los textiles Barceloneses al conseguir gravar los productos textiles Cubanos con aranceles de entre el 40 y 46 %. La promulgación de esas cargas impositivas a la producción textil Cubana asentó la industrialización de la región Catalana durante la década de 1880, anulando sus problemas de competitividad.

ración Borbónica.[6]

El 23 de marzo de 1898 el embajador Norteamericano en Madrid, **Stewart Lyndon Woodford** (1835-1913), durante la entrevista que mantuvo a su llegada a España, planteó a **Pió Gullón e Iglesias** (1835-1917), ministro Español de Ultramar, un ultimátum:

> *«España debe pacificar a Cuba inmediatamente; de lo contrario el Presidente Mckinley consultará al Congreso acerca de la adopción de acciones concretas sobre el asunto. La guerra contra los rebeldes Cubanos debe terminar antes del 1 de Noviembre o en caso contrario los EEUU intervendrían.»*

Como la única solución posible en aquellas circunstancias era simplemente la retirada de las tropas Españolas y el abandono total de Cuba, el Primer Ministro Español Práxedes Mateo Sagasta, interpretó que las palabras de Woodford eran una amenaza inmediata de guerra.

El Gobierno Español trató de encontrar mediadores que tantearan un acuerdo con Washington, pero la importancia y el peso relativo Español en el mundo era ya más que escaso y sus relaciones internacionales habían estado muy descuidadas por largos años. La imprudencia e irreflexión de muchos militaristas fanfarrones, de varias docenas de periodistas engrandecidos y numerosos estrategas aficionados abogaban también por una guerra que "recuperara" el prestigio militar Español; todos ellos paralizaron al Gobierno y lo apremiaron y empujaron a una beligerancia suicida.

---

[6] Se conoce como la **Restauración Borbónica** la etapa política bajo sistema monárquico que se extendió entre finales de 1874 (momento del pronunciamiento del general Arsenio Martínez Campos que dio fin al periodo de la Primera República Española) y el 14 de abril de 1931 (fecha de proclamación de la Segunda República). La Restauración Borbónica se caracterizó por una cierta estabilidad institucional y la construcción de un modelo liberal del Estado surgidos al calor de la Revolución Industrial. Los historiadores señalan como los cuatro pilares de ese período al *Rey*, las *Cortes*, la *Constitución* y los *Turnos, la* alternación pacífica de Conservadores (Cánovas y compañía) y Liberales (Sagasta y sus adeptos) en el gobierno. Por supuesto, el sistema político de *Turnos* dio lugar a la más exacerbada corrupción política en la historia moderna de España.

En la madrugada del 19 de Abril el Senado y la Cámara Norteamericana aprobaron una **Resolución Conjunta según** la cual se anulaba la **Cláusula Foraker**, que reconocía al Gobierno de la República de Cuba en Armas y había sido aprobada por el Senado tres días antes, y declaraba...

> «... que el pueblo de Cuba es y por derecho debe ser libre e independiente... que los Estados Unidos renuncian a toda intención o propósito de ejercer soberanía sobre la isla, excepto para su pacificación, y que, una vez realizada la paz, los EEUU van a dejar el gobierno y dominio de la isla en manos del propio pueblo cubano...»

El efecto de la Resolución era que, una vez proclamada, los EEUU tendría el deber de exigir a España la inmediata renuncia a su gobierno en Cuba y la retirada de sus fuerzas terrestres y navales de las tierras y mares de la isla.

Era una declaración de beligerancia en toda regla. Sagasta presentó la situación a la Reina Regente [7], que le confirmó en el cargo: tenía la autorización para declarar la guerra, lo que sucedió fatídicamente al anochecer del 23 de Abril, aunque según la documentación Norteamericana, la contienda ya habría comenzado el día 21.

Cualquier político o militar de poca monta hubiera podido predecir con exactitud lo que estaba a punto de ocurrir en España una vez que ya el conflicto con Estados Unidos había hecho crisis y se precipitaba a pasos agigantados.

La enorme superioridad relativa de EEUU no daba lugar a dudas. Norteamérica era una potencia emergente que buscaba ocupar el lugar que le correspondía en la historia, con un potencial demográfico, económico, industrial y naval que ridiculizaba al

---

[7] **Maria Christina Désirée Henriette Felicitas Rainiera von Habsburg-Lothringen**, conocida popularmente como «Doña Virtudes» (1858-1929), segunda esposa del rey Alfonso XII y madre de Alfonso XIII. Por nacimiento Archiduquesa de Austria y Princesa de Hungría, Bohemia, Eslavonia, Croacia y Dalmacia. Por vía materna guardaba parentesco con las familias reales Española y Austriaca, puesto que era tataranieta de Carlos III de España y biznieta de Leopoldo II del Sacro Imperio Romano Germánico. Fallecido Alfonso XII, ejerció la regencia durante la minoría de edad de su hijo, el rey Alfonso XIII desde 1885 hasta 1902.

Español. España tenía emplazados en Cuba 220,000 soldados peninsulares. Unos 3,000 adicionales estaban situados en las Filipinas. El Ministerio de la Guerra de España quería aumentar a 60,000 el número de soldados destacados en el Pacífico, aumentando así a 310,000 los soldados Españoles sirviendo fuera de la metrópoli. Era el mayor esfuerzo bélico que una potencia Europea efectuaba más allá de sus fronteras desde la era Napoleónica; peor aún, en este caso las fuerzas beligerantes estaban a miles de kilómetros de la metrópoli.

El desgaste, y el hecho que el gobierno Español mantenía un presupuesto normal de paz, era desconsolador y la guerra, si se precipitaba, parecía ser fulminante. La política Norteamericana se había hecho más exigente con España, desde la toma de posesión del Presidente Mckinley en Marzo de 1898. La aprobación de las Cámaras de una propuesta que reconocía a los insurrectos el derecho de beligerancia, había sido un primer síntoma. Ahora París y Londres confirmaban que España estaba sola ante la crisis, como más tarde demostrarían los acontecimientos.

Desafortunadamente, muchos Españoles pensaban que los Norteamericanos no entendían el arte de la guerra, que su ejército solo sabía combatir contra los indios y, *"si llegaba a un conflicto naval con España, los Americanos apenas serían capaces de maniobrar su flota."* Muy pocos en España estaban conscientes de la realidad del problema. Solo el Almirante **Pascual Cervera y Topete** (1839 -1909), estaba al tanto del desafío desigual de la guerra que se avecinaba. En Marzo de 1896 había escrito:

> «*El conflicto con los EEUU parece conjurado ó al menos aplazado, pero puede resucitar cuando menos, y cada día me confirmo más en que sería una gran calamidad nacional.*»

Por esas declaraciones Cervera fue tachado por unos de cobarde y derrotista y por otros de héroe. Los ignorantes brabucones de la política Española lo detestaban por haber escrito en 1897:

> «*Si nos tenemos que enfrentar con una flota como la Americana del Atlántico, con una escuadra muy superior en buques y en armamento, más que una heroicidad, sería una locura mili-*

tar, un suicidio a toda regla. Como no tenemos apenas escuadra, a donde vayamos tenemos que llevarla toda, porque fraccionarla sería en mi juicio el mayor de los disparates, pero lo peor sería quizá enviarla a las Antillas; dejando indefensas nuestras costas peninsulares y el Archipiélago Filipino.»

El destino lo escogió para abandonar las costas Españolas y dirigirse a Cuba para enfrentarse en desigual combate a la escuadra Norteamericana dirigida por el Almirante Sampson. Sus memorias de lo ocurrido en la bahía de Santiago de Cuba se presentan a continuación. Tras la derrota de Santiago, Cervera fue hecho prisionero tras un procedimiento contra él y sus oficiales supervivientes. Sus defensores solicitaron un suplicatorio por su condición de Senador, lo cual dio como resultado el sobreseimiento de la causa. En la legislatura 1903-1904, Cervera fue designado Senador Vitalicio. Falleció el 3 de Abril de 1909, después de ocupar varios cargos importantes en el gobierno Español. Sus restos descansan en el *Panteón de Marinos Ilustres de San Fernando*. Fue inhumado en el Panteón de Marinos Ilustres el 19 de Junio de 1916. Tras su muerte, el más moderno buque de la Armada Española fue bautizado con el nombre de **Almirante Cervera**.

2
NOTAS E IMÁGENES PRELIMINARES

Práxedes Mariano Mateo Sagasta y Escolar (1825-1903), Ingeniero de Caminos, Canales y Puertos y político español, miembro del Partido Liberal, varias veces Presidente del Consejo de Ministros en el período comprendido entre 1870 y 1902 y famoso por sus dotes retóricas.

William McKinley, 25.º Presidente de los EEUU, (1843-1901). Abogado de Ohio, miembro del Partido Republicano. Murió en un atentado anarquista en la *Exposición Panamericana de Buffalo* en 1901, sucediéndole su vicepresidente Theodore Roosevelt.

Don Valeriano Weyler y Nicolau (1838-1930), Marqués de Tenerife, Duque de Rubí, Grande de España, General y Administrador colonial, Gobernador de Cuba y las Filipinas, famoso por su política de Reconcentración. Cruel pero nunca acomplejado por sus 60 pulgadas de estatura.

Don Ramón Blanco y Erenas (1833-1906), Natural de San Sebastián y miembro del Arma de Infantería, En Octubre de 1897 Sagasta quiso utilizar sus dotes pacificadoras para llevar adelante su tardío plan de autonomía cubana; sustituyó en Cuba a Weyler en Cuba y hubo de enfrentarse a la guerra contra los Estados Unidos y a la capitulación.

El Acorazado Norteamericano Maine, conocido por haber sido obsoleto en el momento que se puso en servicio en 1889 debido a los cambios de los buques de su tipo en tácticas navales y en tecnología. El Maine tenía una eslora máxima de 98.9 m, con una manga de 17.37 m y un calado máximo de 6.9 m, para un desplazamiento de 6,789 toneladas.

La noticia del hundimieto del Maine fue publicada en el *New York Journal* y el Periódico *The World* de New York el Jueves 17 de Febrero de 1898, apenas tres días después del suceso.

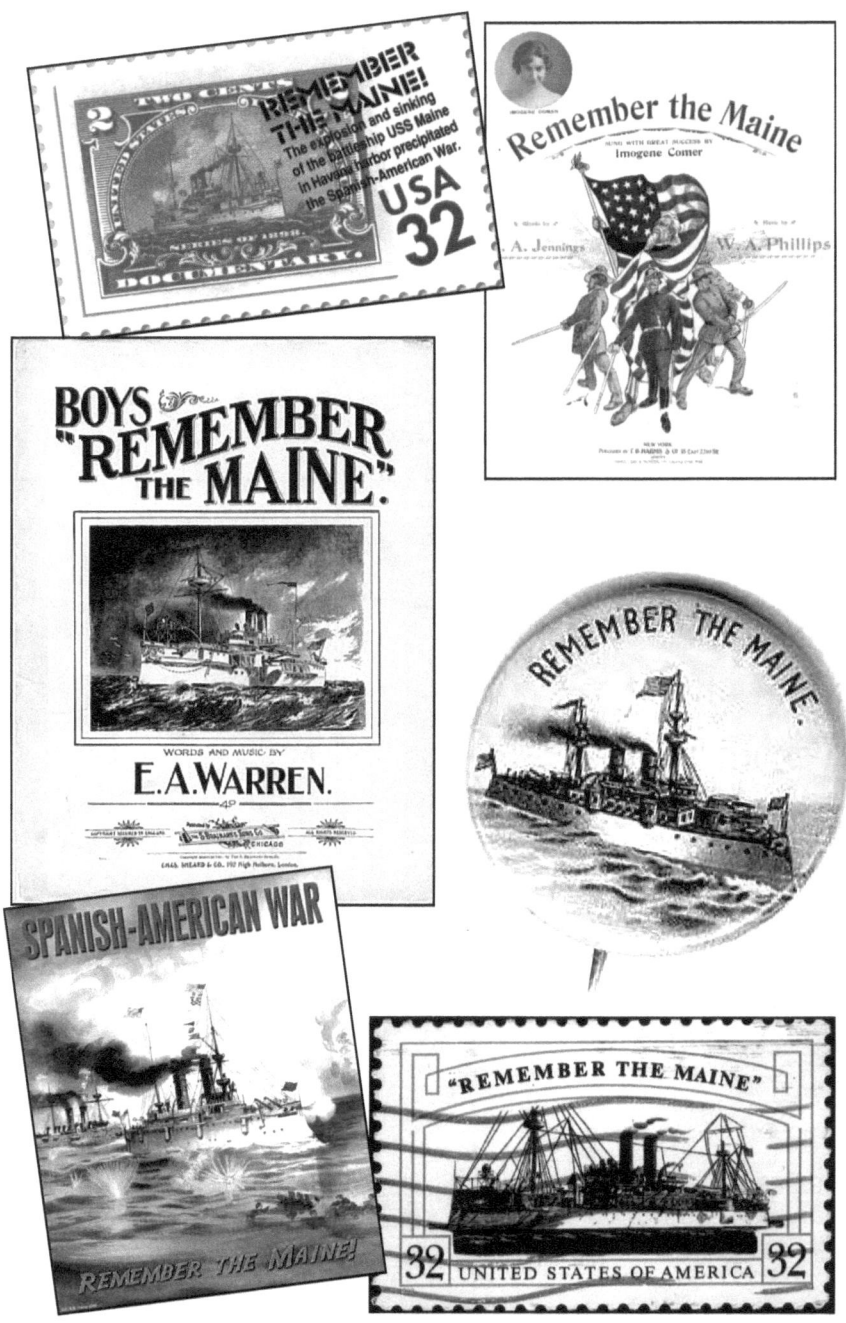

La prensa amarilla de los EEUU grabó en el pueblo Norteamericano una frase imborrable: **REMEMBER THE MAINE !**

Los barcos de guerra que estuvieron a la disposición del Almirante Cervera para defender a Cuba como región autónoma de España.

Crucero Acorazado Cristóbal Colón: Fabricado en Italia. Gracias a la presión Norteamericana sobre el gobierno Italiano, el barco fue entregado a España sin armamento principal. Equipado antes de ir a Cuba con 34 cañones de 152, 120, 57 y 37 mm., 2 ametralladoras y 4 lanzatorpedos. *Eslora:* 100 m. *Manga:* 18.2 m. *Calado:* 7.8 m. *Desplazamiento:* 7,200 toneladas. *Velocidad máxima,* 20 nudos. *Autonomía:* 8,300 millas. *Capacidad:* 1,000 toneladas de carbón. *Tripulación:* 543 hombres.

Crucero Acorazado Infanta María Teresa
Buque Insignia de la Escuadra de Cervera. Equipado antes de ir a Cuba con 30 cañones de 280, 140, 70 y 57 mm., 10 ametralladoras y 8 lanzatorpedos de 365 mm. *Eslora:* 110 m. *Manga:* 20.2 m. *Calado:* 6.6 m. *Desplazamiento:* 6,890 toneladas. *Velocidad máxima,* 20.3 nudos. *Autonomía:* 9,700 millas. *Capacidad:* 1,050 toneladas de carbón. *Tripulación:* 497 hombres.

Cruceros Acorazados Vizcaya y Oquendo
Ambos Cruceros, al igual que el buque insignia Infanta María Teresa, eran de los llamados Acorazados de la Serie Vizcaya. Fueron equipados antes de ir a Cuba de la misma forma que lo fue el Infanta María Teresa y con las mismas dimensiones, alcance y desplazamiento. En principio, como Acorazados, tenían el mismo sistema de protección de las partes vitales (casco, maquinas, calderas, timón y artillería de grueso calibre). En la práctica fueron fácil presa de la artillería Norteamericana. La foto de la izquierda muestra la botadura del Vizcaya según reportada en la revista *Naturaleza, Ciencia e Industria* del año 1891.

Los barcos de guerra que estuvieron a la disposición del Almirante Cervera para defender a Cuba como región autónoma de España.
(Continuación)

Destructores Anti-torpederos Furor y Plutón
Desplazamiento: 380 tons
Dimensiones: 69.8 x 6.8 x 3'0 metros
Propulsión: 4 calderas Normand y 2 máquinas de triple expansión,
Velocidad máxima: 28 nudos   *Tripulación:* 65 hombres   *Coraza:* ninguna
Armamento: 2 cañones semiautomáticos *Nordenfelt* de 75 mm, 2 *Nordenfelt* de 57 mm, 2 ametralladoras *Maxim.*

El **Destructor Terror**, de la misma familia del *Furor* y el *Plutón*, sufrió una avería en sus máquinas, se separó de la escuadra y no participó de la batalla naval en Santiago.

El Escuadrón Español de Cervera incluía además de los Cruceros dos Destructores, el **Plutón** y el **Furor**, cuyas características se detallan arriba. Más importante que el armamento era la pobre condición de los barcos Españoles. Los mecanismos de la recámara de los cañones eran peligrosamente defectuosos, causando atascos. Muchas de las calderas de los barcos necesitaban reparación; todos
necesitaban desesperadamente limpieza de fondo, ya que los tenían llenos de escaramujos; el barco mejor protegido de la flota de Cervera, el **Cristóbal Colón**, como resultado de recortes presupuestarios recientes en Madrid, no tenía ni siquiera su batería principal instalada; en su lugar llevaba falsos cañones de madera. El personal con que contaba Cervera estaba mal entrenado, sin experiencia y con un entrenamiento que enfatizaba el fuego rápido a intervalos regulares en contraste con el fuego más deliberado de los marinos Estadounidenses. Durante muchos años España mantuvo una política naval que favorecía la construcción de naves ligeras y rápidas para patrullar sus lejanas aguas en el Caribe y las Filipinas.

Debajo, el Acorazado **Pelayo** (izquierda) y el Crucero **Carlos V** *(derecha)*, dos barcos de mayor calibre que los que estaban en la flota de Cervera que, sorprendentemente, no vieron acción ni en Cuba ni en las Filipinas.

La Armada Norteamericana que se enfrentó al Almirante Cervera en la Batalla Naval de Santiago de Cuba

Al comenzar la Batalla Naval de Santiago, varias unidades Estadounidenses habían abandonado su posición de bloqueo (el Acorazado **Massachusetts** se encontraba en la bahía de Guantánamo repostando carbón de uno de los barcos de apoyo allí anclados y el Crucero **New York** se había alejado de la línea de bloqueo para recoger al almirante Sampson y transportarlo a la costa a petición del general Shafter). Los barcos Norteamericanos participantes en la Batalla Naval quedaron reducidos a cuatro acorazados modernos (**USS Texas**, similar al Maine, **USS Iowa**, **USS Indiana** y **USS Oregón**, estos dos últimos de la misma clase, dos nuevos Cruceros Acorazados, el **USS Brooklyn** y el **USS New York**, este último habiendo regresado justo a tiempo para participar solamente en el final de la batalla), un Cañonero, el **USS Ericsson** y tres Cruceros Auxiliares, el **USS Gloucester**, el **USS Resolute** y el **USS Vixen**.[8]

Acorazado **USS Texas**, armado con 32 cañones y un cinturón de acero de 12 pulgadas en la línea de flotación, con un desplazamiento de 6,400 toneladas, capaz de navegar a una velocidad de 18 nudos.

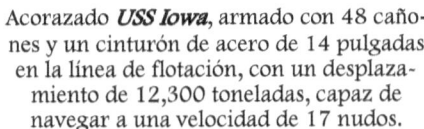

Acorazado **USS Iowa**, armado con 48 cañones y un cinturón de acero de 14 pulgadas en la línea de flotación, con un desplazamiento de 12,300 toneladas, capaz de navegar a una velocidad de 17 nudos.

A la izquierda el Acorazado **USS Indiana**, a la derecha el Acorazado **USS Oregón**, ambos de similar diseño, armados con 52 cañones y cinturones de acero de 18 pulgadas en la línea de flotación, con desplazamientos de 10,300 toneladas, capaces de navegar a una velocidad de 15 nudos.

---

[8] El **USS Gloucester** fue anteriormente el yate de J. P. Morgan conocido como **Corsair**, el **USS Resolute** era un mercante reconvertido, y el **USS Vixen** era un yate armado que había sido propiedad del financiero Peter Arrell Brown Widener.

La Armada Norteamericana que se enfrentó al Almirante Cervera en la Batalla Naval de Santiago de Cuba
(Continuación)

Crucero ligero **USS Brooklyn**, armado con 41 cañones y un cinturón de acero de 6 pulgadas de espesor en la línea de flotación, un desplazamiento de 9,200 toneladas, capaz de navegar a un exceso de 20 nudos de velocidad

Crucero ligero **USS New York**, armado con 33 cañones y un cinturón de acero de 6 pulgadas de espesor en la línea de flotación, un desplazamiento de 8,200 toneladas, capaz de navegar a 20 nudos de velocidad

El Cañonero **USS Erickson**, armado con 7 cañones y un cinturón de acero de 6 pulgadas de espesor en la línea de flotación, un desplazamiento de 120 toneladas, capaz de navegar a un exceso de 24 nudos de velocidad

Tres Cruceros Auxiliares de similar diseño, de izquierda a derecha, el **USS Gloucester**, el **USS Resolute** y el **USS Vixen**, los tres armados con 41 cañones y un cinturón de acero de 6 pulgadas de espesor en la línea de flotación, un desplazamiento de 9,200 toneladas, capaces de navegar a un exceso de 20 nudos de velocidad

3
UNA BREVE CRONOLOGÍA DE LA DERROTA ESPAÑOLA EN SANTIAGO DE CUBA EN 1898

22 de Abril: Comienza el bloqueo naval de Cuba impuesto por Estados Unidos. Los Estados Unidos declaran oficialmente el comienzo de la guerra con carácter retroactivo al día 21.

1 de Mayo: Destrucción de la flota Española en las Filipinas, mandada por el almirante Montojo. Fue destruida con un balance desolador. Las perdidas Españolas fueron 6 viejos Cruceros y 3 Cruceros Acorazados. Las bajas, 167 muertos y 214 heridos; las bajas y pérdidas Norteamericanas no llegaron a la docena de heridos y a ligeros desperfectos en los buques.

1 de Junio: La escuadra Norteamericana bombardea por primera vez la bahía de Santiago; los buques del Almirante Cervera quedan atrapados.

21 de Junio: Desembarco en Daiquirí de Marines Norteamericanos. Comienza la batalla terrestre de Cuba.

3 de Julio: Batalla naval de Santiago. A las nueve de la mañana la escuadra Española salía de la bahía de Santiago a mar abierto. Cuatro horas más tarde todos los barcos –4 Cruceros Acorazados y dos Destructores– habían sido incendiados, hundidos por el fuego Norteamericano o embarrancados por sus comandantes. Las bajas españolas fueron de 323 muertos y 150 heridos; los prisioneros 1,720 hombres, el almirante Cervera entre ellos. La escuadra de los Estados Unidos tan sólo tuvo un muerto. Algo incomprensible, desde el punto de vista militar y de la estrategia llevada a cabo por el Almirante Cervera, de salir de aquella ratonera a plena luz del día, y sin la protección de la artillería de costa que no disparó ni un sólo proyectil para cubrir a la escuadra. Para los Americanos fue un auténtico tiro al blanco.

17 de Julio: La bandera Norteamericana ondea en Santiago de Cuba, cuya capitulación se había producido el día anterior.

18 de Julio: El Duque de Almodóvar del Río, Ministro de Estado, solicita, a través del embajador Español en París, la mediación del gobierno Francés para poner fin a la guerra. El Presidente Mckinley recibe el 26, de manos del embajador de Francia en Washington, el mensaje del gobierno Español solicitando el fin de las hostilidades.

12 de Agosto: Se firma en la capital estadounidense el *Protocolo del Armisticio*, que sirvió de base para la discusión del tratado de paz definitiva, rubricado en París el 10 de Diciembre. España renunció a su soberanía sobre sus territorios en las Antillas y el Pacífico, excepto las islas Carolinas, Marianas y Palaos, que, en Febrero de 1899, serían vendidas a Alemania, por un...

«gobierno débil, liberal y cobarde, que vendió la historia de siglos, de conquista, la forja de un imperio llevada a cabo por valerosos y aventureros en gran medida, que construyeron a base ímpetu y constancia, lo que otros destruyeron en una década,» según el ABC de Madrid.

La derrota se había consumado, pese a la heroicidad de la Escuadra y la tenaz resistencia del ejército en Santiago. España, barrida la flota, no podía seguir las aspiraciones en tierra con posibilidades de éxito. Para la época puede considerarse que el conflicto fue una especie de guerra relámpago -las hostilidades apenas duraron apenas 100 días. A partir de ahí se sentarían, de acuerdo con la estrategia de Mahan, [9] las bases futuras de la política exterior y de seguridad de Estados Unidos.

«Una gran potencia debe apoyar dicha política en una poderosa Marina de Guerra que, capaz de plantear la batalla decisiva lejos de las costas nacionales y garantizar el necesario dominio del mar, le permita proyectar fuerzas terrestres a teatros de operaciones lejanos y asegurar, al mismo tiempo, la alimentación del combate.»

---

[9] **Alfred Thayer Mahan** nació en West Point en 1840. Se graduó en la *Escuela Naval de Annapolis* 19 años después y sirvió durante la Guerra Civil Americana en el bando Unionista. En 1883 fue nombrado Profesor de Estrategia de la *Escuela de Guerra Naval*, comenzando a desarrollar su doctrina a partir de entonces. Escribió 20 libros y alrededor de 165 artículos en diferentes revistas de la época. Entre su vasta obra destacan: *"Influencia del Poder Naval en la Historia"* (1890) y *"Estratega Naval"* (1911). Fue llamado al *Consejo de Guerra Naval* durante la *Guerra Hispano-Cubano-Norteamericana*. Murió en 1914.

4
LOS ANTECEDENTES DE LA BATALLA NAVAL DE SANTIAGO DE CUBA

A comienzos de 1898, un mes antes del incidente del Maine en el puerto de La Habana, los EEUU ordenaron a su flota del Pacífico que se dirigiera a Hong Kong e hiciera allí ejercicios de tiro hasta que recibiera la orden de dirigirse a las Filipinas y a la Isla de Guam. Ya en Octubre de 1897, ante el impasse de la confrontación de las tropas Españolas y los Mambises Cubanos,[10] los EEUU habían decretado un bloqueo naval a la isla de Cuba sin que mediara declaración de guerra alguna.

El 15 de febrero explotó en el puerto de La Habana el acorazado Norteamericano **Maine**, que se encontraba en Cuba en una visita no anunciada previamente. Las causas de la explosión fueron objeto de argumentación y de dos indagaciones separadas, llevadas a cabo por los gobiernos de España y de los EEUU. La explosión había ocurrido cuando la mayor parte de los oficiales del Maine se encontraban en tierra en una fiesta ofrecida por los Españoles, causando la muerte de 254 marinos y dos oficiales. Los EEUU acusaron a España de la explosión y de inmediato declararon la guerra con efectos retroactivos al comienzo del bloqueo. Rápidamente las tropas Norteamericanas arribaron en los alrededores de Santiago de Cuba.

El 1 de Mayo, en el Pacífico, la flota de los EEUU, después de un corto entrenamiento, se enfrentó en batalla naval a la flota Española de Filipinas. En España muy pocos creían que un país como EEUU, que

---

[10] Las tropas Españolas controlaban ciudades y grandes poblados, las tropas independentistas Cubanas controlaban todo el territorio en los alrededores de las ciudades y pueblos en un conflicto que había comenzado en 1895. Para preocupación de España la **producción y exportación agrícola de Cuba se había mermado** extraordinariamente y el servicio interno de correos estaba totalmente controlado por los Cubanos.

nunca había librado una guerra fuera de sus fronteras, pudiese atacar y derrotar a la Armada Española, en otros tiempos considerada una de las mejores del mundo.[11]

Ante el ataque de los EEUU en las Filipinas y el inminente ataque a Cuba, el Ministerio de Marina Español organizó un arriesgado plan para tratar de revertir el curso de la guerra: golpear al enemigo en su propio territorio, enviando una flota Española a bombardear la costa este de los EEUU.[12] La operación fue bautizada como *El Contragolpe Español;* de su dirección se encargó el Almirante Manuel de la Cámara Livemoore.

La misión era sumamente complicada y a ella se destinaron las mejores unidades disponibles de la Armada Española.[13] Tendrían que atravesar las aguas del Atlántico y adentrarse en los dominios del coloso Americano para "*buscarle las cosquillas en sus propias barbas*," según palabras de Cánovas. Se esperaba que Washington replegara sus fuerzas, aliviando la presión sobre Cuba y Filipinas. La idea no era descabellada e inclusive contemplaba un bombardeo naval a Cayo Hueso, la base desde donde las tropas Americanas se reabastecerían si se los EEUU atacaban las costas Cubanas. Los planes, sin embargo, no pudieron mantenerse en secreto. Los EEUU conocieron los propósitos del Estado Mayor español y el Gobierno Norteamericano ordenó que dejaran en penumbras las ciudades de la costa este para dificultar el temido ataque Español. El miedo se apoderó de muchos Estadounidenses.

---

[11] Los EEUU tenían la experiencia militar reciente de la **Guerra de Secesión**, en donde se dieron varias batallas navales en las que jugó un buen papel la joven Armada Norteamericana.

[12] Cuba y Filipinas no eran simplemente propiedades de España, eran parte sustancial de la nación Española. Lo había expresado el presidente del Gobierno, Antonio Cánovas del Castillo, en el Congreso cuando anunció que, en Cuba, España se dejaría «***hasta el último hombre, hasta la última peseta.***» Un año antes Cánovas había estremecido el orgullo Español declarando, «*Si, desgraciadamente, un día el pueblo español creyere que la empresa redentora militar era superior a su conveniencia, yo habría dejado de ser hombre político para siempre jamás acabando aquel día, probablemente, también mi vida personal.*»

[13] Los Destructores de la «***Clase Furor***», veloces y bien artillados: los buques «***Audaz***», «***Osado***» y «***Proserpina***», que prestarían escolta a los Cruceros Auxiliares «***Patriota***» y «***Meteoro***» y el Crucero «***Carlos V***». Pero la estrella de la flota era el poderoso Acorazado «***Pelayo***», principal motivo para la preocupación de los mandos militares Norteamericanos. El «***Pelayo***» y el «***Carlos V***» superaban por sí solos en potencia de fuego y tonelaje a toda la escuadra con la que Dewey estaba combatiendo en las Filipinas.

Desafortunadamente para España, la Gran Bretaña comenzó a presentar presiones y trabas ya que no deseaba que la contienda se extendiera al Atlántico y entorpeciera la navegación comercial. Todos los puertos bajo control o influencia Inglesa se negaron a abastecer de carbón a los barcos Españoles. Simultáneamente la situación en Manila y Cavite comenzó a hacer crisis ante la presencia del Almirante Dewey, que se adelantó en sus ataques para decimar las defensas Españolas antes de que llegara al escenario Filipino un buque como el **Pelayo**, superior a todos los que Dewey tenía a su disposición.[14] El resultado fue tan inesperado para España como para los Norteamericanos: a pesar de la creencia generalizada sobre la supuesta superioridad naval de la Escuadra Española de Filipinas, bajo la dirección del Almirante Español Mauricio Montojo y Pasarón, esta fue totalmente destruida en el llamado *Desastre de Cavite*.

El 29 de Abril de 1898 dos Escuadras de los EEUU zarparon con destino a Cuba. En conjunto, ambas flotas eran claramente superiores militarmente a la Española, sin embargo, tenían la prohibición de enfrentarse por separado a los barcos o posesiones Españolas. Pese a los alardes lanzados por la prensa Española y el ánimo exaltado de los políticos Españoles, que unánimemente esperaban una abrumadora victoria militar frente a los Americanos, los oficiales y marinos Españoles estaban enteramente conscientes de que se enfrentarían a un enemigo claramente superior, con el consiguiente sacrificio inútil de las fuerzas navales Españolas, tanto equipos como hombres, particularmente las vidas de cientos de fieles tripulaciones. Antes de zarpar, Cervera escribió una carta a su hermano en la que, entre otras cosas, le decía:

«*Vamos a un sacrificio tan estéril como inútil; y si en él muero, como parece seguro, cuida de mi mujer y de mis hijos*».

A principios de Mayo, a su llegada a Cuba, la flota Española permaneció atracada en el puerto de Santiago evitando un combate en mar abierto contra la flota Estadounidenses del Almirante Sampson. Santia-

---

[14] Aun después de descartado **El Contragolpe Español**, la soledad diplomática Española impidió que el **Pelayo** pudiera llegar a tiempo al teatro de operaciones en las Filipinas. Meses después el diputado Español Francisco Romero Robledo declaraba en las Cortes: «*Las escuadras son para combatir. ¿Para qué nos sirven esas máquinas infernales que tantos sacrificios han costado al país? No hemos podido ni siquiera dar un contragolpe. Lo único que la historia nos tiene deparado es el desastre.*» Desafortunadamente para España, entre las vacilaciones y los planes descartados, el **Pelayo**, el más formidable de los Acorazados Españoles y su más importante baluarte, no vio acción ni en Cuba ni en las Filipinas.

go era un lugar aparentemente seguro, pues a los EEUU le resultaba casi imposible entrar en un puerto con un canal tan estrecho de acceso. Cervera, por otra parte, bien sabía que desde las profundidades del puerto de Santiago poco podría hacer para enfrentar a Sampson y que a su escuadra le resultaría muy difícil salir de esa ratonera si la Escuadra Estadounidense establecía un bloqueo.

Ya dentro de su seguro resguardo Cervera reabasteció sus buques de carbón -la razón por la cual se refugió en Santiago en lugar de marchar directo a La Habana- y comenzó a contar los días de Mayo en que el inicio de las maniobras de guerra naval estaba en manos Norteamericanas. La Escuadra Estadounidense arribó el 19 de mayo a la entrada del puerto de Santiago de Cuba e inmediatamente estableció el temido bloqueo.

La escuadra de Sampson fue vista por Cervera el mismo 19 de Mayo a la entrada del puerto de Santiago de Cuba. El 25 de mayo, Cervera envió un telegrama al ministro de Marina en estos términos:

> «*Estamos bloqueados. Califiqué de desastrosa la venida para los intereses de la Patria. Los hechos empiezan a darme la razón. Con la desproporción de fuerzas, es imposible ninguna acción eficaz. Tenemos víveres para un mes*».

Comenzaron entonces todo tipo de presiones para que Cervera presentara batalla a la Escuadra Estadounidense del Almirante Sampson. Sin embargo, Cervera se resistía a salir de la seguridad del puerto. La flota Estadounidense permanecía fuera del puerto esperando la salida de los buques Españoles; por las noches siempre había dos buques Estadounidenses vigilando e iluminando con sus reflectores la boca de entrada al puerto sin que las baterías de la costa pudiesen molestarlos. Compartiendo la incertidumbre de la espera, junto a Cervera, estaba el Capitán de Navío Fernando Villaamil, jefe de la escuadra de Destructores de la Armada de Cervera.

Villaamil era considerado un auténtico especialista en el diseño de Destructores; de hecho, había diseñado el **Plutón**, el **Terror** y el **Furor**. Durante los meses en que se consideraba *El Contragolpe Español*, había propuesto realizar incursiones rápidas con sus ágiles y veloces destructores, atacando puertos de la costa este de Estados Unidos (Nueva Orleans, Cayo Hueso, Charleston, Nueva York y Boston) para forzar así a gran parte de la Escuadra Estadounidense a volver para defender sus propias costas. De este modo, se hubieran podido equiparar las fuerzas navales de ambos contendientes en Cuba. Entre otras cosas Villaamil sabía que el puerto de Nueva York carecía prácticamente de defensas militares. De una u otra forma, estos planes no fueron ejecutados, tal vez por la oposición del almirante Cervera, que optó por que todos los buques permaneciesen en alta mar o en las costas Españolas.

Nunca se ha sabido -y Cervera no lo aclara en sus Memorias- por qué la Marina Española descartó todas las posibilidades de enfrentarse al enemigo. El jefe de Estado Mayor de la Escuadra de Cervera, el Capitán de Navío Joaquín Bustamante, propuso al Almirante una salida nocturna escalonada para evitar la pérdida total de la Escuadra, pero al igual que la propuesta de Villaamil, la idea fue desestimada por Cervera. No fue sino hasta el 3 de Julio de 1898, fecha en que tuvo lugar el combate naval, que la Escuadra Española trató de colaborar con el Ejército de Tierra defendiendo Santiago. Hubo un intenso cruce de telegramas entre Santiago, La Habana y Madrid acerca de cómo proceder en vista del desarrollo de las operaciones militares en tierra y el bloqueo naval por la Escuadra del Almirante Sampson. La decisión final, obedeciendo órdenes superiores, fue enteramente del Almirante Cervera. Cervera, convencido de su inferioridad, decidió salir a primeras horas del 3 de Julio, navegando hacia el Oeste, pegado a la costa, para salvar el mayor número de vidas posibles.

Capitán de Navío **Joaquín Bustamante y Quevedo**, Jefe de Estado Mayor de la Escuadra de Cervera, inventor de las **Minas Bustamante** utilizadas por España en la Bahía de Santiago de Cuba en 1898. Fotos tomadas de la revista *El Mundo Naval Ilustrado*, año 1898.

La decisión del Almirante de partir para el combate con luz diurna se fundamentó en su preocupación por la seguridad de sus barcos.[15] Esta decisión era, militarmente hablando, la peor de todas las estrategias, pues probablemente una salida nocturna o en un día de mal tiempo hubiese evitado la destrucción total de la flota. Por otra parte, la estrechez del canal de salida del puerto obligó a los barcos a navegar en fila, uno tras otro. Una adicional falta de estrategia de Cervera fue la de disponer una gran distancia entre un barco y el siguiente, dando tiempo al Comodoro Schley a reponerse del fuego y prepararse para el siguiente navío Español.[16]

En Madrid, los políticos optaron por no enfrentarse a una población que había sido convencida del triunfo por una prensa irresponsable y sensacionalista. No hubiera sido políticamente correcto que el ejército no actuara ante un ataque contra el territorio nacional. [17] Cervera se limitó a obedecer las órdenes supe-

---

[15] La batalla en tierra firme en los alrededores de Santiago de Cuba no iba muy bien para las tropas Americanas del General Shafter. En la **Batalla de las Guásimas**, al norte de la ciudad, Shafter fue derrotado por las tropas Españolas del *IV Cuerpo de Ejército* a las órdenes del General Español Arsenio Linares. España tenía en Cuba un ejército de 155,330 soldados, de los cuales 36,580 estaban en la provincia de Oriente y 9,400 estaban situados rodeando a Santiago de Cuba. Los Mambises Cubanos poseían un ejército de 53,800 hombres, de los cuales 29,450 estaban en Oriente y alrededor de 13,400 estaban en los alrededores de Santiago. El ejército Norteamericano, con un gran total de 274,700 hombres había destacado 18,200 al mando del General Shafter para la batalla terrestre en Santiago. El día 1 de Julio Shafter organizó a su ejército para asediar la ciudad desde las lomas de San Juan y El Caney, tomar Santiago y atacar desde la ciudad la Armada de Cervera en el puerto. Cervera presumiblemente dio órdenes a su flota de salir a mar abierto el 3 de Julio ante el temor de ser atacado desde tierra. Esa decisión, sumada con las órdenes del Capitán General Español Blanco, son las razones que España ofreció para justificar la increíble decisión de salir del puerto a enfrentarse a las naves Americanas.

[16] **Winfield Scott Schley** (1839-1911), a cargo del **USS Brooklyn**, fue en realidad el jefe naval que derrotó la escuadra Española en Santiago. En el momento de la salida de la flota de Cervera el Almirante Sampson se encontraba todavía en tierra y solo estuvo presente al final de la batalla. Sampson había decidido utilizar el **USS New York** para desplazarse a su entrevista con Shafter, en vez de utilizar una lancha auxiliar en esa calmada mañana. Esto privó a la flota estadounidense durante casi toda la batalla de uno de sus dos buques más rápidos.

[17] Recuérdese que **Cuba no era considerada una colonia**, sino una provincia más de España; tanto legalmente como de hecho, sin embargo, la isla era administrada como una colonia.

riores a regañadientes, dando por perdida la batalla antes de que comenzara.

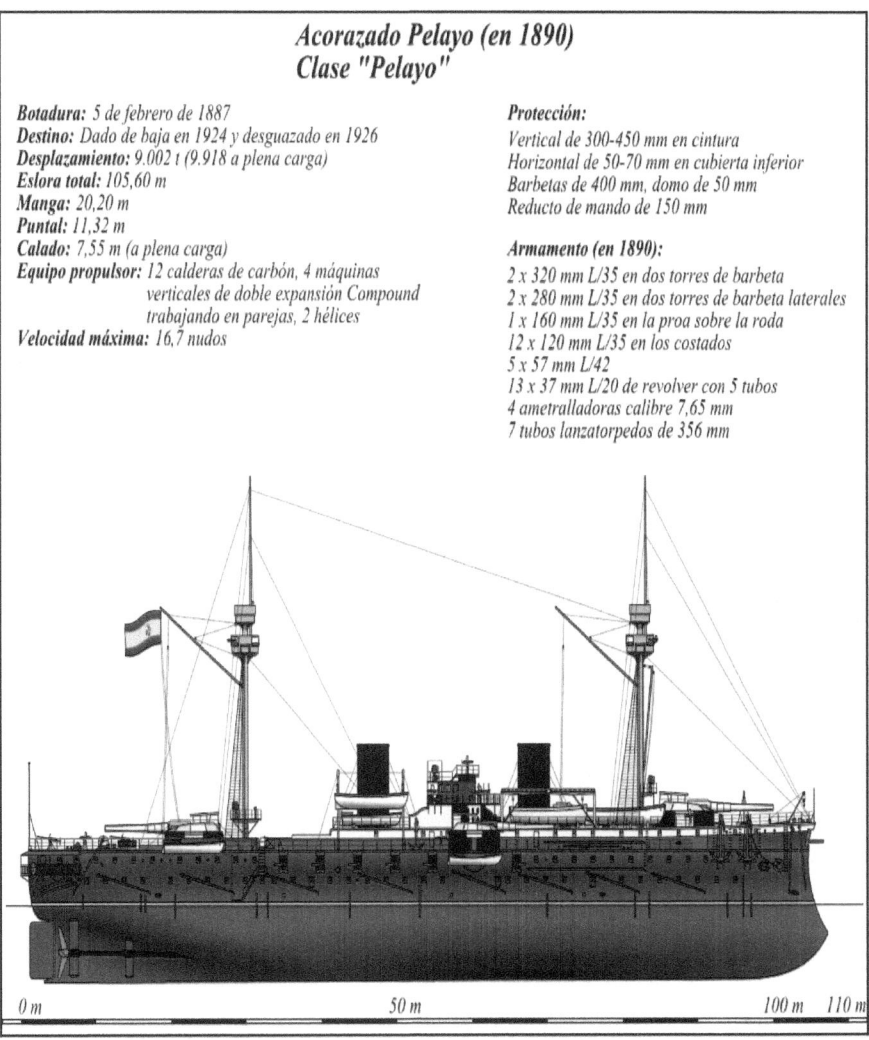

Acorazado Pelayo (en 1890)
Clase "Pelayo"

Botadura: 5 de febrero de 1887
Destino: Dado de baja en 1924 y desguazado en 1926
Desplazamiento: 9.002 t (9.918 a plena carga)
Eslora total: 105,60 m
Manga: 20,20 m
Puntal: 11,32 m
Calado: 7,55 m (a plena carga)
Equipo propulsor: 12 calderas de carbón, 4 máquinas verticales de doble expansión Compound trabajando en parejas, 2 hélices
Velocidad máxima: 16,7 nudos

Protección:
Vertical de 300-450 mm en cintura
Horizontal de 50-70 mm en cubierta inferior
Barbetas de 400 mm, domo de 50 mm
Reducto de mando de 150 mm

Armamento (en 1890):
2 x 320 mm L/35 en dos torres de barbeta
2 x 280 mm L/35 en dos torres de barbeta laterales
1 x 160 mm L/35 en la proa sobre la roda
12 x 120 mm L/35 en los costados
5 x 57 mm L/42
13 x 37 mm L/20 de revolver con 5 tubos
4 ametralladoras calibre 7,65 mm
7 tubos lanzatorpedos de 356 mm

Mejor armado, más veloz y de mayor tonelaje que cualquier buque de las escuadras Norteamericanas en 1898, el **Acorazado Español Pelayo**, por errores tácticos, confusiones e indecisiones, no participó en las batallas de Manila o Santiago de Cuba. Su único rol militar fue en 1911 durante la Guerra del Rif en 1911. Después fue dedicado exclusivamente a funciones de entrenamiento. En 1924 fue subastado, adquirido por un rastro Holandés y desguazado en Roterdam en Abril de 1926.

El recorrido del fallido **Contragolpe Español** ideado por el Almirante Manuel de la Cámara en 1898 para asediar la costa Este de los EEUU desde Charleston, Virginia hasta Halifax, Canadá, entreteniendo así la escuadra Norteamericana y evitando que atacara las posesiones Españolas en Cuba.

Almirante Manuel de la Cámara (1835-1920), arquitecto del plan del *Contragolpe Español* que nunca se llevó a cabo en 1898.

Comodoro George Dewey, (1837-1917), oficial Estadounidense, célebre por comandar la flota Norteamericana que derrotó a la Española en la bahía de Manila, derrotando por completo a los buques Españoles del Almirante *Patricio Montojo* sin apenas sufrir bajas

Contralmirante Patricio Montojo y Pasarón, (1839-1917), oficial Español derrotado en Manila; cuenta la leyenda que, al ver la inminencia del fracaso en la batalla, mandó a quemar y hundir el resto de las naves que aún se encontraban a flote para impedir que fueran tomadas por los americanos, motivo por el cual en Marzo de 1899 fue juzgado, encarcelado y luego absuelto por los tribunales Españoles. Las familias de Dewey y Montojo han mantenido un trato amistoso por más de un siglo.

Capitán de Navío **Fernando Villaamil Fernández y Cueto** *(1845-1898)*, marino militar Español, famoso por su profesionalismo y rigor, por ser el diseñador del primer destructor de la historia y por su heroica muerte en la batalla naval de Santiago de Cuba, en el *Desastre de 1898*. Capitán de Navío era la categoría inmediatamente debajo de la de Contralmirante. Villaamil fue el oficial Español de más graduación muerto en Santiago; su cadáver nunca fue recuperado.

Destruida la flota Española en las Filipinas a principios de Mayo de 1898 y bombardeada Santiago de Cuba por primera vez por la escuadra Norteamericana, los Marines desembarcaron en Daiquirí. Al dirigirse hacia Santiago por tierra se enfrentaron en la **Batalla de Las Guásimas** a las tropas Españolas; fue el primer verdadero choque de armas de la guerra Hispano-Cubano-Americana. Una sangrienta escaramuza indecisa que terminó marginalmente en favor de las tropas Españolas el 24 de Junio de 1898. Unas semanas después ocurrió la Batalla Naval de Santiago.

Arsenio Linares y Pombo (1848-1914), el militar y funcionario del gobierno español que organizó la defensa de Santiago de Cuba durante la batalla terrestre. Linares fracasó en el intento de reforzar sus posiciones al mantener a cerca de 10,000 soldados de reserva españoles en la ciudad de Santiago. Años después, en 1909, su convocatoria a filas de las tropas de Cataluña para enviarlas a Marruecos fue la causante de la S*emana Trágica de Barcelona*. Murió en Madrid en 1914.

Una caricatura de 1898 en la prensa Española mostrando al Almirante Norteamericano **Schley** burlándose de **Cervera** "embotellado."

LAS MEMORIAS DEL ALMIRANTE CERVERA

La bahía de Santiago de Cuba. *En la parte inferior* de la foto, se ve la estrecha entrada, custodiada por las fortalezas del Morro y la Socapa. En semicírculo en las aguas fuera de la entrada a la bahía se situó la escuadra del Almirante Schley. *En la parte superior* la ciudad de Santiago de Cuba, frente a la cual se situó la escuadra del Almirante Cervera.

ADMIRAL CERVERA AND HIS PRINCIPAL OFFICERS

1. Lieut.-Commander Carlier, "Furor."
2. Commodore Paredes "Colon."
3. Admiral Cervera, "Teresa."
5. Captain Eulate, "Viscaya."
13. Lieut.-Com. Aznar, "Teresa."
12. Lieut.-Com. Marina, "Colon."
10. Lieut. Cervera, "Teresa."
4. Commander Roldan, "Viscaya."
7. Lieut.-Com. Vazquez, "Pluton."
Lieut.-Com. MacCrohon, "Teresa."
11. Lieut. F. Gomez Imaz, "Teresa."
Lieut.-Com. Quiroga, "Viscaya."
8. Lieut.-Com. C. Gonzalez Llanos, "Colon."

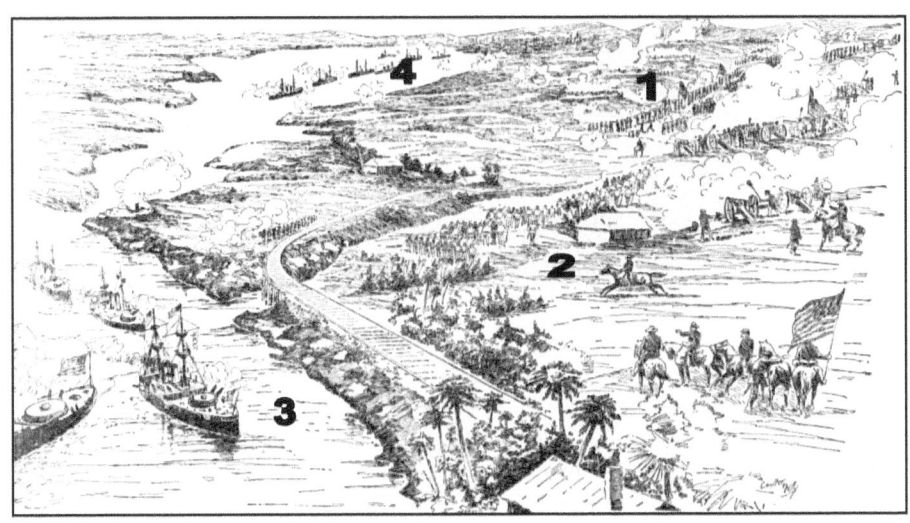

Un grabado publicado por *The World* en New York que muestra las acciones en tierra: **-1-** *a la derecha* el General Lawton atacando El Caney; **-2-** *al centro* el General Kent moviéndose hacia *Aguadores;* **-3-** *debajo al centro*, la flota del **Almirante Schley** atacando el *Morro* a la entrada de la bahía de Santiago; **-4-** *arriba al centro,* la flota Española, inactiva, frente a la ciudad de Santiago de Cuba.

William Rufus Shafter (1835-1906), a la derecha, fue un veterano de la Guerra Civil Estadounidense que entró en servicio durante la guerra Hispano-Cubano-Americana en 1898. Cuando él y sus hombres llegaron a Daiquirí y más tarde a Siboney, después de un desembarco muy desorganizado, Shafter recibió órdenes de dirigir la captura de Santiago por tierra. El 1 de Julio sus tropas se enfrentaron a los Españoles en *El Caney* y *San Juan Hill*. Inesperadamente, los Españoles presentaron una resistencia formidable en un sangriento y largo encuentro. Si **Shafter** hubiera atacado nuevamente al día siguiente, habría tomado a Santiago; en cambio, enfermo de gota e incapaz de montar a caballo, esperó con gran calma hasta que Santiago se rindiera. Algunos de sus subordinados expresaron sus quejas contra **Shafter** en la prensa cuando revelaron que no había podido dirigir a las tropas en la batalla de Santiago. Sin embargo, se convirtió en el héroe del ejército terrestre que fue victorioso en la batalla de Santiago de Cuba.

5
DETALLES E IMÁGENES EN LOS DOCUMENTOS QUE PRESENTA CERVERA EN SUS MEMORIAS

Mucha de la correspondencia que Cervera incluye en sus memorias, comenzando en Noviembre de 1897, estuvo dirigida al Almirante Segismundo Bermejo, cuyo perfil se ofrece a continuación:

El *Almirante Segismundo Bermejo y Merelo* (1832-1899), fue un oficial naval Español que se desempeñó como jefe de personal de la Marina española y Ministro de Marina durante la *Guerra Hispano-Cubano-Americana*. Bermejo había creado la primera división de barcos torpederos (más tarde rebautizados como *Destructores*) en la Armada Española y se desempeñó como Jefe de Estado Mayor Naval y Ministro de Marina a partir de 1897. Cuando las tensiones entre los Estados Unidos y España se intensificaron durante la primavera de 1898, Bermejo confiaba en que la Armada Española era capaz de derrotar a la Marina de los EE. UU. Como es‑  trategia de guerra para España, Bermejo propuso un bloqueo de la costa este de Estados Unidos y un ataque contra Key West, Florida. El entonces Contraalmirante Cervera, fiel amigo suyo, señaló lo absurdo de tal plan, afirmando que España no tenía la capacidad de llevarlo a cabo y que la flota Estadounidense era mucho más formidable que la suya. Una vez abandonada esa estrategia, Bermejo ordenó a Cervera ir a La Habana al mando de un escuadrón de cuatro Cruceros y tres Destructores en Mayo de 1898 para ayudar a sofocar el auge de los independentistas Cubanos. Al mismo tiempo ordenó al Contralmirante Patricio Montojo a trasladarse con su flota a Manila para mantener orden en el archipiélago Filipino. A principios de Mayo, cuando el Escuadrón del Pacífico bajo Montojo fue derrotado en la Batalla de la Bahía de Manila, Bermejo modificó la estrategia para Cuba y le dio a Cervera, por entonces en el Mar Caribe, órdenes de regresar a España. En ese momento, el Escuadrón de Cervera no tenía suficiente carbón para realizar el viaje de regreso y decidió buscar refugio en Santiago de Cuba. Tras los desastres en Manila y en Santiago Bermejo se vio obligado a renunciar como Ministro Naval; murió en Madrid un año después.

Ya desde 1897 puede observarse en la correspondencia de Cervera a Bermejo las preocupaciones de Cervera sobre la falta de personal capacitado, el estado crítico de los barcos Españoles, las tardanzas en dotar a los jefes de navíos del dinero en efectivo que necesitaban para la travesía, las dificultades que presentaban ciertas piezas de artillería disfuncionales [18] y la escasez de importantes abastecimientos militares, sobre todo carbón y los *"casquillos"* para cañones navales.[19] De igual forma, debido a la situación económica en España y a los retrasos debidos a excesivas burocracias administrativas, Cervera señaló la necesidad de...

Varios casquillos usados para cañones navales como los que Cervera trató de declarar "no reusables."

> «...dejar asignaciones a las familias para no condenar a que tengan hambre quinientas o seiscientas, lo que puede ser un mal hasta para la disciplina y... que se nos consigne dinero en La Habana para poder vivir nosotros, porque, si haciendo la cuenta que hemos cobrado Enero se pretende nivelarnos, pereceremos miserablemente.»

Adicionalmente Cervera sugirió canibalizar otros barcos de la Marina Española que habrían de quedar en tierra (el *Lepanto* y el *Alfonso*, por ejemplo) para poder completar la dotación de sus barcos al partir hacia Cuba.

Nuevas figuras hacen presencia en las Memorias de Cervera, su primo Juan Spottorno, el ingeniero Ginés Moncada y Ferro y el abogado Antonio Martí y Pagán, a los cuales Cervera describe su preocupación por el estado de las cosas en la Marina Española. En su carta a Spottorno le reitera...

> «...el triste desengaño que nos prepara la torpeza de unos, la concupiscencia de muchos y la impotencia de todos... la patriotería se ceba en el que elige por víctima, que quién sabe si mañana seré yo...»

En esa carta misma carta Cervera hace referencia al Crucero Español **Cataluña**, una nave fabricada enteramente en España...

> «... con más de ocho años de empezado y aun no tiene ni la obra viva.» [20]

---

[18] Particularmente importantes eran los **cañones González Hontoria** de 325 y 313 mm que estaban destinados a colocarse en la proa y la popa junto con cañones de repetición de 140 mm sobre la cubierta superior detrás de pantallas protectoras.

[19] Los **casquillos**, generalmente fabricados con latón, son hasta cierto punto reusables, dependiendo del daño que hayan sufrido cuando son utilizados al disparar los enormes proyectiles de los cañones navales. Son esenciales para la artillería y normalmente de alto costo por lo estricto de sus materiales y especificaciones dimensionales.

[20] El **Cataluña**, al igual que el **Cardenal Cisneros** y el **Princesa de Asturias**, los tres Cruceros de la familia del **Vizcaya**, se retrasaron tanto que no llegaron a participar en los conflictos de 1898 y fueron recibidos por la Armada entre 1902 y 1908.

El Ingeniero Moncada y el Abogado Martí aparecen en las Memorias de Cervera (página 14) como testigos de haber recibido una serie de documentos de los archivos de Cervera entre los cuales figura una carta de Cervera a Spottorno fechada "*hará dos a tres años*," enviada desde Cádiz, en la cual Cervera le confiaba a su primo que...

> «...*veía venir por culpa de todo el país un desastre marítimo en el que se le acusaría al Almirante que mandase la Escuadra y que lo que se temía era que probablemente él (Cervera) sería la persona acusada, así como se acusó a este Almirante Italiano del fracaso de su Escuadra que se debía a toda Italia.*»

A la izquierda **Juan Spottorno Bienert**, primo de Cervera, al cual él le confió sus reservas sobre los preparativos de España para la guerra dos años antes del estallido del conflicto. A la derecha, el **Crucero Cataluña**, cuya construcción en los astilleros de Bilbao, de lo cual se quejó Cervera, tomó casi 15 años.

En las páginas subsiguientes Cervera planteó otras preocupaciones y peticiones a Bermejo.

> «*Aun no hemos cobrado las consignaciones (sueldos) de Enero y como los suspensos de la Escuadra son tan pequeños, para que saliera el Vizcaya fue necesario meterle mano a fondos particulares.*[21] *En cambio el Departamento ya ha cobrado la mensualidad de Febrero.*[22] *Preciso es mantener en* [la escuadra] *el buen espíritu existente... En la Marina no hay ricos, en cambio hay muchas clases de Contramaestres, Condestables, Maquinistas, Maestranza y Fogoneros, que no tienen otros recursos que sus sueldos que, en general, son mezquinos y con ellos han de atender a su familia...*»

En su siguiente carta Bermejo le expresó que...

> «*Su comunicación sobre asignaciones, apoyada por mí, se encuentra en el* [Departamento de] *Ultramar... Usted sabe perfectamente que en este Departamento Central no hay fondos de ninguna clase ni servicio administrativo para su atención... carecemos de una Caja de Ultramar, como la tiene establecida el Ejército.*»

En sus próximas cartas Cervera se quejó de los *Astilleros de La Graña* por no haber terminado de construir los barcos que se le habían encomendado y que solo el Vizcaya, el Oquendo y el María Teresa, construidos en Bilbao con patente Inglesa, eran aceptables dentro de su clase. Inclusive, de hecho...

> «*... las culatas de los cañones de 14 centímetros* [5.5"] *del Vizcaya han sido declaradas inútiles después de investigaciones y en aquellas condiciones la Armada esperaba un desastre...*»

Culmina la página 21 con excusas por parte de Bermejo sobre la escasez de carbón y su opinión de que los EEUU posiblemente atacarían las Islas Canarias.

---

[21] Fondos personales del Almirante Cervera.
[22] La carta data de Febrero 3 de 1898.

Por una Real Orden en 1726 los Borbones crearon una Marina de Guerra en España para hacer frente a otras potencias, especialmente Inglaterra. El primer lugar escogido para fabricar navíos de guerra fue la villa de **A Graña**, en las afueras de *El Ferrol* en Galicia. La foto muestra las instalaciones del Arsenal y el Astillero en 1898. Allí se construyeron a finales de los 1880s, tres cruceros acorazados, el **Infanta María Teresa**; el **Almirante Oquendo** y el **Vizcaya**.

En carta de Febrero de 1891, Cervera reiteró a Bermejo sus reservaciones sobre un conflicto armado entre los EEUU y España:

«*Mucho agradezco a Usted que me tenga al corriente de la situación política, peligrosísima por demás, y que tanto nos hace cavilar a nosotros por falta de medios para hacer frente a la guerra con los EEUU. No es tiempo de lamentaciones ciertamente, y por eso no le digo nada de lo que se me ocurre como seguramente se le ocurre a Usted... si no tenemos otros cañones, y de los que tenemos se puedan solo disparar 25 ó 30 tiros, tomarlos aunque sean caros y malos y sin perder el tiempo, para que el barco [el Colón] esté armado cuanto antes y puedan estar listas sus municiones... que el pan duro, duro, duro, más vale duro que ninguno... se me olvidaba decir a Usted que el Oquendo sólo tiene 700 y pico de toneladas de carbón, porque no hay más en plaza...*»

Unos días después Cervera reiteraba...

«*... el **Oquendo** está listo para salir, salvo las cosas que le faltan y sin las cuales saldrá. Sólo espero para mandarlo a encender recibir contestación suya a mi pregunta si se le dan las mismas autorizaciones que al Vizcaya y la cantidad que se le entrega, porque el **Vizcaya** llevó seis mil libras y pagó Febrero y seguramente no hay tantos fondos en el Departamento [de Ultramar] para que pueda ir como el **Vizcaya**. Le repito que los cañones de 325 y 313 mm son malos y deberían desecharse en circunstancias ordinarias, no hay la menor duda, pero si realmente la necesidad apremia, como no hay otros, no parece que haya más remedio que procurar que nos los cambien y si no tomarlos, malos y todo.*»

Las malas noticias de Cervera a Bermejo no cesaban de ser desplegadas en las cartas, al mismo tiempo que una gran resignación se hacía patente...

«*Si se pueden cambiar los cañones 20 y 28 [del Colón] que están completamente inútiles sería bueno, para tener de lo malo lo menos malo. Tengo muy presente lo que es la prensa de este país, y así habrá Usted observado, no uso ciertas frases que alarmen, ni nada que pueda excitar las pasiones, pero creo que le debo dar mi opinión desnuda, sin ambages ni rodeos...*»

En cuanto al aprovisionamiento de la flota, Cervera indicó que a los barcos les faltaba los pertrechos mas imprescindibles ya que no se habían podido cubrir las reservas de carbón en Barcelona ó Cádiz y que sólo se había podido conseguir la mitad de la galleta que la flota necesitaba. Además, los barcos no contaban con cartas náuticas por lo que no era posible hacerse a la mar con seguridad. No obstante, el Almirante le aseguró a Bermejo que la moral del personal era excelente y que todos estaban dispuestos a hacer lo que la Nación les demandase, aunque consideraba una pena no contar con lo mejor y más abundante material de que disponían.²³

El 12 de Febrero de 1898, Cervera envió una carta a Bermejo en el que le comunicaba que el Oquendo salía para Canarias esa misma tarde, después que pudiera su capitán cambiar los billetes grandes que le habían dado por otros pequeños y algún efectivo en plata.²⁴ Cervera añadió en su carta...

> *No ceso de pensar en la posible guerra con los EEUU y creo que sería muy conveniente que se me dieran los informes posibles de lo siguiente:*
>
> *1. Distribución y movimientos de los barcos de los EEUU.*
> *2. Sus bases de aprovisionamiento.*
> *3. Cartas náuticas, planos de fortificaciones y derroteros de los posibles teatros de operaciones.*
> *4. Objetivos que han de tener las operaciones de esta Escuadra, ya sea en la península, las Baleares, las Islas Canarias y la isla de Cuba.*
> *5. Planes del gobierno Español en cada caso para la campaña y puntos donde la escuadra puede encontrar recursos.*
> *6. Fecha de finalización de los buques Pelayo, Carlos V, Victoria y Numancia y si esos barcos van a ser parte de esta escuadra.*

Cervera enfatizó la necesidad de tener estas informaciones por ser las fuerzas de los EEUU tres o cuatro veces más potente que las de España, aunque, por supuesto, «*sería mejor evitar la guerra a toda costa.*»

Tres días después Bermejo le contestó anunciándole que el **Carlos V** y el **Pelayo** se unirían a su escuadra en unos meses y que era imposible emplazar artillería pesada en el **Colón**. Una sorpresa adicional fue el relato del incidente provocado por **Dupuy de Lôme**, embajador de España en Washington, en una carta dirigida al ex-Ministro José Canale-

---

²³ En la popa y en la cubierta de proa de los barcos de guerra en 1898 se instalaban el horno de panificar y la cocina. En los buques, **guisar era una fuente de problemas**. Unas reservas considerables de carbón eran necesarias y el fuego debía ser mantenido encendido, lo que obligaba a correr riesgos permanentes de incendio. Cuando había temporal o mar gruesa no había comida caliente. Con cada comida se suministraba "*bizcocho*," vino, agua y sal. La ración de agua normal era de cuatro cuartillos diarios. El "*bizcocho*" era conocido como galleta, se le cocía varias veces para darle la dureza y sequedad necesarias para su almacenamiento durante largas temporadas; no era raro comer galletas dos años después de su cocción.

²⁴ Diez mil pesetas, en contraste con el **Vizcaya**, al cual se le había suministrado alrededor de ciento cincuenta mil pesetas. La razón fue bien sencilla: se estaban acabando los fondos disponibles. Con esas 10,000 pesetas el **Oquendo** debía inclusive de comprar faltas de "*reemplazo, las cual tal vez consiga en las Canarias.*"

jas el 9 de Febrero de 1898. En ella se utilizaban frases e insinuaciones atacando la conducta política de McKinley, el Presidente de los EEUU.

En Octubre de 1897, José Canalejas, ex-Ministro Español, de viaje por Estados Unidos, efectuó junto al embajador español Dupuy de Lôme una visita al Presidente de los EEUU William McKinley en Washington DC. Posteriormente se trasladó a La Habana. Allí un colaborador de la insurgencia cubana, Gustavo Escoto, le sustrajo una carta privada cuyo remitente era Dupuy de Lôme, embajador de España en Washington. En la carta, de Lôme le ofrecía su opinión sincera sobre McKinley, haciendo comentarios muy críticos sobre la capacidad de este como presidente, tildándole de débil, populachero y politicastro. La carta fue publicada el 9 de febrero de 1898 en el New York Journal, el diario propiedad del magnate de la prensa amarilla William Randolph Hearst.

«... Además, la franqueza arraigada e inevitable con la que se repite todo lo que la prensa y la opinión pública en España han dicho sobre Weyler, muestra una vez más que McKinley es, débil y un postor para la admiración de la multitud además de ser un ser politicastro que trata de dejar una puerta abierta detrás de sí mismo mientras se mantiene en buenos términos con los *jingoes* de su partido...»

A la izquierda la frase problemática de la carta de **De Lôme**. A la derecha una foto de Dupuy de Lôme in 1898.

Las Memorias de Cervera continúan con una larga carta del Almirante Bermejo que trata de tranquilizar al Almirante Cervera describiendo las gestiones que se hacen para mejorar el equipo de la escuadra que Cervera habrá de dirigir. Muchas de sus soluciones incluyen presiones al gobierno de Italia para que la ***Casa Ansaldo***, constructora y armadora de barcos de guerra situada en Sestri Ponente, Italia, reemplace equipo que Cervera considera deficiente.[25]

---

[25] La ***Casa Ansaldo*** tramitó la venta a España en 1898 del *Acorazado Argentino General San Martín*, el cual fue rebautizado **Cristóbal Colón**.

Sestri Ponente, sede de la *Casa Ansaldo*, en los alrededores de Génova, uno de los proveedores principales de barcos de guerra al gobierno de España en 1898.

Además de sus informes sobre las gestiones con el gobierno de Italia, Bermejo hace un recuento de las escuadras disponibles:

«*Pasando sobre sus consideraciones de la guerra con los EEUU, expresaré a Usted mi pensamiento: En la península y las proximidades de Cádiz quedará una división compuesta de la Numancia, Victoria, el Alfonso XIII ó el Lepanto, los destructores Audaz, Osado y Proserpina [26] y tres Torpederos. En Cuba, Carlos V, Pelayo, Colón Oquendo, María Teresa, tres Destructores y tres Torpederos, que unidos a los ocho buques principales del Apostadero, tomarán posición de cubrir las comunicaciones entre el Seno Mexicano y el Atlántico, procurando destruir a Cayo Hueso, donde tiene hoy principalmente su depósito de víveres, municiones y carbón la Escuadra de los EEUU. Si esto [se] consiguiese y la estación fuera favorable, podría el bloqueo extenderse sobre sus costas del Atlántico, para cortar sus comunicaciones y comercio con Europa...*»

A lo cual añadió Bermejo muy optimistamente...

---

[26] **Proserpina** es la diosa de la mitología romana cuyo equivalente en Grecia es Perséfone, hija de Júpiter y Ceres (Zeus y Deméter en la mitología griega). El nombre viene del Latín *Proserpere*, emerger. En la mitología se asocia con la primavera. En la Armada Española se asocia con ataques por sorpresa.

«... todo esto salvo las contingencias que puedan resultar de encontrar Usted combates en que se decidirá quién puede quedar dueño del mar...»

Los ocho buques del Apostadero a que se refiere Bermejo[27] en la página 28 de las Memorias de Cervera resultaron ser totalmente inútiles en la defensa de Santiago de Cuba. Bermejo concluye varias de sus cartas a Cervera diciendo...

«Creo que todas las energías y todo el buen deseo de los que vestimos el uniforme son pocos en previsión de los sucesos que pueden ocurrir.»

Más realista y con mejor información, Cervera en varias ocasiones difiere con Bermejo en sus apreciaciones sobre el estado de los buques Españoles:

«... no sé cuándo podrán incorporarse el Pelayo y el Carlos V, pero sospecho que no llegarán a tiempo... en la División de Cádiz creo que faltará el Numancia... con el Lepanto me parece no se puede contar... el Colón aun no está artillado... los ocho buques del Apostadero no tienen valor militar... me hace parecer un sueño que raya en el delirio, pensar en establecer un bloqueo de ningún puerto de los EEUU... miedo me da pensar en un combate naval, aun cuando nos fuera ventajoso porque ¿dónde remediaríamos nuestras averías?... no ceso de pensar en el Vizcaya que hoy debe haber llegado a New York.»[28]

Inocentemente, Bermejo le informó a Cervera en una carta del 23 de Febrero:

«...a pesar de la catástrofe del Maine, hasta el presente y a pesar de las notas pesimistas de algunos periódicos, nuestras relaciones con los EEUU en nada han variado.»[29]

---

[27] En 1861 España encargó a EEUU una serie de **buques de pequeño porte** que, a pesar de que la industria naval Española podía haberlos construido en los arsenales peninsulares, el traslado a aguas cubanas no podía ser llevado a cabo por sus propios medios e hizo que se encomendara su fabricación a astilleros próximos a Cuba. Estas unidades fueron sufragadas generalmente con fondos de la colonia Española residente en los EEUU o por Españoles residentes en Cuba. Entre 1861 y 1880 se compraron 30 cañoneros con las siguientes designaciones: *Activo, Alarma, Almendares, Ardid, Argos, Astuto, Caimán, Cauto, Cazador, Centinela, Contramaestre, Criollo, Dardo, Descubridor, Destello, Eco, Ericson, Flecha, Gacela, Guardián, Indio, Lebrel, Lince, Marinero, ¿Quién Vive?, Rápido, Soldado, Telegrama, Vigía* y, finalmente, *Yumurí*. Todos ellos desplazaban 179 toneladas y tenían el casco de madera. Iban armados con un cañón del sistema *Parrot* de 130 mm en proa, tenía cada uno una dotación de 34 hombres y alcanzaban una velocidad de 9 nudos. Su casco era de fondo plano, carente de quilla, lo que los hacía inapropiados para operar en alta mar.

[28] La carta está fechada 16 de Febrero, el día siguiente que ocurrió la **voladura del Maine** en La Habana.

[29] A pesar de eso, Madrid dio órdenes inmediatas al **Capitán del Vizcaya**, **Antonio Eulate y Fery**, que volviera de inmediato a La Habana, donde lo esperaba el *Acorazado Almirante Oquendo*, para evitar un posible acto de represalia en New York. Eulate se había enterado en alta mar del incidente del Maine y entró en el puerto de New York con las banderas del Vizcaya a media asta. La visita del Vizcaya había sido organizada en reciprocidad con la inesperada visita del Maine a La Habana.

Unas palabras finales de Bermejo a Cervera el 23 de Febrero de 1898 fueron...

« Terminó este precioso cuadro, con tener que buscar recursos para tener armados esos buques, en este país que tiene que mandar a Cuba mensualmente 16 millones de pesos.»
«Comparados los desplazamientos, tenemos para Acorazados 41,589 toneladas en los EEUU contra 30,917 nosotros; en los Cruceros 51,098 ellos, contra 18,887 nosotros; en Cruceros rápidos no protegidos 6,287 toneladas ellos, contra nada nosotros, para un total de 116,445 toneladas ellos contra 56,644 nosotros, o sea poco menos de la mitad... Comparando la artillería que montan, la fuerza de los acorazados de los EEUU es de 132,397 (medida en calibre total en cms.), mientras que la de nuestros acorazados es 50,622. Añado que este estudio está muy bien hecho, pero le falta la base principal que es el dominio del mar...»

Ante esa preocupación de Cervera, el Almirante Bermejo trató de calmar a su subalterno [30] señalando el hecho que los EEUU tenían que disponer parte de su flota para la defensa de California, particularmente la ciudad de San Francisco, el Arsenal de San Diego y los puertos de partida para movimientos comerciales con Australia y China, e inclusive para defender las islas de Hawái, que *"procuran anexionar,"* señalándole a demás el *"viaje penoso y largo que esas fuerzas tendrían que hacer para incorporarse a las del Atlántico, dejando al descubierto el Pacífico."*

General Ramón Blanco, Capitán General de Cuba en 1898

Semanas después, el 7 de Marzo de 1898, Cervera se hacía la pregunta...

«¿Vale la isla de Cuba la ruina de España?»

El 19 de Marzo Cervera reporta a Bermejo que, según informes, no hay en La Habana buque alguno que esté listo excepto el **Venadito** y que el dique seco en el puerto había dejado de funcionar lo cual se impediría limpiar el fondo del **Vizcaya**, lleno de escaramujos.

El 7 de Abril, por primera vez, el Capitán General de la Isla de Cuba, General Blanco, se comunica al Ministro de Ultramar en estos términos...

---

[30] **Cervera**, de hecho, había sustituido a **Bermejo** al comando del Escuadrón Naval de Cádiz cuando Bermejo, en Octubre 30, 1897, fue ascendido a Ministro de la Marina en el gobierno de Sagasta.

«Se empieza a manifestar cierto disgusto por falta de buques aquí, pues los que hay no pueden prestar servicio y detención de la escuadrilla en Cabo Verde deja indefensas nuestras costas. Vuestra excelencia, mejor que yo, conoce la situación internacional. dadas las actuales circunstancias y apreciara la conveniencia de enviar los buques..."

Unos días después, Cervera partió con su escuadra hacia Cabo Verde, bajo la promesa que *"un vapor lo seguiría abarrotado de carbón..."*

El 8 de Abril de 1898, Cervera recibió la orden de partir con la escuadra para las **islas de Cabo Verde**, en donde le esperarían a su llegada instrucciones precisas. Cervera llegó a estas remotas islas atlánticas sin instrucciones y en un ambiente de incertidumbre desgarrador. Los oficiales Españoles en Cabo Verde, muchos de los cuales tenían que tomar decisiones sobre la guerra en Cuba, se les veía en el **Café Gijón** entretenidos en tertulias literarias sin que al parecer lo que se estaba fraguando fuera con ellos.

Cervera no recibió las esperadas instrucciones. En su lugar, se le ordenaba embarcar el máximo de carbón que pudiera, víveres y pertrechos, y partir hacia Cuba para cooperar en su defensa marítima El desasosiego de navegar sin el apoyo de sus superiores jerárquicos, con una nebulosa de pensamientos encontrados en un momento histórico tan determinante, es más que probable que hicieran mella en el sereno talante de ese taciturno y equilibrado marino.

El 15 de Abril Cervera se comunicó con Bermejo para informarle:

«A las 9 AM del día 11 hice rumbo a San Vicente de Cabo Verde, fondeando en Puerto Grande el día 14 a las 10 AM. Nuestra velocidad fue de 12 millas por hora. Tuve todos los fuegos encendidos y la gente en sus puestos de combate. Los consumos han sido exageradísimos en el Colón y bastante en el Teresa, recorriendo 1,570 millas. El Colón consumió 1,696 kilogramos [de carbón]. Al llegar sólo quedaban 550 en el Colón y 570 en el Teresa. Al reflexionar sobre consumos tan elevados atribuyó al Colón la poca práctica en su manejo y en el Teresa a que fue muy pequeña la presión de las calderas para una máquina de triple expansión... Estoy ansioso de recibir instrucciones y noticias. Suplico telegrama diario. Por carbón aquí piden cincuenta y un chelines por tonelada, pagadero en Londres. Como urge mucho lo mandé a comprar sin novedad..»

Cuatro días después se comunicaba de nuevo con Bermejo diciéndole...

*«Las calderas del Ariete están prácticamente fuera de servicio. Es una pesadilla para la escuadra. La caldera del Azor tiene 11 años y ya está dicho todo sobre ella. A los cazatorpederos **Furor** y **Terror** se les cierra la proa en cuanto trabajan. Esperaré la llegada del **Vizcaya**. Me han informado que el **Vizcaya** y el **Oquendo** están a la vista. El **Vizcaya** ha gastado 200 toneladas más que el Oquendo y necesita limpieza. Las recargas de carbón ya están sucediendo, pero son lentas porque estamos de prestado, lo que es cosa mala...»*

Una vez más, Bermejo le informó a Cervera del alto costo no sólo de las operaciones en Cuba sino de los altos gastos en que España incurría para mantener a Cuba como provincia de España, que en 1898 ascendían a 16 millones de pesos Españoles mensualmente.

> Un peso Español en 1898 era equivalente a un dólar de los EEUU. Los precios en 2015 son 267.7% más altos que en 1898, lo que quiere decir que *un millón de pesos Españoles en 1898 son equivalentes en poder adquisitivo a $27 millones de dólares en 2015.* Para apreciar ese gasto mensual, considérese que en 1888, el *Acorazado Pelayo* costó 4.4 millones de pesos Españoles; los Acorazados *Cardenal Cisneros, Princesa de Asturias y Cataluña,* 3.4 millones de pesos, el *Colón* terminó costando 4.6 millones de pesos, según el artículo "Buques de Guerra Españoles 1885-1971," en la *Revista de Historia Naval Española.* Enviar a Cuba 16 millones de pesos mensuales en 1898 es equivalente hoy en día de haber enviado $432 millones de dólares mensuales.

El 20 de Abril, al saber que los barcos de la Escuadra Española tenían posibles planes de visitar San Juan de Puerto Rico, el Gobernador **Manuel Macías y Casado** [31] escribió al Ministro de Ultramar[32] **Vicente Romero Girón** ...

> «Vuestra Excelencia y el Ministro de Guerra conocen los escasos recursos de que dispongo y convendría saber que harían [aquí] nuestras fuerzas navales. Desconozco la situación de nuestra escuadra.»

Horas después, a bordo del Crucero Cristóbal Colón, reunidos por el Almirante Cervera, se convino en los escasísimos recursos de que disponían Cuba y Puerto Rico para constituirse en base de operaciones de la Escuadra.

A la izquierda **Manuel Macías Casado**, Gobernador de Puerto Rico; a la derecha, **Vicente Romero Girón**, Ministro de Ultramar Español en 1898.

---

[31] **Manuel Macías y Casado** (1844-1937), fue un Teniente General Español que se desempeñó como *Gobernador General de Puerto Rico* durante la Guerra Hispano-Cubano-Americana. Al explotar la guerra, Macías declaró una Ley Marcial y se mantuvo fuerte en su resolución de oponerse a las fuerzas Americanas.

[32] **Vicente Romero Girón** (1835-1900), fue un abogado, periodista y político Español, *Ministro de Gracia y Justicia* durante el Reinado de Alfonso XII y *Ministro de Ultramar* durante la regencia de María Cristina de Habsburgo-Lorena.

El 20 de Abril Bermejo le informó al Almirante Cervera (ya en Cabo Verde), en un telegrama desde Madrid...

> «Comisión Mixta Cámara Americana aprobaron intervención armada declarando Cuba debe ser libre e independiente. Créese firmará hoy Presidente la resolución. Urge alistarse.»

Cervera le respondió en una carta el 21 de Abril...

> «le adjunto copia del acta levantada ayer después de cuatro horas de reunión del Consejo... [la primera nota que se dibujaba] era el espectro de la Patria abandonada, insultada y pisoteada por el enemigo, orgulloso con nuestra derrota, que no otra cosa puede obtenerse, yendo a buscarlos a su propio terreno, con fuerzas tan inferiores, les hacía ver que tal sacrificio, no sólo sería inútil sino contraproducente, puesto que entregaba la Patria a un enemigo procaz y orgulloso... tal vez el sarcasmo de la acusación de esa masa inconsciente que ignora todo cuanto se refiere a la guerra y en particular a la naval, que cree que el **Alfonso XII** ó el **Cristina** pueden oponerse al **Iowa** o al **Massachussets**...»

Cervera le acompañó las minutas de la reunión del Consejo, firmadas por el Capitán de Navío Víctor M. Concas:[33]

Víctor María Concas (1845-1916), Jefe del Estado Mayor del Almirante Cervera en la Batalla de Santiago de Cuba.

> «...En la junta celebrada a bordo del Acorazado Cristóbal Colón se opinó que... apartarse de los mares de Europa envuelve un error estratégico que traería la guerra a la Península, con un desastre espantoso en nuestras costas, pago de enormes rescates y quizá perdida de alguna isla... la insurrección en Cuba tiene elementos suficientes para atacarnos en las Antillas... no se ha atendido el Archipiélago de las Filipinas, lo que se hubiera podido hacer con un solo Acorazado... los únicos buques que quedan para la defensa de la Península son el **Carlos V**, el **Pelayo** y el **Alfonso XIII**... el plan de defender la isla de Puerto Rico abandonando la de Cuba es de todo punto irrealizable... debe someterse la situación militar al Sr. Ministro de Marina, reiterando la más profunda obediencia a las órdenes que comunique.»

Cervera por su parte añadió:

---

[33] **Víctor María Concas y Palau** (1845-1916), fue un militar, marino, escritor y político Español. Como Jefe del Estado Mayor del Almirante Cervera y al mando del Crucero **Infanta María Teresa**, se batió heroicamente en la Batalla naval de Santiago de Cuba, recibiendo una contusión de metralla. Junto con todos los mandos de la escuadra, fue sometido a Consejo de Guerra, en el cual, al igual que todos ellos, salió exonerado. La publicación de su libro *La Escuadra del Almirante Cervera* le costó un nuevo Consejo de Guerra por sus fuertes críticas a la ineficiencia de los políticos de la época.

«Mientras más medito, es mi convicción que continuar el viaje a Puerto Rico [en lugar de ir directo a Cuba] será desastroso. El carbón se descarga despacio, porque hay escasez de medios. Los Comandantes de los buques tienen igual opinión, y algunos más enérgica que yo. Necesito instrucciones.»

Desde La Habana el Capitán General Ramón Blanco, al enterarse de rumores que estaba bajo consideración enviar la Escuadra a Puerto Rico y dejar a Cuba a merced de los insurrectos y las tropas Norteamericanas, se dirigió el 22 de Abril en un breve telegrama a Correa[34], Ministro de la Guerra.

«Espíritu público muy levantado; reina verdadero entusiasmo, pero no debo ocultar a Vuestra Excelencia que cuando se convenzan de que no viene nuestra Escuadra, el decaimiento será grande y es posible se verifique una reacción desagradable. Ruego a V.E. me diga si puedo infundirles alguna esperanza más o menos inmediata llegada de la Escuadra.»

Miguel Correa y García (1832-1900), Ministro de Guerra Español durante la Batalla de Santiago de Cuba.

Aunque pareciera mentira, Cervera desconocía tan tarde como el 22 de Abril si la guerra se había declarado. En una comunicación a Bermejo le mencionaba:

«Oficialmente no se sabe si se ha declarado la guerra, y es de absoluta necesidad saberlo para tratar como enemiga a la bandera Americana... si hubiera sido otras las circunstancias, habría pedido mi pase a la Re vida de esta) el día en que haya pasado el peligro. Aun lo pediría hoy, sin importarme un bledo que me tacharan de cobarde, si ese paso mío no produjera en la Escuadra el deplorable efecto de una deserción de su Almirante al frente del enemigo.»

Una vez más Cervera volvió a indicar sus preocupaciones por la deficiencia del armamento que le había sido confiado:

*«El **Colón** no tiene sus cañones gruesos, y yo pedí los malos, si no había otros; las municiones de 14 cm. son malas, menos unos 300 tiros; no se han cambiado los cañones defectuosos del **Vizcaya** y del **Oquendo**; no hay medio de recargar los casquillos del **Colón**; no tenemos un torpedo **Bustamante**, no hay plan ni concierto que tanto he deseado y propuesto en vano; la consolidación del servomotor de estos buques sólo ha sido hecha en el **Teresa** y el **Vizcaya**...»*

---

[34] **Miguel Correa y García** (1832-1900), militar y político español. Desempeñó el cargo Ministro de la Guerra entre el 4 de Octubre de 1897 y el 4 de Marzo de 1899. Fue senador vitalicio a partir de 1899.

Cervera no recibió ningún comentario a sus quejas, de las cuales la de los torpedos **Bustamante**[35] pasó totalmente desapercibida hasta el final de las hostitlidades. El 23 de Abril, sin embargo, Cervera recibió un *Acta de la Junta de Generales de la Armada* celebrada en el Ministerio de Marina, en Madrid, bajo la presidencia del Ministro Contralmirante Segismundo Bermejo. Algunos comentarios que se recogieron en el Acta se presentan aquí...

«*Los tres torpederos que estan en Cabo Verde deben regresar a Canarias cuando y como les sea posible, en condiciones de relativa seguridad. Los buques* **Pelayo, Carlos V, Alfonso XIII, Victoria, Patriota** *y* **Rápido,** *los Destructores que se hallan en Europa y los demás buques utilizables para la guerra que puedan adquirirse o habilitarse, deben concentrarse en Cádiz y teminar rápidamente su habilitación, usando de todos los recursos extraordinarios que conduzcan a ese fin, pero su ulterior destino no debe determinarse a priori sino con presencia a las circunstancias en que se halle la guerra en la fecha que su habilitación termine.*»
RAMÓN AUÑÓN Y VILLALÓN,
Capitán de Navío de Primera Clase.

Capitán de Navío Español **Joaquín Bustamante**, la patente que obtuvo por su invención de torpedos y varias minas de su invención recogidas en la Bahía de Santiago de Cuba

Opinan lo mismo que el Sr. Auñón los Capitanes de Navío de Primera Clase
   Joaquín Circúnegui y Marco Antonio Terry y Rivas

---

[35] El concepto militar de torpedo incluía además de los clásicos proyectiles autopropulsados, otras armas utilizadas bajo el agua, unas fijas al fondo, las minas, y otras remolcadas en perchas o botalones. Son todos ellos artefactos de gran poder destructivo, ingeniados para atravesar las corazas de los barcos; cosa incapaz de conseguir la artillería convencional a distancia. La Armada Española creó la *Escuela de Torpedos* en Cartagena, donde en 1880 se graduó **Joaquín Bustamante y Quevedo**, un marino militar atraído por las matemáticas, la física, la pedagogía y la invención. A finales de 1883 España evaluaba la adquisición de torpedos fijos automáticos. En ese año Bustamante diseñó su propia arma submarina que fue bautizada con su nombre. Bustamante participó en la última fase de la guerra a bordo de la escuadra de Pascual Cervera en calidad de Jefe de Estado Mayor. Enfrentando al ataque una contraofensiva con cuatrocientos cincuenta hombres, una bala mató a su caballo y otra le perforó el vientre. Falleció el 19 de julio de 1898 en el hospital militar de Santiago.

*«Que la Escuadra reconcentrada en Cabo Verde no debía salir inmediatamente, sino cuando estuviesen listos el **Carlos V**, el **Pelayo** y los demás barcos de que se pudiese disponer, a fin de reforzarla, bien directamente o mejor con movimieentos estratégicos de que se puede disponer, un algo parecido a lo manifestado por el General Lazaga, para que el combate, ineludible, tuviese lugar en las condiciones más favorables para nosotros; que reunidas las fuerzas, el Almirante Cervera obraría entonces con la libertad de acción correspondiente a un Almirante.»*

José Gómez Imas,
Capitán de Navío de Primera Clase

«Opino que la escuadra que se halla en Cabo Verde debe salir inmediatamente para las Antillas, antes que por precepto internacional se vea obligada a abandonar el puerto neutral en que se halla. El Almirante de ella debe llevar amplia autorización para proceder conforme a las necesidaaddes de la guerra y a las exigencias del honor nacional. Los buques que queden en España deben reconcentrarse en Cádiz, terminar rapidamente su rehabilitación y hallarse dispuestos a cumplir instanténeamente las órdenes que el gobierno crea debe comunicarles, según demande el curso de la guerra.»

Guillermo Chacón y Maldonado
Almirante

Al día siguiente, 24 de Abril, Bermejo se comunicó por cable con Cervera desde Cádiz.

«Oída la Junta de Generales de Marina, opina ésta que los cuatro Acorazados y los tres Destructores, salgan urgentemente para las Antillas. Sometida esta opinión al Gobierno de S.M., la acepta, disponiendo que se den a V.E. amplias facultades para dirigirse a las Antillas, confiando en su pericia, conocimiento y valor, pudiendo tomar informes en aquellas antes de recalar sobre Puerto Rico ó Cuba, si lo estimase conveniente en vista informes recibidos. La derrota, recalada, casos y circunstancias en que V.E. debe empeñar o evitar combate, quedan a su más completa libertad de acción. En Londres tiene a su disposición 15,000 libras.[36] Los Torpederos deben regresar a Canarias con los buques auxiliares, marcándoles V.E. la derrota. La bandera Americana es enemiga.»

Cervera le contesta a Bermejo, desde Cabo Verde por cable, el mismo día:

*«Mañana espero acabar con el carbón. Torre barbeta popa. **Oquendo** no obedece puntería horizontal. Llevamos quince días buscando causas sin éxito alguno. Continuamos trabajando sin descanso.»*

---

[36] Las £15,000 libras esterlinas entregadas a Cervera **para los gastos en el terreno de guerra** son equivalentes a $1,200,000 dólares de 2015.

Cabo Verde es un país insular que abarca un archipiélago de 10 islas volcánicas en el Océano Atlántico central. Ubicadas a 350 millas al oeste de la Península Cabo Verde en el Oeste de África, las islas cubren un área combinada de poco más de 4,000 kilómetros cuadrados. El 24 de Abril de 1898, el Ministro de Defensa Español, Segismundo Bermejo, envió instrucciones al Almirante Español Cervera para que procediera con su flota desde Cabo Verde hasta el mar Caribe, Cuba y Puerto Rico.

Tres de los más importantes **Capitanes de Navío** que se reunieron en el Ministerio de Marina en Madrid, el 23 de Abril de 1898, para tratar sobre la situación de España ante el inminente estado de guerra con los EEUU. Después de considerar la distribución y estado de los buques Españoles, los últimos cablegramas del Gobernador General de Cuba y las noticias que se tenían de la escuadra Americana, la reunión, que comprendió 18 altos oficiales, Almirantes, Vicealmirantes, Contralmirantes y Capitanes de Navío de Primera Clase, decidió dar instrucciones a la Escuadra Española dirigida por el Almirante Cervera (que no estaba presente en la reunión) para que saliera de Cádiz en dirección a las Antillas. Las instrucciones, por correo rápido, llegaron demasiado tarde a Cádiz ya que el Almirante Cervera había apresurado su salida en virtud de órdenes telegráficas posteriores a la reunión que se adelantaron al correo.

De izquierda a derecha, **Antonio Terry y Rivas**, **Ramón Auñón y Villalón** y **Joaquín Circúnegui y Marco**, los tres Capitanes de Navío que más participación e influencia tuvieron en las deliberaciones y acuerdos de la reunión.

El dia 24 de Abril Cervera recibió el telegrama de Bermejo con las órdenes de salir de Cádiz y terminar con el trasbordo de equipo y material que tan ocupada tenía a la tropa en ese puerto. Las palabras de la contestación a esas órdenes, por parte de Cervera fueron ...

> *«Como ya es un hecho consumado, no insistiré sobre el juicio que me merece. Quiera Dios que no sea profeta, como lo he sido cuando decía a Usted que para fines de Abril no estarían listos el Pelayo, Carlos V, Vitoria y Numancia, ni el Colón tendría sus cañónes gruesos, como no fueran los defectuosos, ni nosotrtos tendríamos municiones de 14 cm. de las nuevas para batirnos, etcétera... Con la conciencia tranquila voy al sacrificio, sin explicarme ese voto unánime de los Generales de la Marina, que significa la des-aprobación y censura de mis opiniones...»*

El 24 de Abril Bermejo le comunica a Cervera...

> *«Los buques [Americanos] Columbia, Minneapolis están en Hampton-Roads y se cree navegan hacia Europa. Asegúranme que entre gente del carbón hay numerosos espías. Urge mucho su salida. Reserva absoluta de su dirección...»*

25 de Abril, telegrama de Cervera a Bermejo desde Cabo Verde...

> *«Hay mucha marejada que impedirá terminar hoy trasbordo carbón y efectos del Cádiz...»*

El 25 de Abril, una carta breve de Cervera a Bermejo...

> *«Estoy desesperado con la lentitud del **Cádiz**, que está muy bien preparado para el pasaje y muy mal para carga. Creo que saldremos mañana...»*

El 27 de Abril, el Ministro de España en Lisboa se dirigió al Ministro de Estado en Madrid en los siguientes términos:

> *«¿Puede manifestar cuánto tiempo estara la escuadra en Cabo Verde? Esto es por si los EEUU presentasen reclamación, como anuncia hoy un periódico.»*[37]

A todo lo largo de los primeros meses de 1898, mientras el Almirante Cervera se debatía entre el terrible destino a que la inminente guerra estaba llevando a España y su seguridad personal y la de sus hombres, en Cuba los acontecimientos se sucedían precipitadamente.

Cervera estaba al tanto que el 12 de Enero Fitzhugh Lee, el Cónsul de los EEUU, había solicitado la presencia de un Acorazado a su gobierno y que ese barco militar, el **Maine**, había explotado en la bahía de La Habana costando la vida a 266 marinos Norteamericanos. Debido a ese desastroso evento, el 13 de Marzo los Acorazados Españoles

---

[37] Siendo Cabo Verde un **territorio neutral**, no le estaba permitido dejar anclar o ayudar a ningún barco de ninguno de los contendientes.

Oquendo y *Vizcaya*, de visita en Cuba, se habían echado a la mar como medida de precaución, mientras Calixto García se dirigía a las tropas de Máximo Gómez para que apoyaran a las fuerzas Norteamericanas que estaban a punto de dessembarcar en Cuba.[38] Pocas eran las esperanzas de paz, a pesar de las gestiones de Leon XIII durante el mes de Abril para mediar entre España y los EEUU.

El 21 de Abril España rechazó un ultimatum de los EEUU y los barcos Norteamericanos partieron a Cuba bloqueando los principales puertos de la costa norte y Cienfuegos al sur. Seis días después, el 27 de Abril la flota Americana cañoneaba las baterías del Morrillo en la ciudad de Matanzas. La suerte, aparentemente, ya estaba echada.

A la izquierda, el **General Fitzhugh Lee**, Cónsul General de los Estados Unidos de América en La Habana de 1896 a 1898; siempre ha sido considerado un aliado de los Cubanos que buscaban la independencia. *Debajo*, una vieja imagen del **Bombardeo de Matanzas**. Los medios oficiales de los EEUU y los Españoles lo minimizaron como una mera práctica, que, en parte, les permitió a los Norteamericanos demostrar su superior tecnología como preludio a su poder militar.

---

[38] El 20 de Marzo el Capitán General de Cuba, **Ramón Blanco** había enviado una carta a Máximo Gómez instándolo a unir fuerzas con el Gobierno Español para "*combatir a los invasores*," carta que Gómez rechazó severamente.

Finalmente, el 29 de Abril, en un telegrama enviado por Cervera a Bermejo utilizando la frase convenida para señalar la partida hacia las Antillas, en Cádiz se recibió la nota tan esperada...

«...salgo para el norte...»

... seguida de un comunicado reservado [secreto] ...

«... *continuó la descarga del **San Francisco** trabajando día y noche y terminó el 24... faltaron 180 de las 2,000 [toneladas de carbón] que debía conducir a causa, sin duda, de la premura con que el vapor las tomó y al mucho perdido en la descarga, por la gran cantidad de polvo arrastrado por el viento, más el que caía al agua en el trabajo de noche... el **Vizcaya**, como a V.E. le consta, está muy sucio; en su viaje de diez días quemó 200 toneladas más que el **Oquendo**. Este es un punto débil, pero como por ahora no le veo remedio, contrataré unos buzos para su limpieza a flote... ¡Quiera Dios conceder a nuestras fuerzas [un] éxito proporcionado a la justicia de nuestra causa!...* »

El 1 de Mayo Bermejo se comunicó con Cervera para darle nuevas instrucciones...

«*A unas 450 millas aproximadamente del puerto de Fort de France (Martinica) se destacará Usted de la Escuadra, previa señal de última hora, con los Torpederos **Furor** y **Terror**, para dirigirse a dicho puerto con un andar de unas 20 millas y adquirir en él las noticias que le tengo expresadas...*» [39]

Cervera guardó silencio mientras atravesó el Atlántico y sólo respondió esa comunicación el 8 de Mayo:

«*... formé el propósito (que no dí a conocer hasta después de la salida) de dirigirme a Fort de France (Martinica), para adquirir noticias, y si posible fuera, carbón y víveres que me permitieran obrar con algún desembarazo. Con este objeto destacaré mañana, a unas 470 millas de dicho puerto, al **Terror** y al **Furor** al mando del Jefe de la Primera División de Torpederos, el cual llevará esta comunicación y el siguiente telegrama cifrado [en clave]: "La Escuadra sin novedad; excelente espíritu." Villaamil va a adquirir noticias de que dependerán las operaciones en lo futuro. Para dar la paga vencida se necesitan 570,000 pesetas. Lo que hay a bordo y en Londres suma 675,000; no quiero agotar los recursos por lo que es necesario ampliación de crédito... Me permito encarecer a V.E. la necesidad de que se amplíe el crédito puesto a mi disposición... para que puedan cobrar la paga de Mayo, que ya hubiesen recibido [los miembros de la tripulación] de estar en España... puesta mi confianza en Dios y animado del más vivo deseo de servir a la Patria, lo haré así hasta donde mis luces y mis fuerzas alcancen...*»

---

[39] "***Las noticias que le tengo expresadas***," hace referencia a informaciones sobre la posición de los barcos Norteamericanos alrededor de Santiago de Cuba que conocerían los espías que tenía España basados en Martinica.

A la izquierda, el buque Español **San Francisco**; había sido construido en el Reino Unido bajo el nombre *Landsdown Tower*. Fue adquirido por España para transporte de guerra y carbonero. En 1898 partió de Cádiz hacia Cabo Verde haciendo escala para cargar carbón en Islas Canarias, con el propósito de abastecer a los buques de guerra Españoles que cruzarían el Atlántico hacia el Caribe.

A la derecha, **el Embarcadero de carbón en Cabo Verde**, Africa. Los buques cargados de carbón, con velocidades de navegación inferiores a los Cruceros, tenían que partir hacia el puerto donde daban servicio de abastecimiento con bastante anterioridad. En Cabo Verde, al llegar la flota Española, Cervera supo que el cónsul de EEUU se había adelantado y comprado todo el carbón existene en puerto, por lo que sólo pudieron cargar el carbón que traía el **San Francisco**.

El 12 de Mayo, el Almirante Bermejo, desde Madrid, le hace llegar la siguiente nota al Almirante Cervera en Martinica:

*«Telegrama recibido hoy anuncia ataque a Puerto Rico por escuadra enemiga compuesta de **New York**, **Indiana**, **Terror** y **Puritan**, dos Cruceros, un Torpedero y dos Buques Carboneros. Isla de Puerto Rico ahora vigilada por los auxiliares **Paris** y **New York**. Almirante en Habana señala a la vista cuatro buques, uno en Matanzas y varios en Cienfuegos. Hay noticias de bombardeo de Cárdenas por un Acorazado, un Monitor y otro buque, siendo rechazado el enemigo. Ampliación de crédito a 15,000 libras sobre la misma casa en Londres. Vapor **Alicante** y otro Inglés deben llegar allí con 3,000 toneladas. Puede disponer de ambos buques. Acorazado **Oregón** acompañado del **Maryjette** y otro buque igual están de viaje de Rio de Janeiro a las Antillas.»*

De momento el Almirante Bermejo se dio cuenta de la derrota inevitable y la pérdida de vida de los marinos en las flotas Españolas y le envía un cable aterrador a Cervera:

«Desde su salida han variado las circunstancias. Se amplían sus instrucciones para que, si no cree que esa escuadra opere ahí con éxito, pueda regresar Península, reservando su derrota y punto recalada, con preferencia a Cádiz. Acuse recibo y exprese su determinación.»

Como es natural, el cable produjo una irreprimible depresión en el estado de ánimo de Cervera, que decidió hacer una reunión de Jefes de Escuadra y Comandantes de Acorazados en su camarote, en el ***Infanta María Teresa***, no para tomar decisión alguna sino para compartir con ellos las noticias recientes. Cervera le pidió a Fernando Villaamil que tomara un acta como record histórico.

El 14 de Mayo Cervera volvió a comunicarse desde Curazao con Bermejo:

«De acuerdo con segundo jefe y los Comandantes de los buques, vine aquí con esperanza de encontrar Buque Carbonero anunciado en su telegrama del 26 de Abril. Buque Carbonero no ha llegado y no he podido adquirir lo que necesito, lo que crea conflicto del que veré como salgo. Sólo nos han permitido en Curazao entrada de dos buques, limitando permanencia a 48 horas.»

Enterado de esa correspondencia, el General Ramón Blanco, Capitán General de Cuba, le escribió a Vicente Romero Girón, Ministro de Ultramar en Madrid:

«Ruego a Usted me diga con absoluta franqueza si viene la Escuadra. Llegan hasta mi telegramas que lo niegan y yo necesito indispensablemente saber la verdad para obrar en consecuencia. Excuso asegurar a V.E. que absolutamente nadie más que yo sabrá su contestación.»

Bermejo desatendió las reclamaciones de Blanco y dirigió varias notas a Cervera, cuya disposición ante las nuevas dificultades le preocupaba:

*«Si no pudiera esperar al Trasatlántico **Alicante**,[40] deje órdenes de que se dirija a donde Usted quiera. Lo mismo con el vapor Inglés **Tuickhand**... nuestro Ministro en Toronto comunica hoy que la Escuadra enemiga mandada por Sampson está en Puerto Plata, Santo Domingo.»*

En un telegrama a Comandante Principal Puerto Rico, Bermejo le dio las siguientes órdenes...

*«... procure por todos medios que llegue a conocimiento de Almirante de la Escuadra, que está en Curazao, las noticias sobre situación Escuadra enemiga y disponga salida del vapor Inglés **Roath**, si tiene carbón a bordo, para dárselo a la Escuadra.»*

El 15 de Mayo, Cervera le escribió un largo y detallado reporte al Ministro Bermejo desde el **Infanta María Teresa,** anclado en el puerto de Santa Ana de Curazao:

*«El cazatorpedos **Terror** no pudo mantener por 24 horas dos tercios de su andar en las pruebas a que fue sometido y se han inutilizado sus calderas; lo hemos dejado en el puerto neutral de Fort de France en la isla Martinica. ... en la amanecida del 11 lo encontramos hecho una boya y el Furor custodiándolo... el **Furor** pudo sobrevivir a media noche entre el 11 y el 12, la caza que le dio un Crucero enemigo... los buques enemigos bloquean la parte Oeste de Cuba, desde Cárdenas en el norte hasta Cienfuegos en el sur... el **Harvard** y el **San Luis**, dos Cruceros Auxiliares enemigos, uno en Guadalupe y otro en Martinica, han estado posesionados en Puerto Plata... nos enteramos de la destrucción de nuestra pobre escuadra en Filipinas, desastre que, no por ser gloriosísimo, deja de ser un gran desastre... yo me complazco desde aquí enviándoles mi entusiasta saludo y la expresión de*

---

[40] El **Alicante** era a su vez un buque hospital y un buque carbonero.

*mi admiración, pero ¿tiene algún resultado práctico?...sería una insensatez ir a Puerto Rico, porque sería proporcionar un triunfo fácil al enemigo... en Curazao recibí la visita del cónsul Español que me informó que mi presencia sólo podía ser de dos barcos (escogí el **Teresa** y el **Vizcaya**, por ser los más escasos de combustible), acepté 600 toneladas de carbón, únicas disponibles en la plaza y ordené la adquisición de víveres para completar 30 días por buque, de Capitán a paje... no digo nada de mis propósitos porque, seguramente antes de recibir esta, tendrá V.E. noticia telegráfica de cuáles son.»*

El vapor **Alicante**, que sirvió a la Armada Española como Carbonero, Hospital y Trasbordador de tropas tras la derrota de España en la *Guerra Hispano-Cubano-Americana* de 1895-1898.

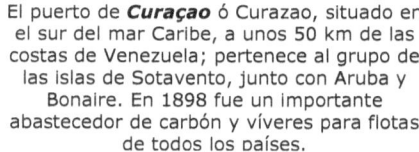

El puerto de **Curaçao** ó Curazao, situado en el sur del mar Caribe, a unos 50 km de las costas de Venezuela; pertenece al grupo de las islas de Sotavento, junto con Aruba y Bonaire. En 1898 fue un importante abastecedor de carbón y víveres para flotas de todos los países.

El *Crucero Español* **Alfonso XII** en el puerto de *Fort de France* (Martinica). Cuando fue enviado a Cuba en 1895, lo sorprendió la noche del 15 de Febrero de 1898 en el puerto de La Habana, fondeado muy cerca del acorazado USS Maine; fue testigo de la explosión, cuyos supervivientes fueron socorridos diligentemente por la dotación del Alfonso XII.

Por otro conducto, Cervera le hizo llegar a Bermejo un telegrama en el cual le hacía un sumario de las deficiencias insalvables de la Escuadra a su mando, sobre todo la situación del Vizcaya, que lamentablemente permanecía sin limpiar su fondo.

*«El **Vizcaya** no se limpia desde Julio y eso le ha hecho perder su andar en términos que sólo puede llegar a 13 ó 14 nudos, lo cual le hace perder a esta escuadra la única ventaja que podría tener sobre la enemiga, porque no se debe abandonar tan importante buque...»* [41]

---

[41] El **Vizcaya**, en efecto, a esa máxima velocidad no pudo escapar de la persecución del **USS Indiana** a la salida de la flota Española durante la *Batalla Naval de Santiago*. A las 11:15 AM el Capitán del Vizcaya, *Antonio Eulate*, lo encalló al Oeste de Santiago después de una corrida de pocos minutos de duración. Había sido alcanzado por cuatro obuses de 203 mm, nueve de calibre medio y doce de calibre ligero. De haber estado limpio su casco, hubiera podido utilizar su velocidad de diseño de 20 ó más nudos y escapar del bombardeo hacia alta mar.

A la izquierda, el hundimiento del Acorazado **Vizcaya** de la Escuadra Española en las afueras de Santiago de Cuba en 1898. La foto fue tomada a bordo del **USS Texas** por un reportero de *The World*. *A la derecha* el Almirante **Antonio Eulate y Ferry**, uno de los Capitanes de Navío más destacados de la Marina Española. *Al centro*, los restos del Vizcaya. Eulate y la mayoría de los marinos del **Vizcaya** sobrevivieron la catástrofe.

Enterado de la comunicación del 12 de Mayo de Bermejo a Cervera en la que le daba la oportunidad de regresar a España si no se sentía cómodo con la capacidad de la Escuadra Española, Macías, el Gobernador de Puerto Rico envió un telegrama a Ramón Blanco, Gobernador de Cuba. El 17 de Mayo Blanco lo hace llegar a Girón, el Ministro de Ultramar en Madrid, con un telegrama de él, reforzando las alarmas de Macías...

«... *de acontecer esto* [el regreso de la Escuadra a España], *la situación aquí sería de todo punto insostenible y no me sería posible evitar una revolución sangrienta en esta capital y en toda la isla, donde ya están los ánimos extraordinariamente excitados con la tardanza de la Escuadra nuestra... ruego a V.E. me diga si es cierta la citada orden de retirada a la Península, y en caso de serlo, medite el Gobierno la gravísima trascendencia de ese acuerdo, que podría ser causa de una página de sangre y de baldón, derrumbándose nuestra historia y de la pérdida definitiva de esta isla y de la honra de España. Si nuestra Escuadra es batida, aumentaría aquí la decisión para vencer o morir; pero si huye, el pánico y la revolución son seguros.*»

Al día siguiente, 18 de Mayo, una corta misiva de Macías a Girón, Ministro de Ultramar, ratificaba la alarma ante la posible retirada de la Escuadra de Cervera:

«*Orden vuelta de Escuadra a Península, haré caer por tierra entusiasmo isla y su espíritu levantado después de primer combate. Dirán habitan-*

tes, España les abandona y situación puede ser gravísima. Cumplo deber sagrado manifestándoselo.» [42]

Finalmente, el 19 de Mayo el Gobernador General de Cuba hizo llegar un telegrama al Ministro de Ultramar en Madrid con la noticia esperada en todos los círculos políticos y militares de la capital de España:

> «*Está entrando en Santiago de Cuba nuestra Escuadra a cuyo Almirante felicito en este momento por su llegada y habilísima derrota* [sic].»

En un largo telegrama, fechado dos días antes [en Madrid el 17 de Mayo], Pio Gullón Iglesias, Ministro de Estado Español, le había hecho llegar al Almirante Ramón Auñón, Ministro de la Marina, la siguiente comunicación por medio de su Subsecretario Luis Polo de Bernabé:[43]

> «*... el Viernes 13 del corriente, circuló por Caracas el rumor de que la Escuadra Española estaba en el puerto de* Higuerote *de esa República, sin poderse averiguar el fundamento de esa noticia... inquieto con esa noticia recibí un telegrama del Vicecónsul de España en Curazao, Sr. Morris Curiel, diciéndome que la Escuadra Española, compuesta de seis vapores, estaba al frente del puerto. En el acto expedí a V.E. un telegrama cifrado* [con esas nuevas] *y el Sr. Morris me confirmó que entraban en puerto el* Infanta María Teresa *y el* Vizcaya, *quedándose fuera el* Oquendo, *el* Cristóbal Colón *y los cazatorpederos* Plutón *y* Furor*... también fui informado que la Escuadra Norteamericana ha recibido órdenes de esperar la nuestra en el Canal de la Mona,*[44] *lo cual en el acto telegrafié a Curazao... un corresponsal del* New York Herald *en Caracas ha recibido un telegrama en ese periódico pidiendo confirmación de que la Escuadra Española estaba en Barranquilla, Colombia, más allá de las islas de Sotavento y Colón... todos estos informes los he recibido de personas ansiosas de probar su adhesión a España y ninguna de estas confidencias ha costado un solo céntimo a esta Real Legación... por otra parte el Vicecónsul de España en Puerto Plata* [Santo Domingo] *me ha informado que la Escuadra Española ha conseguido en Curazao solamente 300 toneladas de carbón y ya había zarpado... he recibido además del Contralmirante Ventura Manterola, Comandante General de La Habana, en clave naval, un telegrama que ni yo ni el Comandante*

---

[42] Tanto en La Habana como en San Juan, los **Gobernadores Blanco y Macías** estaban luchando por sus intereses personales y no dando eco a un clamor popular que reclamaba a España su presencia y defensa contra la invasión Americana. No existía indicio alguno que identificarse con España era, a estas alturas, una petición y deseo popular. Tanto en Cuba como en Puerto Rico, los criollos buscaban con las armas la forma de deshacerse del coloniaje impuesto por España.

[43] **Luis Polo de Bernabé**, meses antes Subsecretario de Estado Español, fue promovido en pocos días a enviado Plenipotenciario de España en Washington, substituyendo a **Dupuy de Lôme.**

[44] Aguas entre Santo Domingo y Puerto Rico.

General de Marina de Puerto Rico hemos podido entender... por último, ha llegado hace ocho días a esta capital [Caracas] un Oficial Norteamericano como agregado militar a la Legación, que con su Ministro hacen excursiones al vecino puerto de La Guaira... no los perdemos de vista y haremos lo necesario para desbaratar sus planes.»

El 19 de Mayo, Pio Guillón, Ministro de Estado Español, comunicó brevemente al *Teniente La Rocha*, Comandante del **Terror** en Martinica y al jefe de la Marina de Santiago de Cuba:

«Si tuviesen medios de comunicar con Almirante de nuestra Escuadra, manifiéstenle que Gobierno anula telegrama sobre vuelta a España.»

Ese mismo día llegó a Pio Gullón, Ministro de Estado Español, un corto mensaje del Ministro de España en La Haya...

«Ministro Plenipotenciario Estados Unidos ha llamado la atención del Gobierno Holandés sobre cantidad de carbón facilitado en Curazao a Escuadra Española, creyendo fueron más que las 400 toneladas. Insistió no se convierta en base de operaciones.»

Cervera, por su parte, telegrafió a Pio Guillón...

«Esta mañana ha entrado en este puerto [Santiago de Cuba] la Escuadra. Tengo necesidad limpiar máquinas y calderas, viéndome obligado a permanecer aquí algunos días; además, necesitaré combustible del que existe.»

A la izquierda, **Pio Gullón Iglesias** (1835-1917). En el gobierno presidido por **Sagasta**, ocupó entre el **4 de Octubre de 1897** y el **18 de Mayo de 1898**, la cartera de Ministro de Estado

Debajo, la entrada al **puerto de Santiago de Cuba** en 1898. A la derecha la fortaleza de San Pedro del Morro; al fondo, donde señala la flecha, estaba la ciudad de Santiago de Cuba.

San Juan, la capital y mayor ciudad de Puerto Rico, fue el sitio del primer conflicto armado entre los Estados Unidos y España en la isla. El 10 de mayo, el **USS Yosemite** intercambió disparos con la fortaleza de **San Cristóbal** en la costa Norte de San Juan. Durante los días siguientes, los buques comandados por el Contralmirante Sampson también bombardearon la ciudad, causando daños dispersos. *A la izquierda* el fuerte *San Cristóbal* en 1898; *a la derecha*, en 2017.

Luis Polo de Bernabé y Pilón (1854-1929), Ministro de España en Washington. Sirvió como tal durante toda la guerra con España. Posteriormente fue Ministro Plenipotenciario ante el Gobierno Alemán.

La entrada de la Escuadra Española en Santiago de Cuba en dibujo en postales de colección publicadas por la fábrica Barcelonesa *de Chocolate Evaristo Juncosa*; todas numeradas, con publicidad al revés de cada imagen. Juncosa publicó imágenes de Máximo Gómez, Calixto García, Quintín Bandera, Juan Rius Rivera e inclusive el general Valeriano Weyler.

El **Castillo San Severino** en la ciudad de Matanzas, bombardeado por el **USS New York** al mando del Almirante William Sampson, el 22 de Abril de 1898. El *USS New York* era el buque insignia del Almirante; los records dicen que el USS New York disparó 194 tiros de cañón, que fueron respondidos por 35 tiros por parte de las tropas en San Severino. En total, la pelea duró 29 minutos.

El 19 de Mayo, Cervera de inmediato telegrafió al Capitán General de Cuba, Ramón Blanco...

«Hoy he fondeado en este puerto desde donde le saluda toda esta Escuadra deseosa de cooperar a la defensa de la Patria.»

Con la misma fecha el Ministro de Marina Español, Ramón Auñón, se comunicó con Cervera...

«Encargado Ministerio felicito V.E. y Escuadra por hábil maniobra. Ordeno General del Apostadero provéale cuanto necesite.[45] Proceda acuerdo Gobernador General y déme frecuentes noticias.»

En pocas horas el Capitán General de Cuba, Ramón Blanco, le telegrafió al General Arsenio Linares,[46] organizador de la defensa terrestre de Santiago...

«Sírvase S.E. manifestar señor Almirante Cervera, que le felicito por su feliz llegada a esa... mis últimas noticias son Escuadra Sampson en Samaná y Puerto Plata.[47] Escuadra volante en marcha de Charleston a Cayo Hueso, donde calculo debe hallarse hoy.»

El Almirante Vicente Manterola, Comandante General de la Armada Española en La Habana, también le envió un telegrama de felicitación a Cervera...

«Al saber su llegada me apresuro a felicitarle en nombre de todos por su feliz arribo... Escuadra Americana de evolución debía salir para Cayo Hueso unida a la de Sampson buscar a la nuestra. Bloquean esta capital [La Habana] un transporte, dos Cruceros y un Cañonero.»

24 horas después, el Capitán General Blanco telegrafió a Miguel Correa, Ministro de la Guerra Español:

*«Llegó a Santiago de Cuba Escuadra Cervera, menos **Terror**, que quedó en Martinica con **Alicante**, ambos bloqueados por buques enemigos que los acechan. Escuadra sin víveres, ni carbón que toma allí [Santiago de Cuba], donde no podrá permanecer mucho tiempo pues se expondrá a ser bloqueada, completamente incomunicada, limitando escasos recursos a plaza. Si hubieran venido con ella **Pelayo, Carlos V** y flotilla torpederos, podrían intentar algo importante y contribuir poderosamente defender islas; pero, re-*

---

[45] En el lingo naval de la época, el **Apostadero** era el asiento de la fuerza naval local, el cual constituía el principal punto de apoyo y base de operaciones de las fuerzas navales visitantes. Las fuerzas del Apostadero tomaban una serie de medidas especiales de vigilancia y protección de las costas con un despliegue naval significativo.

[46] **Arsenio Linares y Pombo** (1848-1914), tenía experiencia en Cuba por haber participado en la resistencia a los embates de los Mambises Cubanos; también había luchado contra los Carlistas en España. En la Batalla de San Juan fue herido de gravedad. En Santiago su tropa alcanzó la fuerza de 10,000 hombres.

[47] Samaná y Puerto Plata, ambas en Santo Domingo.

ducida como viene, tiene que evitar choque, limitándose a maniobras que no la comprometan y que no podrán ser de grandes resultados. Tampoco ha traído ningún transporte con carbón y víveres, que tan útiles nos hubieran sido, así como armas y municiones.»

Ese mismo día 20, Cervera le telegrafió al Ministro Auñón...

«Pienso alistar los buques en el menor tiempo posible, porque a mi juicio Santiago de Cuba pronto estará en situación difícil si no le envían recursos.»

A lo cual respondió el Ministro Auñón...

«Anúnciase invasión de la isla de Cuba para últimos días de la próxima semana, con 28,000 hombres. Apostados buques enemigos al Sur de Santiago de Cuba y San Thomas y próximos Martinica para apresar Terror y Alicante. El enemigo supone poder defensivo Puerto Rico muy débil.»

El Almirante Vicente Manterola, Comandante General de la Armada Española en La Habana telegrafió a Cervera con fecha 20 de Mayo:

«Urge mucho avisar al Almirante de la Escuadra sale hoy mismo vapor Inglés con 3,000 carbón Cardiff [48] para Curazao, llevando telegrama urgente Ministro de Marina; Cónsul San Thomas dice Escuadra enemiga reforzada con otra de Cayo Hueso, marcha al encuentro nuestro en la dirección Martinica.»

Cervera le respondió en estos términos:

«Desconozco composición Escuadra enemiga y distribución demás fuerzas. Agradeceré noticias a S.E. También suplico me diga si ha recibido municiones de 14 mm u otros pertrechos para esta Escuadra y si Cienfuegos tiene recursos y comunicación por tierra con esa capital. Me parece hace falta enviar enseguida aquí carbón y muchos víveres. Agradecemos felicitación de V.E. y personal de ese Apostadero.»

Dos horas después, el 21 de Mayo, desde Madrid, el Ministro Auñón le telegrafió a Cervera un terso mensaje:

«Me comunican que flota Sampson salió del puerto de Cayo Hueso anoche.»

A lo que responde Cervera, también telegráficamente:

«Santiago muy escaso de víveres [49], y si no los recibe sucumbirá. Como esta escuadra es muy inferior a la Americana, no podremos aceptar un combate decisivo, que sería derrota segura, y si somos bloqueados antes de hacer carbón, que está escaso y dificultoso, sucumbiremos con la plaza. Si vienen víveres se podrá resistir mientras duren.»

---

[48] **Carbón Cardiff**, de excepcional calidad en la época, era producido en Cardiff, la capital de Gales en el Reino Unido.

[49] Refiriéndose a las necesidades de la flota, no a las de la ciudad.

La situación, por todo desesperada, siguió infundiendo esperanzas a los Españoles en Santiago, el resto del Caribe y España. El General Blanco envió lo que parecía ser una esperanza al General Arsenio Linares, Director de Operaciones Terrestres en los alrededores de Santiago:

> «Diga Almirante Cervera que buque Inglés con carbón salió ya Curazao para Santiago de Cuba y puede V.E. después utilizar dicho barco para víveres.»

Dos comunicaciones del Comandante General del Apostadero de La Habana, Almirante Vicente Manterola, dirigidas a Cervera, hubieran sido portadoras de buenas noticias 20 días atrás, pero no ahora, a punto de comenzar el encuentro de Españoles con Norteamericanos:

> «... Guantánamo, la Mulata, Cárdenas, Matanzas, Mariel y Nipe tienen **torpedos Bustamante**, el último dudoso. Cienfuegos y Habana tienen **torpedos eléctricos**... Cienfuegos tiene recursos y comunicaciones por tierra con esta capital [La Habana]. Anticipo esto y mañana satisfaré demás preguntas.»

Apenas hacía tres días, el 18 de Mayo, había ocurrido un intercambio importante entre dos barcos Norteamericanos y las baterías de los fuertes **El Morro** y **La Socapa** a la entrada de la bahía de Santiago de Cuba, precisamente el día que llegaba la flota Española bajo el comando del Almirante Cervera. El bloqueo total y embotellamiento de la flota dentro de la bahía estuvo terminado el 27 de Mayo, cuando la flota Norteamericana, al mando del **Comodoro Winfield Scott Schley**, subalterno del **Almirante William T. Sampson**, dispuso sus barcos en arco en las aguas al sur de la entrada de la bahía.

A la izquierda, **William T. Sampson** (1840-1902), Almirante de la Escuadra de los EEUU conocido por su victoria en la Batalla de Santiago de Cuba; a la derecha, **Winfield Scott Schley** (1839-1911), su subalterno, también Almirante, jefe del "Escuadrón Volante," que primero bombardeó Cienfuegos (el 18 de Mayo) y después procedió hacia Santiago de Cuba donde dirigió las fuerzas navales de EEUU, destrozando la Escuadra de Cervera. En unas rápidas maniobras lo logró en 15 minutos, en ausencia del Almirante Sampson, que estaba en tierra entrevistándose con el General Shafter, de las fuerzas terrestres Americanas.

Cuatro vistas de las **Baterías de la Socapa**, al Oeste de la entrada del puerto de Santiago de Cuba, donde el Ejército de Tierra Español esperaba a las fuerzas navales de los EEUU, que, sin embargo, nunca necesitaron entrar en el puerto.

Las comunicaciones entre el Ministro de Marina Español Auñón y el Almirante Cervera continuaron sumamente difíciles durante el resto de la guerra. Un telegrama desde Madrid del día 22 de Mayo, recibido por Cervera el 25, aclaraba mensajes anteriores...

«Reitero mis telegramas del 26 de Abril y el 1 de Mayo, diciéndole que Usted tiene a su disposición, en Londres, en la **Casa Mildred Goyeneche***, £15,000 libras esterlinas.»* [50]

---

[50] Alrededor de $1,200,000 dólares en moneda del 2015. **La Casa Mildred, Goyeneche y Cía.**, propiedad de una rica y poderosa familia Peruana, competía con la Casa Rothschild en Londres, teniendo una sucursal también en Cuba, el Banco de La Habana. A la derecha la foto del edificio de Londres.

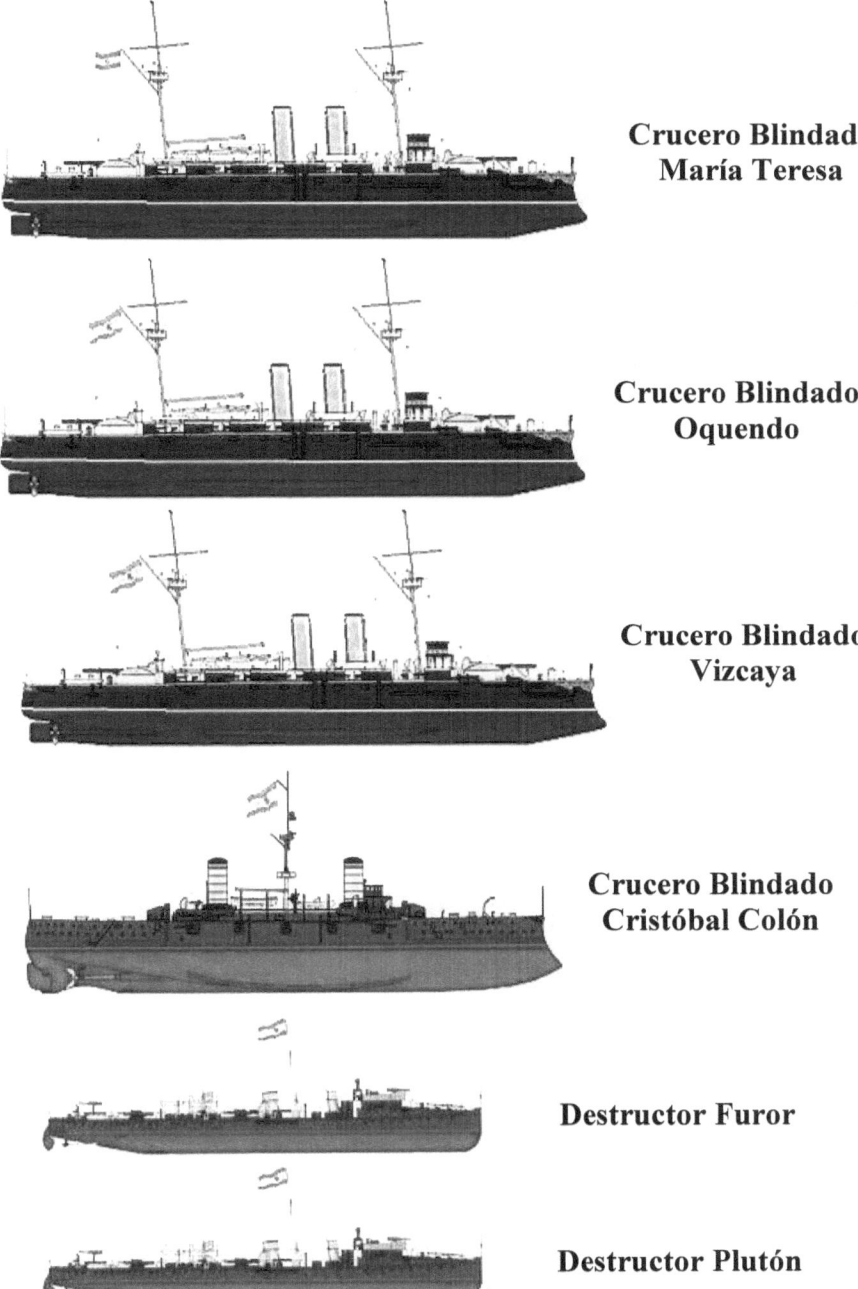

Los barcos de la **Marina Española encerrados en la bahía de Santiago de Cuba** en Mayo de 1898, esperando la decisión de Cervera de cómo y cuándo salir de allí. Ver los detalles y especificaciones de esta Escuadra en el Apéndice 2, página 122

Las comunicaciones entre el Almirante Cervera y el Comandante General del Apostadero de La Habana, Almirante Vicente Manterola, estaban siendo cada vez más pesimistas a finales de Mayo del 1898. Una carta de Cervera a Manterola de Mayo 22 expresaba:

«He recibido su telegrama cifrado notificándome lastimoso estado de sus fuerzas navales. Creo que no podrán venir más de España, porque no quedaban disponibles más que Carlos V, Alfonso XIII y algunos cazatorpederos y torpederos. El Pelayo creo que no tendrá instalada su artillería mediana. Podrían venir con recursos algunos de los vapores trasatlánticos adquiridos, creo que son cuatro y andan bien. Mi venida a esta ha sido algo casual, pues conforme a las instrucciones debía ir Puerto Rico... siempre se me ha hablado que aquí encontraría de todo. Quizás estas ideas hayan cambiado con la crisis Ministerial.[51]

El 23 de Mayo, el Ministro Auñón se comunicó telegráficamente con Cervera:

«Apruebo aumento fogoneros. Salió carbón Puerto Rico para esa. Hay 3,000 toneladas en Cienfuegos. Salió Escuadra enemiga Almirante Schley de Cayo Hueso para Sur Cuba día 20 noche y después la de Sampson. Créese cuatro monitores y algunos Cruceros guardan canal de Yucatán. Si vapor trasatlántico armado Alfonso XIII llega con carbón y víveres, puede, si le conviene, incorporarlo Escuadra, dígalo Comandante General del Apostadero. Si imposibilidad pasar canales conviniera hacer diversión sobre costa enemiga, puede hacerlo, mas no se considera obligado.»

El 23 de Mayo, Ramón Blanco, Capitán General de Cuba, le telegrafía desde La Habana al General Linares, localizado en Santiago de Cuba, Jefe de Operaciones Terrestres en la isla:

«Hay 12 buques enemigos frente a Cienfuegos.»

Una comunicación de Blanco a Linares reitera:

«De los barcos que había ayer frente Habana, se han dirigido hacia Barlovento el Acorazado Indiana, el Crucero Acorazado New York, el Crucero Montgomery, aviso Dolphin, Cañonero grande Wilmington, y otros Cruceros.»

Ese mismo día 23 de Mayo Blanco, desde La Habana, le telegrafió al General Linares en Santiago:

---

[51] La **crisis ministerial de 1898** fue debida al descalabro de la Bahía de Manila. Presidía el Consejo el Ministro *Práxedes Mateo Sagasta*, que tenía unas décimas de fiebre debido a una bronconeumonía. Sagasta aceptó las dimisiones de los Ministros de Ultramar y Exteriores. *Segismundo Moret*, calificado como el responsable de haber provocado la salida de Weyler, fue reemplazado por Romero Girón; *Pío Gullón*, que había defendido evitar la guerra por medios diplomáticos, fue sustituido por el *Duque Almodóvar del Río*. Siguieron en sus puestos *Bermejo* en la Marina y el belicoso *General Miguel Correa* en el Ministerio de Guerra.

«*Tengo confidencia desde Montreal de que Escuadra Schley sale para Sur de cuba, después Sampson y que cuatro Monitores y algunos Cruceros guardan estrecho Yucatán. No hay novedad en Puerto Rico, y ayer salió para ese puerto desde Curazao vapor Inglés con carbón. Me limito a transcribirlo a V.E., y ya le he participado los barcos que había frente Habana esta tarde.*»

Segismundo Moret y el **Duque Almodóvar del Río**, dos nuevos Ministros que llegaron al Gabinete Español del Primer Ministro Sagasta (Ultramar y Exteriores) después de la Crisis Ministerial provocada por la derrota de la Escuadra Española en las Filipinas

El **Faro de Villanueva** en *Punta de los Colorados*, Cienfuegos, fue construido en 1851; una torre redonda de mampostería con linterna y galería, pintada de blanco. Fue el primer faro destruido por el bombardeo naval de los EEUU durante la *Guerra Hispano-Cubano-Americana*. Situado en la entrada Este del puerto interior de Cienfuegos, justo al sur de la ciudad.

Cayo Hueso ha tenido una presencia militar Estadounidense desde 1823, poco después de ser adquirida por un Norteamericano que presionó al gobierno de los EEUU para establecer allí una base naval, tanto para aprovechar su ubicación estratégica como para llevar la ley y el orden a la ciudad de Key West. El 25 de marzo de 1822, el Comodoro Matthew C. Perry navegó a Cayo Hueso y plantó la bandera de los EEUU, reclamándola como propiedad Americana; **la foto muestra esa Base Naval en 1898**.

Al día siguiente, desde Santiago de Cuba, Cervera le escribió al Ministro Auñón en Madrid:

«He reunido los Comandantes de los buques quienes unánimemente opinan que, dado el andar máximo de la Escuadra, reducido a 14 nudos por lo sucio del Vizcaya, dado el poco carbón que tenemos, la situación del enemigo y las condiciones del puerto, el peligro de salida es muy superior a las ventajas que pudiéramos tener yendo a Puerto Rico, que es el puerto más cercano a donde podríamos dirigirnos.... aprovecharemos los recursos posibles y de acuerdo con el Comandante General de la división ejército contribuiremos defensa de puerto y la plaza... para abastecer esta se necesita forzar el bloqueo con buques rápidos veinte nudos con práctico y tener canal franco... por eso he ordenado vapores transatlánticos de Puerto Rico y Martinica no salgan pues seguramente serán apresados....»

Ese día, 24 de Mayo, convocados por el Almirante, se reunieron en la cámara de Cervera el General Segundo Jefe, los Comandantes de los Acorazados, el Jefe de E.M. y el de la Primera División de Torpederos. Se levantó un acta, firmada por todos, en la que se anotaron las siguientes opiniones y recomendaciones:

«... [Los jefes aseguran que] la Escuadra del Almirante Schley salió de Cayo Hueso el día 20 con rumbo sur hacia Cuba... la Escuadra del Almirante Sampson se encontraba ayer a la vista de Cienfuegos... cada una de ellas [representa una] fuerza superior a la de ésta Escuadra... la permanencia durante el día de ayer de cuatro buques a la boca del puerto prueba la exactitud de las noticias... las disposiciones tomadas desde ayer fueron las convenientes para salir al amanecer con rumbo a Puerto Rico, donde se habían puesto los telegramas necesarios para detener en aquel puerto el buque carbonero y el trasatlántico Alfonso XIII... la situación de las fuerzas enemigas, su número e importancia, hicieron unánimemente se considerase imposible la realización de esa plan... [nuestros] buques sólo han podido repostarse de la tercera parte de su combustible, considerando que las condiciones del puerto obligan en la salida que esta se efectúe uno á uno á poca velocidad... [es necesario] continuar en este puerto repostándose de todo lo necesario y de que haya existencias, con el fin de utilizar cualquier circunstancia que pudiera presentarse para salir del puerto, hoy bloqueado con fuerzas tan notoriamente superiores...»

El acta enviada el 24 de Mayo, se cruzó con un telegrama del General Blanco en La Habana al General Linares en Santiago de Cuba:

«Oregón llegó a Cayo Hueso; Escuadra volante marcha sobre Santiago de Cuba y Sampson también piensa llegar a esa mañana si aviso no le notifica movimiento Escuadra de Cervera. Si éste no gana horas podría verse encerrado.»

Llegó entonces a manos de Cervera un cable especial desde Madrid, enviado el 24 de Mayo por Antonio de la Rocha,[52] en nombre del Centro Consultivo de la Armada Española.

«Gracias a su hábil derrota [sic], a sus acertadas disposiciones y sobre todo a la Divina Providencia, no tenemos hoy que lamentar la vida de numerosas víctimas y de los mejores buques de nuestra escasa Marina.»

Cervera contestó esa nota el 16 de noviembre de 1898, en los siguientes términos, una vez había vuelto a Madrid tras el fin de los eventos en Santiago de Cuba:

«... al decir usted que pensaba inevitable el encuentro con alguna de las dos Escuadras enemigas que cruzaban aquellos mares, ambas muy superiores en fuerza a la de mi mando,... se demuestra que no era sólo mi opinión, sino también de mis compañeros, y aleja por completo toda duda de que nosotros fuimos empujados a una segura destrucción, punto que a mí me importa mucho aclarar... a pesar de que creían ustedes que la Escuadra marchaba a la derrota, votaban ustedes que saliera, se pone de manifiesto que no la ignorancia ni la ligereza, sino móviles muchos más elevados eran los que impulsaban a ustedes, y aun cuando yo creo esos móviles no han debido hacer variar sus votos de ustedes, es consolador ver ese espíritu de sacrificio en el Cuerpo, aun cuando hubiera de hacerse por otros que los votantes...»

Ya en 1898, todos los Acorazados Españoles eran de dos hélices y máquinas horizontales de doble expansión, y algunos, como el **Alfonso XIII**, tenían máquinas de triple expansión. Las calderas, desde esa época, eran del llamado tipo *"cilíndrico marino"*, provisto de dos o tres hogares en la parte baja y "tubos de agua con vista a las llamas" en la parte alta; en los acorazados construidos después de 1890 fueron sustituidas por otras mucho más livianas. Las fotos ilustran los **tipos de calderas** utilizados por la Escuadra de Cervera.

---

[52] **Antonio de la Rocha y Aranda**, era un Almirante y Capitán de Navío miembro del *Centro Consultivo de la Armada Española* en Madrid. En la Batalla de Cavite, en las Filipinas, había sido oficial de la Fragata **Numancia**.

En un esfuerzo fuera de tiempo y baldío, el Gobernador General de Cuba, Ramón Blanco, le envió el 25 de Mayo al General Arsenio Linares en Santiago de Cuba un telegrama que Cervera y sus Oficiales encontraron inútil:

> «*Telegramas particulares de Estados Unidos dicen que se proponen encerrar nuestra Escuadra ahí y convendrá vigilar la boca del puerto para evitar realización de tal propósito.*»

En lugar de contestarle a Blanco, Cervera lo hizo en un cable directamente enviado a Linares en Santiago de Cuba:

> «*... Lamentable es en extremo que [nuestra] Escuadra no saliera ayer, encendida como estaba pero noticias llegadas del Gobierno afirmaban que la Escuadra de Schley había salido para aquí el 20 y le seguía la de Sampson, por lo que todos los Capitanes de Navío de esta Escuadra opinaron unánimemente que la salida era improcedente...por penuria de carbón mandé apagar los tres quintos de las calderas...*[53] *es de sentir que la mala suerte [y la falta de buena información] me haya traído a este puerto, tan falto de recursos, y que elegí de preferencia, porque, como no había sido bloqueado, lo suponía abundante de víveres, carbón y pertrechos de todas clases... me lisonjeaba tener inutilizada la mayor parte de la flota enemiga, único servicio eficaz que se puede esperar de esta reducida y mal armada Escuadra...*»

Vicente Linares le respondió inmediatamente a Cervera, con una nota decididamente neutral que no dejaba entrever si comprendía y apoyaba el lado de Cervera o el de Blanco:

> «*He recibido su atento escrito manifestándome su deseo de que el Excmo. Sr. Capitán General de la Isla conozca las razones que ha tenido V.E. para no zarpar de ese puerto con la Escuadra de su digno mando, las cuales he trasmitido a la referida autoridad por medio del cable, procurando extractar fielmente el contenido de [su] escrito. Tengo el honor de participar a V.E. para su conocimiento, remitiéndole copia del cable expedido. Dios guarde a V.E. muchos años.*»

Las malas noticias, y alguna que otra buena, comenzaron a llegar al día siguiente en un telegrama del Capitán General de Cuba al Ministro de Guerra, Miguel Correa.[54]

> «*Parece que ayer fue apresado, cerca de Santiago de Cuba, un vapor Inglés que llevaba carbón a nuestra Escuadra. El Terror burló buques Americanos en Martinica; ya está en Puerto Rico.*»

---

[53] Las **calderas** de los buques de tal tamaño requerían casi el día entero para levantar la presión de vapor de agua necesaria para mover las hélices y poder poner en movimiento la nave al anochecer. Cervera llama el incidente lamentable porque, debido al gasto de combustible, siempre se trata de no encenderlas hasta no estar seguro de partir.

[54] **Miguel Correa y García** (1832-1900), militar y político Español, desempeñó el cargo de Ministro de la Guerra de España desde el 4 de Octubre de 1897 hasta el 4 de Marzo de 1899.

El Capitán General Ramón Blanco también encontró algo que decir por telégrafo a Correa:

> *«Almirante Cervera resuelto permanecer por ahora Cuba, vista superioridad enemigo, escasez carbón y deficiencia armamento de sus barcos. Háblase alistarse otra Escuadra en Cádiz; si así fuera, sería indispensable vinieran con ella transportes con víveres y carbón, fusiles y municiones pedidas a V.E.»*

El Ministro de Marina Auñón telegrafió a Cervera a la mañana siguiente, 26 de Mayo:

> *«Sírvase trasmitir Comandante Linares el siguiente telegrama del Ministro Guerra: Dígame para cuanto tiempo tienen víveres y si podría recibirlos por tierra, indicándome en ese caso a que puerto más próximo podrían enviarse. He preguntado a Capitán General si esa plaza bloqueada también por tierra y no me contesta, necesitando saber para medidas de abastecimientos y otras. Dígame si recibió clave de guerra para comunicarse con este Ministerio contestando con ella o por medio Jefe de la Escuadra si no la tiene.»*

El día 26 Cervera le respondió a Auñón:

> *«Cuba[55] podrá subsistir hasta mediados Julio. Se consumen 50,000 raciones de personal al mes; 20,000 maíz, cinco libras, una ganado... Se necesitan medicamentos para hospital, especialmente quinina y bismuto... cuerpos en Enero actual recibieron consignaciones del año anterior... existe bloqueo por tierra que rompen tropas cada vez que salen, pero no pueden recibirse raciones más que en puertos referidos para respectivas fuerzas... no he recibido clave para comunicarme con V.E. Tengo Gestión hecha para traer a Cuba y Guantánamo víveres dos meses de Halifax Canadá y reses repúblicas del sur... no espero consigan burlar bloqueo extremado desde llegada Escuadra... es indispensable envíe alpargatas cerradas 1,800 pares Baracoa, 1,400 Sagua de Tánamo, 24,000 Santiago y 16,000 Guantánamo...»*

En términos similares le escribió Cervera a Auñón, el Ministro de Marina:

> *«Sírvase trasmitir Ministro Guerra lo siguiente... ruego envío 12,000 trajes rayadillo Cuba,[56] 7,000 Guantánamo, 1,000 Baracoa, 1,000 Sagua de Tánamo, con correspondiente todos doble muda interior, camisa, camiseta, calzoncillos...»*

---

[55] Se refiere a la provincia de Oriente, que se conocía como provincia de Cuba en muchas partes.

[56] En esta ocasión se refiere a Santiago de Cuba.

Mientras la oficialidad Militar, Naval y Colonial Española se debatía entre el pesimismo, las falsas esperanzas y la desesperación por falta de recursos, planes factibles y noticias pertinentes, otros eventos importantes estaban ocurriendo a espaldas de los contendientes que estaban fuera de los hechos que narra Cervera en sus memorias.

A principios de Mayo Máximo Gómez se había reunido con el Almirante Sampson y le había facilitado importantes detalles y datos militares.[57] El primer encuentro naval bélico había tenido lugar frente a la bahía de la Habana entre las Cañoneras *Nueva España* y *Conde de Venadito*[58] y la flota Norteamericana que comenzaba a establecer un bloqueo de la bahía.[59] Estando la flota de Cervera en Curazao, el 18 de Mayo, tuvo lugar el primer intercambio de obuses entre barcos Norteamericanos y las fortalezas del Morro y la Socapa a la entrada de la bahía de Santiago.

Una vez más, el 26 de Mayo, Cervera reunió a los Comandantes de los Acorazados y a los Jefes de la división de Torpederos, de cuya reunión se levantó un acta que Cervera presentó en sus Memorias.

> «Aprovechando la circunstancia de mal tiempo, por unanimidad se convino que se debía salir para Puerto Rico y se dio orden de encender todas las calderas y estar listos a las 5 de la tarde. a las 2 de la tarde señalo el semáforo [60] la presencia de tres buques enemigos, lo que unido a lo que aclaraba el tiempo, decidió al Almirante a convocar de nuevo a los Jefes citados para decidir si la marejada reinante permitiría la salida franca de los buques.[61] La decisión final fue de no aventurarse a salir de la bahía ante esas dificultades.»

---

[57] En esos días, el 10 de Mayo, el Gobierno de la República de Cuba en Armas **autorizó la colaboración** de las tropas Cubanas con las fuerzas de los EEUU.

[58] El buque **Conde de Venadito** era un Crucero no protegido, clasificado como Crucero de 3ª clase, de la Armada Española, que recibió su nombre en honor de *Juan Ruiz de Apodaca*, político, marino y militar español, primer Conde de Venadito y último Virrey de Nueva España.

[59] En ninguna de sus comunicaciones **Ramón Blanco**, Capitán General de Cuba, dio a conocer este importante evento al Almirante Cervera.

[60] El "*semáforo*" era un destacamento de avanzada a la entrada de la bahía cuyos hombres daban noticias de movimientos en el mar al sur de la entrada.

[61] El *Teresa*, el *Vizcaya* y el *Oquendo* sólo calaban alrededor de 23 pies, el *Colón*, sin embargo, calaba 25 pies. La profundidad de la entrada de la bahía de Santiago, frente a la punta del Morrillo, era de 27.5 pies. En la opinión del práctico de la Escuadra, era probable que el Colón "*diera una culada*" al salir de la bahía.

Arriba, el Crucero **Conde de Venadito**, que en unión del Cañonero *Nueva España* trató con éxito de rechazar el bloqueo de la bahía de La Habana el 14 de Mayo de 1898. *Al centro*, una vista de la entrada a la bahía de Santiago desde la fortaleza de **El Morro**. *Debajo*, la entrada a la bahía con la fortaleza de **La Socapa** a la izquierda y El Morro a la derecha.

En la reunión del 26 de Mayo, Concas [62] y Bustamante[63], opinaron que la Escuadra dentro de la bahía de Santiago de Cuba debía salir; los demás votaron que no y Cervera se abstuvo. La opinión de Bustamante fue detallada por él en un documento que explicó su voto particular.

> «... hoy es casi seguro que las Escuadras enemigas no están sobre este puerto; mañana es casi seguro que lo estarán... nuestra Escuadra tiene poquísimas posibilidades de salir unida forzando el bloqueo... el salir cada buque a la ventura no encaja bien a mi modo de sentir... el salir francamente a presentar combate me parece hasta inhumano por lo seguro de la derrota... [si no salimos a toda carrera] no se me alcanza mas recurso que el capitular como la plaza, cuando al cabo de un mes o poco más nos encontraremos faltos de víveres, pues estamos bloqueados por mar y por tierra... esta solución última es para mí más inadmisible aún que las anteriores... ante la inmensa gravedad en que se encuentra la Escuadra, opto por la salvación de tres de sus buques, aun corriendo el riesgo de la perdida marinera del cuarto, tanto más cuanto no creo tan inminente esa pérdida, pues los prácticos siempre dejan un margen de seguridad o resguardo y lo mismo hacen los hidrógrafos...[64] aun cuando un golpe de mar sobre la laja cogiera al Colón y tocara fondo, no por eso la avería le imposibilitara de seguir viaje... creo preferible que el Colón saliera último... esta es la opinión que me dicta mi conciencia.»

El Capitán Concas emitió también un voto particular:

> «... la Escuadra enemiga que viene de Cienfuegos y que esperábamos esta mañana, detenida seguramente por el temporal, puede estar aquí al amanecer, desde cuyo momento el bloqueo habrá de romperlo contra fuerzas inmensamente superiores, aun sin contar con la otra Escuadra que se anuncia que viene por el canal viejo... para hacerse cargo de la gravedad de la situación de la plaza, hay que tener en cuenta que al Ejército y a la Marina se le deben once meses de sueldo, que el primero debe casi tanto de sus provisiones que el comercio no quiere aumentar la deuda... Santiago de Cuba esta sitiado por sí mismo, pues no hay víveres ni nadie hace nada por traerlos... la capitulación [de la ciudad de Santiago de Cuba] se impondrá en un plazo brevísimo, arrastrando con ella a la Escuadra... las circunstancias imponen que se corra el riesgo [de salir de la bahía] hasta de pérdida total, que considero remotísi-

---

[62] El Capitán **Víctor María Concas** (1845-1916) fue Comandante del *Crucero Infanta María Teresa* en la Escuadra de Cervera.

[63] El Capitán de Navío **Joaquín Bustamante**, fue Jefe de Estado Mayor de la Escuadra de Cervera; no participó en la batalla naval de Santiago, pues había desembarcado al mando de las columnas de desembarco. Resultó herido el 1° de Julio en la *Batalla de las Colinas de San Juan*, cerca de Santiago de Cuba, y falleció pocos días después. Recibió póstumamente la *Cruz Laureada de San Fernando*.

[64] Bustamante se refería a la posibilidad de que hubiera **más de 27.5 pies de profundidad** frente a la punta del Morrillo y que los barcos pudieran salir a la mayor velocidad posible y sin tocar fondo.

ma, *pues el plazo de veinte o veinticinco días que nos quedan no es suficiente para esperar ni una ocasión ni un cambio de circunstancias.»*

El único comentario en voto particular de Cervera se limitó dar la orden de quedarse dentro de la bahía de Santiago de Cuba, lo cual le hizo comentar lo siguiente:

«... las circunstancias no son tan extremadas para exponernos a perder el Colón por la mar que hay en la laja, en que la Gerona [65]*, de menos calado que él, perdió parte de la zapata, y en espera de que calme la mar y se presente otra ocasión, se suspende la salida.»*

En telegrama al Ministro Auñón, Cervera le comunicó su decisión.

«Santiago de Cuba, 27 de Mayo de 1898, ayer pensé forzar el bloqueo aprovechando temporal, pero el mejor práctico opinó que el Colón correría riesgo de tocar en una laja que hay en la boca de puerto, donde Gerona perdió zapata. No encontraré justificado correr ese riesgo, suspendo salida de acuerdo con Segundo Jefe y Comandantes. Jefe de Estado Mayor y el del Infanta María Teresa opinaron en contrario. Aquí no hay buques suficientemente rápidos para forzar bloqueo.»

La **Fragata de Hélice Gerona**. Antes de la Guerra Hispano-Cubano-Americana, fue utilizada por varios años como escuela para la marina Española; en Agosto de 1866, durante ejercicios, la Fragata Gerona capturó de los Portugueses la Corbeta Tornado, que fue incorporada a la Armada Española. Con el tiempo sufrió averías a la salida de Santiago de Cuba y fue retirada de servicio.

El telegrama de Cervera, fue respondido por el Ministro Auñón lacónicamente y con malas noticias, en la creencia que Cervera pudiera cambiar de opinión y darle frente a sus penosas circunstancias:

«Madrid, 28 de Mayo de 1898, Recibido su telegrama día 27. Adviértole que el enemigo intenta sumergir cascos entrada del puerto...»

Ramón Blanco, Capitán General de Cuba, por razones desconocidas, interrumpió su correspondencia telegráfica directa con Cervera y comenzó a comunicarse solamente con sus superiores en Madrid. En un telegrama a Correa, el Ministro de la Guerra, le informó:

«... he procurado atender mejor [a La Habana] *debido a su alejamiento y probabilidades de ataque o bloqueo Americano o Insurrectos, reforzán-*

---

[65] Desde el comienzo de la Guerra Hispano-Cubano-Americana, la **Fragata de Hélice Gerona** participó en varias operaciones como escuela de cabos de cañón; en 1898, pasó a servir como depósito de marinería, siendo desguazada a final de ese año cuando al salir de la bahía de Santiago de Cuba tocó fondo en una laja. Las lajas son rocas calizas sólidas, duras, lisas y relativamente poco gruesas que se encuentran en ocasiones a poca profundidad cerca de las costas.

dola hasta cuatro batallones, tres escuadrones, una batería montaña Krupp, cuatro compañías ingenieros, diez piezas posición, cuarenta y siete plazas y correspondientes tropas auxiliares. Además de las partidas de víveres satisfechas aquí en letras de cambio contra el Ministerio, le he remesado 166,000 pesos oro, 10,000 plata, 100,000 billetes y le he remesado 100,000 pesos en Madrid y 10,000 libras en Birmingham; de todo lo cual [66] *y otros particulares referentes a la defensa, tengo dada cuenta a V.E. detalladamente de oficio. Donde urgen más las provisiones es en Gibara y Nuevitas. Presencia Escuadra Cervera hecho mucha impresión Americanos, que han puesto siete barcos sobre Santiago de Cuba.»* [67]

A la izquierda, un **Cañón Krupp de Montaña** de 75mm L13, en 1898, construido en Alemania en 1896 y diseñado casi exclusivamente para las fuerzas coloniales. La única competencia de la Casa Krupp en aquella época era los cañones *Vickers, Sons & Maxim*, utilizados frecuentemente por las colonias Europeas en África.

Tarde o temprano Cervera necesitó comunicarse con el Ministro de Marina Auñón, lo cual hizo el 31 de Mayo en estos términos:

«*Los buques enemigos han disparado unos 60 tiros, pareciendo hacer reconocimiento. Hicieron fuego el* **Brooklyn***, el* **Iowa***, el* **Massachusetts***, el* **Texas** *el* **Amazonas** *y un Crucero Auxiliar; contestaron las baterías del* **Cristóbal Colón***. El Crucero Auxiliar se retiró, probablemente con avería. Desde tierra vióse, al parecer, caer dos proyectiles en* **Iowa***. Nosotros sin novedad.»*

El 1º de Junio Cervera le volvió a telegrafiar:

«*A la Escuadra de bloqueo han llegado grandes refuerzos. Para tener probabilidades de éxito al forzar el bloqueo será conveniente que se alejen los Cruceros Acorazados* **Brooklyn** *y* **New York***, llamándoles la atención hacia otra parte.»*

El 2 de Junio le vuelve a insistir, sugiriendo mover artillería entre tierra y los barcos de la Escuadra a su mando:

«*La Escuadra de bloqueo tiene 21 buques, de ellos seis Acorazados. La plaza carece de artillería moderna por lo que ha ofrecido dos cañones de 75 mm del Terror, que están a bordo.»*

---

[66] El total de esas remesas ascendió a 426,000 pesos Españoles, cuyo equivalente en moneda de 2015 fue $11.5 millones de dólares.

[67] Un año después, al leer esta comunicación en Madrid, Cervera añadió de su puño y letra en su diario: "*Hay seguridad de que lo que llegó a Santiago de Cuba fué mucho menos...*"

Cuando la Escuadra Americana trató de hundir un barco carguero de su flota a la entrada de la bahía de Santiago, [68] Cervera se comunicó por telégrafo con Auñón el 3 de Junio...

> «Esta madrugada un Acorazado y un vapor mercante intentaron forzar el puerto... Los cazatorpederos y exploradoras que estaban a la boca rompieron fuego, siguiendo el **Reina Mercedes** y las baterías con que la artillería de aquel buque hay montadas en la Socapa. Vapor mercante fue echado a pique, acorazado rechazado. Han sido cogidos prisioneros un Teniente de Navío y siete Marineros. Nosotros sin novedad por fuego enemigo y con algunas averías en las instalaciones de los cañones de 75 mm de los Cazatorpederos...»

Hubson y sus hombres durante el fallido hundimiento del **USS Merrimack** a la entrada de la bahía de Santiago de Cuba el 3 de Junio de 1898.

Conocida ya la derrota de la Escuadra Española en Manila, en una decisión sin sentido, el Ministro de Guerra Español Correa le telegrafió el 3 de Junio a Ramón Blanco, Capitán General d Cuba, una misiva que la historia ha considerado como una gran estupidez, o quizás la mayor payasada burocrática de la historia:

> «La situación muy seria de Filipinas nos obliga a mandar allí buques y refuerzos de tropas tan pronto sea posible... la única cosa que podemos hacer es enviar todos los barcos de la Escuadra de Cervera que puedan

---

[68] Se trataba del esfuerzo de la flota Americana de cerrar el paso a la Escuadra Española bloqueando con un barco hundido el acceso a la bahía. La noche del 2 al 3 de Junio, los Estadounidenses fracasaron al intentar bloquear la entrada a la entrada de Santiago hundiendo en ella el barco de vapor **USS Merrimac**, cargado de carbón y con un cinturón de jarras llenas de pólvora que se harían explotar en el momento oportuno. La operación Americana fue avistada por las baterías costeras; el **Vizcaya**, el **Reina Mercedes** y el **Plutón** lograron primero dejar al *Merrimack* a la deriva sin que llegaran a detonar las jarras de pólvora tras dispararle en forma intensa, y posteriormente hundirlo con torpedos antes de que bloquease el canal. El Contralmirante Americano **Richard P.Hobson**, organizador y ejecutor del evento y sus hombres fueron rescatados del mar en una balsa volcada y a la deriva, hechos prisioneros de guerra y tratados por Cervera con gran caballerosidad y humanidad.

salir de Santiago, pero, antes de adoptar una resolución en ese sentido, el Gobierno desea conocer su opinión con respecto al efecto que podría producir eso en el pueblo de Cuba. Este movimiento sería solo temporal y una vez conseguido el objeto en las Filipinas, la Escuadra volvería a Cuba sin pérdida de tiempo y fuertemente reforzada...» [69]

Correa parecía ignorar la comunicación telegráfica que el Almirante **Patricio Montojo y Pasarón**, Jefe de la Escuadra Española en Manila, había enviado a Bermejo, con fecha 1º de Mayo de 1898, la cual no dejaba duda de la derrota total e irreversible en la Filipinas.

*«Tengo el sentimiento de poner en el conocimiento de V. E. que la Escuadra de Filipinas ha sido destruida por la Americana. A medianoche del día de ayer, consiguió forzar el puerto sosteniendo fuego con las baterías de entrada. Antes del amanecer se presentó en línea la Escuadra enemiga compuesta de ocho buques. A las siete y media incendió proa del **Reina Cristina**, poco después la popa, y roto el servomotor, transbordé con mi Estado Mayor al **Cuba**. A las ocho, incendiado completamente Cristina, igualmente Castilla; demás buques averiados, refugiados ensenada Bacoor, fue preciso ir echándolos a pique para evitar cayeran en poder enemigo. A éste pidióle Comandante General del Arsenal cesara bombardeo; puso condición quemar los buques; me consultó y acepté para evitar más pérdidas de vidas y edificios. Se calcula que las pérdidas ascenderán a unas 400 bajas. Ha sido un desastre que lamento profundamente. Lo presentí y anuncié siempre por la falta absoluta de fuerzas y recursos.»* [70]

Ruinas del Acorazado **María Cristina** después de la *Batalla de Cavite* (Manila) el 1 de Mayo de 1898.

---

[69] El 1º de Mayo de 1898, fuerzas navales Estadounidenses al mando del Almirante **George Dewey** (1837-1917), destruyeron la Escuadra Española del Pacífico que estaba bajo el mando del Almirante **Patricio Montojo y Pasarón** (1839-1917)

[70] **Montojo** fue relevado de sus deberes y se le ordenó comparecer ante el *Tribunal Militar Supremo* en Madrid el 1º de Noviembre de 1898, acusado de haber accedido prematuramente a rendir su tropa al enemigo. En Marzo de 1899 fue juzgado y encarcelado, aunque más tarde fue absuelto; en 1899 fue dado de baja de la *Fuerza Naval Española*. Al igual que Cervera, Montoro le había hecho saber al Gobierno Español en varias ocasiones el precario estado de su flota, sin recibir respuesta en ninguna de las ocasiones.

La prensa amarilla de New York reportando sobre la **Batalla de Manila** el 1 de Mayo de 1898.

El 6 de Junio las hostilidades en las aguas de Santiago de Cuba parecieron tomar un curso irremediable. Cervera le comunicó a Auñón los eventos del día...

> «Escuadra enemiga, fuerte de diez buques, ha bombardeado este puerto por tres horas, siendo contestada por las baterías boca de puerto, entre ellas los cañones del **Reina Mercedes**. Hemos tenido: muertos, segundo Comandante Reina Mercedes y cinco marineros más. Ejército ha tenido un muerto. Heridos un Coronel de Artillería, cuatro oficiales y 17 tropa. Ignoramos pérdidas del enemigo. Reina Mercedes ha sufrido mucho; **Vizcaya** recibió dos proyectiles; **Furor** un proyectil en la carbonera sin avería seria. En las obras defensa desperfecto sin importancia militar. Después Escuadra enemiga cañoneó otros puntos de la costa... Temo que enemigo llegue a obstruir boca de puerto; nosotros no podemos impedirlo por su gran superioridad. Suplico a V.E. me dé instrucciones.»

Dos días después, el 6 de Junio, el Almirante Cervera volvió a reunir a los Jefes y Oficiales de su flota, tomando un acta que todos revisaron y firmaron.

> «El Capitán de Navío y Jefe de Estado Mayor de la Escuadra de Cervera, **Joaquín Bustamante**, opinó que habidas todas las circunstancias de existencia de víveres, superioridad de las fuerzas enemigas, etc., se debía efectuar la salida durante el oscuro de la luna, procediendo en esta forma: los Cazatorpederos primero con rumbo al Sur, pasando a toda velocidad por los costados o proximidades del Texas, que es el buque más andador de los cuatro... poco después el Colón, con rumbo Oeste Sur Oeste, contra el Brooklyn, que acostumbra a situarse en esta ala. Después el Teresa, por el Este Sur Este y más tarde el Vizcaya y el

> Oquendo... cree que de ese modo produciría confusión en la Escuadra enemiga... dada la forma en que [la Escuadra] tiene que salir, el punto de reunión debiera ser La Habana en vez de Puerto Rico...»
>
> «El Capitán de Navío Concas opinó que, si desaparecía uno de los Cruceros rápidos, el Brooklyn o el New York, debía intentarse la salida inmediatamente...en las cercanías del novilunio, siempre con la Escuadra unida y toda en un mismo rumbo.»
>
> «Los Capitanes de Navío del Colón, el Oquendo y el Vizcaya y el jefe de la primera división de torpederos opinaron que, dada la impunidad con que cuenta la Escuadra bloqueadora por la escasa defensa de la boca del puerto, que le permite acercarse a una milla de ella, siempre que lo considera conveniente, y dado que la salida se ha dificultado por la situación del Merrimack en la que necesariamente ha de emplearse un tiempo tal que permitiría concentrar contra la boca una fuerza aun más superior, no debe intentarse la salida mientras subsistan las circunstancias presentes y, por el contrario, [se deben] tomar todas las medidas militares que los recursos permitan para reforzar las defensas de la boca del puerto, para precaver un ataque con torpedos o embarcaciones menores.»

El 11 de Junio, en su afán de encontrar una solución al problema en que se encontraba su flota, el Almirante Cervera se puso en contacto con el General Arsenio Linares, jefe militar de las tropas Españolas en Cuba, destacado en Santiago de Cuba.

> «En la noche última he observado por mi mismo desde la batería alta de la **Solapa**, la posición de la Escuadra enemiga y me he convencido de que es absolutamente imposible el que ésta a mi mando pueda salir desapercibida, a favor de la oscuridad de la noche, mientras la artillería de la costa no consiga alejar los buques que con sus proyectiles eléctricos iluminan constante y completamente la boca del puerto.»

El General Linares le contestó el mismo día.

> «Toda vez que en persona V.E. ha observado en la noche de ayer, la posición de la Escuadra enemiga... le ruego me manifieste si considera eficaz al expresado objeto el fuego de los cañones Hontoria de 16 cm. que son los de mayor alcance entre los emplazados en las baterías de la costa, para poder en su consecuencia, dar las correspondientes órdenes al Comandante de la batería alta de la Socapa... no conviene producir alarmas innecesarias en el vecindario, hacer consumo inútil de municiones ni menos evidenciar ante nuestros enemigos lo limitado de nuestros elementos de defensa, si no ha de lograrse favorecer la salida de la Escuadra... a la distancia a que de ordinario se sitúan los barcos Norteamericanos, habría que agregar cuando menos 7 ú 8 kilómetros que separan de la costa, distancia total a la cual podría colocarse la Escuadra enemiga, sin dejar iluminar con sus focos la entrada de la bahía.«

Al siguiente día Linares volvió a comunicarse con Cervera, esta vez no para facilitarle la salida de Santiago sino para explorar la utilidad de la flota en el caso que Santiago de Cuba fuera atacado por tierra, intimando y dando por seguro que no habría ningún otro provecho de la flota como tal y que su pérdida ya se daba por aceptada.

> «*El General en Jefe* [Ramón Blanco] *en cablegrama de las 11:25 AM, me dice: Recuerdo a V.E. que en caso de verse atacado por tierra,* [los barcos de la flota de Cervera] *pueden ser un poderoso auxiliar para rechazar enemigo;* [sobre todo] *las compañías de desembarco de la Escuadra, con sus excelentes cañones de campaña que no dudo facilitará el C.A. Cervera, para el mejor éxito de la defensa, que estoy seguro ha de ser gloriosa, y que unidos elementos División y Escuadra, triunfarán* [sobre] *los Americanos... si llegara el caso, una compañía de desembarco puede estar en la* **Socapa**, *otra en* **Punta Gorda**; *todas ellas con el número de piezas apropiadas al objeto que V.E. juzgue conveniente.*»

Cervera le contestó a Linares en forma caballerosa y leal, sin hacer alusión a la desesperanza evidente de la oficialidad de tierra sobre el rol que España le había confiado a la Escuadra, por el cual sus hombres estaban dispuestos a sacrificar sus vidas.:

> «*... tengo el gusto de reiterarle a V.E. mi aquiescencia previa y completa, a prestar cuantos auxilios sean necesarios para la defensa de la plaza.*»

A la izquierda el **Acorazado Pelayo**, por muchos años el buque más potente de la Armada Española. Era un buque acorazado multicalibre, construido por los astilleros *Forges et Chantiers de la Mediterranée* en Tolón, Francia, a finales del siglo XIX. Su destino era unirse a una de las Escuadras Españolas y fortalecerla inmensamente. Varias veces se intentó llevarlo a Cuba, donde tal vez hubiera sido el vehículo de la victoria, pero por una razón u otra nunca fue utilizado en la *Guerra Hispano-Cubano-Americana*. La única vez que sus cañones fueron disparados fue en Marruecos, en 1911, durante la Guerra del Rif.

En esas primeras semanas de Junio de 1898, el Almirante Cervera, se sentía por un lado despechado y desengañado por la actitud de sus superiores; todos estaban aparentemente aprensivos del papel que la flota naval Española podía desempeñar en la defensa de la isla de Cuba, que era víctima de un ataque traicionero por parte del imperio Americano.

Por otra parte, Cervera resentía no estar informado completamente de la situación desesperada en que se encontraba España. Meses después, a su llegada a Cádiz, supo que desde principios de Junio la flota Americana comprendía no ya seis o siete navíos de guerra sino 19, comandados desde el **USS Brooklyn** por el Almirante Schley y desde el **USS New York** por el Almirante Sampson. También supo un dato importante que nunca le fue comunicado. El 9 de Junio Guantánamo había caído en manos del Almirante Sampson y cerca de 600 soldados habían desembarcado y avanzaban en dirección a Santiago.

A mediados de Junio la flota Americana comenzó un bombardeo naval incesante de los alrededores de Santiago de Cuba. En la **Socapa** hubo varios heridos y el **Vizcaya** recibió un proyectil que no había causado daños. Cervera se comunicó con Auñón el 16 de Junio informándole:

> «*Proyectil al parecer dinamita reventó entre dos aguas cerca del Plutón, ocasionándole averías que se están reparando. Al amanecer el enemigo hizo un nutrido fuego de cañón durante una hora, retirándose después.* [Tuvimos] *ocho heridos; un muerto. Durante la noche. hizo fuego el* **USS Vesuvius**; *esta mañana ocho buques lo hicieron. Tengo sospecha el enemigo ha fondeado torpedos en la boca del puerto y he dispuesto un minucioso reconocimiento dirigido por Bustamante. Aunque caros y malos he comprado víveres que alcanzarán hasta fin de Julio por lo menos.*»

Ya esas notas de Cervera no estaban acompañadas de las ceremoniales despedidas y saludos a Vuestra Excelencia (V.E.). El General Blanco había notado y resintió esa informalidad y falta de protocolo, a parte de la situación insoluble de su flota dentro de una bahía fácil de embotellar. Blanco, frustrado y celoso, comenzó una larga campaña de sosegado acoso contra el Almirante. En un telegrama del 20 de Junio a Correa, el Ministro de Guerra, el General Blanco comenzó a hacer evidente su descontento con Cervera:

> «*... sensible ha sido que la independencia de que goza Escuadra Cervera me haya impedido intervenir en sus operaciones, no obstante pesar sobre mí sus consecuencias... si por lo menos hubiese tratado ponerse de acuerdo conmigo, con General Linares y con General del Apostadero, es posible que entre los tres hubiéramos encontrado más ventajosa solución, en un principio, que las que hoy se ofrecen, que son: o esperar resultado desigual combate dentro del puerto, o romper línea enemiga*

> *[saliendo] a Haití o Jamaica, donde quedaría nuevamente encerrado... o tomar rumbo a España, que sería lo mejor... [le sugiero] respetuosamente la conveniencia de unificar la acción militar en la presente guerra, disponiendo resida en mi autoridad el mando en Jefe de todas las fuerzas de mar y tierra destinadas a estos mares...»*

El mismo día Blanco le telegrafió un segundo cable a Correa:

> *«... me preocupa situación división [Santiago de] Cuba sobre la que pesa hoy principal acción enemigo atraído por permanencia en aquel puerto Escuadra de Cervera, a la que se propone impedir salida... nuestros barcos deben salvarse a toda costa... para contrarrestar sus esfuerzos [del enemigo] dispongo todos auxilios posibles. He organizado convoy marítimo a Manzanillo donde utilizarán todos medios imaginables para hacerlas llegar a Santiago de Cuba... una División marchará por el interior en combinación fuerzas con víveres, municiones... 19 batallones, cinco escuadrones, siete compañías Ingenieros, artillería montada y guerrillas movilizadas y demás unidades, para maniobrar como crea oportuno sobre enemigo interior y exterior [71]...»*

Más aun, el 20 de Junio, el Capitán General Blanco sugirió en un telegrama a Correa, el Ministro de Guerra Español, otro plan irrealizable e indebidamente descrito, atribuyéndolo al General Linares...

> *«... [enviar] una Escuadra contra los EEUU, objeto de distraer parte de la Americana que nos ataca, para que pueda salir la nuestra o la que venga romper bloqueo combinación salida Cervera.»*

El Comandante General del Apostadero, Manterola, cruzó el 22 de Junio una correspondencia telegráfica con Cervera. Manterola le informó:

> *«El Ministro me dice hacer el pedido de municiones por número, clase y calibres, lo que manifiesto a V.E. para lo que le convenga.»*

A lo cual respondió Cervera:

> *«... en la actualidad bloqueados y sitiada la plaza, es tarde para hacer pedido de municiones que en España hice muchas veces. Ya seguramente no pueden llegar con oportunidad porque en estos días se ha de resolver la cuestión... seis séptimos de las municiones [que tenemos] de 14 cm son de desecho... los estopines de poca confianza[72]... nos faltan torpedos...»*

---

[71] El **plan del Capitán General Blanco** nunca fue juzgado realizable, siendo el punto débil la frase "*maniobrar como crea oportuno,*" que lo eximía de proponer maniobras concretas que podrían asegurar el éxito. Por otra parte, el 22 de Junio, tropas Americanas estaban desembarcando en Daiquirí, 35 kilómetros al Este de Santiago, lo cual aseguraba que los alrededores de Santiago serían pronto un escenario de guerra que imposibilitaría libre acceso de las tropas Españoles a Santiago de Cuba.

[72] El **estopín** es un artificio de iniciación para las cargas de artillería, que se enciende muy fácilmente y propaga el fuego con mucha celeridad. Sirve para cebar ventajosamente y dar fuego a las piezas de artillería. Los estopines sustituyeron a las mechas de algodón impregnadas de una mezcla que se hacía con pólvora desleída en aguardiente o en otro líquido espiritoso.

Al día siguiente, 23 de Junio, en su primera comunicación cablegráfica a Cervera desde el 8 de Junio, el Ministro Auñón telegrafió que aprobaba los planes de desembarcar las tripulaciones para complementar las fuerzas de tierra y que estaba implementando el plan de Blanco de suministrar la flota por tierra desde Cienfuegos. Cervera le contestó con estas palabras:

> *«El enemigo se ha apoderado de Daiquirí. Seguramente pasará a Siboney. Han desembarcado tripulaciones de Escuadra para ayudar Ejército. Ayer salieron cinco batallones de Manzanillo; si llegan a tiempo, prolongarán la agonía, pero dudo mucho que salven la plaza [de la catástrofe]. Como es absolutamente imposible que la Escuadra escape en estas condiciones, pienso resistir cuanto pueda y destruir los buques en último extremo. Aunque otros son responsables de esta situación imposible, acarreada a pesar de mi gran oposición, es muy doloroso ser actor [encadenado] en estas.»*

Manterola y Cervera continuaron el 23 y 24 de Junio sus pesimistas conversaciones sobre el estado de la situación.

Manterola: *«Tan cerrado* [veo el puerto] *que sólo veo una probabilidad en ciento y* [lo único a hacer sería] *intentar mandar* [a salir] *tres o cuatro buques chicos por si alguno logra* [escapar]*»*

Cervera, al día siguiente: *«Creo imposible que ningún buque pueda forzar el bloqueo en este puerto. Creo que* [antes de Julio] *habrá terminado el sitio. Están fondeados torpedos Bustamante [73], pero hay entrada por el Oeste de cayo Smith.»*

Tropas Americanas, de Daiquirí a Santiago de Cuba

---

[73] En 1898 se llamaba **torpedos** a lo que hoy se llama **minas**.

Escenas del desembarco de Tropas Americanas, en Daquirí

El 24 de Junio, Cervera volvió a reunir la oficialidad de su Escuadra en el Infanta María Teresa, donde levantaron un acta formal de la reunión.

«El Almirante dio lectura de un telegrama del Ministro de Marina con fecha de ayer, recibido hoy, en el que dice que el Gobierno aplaude el propósito de salida en primera ocasión... después de exponer cada uno su opinión sobre la situación presente, acordaron de la más completa unanimidad declarar que, desde el día 8 ha sido y continúa siendo absolutamente imposible dicha salida... dada la lectura por el Almirante del telegrama puesto ayer al señor Ministro exponiéndole esta circunstancia y la posibilidad de que en muy breves días sea preciso destruir los buques, acordaron con la antedicha unanimidad, hacer suyo cuanto se expresa en dicho telegrama, como manifestación exacta de las penosas circunstancias en que se encuentran estas fuerzas...»

Recibida esa acta, el Ministro de Guerra Correa le dirigió un cablegrama al Capitán General Blanco donde ratifica que es él [Blanco] el superior de Cervera:

«Según acuerdo Gobierno, prevendrá Ministro Marina a Almirante Cervera que, Escuadra de su mando, sin destino definido hasta ahora, lo tenga en esa isla para cooperar a su defensa... ejerce Usted sobre ella, como sobre las demás fuerzas navales en el territorio a su mando, las facultades que terminantemente le atribuyen Ordenanzas del Ejército y Armada, confirmadas por Real Orden de 29 Octubre 1872.»

En un aparente aprensión o temor de que pudiera ocurrir una insubordinación por parte de Cervera, el mismo día el Ministro Auñón le envió un cable al Almirante Cervera con la misma información y la misma referencia a la Real Orden de 29 Octubre 1872, al cual Cervera contestó lacónicamente:

«Aunque siempre me he considerado subordinado del General en Jefe, doy a V.E. las gracias por esta disposición que da fuerza legal a las relaciones ya establecidas y, dando unidad a las operaciones militares, me relevará de tomar por mi mismo resoluciones extremas de la mayor gravedad.»

Mientras esa correspondencia telegráfica amenazaba tomar molestos tonos de entredichos y reprobaciones, una columna de tierra al mando del General Linares recibió un fuerte castigo de manos de tropas Americanas y Cubanas en el Este de Santiago, ocasionándole 7 muertos y 20 heridos graves, entre ellos tres oficiales. Linares le informó a Cervera que bajo esas condiciones replegaba sus fuerzas a los alrededores de Santiago de Cuba.[74]

---

[74] Entre Norteamericanos y Cubanos las tropas Españolas se estaban enfrentando ya a una fuerza de **22,000** opositores. Los defensores Españoles, incluyendo las fuerzas navales en Santiago, no pasaban de **8,000** hombres.

Hasta ese momento el Capitán General Blanco no se había dirigido personalmente a Cervera. Este, sin embargo, el 25 de Junio, se adelantó a presentarle sus respetos a Blanco en conformidad con la misiva telegráfica del Ministro Auñón.

> «Ministro de Marina ordena me ponga a las ordenes de V.E. según lo mandado en Real Orden de 29 Octubre 1872, lo que hago con el mayor gusto. Creo mi deber exponer el estado de la Escuadra: de 3,000 cargas para **cañón Hontoria** de 14 cm, sólo 620 son de confianza, las demás han sido calificadas de inútiles; dos cañones Hontoria de 14 cm del **Vizcaya** y uno del **Oquendo** no ofrecen confianza; el mayor número de estopines ofrece poca confianza; carecemos de **torpedos Bustamante**; al **Colón** le falta artillería gruesa; **Vizcaya** está muy sucio y ha perdido su velocidad; **Teresa** no tiene cañones de desembarco; de los del Vizcaya y Oquendo 2 son inútiles; tenemos pocos víveres para Julio. Escuadra de bloqueo es cuatro veces superior. Tengo mucha gente en tierra para reforzar la guarnición, de la que me considero solidario... espero instrucciones de V.E.»

Por otra parte, Cervera se dirigió al General Linares, contestando una comunicación donde éste le decía que Blanco opinaba que debería de salir de inmediato del puerto de Santiago, como en La Habana lo habían hecho el **Santo Domingo** y el **Montevideo,** a las dos de la mañana. En su respuesta a Linares, Cervera una vez más le repetía:

> «Creo a la Escuadra perdida desde que salió de Cabo Verde... creí que sería relevado por los que pensaban que no importaba que hubiera una desproporción insalvable y enorme entre nuestras fuerzas y las enemigas, pero no fue así. No pedí mi relevo porque me parece que eso no lo puede hacer ningún militar que recibe órdenes de marchar al enemigo. La salida de aquí ha de hacerse uno a uno; no cabe ardid ni disfraz y, a consecuencia de ello, absolutamente segura es la ruina de todos y cada uno de los barcos y la muerte de la mayor parte de sus tripulantes. Nunca sería yo quien decretara [la salida] porque sería en aras del amor propio, pero no de la verdadera defensa de la Patria... por tanto al General en Jefe, [Blanco], le toca decidir el desembarco de las dotaciones o la marcha al suicidio, arrastrando al mismo tiempo a éstos dos mil hijos de España... vea en esta contestación la leal expresión de un viejo honrado que lleva 46 años de servir a su País como ha podido.»

Ese intercambio dio lugar a un mensaje del día 26 de Junio del General Blanco al Almirante Cervera:

> «Creo muy difícil, por fuerte que sea la Escuadra enemiga, que saliendo en noche oscura y escogiendo oportunidad, reducción o alejamiento parcial de buques enemigos y forzando máquina en dirección preconcebida, puedan ellos, aunque se aperciban, causar tanto daño. Prueba de ello es la salida del **Santo Domingo** y el **Montevideo** de este puerto [de La Habana] con nueve en la línea de bloqueo, la [salida] del **Purísima** de Casilda, con tres [barcos bloqueando] y la entrada del **Reina Cristina** en Cienfuegos con otros tres... el caso de su Escuadra es más arduo, pero esos precedentes guardan proporción... hoy todas las naciones tienen vista fija en esa Escuadra y en ella se cifra la honra de la Patria,

como estoy seguro lo comprende V.E. El Gobierno opina del mismo modo... abrigo gran confianza en el éxito, dejando completamente a discreción de V.E., cuyas dotes rayan a tanta altura, la derrota [sic] que ha de seguir y si algún barco ha de quedar por poca marcha... diré a Usted que Comandante Crucero Alemán Giers ha expresado la opinión de que puede efectuarse salida Escuadra sin exponerse a grandes riesgos.»[75]

El telegrama del General Blanco a Cervera fue simultáneo a otro firmado por el Ministro Auñón, esta vez con cierto matiz de enfado o mortificación.

«Antes de destruir nosotros mismos nuestra Escuadra en puerto, debe intentarse salvación total o parcial, por salida nocturna, como opinaron algunos Jefes de esa Escuadra en juntas 26 Mayo y 10 Junio y anunció V.E. en 28 Mayo. Dígame si desembarcó tripulaciones a petición autoridad militar, y si cumplido auxilio reembarcaron [76]*... Evite comentarios que* [ocasionan] *se le atribuyen a Usted interpretaciones desfavorables...»*

Arriba, el *Crucero Alemán Giers*, cuyo Comandante, **Ernst Otto von Diederichs** (1843-1918), sin conocer el terreno, le sugirió al General Ramón Blanco que no era difícil salir de la bahía de Santiago de Cuba donde se encontraba embotellada la Escuadra de Cervera, a pesar de los 19 barcos Americanos que se encontraban a la salida del puerto. *A la derecha*, el Vice Amirante **von Diererichs**.

---

[75] La opinión de **von Diederichs** pesó severamente en las decisiones que tendría que tomar el Capitán General de Cuba con relación a la Escuadra de Cervera.

[76] Entre los marinos Españoles que era necesario reembarcar estaba el propio Cervera, que con 600 de sus hombres y oficiales había tomado posiciones al Oeste de Santiago. En pocas horas fueron de allí desalojados por el Coronel Cubano **José Candelario Cebreco**, que tomó varios prisioneros; Cervera logró escapar hacia el interior de la provincia con una buena parte de sus hombres.

En la segunda mitad de Junio de 1898, el Almirante Cervera se enfrentaba a un dilema muy serio para un militar Español en funciones de liderazgo. Por una parte, estaba su innata responsabilidad de servir a la Patria y seguir fielmente las disposiciones de sus superiores. Por otra parte estaba su convencimiento de que había perdido la confianza de toda la oficialidad de Madrid, Cádiz y Cuba, especialmente después de él haber sugerido que a falta de alternativas era mejor destruir la Escuadra y refugiar las tripulaciones en tierra. Pensaba que le telegrafiaban y lo miraban con desprecio. A veces pensó...

> *"conversan todos entre ellos, menospreciándome como lo hacen un grupo de viejas en Madrid que se reúnen para chismear sobre alguien del barrio..."*

Estaba seguro que ya no creían en su juicio, ni en su valor patriótico, ni en los servicios que había rendido a la Patria[77], ni en lo que les decía sobre el estado de la Escuadra, sobre la falta de municiones, la lentitud de los barcos, la baja calidad de la artillería, la escasez de víveres, los sueldos atrasados y la incertidumbre de su futuro. *"Es muy fácil ver los toros desde la barrera..."*

El cable del Ministro Auñón del 26 de Junio había aumentado sus inquietudes. La primera parte del cable rechazaba totalmente las recomendaciones y diagnósticos de Cervera. En la mente del Almirante resonaban constantemente las palabras de Auñón...

> «*Gobierno estima que en caso extremo a que se refiere [su] cablegrama del 23, antes de destruir nosotros mismos nuestra Escuadra en puerto, debe intentarse salvación total o parcial por salida nocturna, como opinaron algunos Jefes de esa Escuadra en juntas 26 de Mayo y 10 Junio...*»

En una alusión directa a las intenciones que sospechaba en Cervera Auñón terminaba el cable diciéndole...

> «*El objeto de mi cablegrama no es el bien personal, sino el mejor servicio a la Nación...*»

Nada práctico se adelantó en los cables que Auñón, Blanco, Linares, Manterola y Cervera intercambiaron entre el 27 de Junio y el 1º de Julio desde Santiago, La Habana y Madrid. Cervera argumentó que una salida de noche era más riesgosa porque las naves Americanas se acer-

---

[77] **Cervera** había luchado contra la invasión Francesa de España durante las *Guerras Napoleónicas*, en 1864 fue uno de los héroes en la toma de *Fort Pagalungan* contra los rebeldes Moros, sirviendo en las Filipinas fue nombrado *Gobernador de Jolo*, allí *contrajo malaria* debido a las malas condiciones sanitarias y apenas sobrevivió, participó en sofocar la rebelión cantonal durante una de las *Guerras Carlistas*, en 1891, sirvió a la Reina Regente María en su corte como su *Ayudante de Campo Naval*, habiendo servido en Marruecos y las Filipinas, fue en una ocasión *Ministro Naval de España*, *Jefe de Personal Naval*, *Agregado Naval en Londres*, *Capitán de Navío* de varios buques de guerra. En 1898 cumplía **40 años de servicio** en las fuerzas Navales Españolas.

caban más a la entrada de la bahía y la iluminaban como si fuera de día y reiteró que él [Cervera]... *"no sería quien decidiría la inútil hecatombe que se prepara."* El General Blanco recibió el 27 de Junio una oferta de Cervera de renunciar y ser reemplazado, a lo cual Blanco respondió preguntándole, una vez más, si creía que la Escuadra podía salir del puerto y reiterándole que *"se impone que la Escuadra aceche la oportunidad de hacerlo y abandone el puerto."*

Ya perdida la paciencia con las palabras e insinuaciones del General Blanco, Cervera le telegrafió el 29 de Junio un mensaje que terminaba diciendo:

> *«... creo entender la síntesis de su orden: si se puede aprovechar una ocasión favorable, hacerlo, y si no, a última hora, salir, aun cuando sea segura la pérdida de la Escuadra.»*

Visiblemente molesto, El 30 de Junio, Blanco le cablegrafió con palabras categóricas al Ministro Auñón en Madrid:

> *«La Escuadra podrá permanecer ahí, sin apurarse ni precipitarse, puesto que aun tiene raciones, y acechará la ocasión oportuna para salir, dirigiéndose a donde V.E. juzgue conveniente; pero en el caso de que los acontecimientos se agravasen hasta el punto de creerse próxima la caída de Santiago de Cuba, la Escuadra saldrá resuelta, lo mejor que pueda, confiando su destino al valor y pericia de V.E. y los distinguidos Jefes que la mandan que, indudablemente, confirmarán con sus hechos la reputación de que gozan. Lo digo a V.E. para su debido conocimiento, rogándole me manifieste si las antedichas instrucciones merecen aprobación Gobierno.»*

Auñón le contestó el 1º de Julio a Manterola, el Comandante General del Apostadero de La Habana, en lugar de directamente a Blanco:

> *«Trasmita al General en Jefe que Gobierno aprueba sus instrucciones a Almirante Cervera.»*

Las comunicaciones Españolas a distancia (Madrid, Cádiz, La Habana, Santiago de Cuba, Cienfuegos) fueron casi todas posibles gracias al uso de telégrafos electromotorizados, conocidos como **teleprinters**, similares al que muestra la figura; estos equipos permitían enviar y recibir mensajes sin necesidad de operadores entrenados en el Código Morse y ya estaban en funcionamiento en Europa y las Américas en los 1800s.

En ningún momento Cervera fue informado de las operaciones que estaban teniendo lugar en tierra, al Este de Santiago de Cuba. El 30 de Junio ya habían empezado los combates de las tropas Norteamericanas, ayudadas por Mambises Cubanos, enfrentándose a tropas Españolas. En la premura con que los EEUU habían enviado su ejército a Cuba no hubo tiempo de desembarcar con vestimenta apropiada y una de las dificultades iniciales más penosas fue tener que recorrer el campo Cubano con ropas y uniformes de lana. El 1º de Julio, las tropas enfrentaron su primer combate en el fuerte El Viso. Al día siguiente ocurrieron combates en la Loma de San Juan y Aguadores.

Tres vistas de las primeras acciones por tierra tras el desembarco de las tropas Americanas por la playa de Daiquirí entre el 24 y el 26 de Junio de 1898. *Arriba*, en el encuentro en la playa de **Aguadores**; *al centro*, tropas asediando la **Loma de San Juan**; *debajo*, el estado en que quedó el **Fuerte El Viso** en el Caney. Fueron las primeras victorias de las tropas Cubanas y Americanas en la Guerra de 1898

El 1º de Julio, el General Linares, Comandante en Jefe del 4º Cuerpo del Ejército Español en Cuba, telegrafió al Almirante Cervera:

> «... en contestación del atento oficio de V.E. transmitiéndome un cable del Excmo. Sr. General En Jefe [General Blanco], en virtud del cual se sirve V.E. rogarme le avise cuando la plaza se halle en peligro de caer en poder del enemigo, tengo el honor de manifestar a V.E. que, como se trata de plaza abierta, que para defenderla se han hecho movimientos de tierra en las alturas inmediatas y líneas de atrincheramiento sobre su recinto de alambrada, no es posible determinar el momento de avisar a V.E., pues desde que se inicia el ataque, se corre el riesgo de que potente columna rompa la extrema línea, ocupada por la circunstancia de tener desplegadas todas mis escasas fuerzas, sin reservas para acudir a los puntos que resulten más amenazados. Sin embargo de lo expuesto, procuraré tener a V.E. al corriente del curso del combate por más que aquellos momentos, si fuera desfavorable, no son los más apropósito para efectuar el desembarque de sus fuerzas. Dios... etc, etc [sic]... Santiago de Cuba, 1º de Julio de 1898.»

Posteriormente, el Almirante Cervera comentó que el cable de Linares del 1º de Julio era... "... la evidencia más concluyente de la monserga improductiva y desaliñada de la burocracia militar Española, resultado del ocaso del Reino y causa principal de la inefectividad de los oficiales acomodadizos que la aspiraban a proteger."

Molesto por el tono de esa carta, Cervera decidió responder al sarcasmo con la misma o mayor socarronería. En un telegrama al General en Jefe Ramón Blanco, le expuso:

> «... como me expresa el General Linares que en los momentos de desplegar sus escasas fuerzas en respuesta a una potente columna enemiga rompiendo la líneas Españolas no es posible avisarme para efectuar el reembarque de mis fuerzas... y como sin esos avisos no pueden salir estos buques, a los que espera tan rudo combate a la salida, pudiera llegar el caso de no poder cumplir sus ordenes [las de Blanco], lo cual pongo en su conocimiento, suplicándole instrucciones...»

Así la situación de tensión entre la oficialidad de las fuerzas Españolas, Cervera citó de nuevo a sus Jefes el 1º de Julio, de cuya reunión se tomó un acta cuyos puntos principales se citan a continuación.

> «...[en la reunión] se dio lectura de los telegramas cruzados con el General en Jefe desde La Habana, en los cuales aquél dispone que, a pesar de las observaciones hechas sobre el desastre que espera a la Escuadra a la boca del puerto, ésta salga a viva fuerza y a todo evento en caso de ser inminente la pérdida de Santiago de Cuba... preguntando la opinión de los Jefes de referencia... manifestaron por unanimidad absoluta que consideraban que [si hubiera] llegado la ocasión en que el General en Jefe dispone la salida... para ello es absolutamente intentarlo sin embarcar la gente que está en tierra defendiendo la plaza, que es mas de dos terceras partes de la marinería... y que el Ejército carece en absoluto de reservas y de fuerzas y de fuerzas con que relevarlos...»

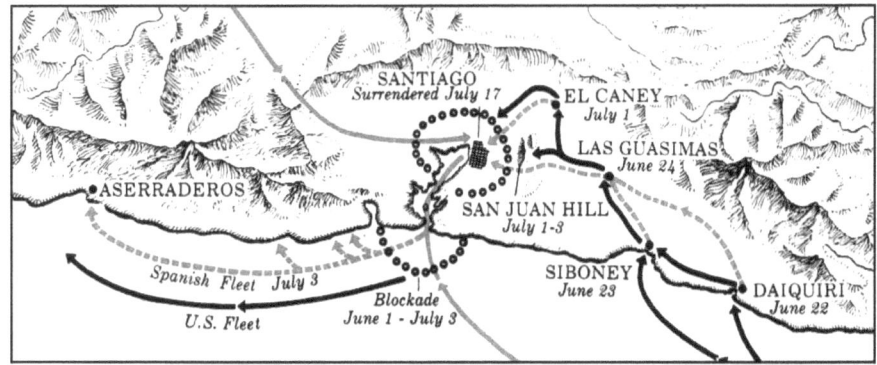
Una vista de los alrededores de la bahía de **Santiago de Cuba** en 1898.

Tropas Cubanas se aprestan en **Aserradero**, al Oeste de Santiago, para ser trasladadas por barcos Norteamericanos a Daiquirí y Siboney para facilitar el desembarco de las tropas del Almirante Sampson.

El desorganizado desembarco Americano en Daiquirí en 1898.

Cervera le comunicó a Blanco y a Auñón, dos observaciones y eventos importantes; primero, que la retirada de las fuerzas desembarcadas para reforzar las fuerzas de tierra implicaría la pérdida inmediata de Santiago y que sin esos marinos a bordo no podía intentar la salida, y segundo que un fuerte ataque a Santiago por parte de las fuerzas Norteamericanas de tierra ya había producido 600 bajas en las tropas Españolas que defendían la plaza, entre ellas un Comandante del Ejército herido grave, un General de Brigada muerto y seriamente herido el Capitán de Navío Bustamante [78].

En respuesta Blanco le comunicó:

«Vistos progresos enemigos a pesar de heroica defensa guarnición y de acuerdo con la opinión del Gobierno de S.M., reembarque V.E. tripulaciones y, aprovechando la oportunidad más inmediata, salga con todos los barcos de esa Escuadra, quedando en libertad de seguir rumbo que considere oportuno, autorizándole para que deje ahí alguno [79] de ellos que por su poca marcha o circunstancias no ofreciera probabilidades de salvación. Debo advertir a V.E. para su noticia, como información y sin carácter de prevención, que en Cienfuegos sólo hay tres barcos y nueve aquí [en La Habana], ninguno de importancia... Prevengo a V.E. apresure lo posible su salida de ese puerto antes que el enemigo pudiera apoderarse de la boca.»

Después de ese increíble y asombroso *non sequitur* [80], Blanco se dirigió cablegráficamente a Toral en Santiago y a Correa en Madrid, con ideas ya insustanciales para la ocasión:

«Indispensable concentrar fuerzas y prolongar la defensa, procurando a toda costa que enemigo no se apodere de la boca del puerto antes que salga la Escuadra, que deberá salir lo antes posible para no tener que rendir ni destruir los barcos... le contesté a Cervera que abandone el puerto, aprovechando oportunidad más inmediata antes que enemigo ocupe boca.»

Como ya acostumbrado, haciendo caso omiso que lo dicho a Cervera tantas veces, el General Blanco insistió una vez más el 2 de Julio:

---

[78] **Joaquín Bustamante** había desembarcado al frente de casi medio centenar de Infantes de Marina y estableció posiciones en las Lomas de San Juan para defender Santiago del ataque por tierra de las tropas del General Shafter y los Mambises del General Calixto García. En el ataque del 1º de Julio, fue herido de gravedad y trasladado al hospital de Santiago, donde murió pocos días después. Había sido el más alto oficial de Cervera que le había recomendado primero no entrar y, más tarde, salir del puerto antes que llegara la Escuadra Norteamericana.

[79] Cervera comentó después que no sabía si el General Blanco se refería a los barcos de la Escuadra o al personal suyo que quedaba por recoger en tierra.

[80] Ya en esa época se utilizaba la terminología *non sequitur* para señalar una inferencia que no correspondía a una premisa establecida previamente.

«... *¡Urgentísimo!... En vista estado apurado y grave de esa plaza que me participa Toral, embarque V.E. con la mayor premura tropas desembarcadas de la Escuadra y salga de esa inmediatamente.*»

En la tarde del 2 de Julio, continuaban los combates en *El Caney*, la *Loma de San Juan* y *Aguadores.*, mientras en Palma Soriano la tropa de refuerzo Española, al mando del Coronel Federico Escario, era hostigada con insistencia y efectividad por el General Francisco Estrada.[81]

Alarmado, Toral se comunicó con Cervera ya entrada la noche...

«*... en cuanto al reembarque de las fuerzas de la Escuadra, ordeno con urgencia que la compañía que se halla en San Miguel de Parada, vaya a embarcar en San José; la de Mazamorra en Socapa; la de Cruces en el muelle de ese nombre; la que está en los fuertes de Gasómetro y Hornos, en Punta Blanca y el resto de las fuerzas de Marina desembarcadas, en el muelle Real.*»

De nuevo, como ya era una costumbre aceptable entre oficiales Españoles, Toral utilizó una despedida descuidada rayando en profanación...

«*Dios... etc, etc* [sic]*... Santiago de Cuba, 1º de Julio de 1898.*»

Las comunicaciones del 2 de Julio volvieron a ser frenéticas entre Blanco, Toral, Correa, Auñón y Cervera... tal vez olfateando las desbastadoras noticias del día siguiente. Blanco sugirió que "*las fuerzas de tierra, antes de rendirse o ser capturadas deben iniciar un repliegue hacia Holguín o Manzanillo*"... Toral se preocupaba por los ataques enemigos desde tierra a Santiago, particularmente cuando "*fuerzas Norteamericanas desembarcadas en* **Aserradero** *parecen haber detenido el avance de una columna de refuerzos bajo el mando de Federico Escario*"... Blanco trató de calmar a Toral diciéndole [desde La Habana] que la situación no era desesperada pero que, en el peor de los casos, "*dejara heridos y enfermos en los hospitales de la Cruz Roja,*" añadiendo que "*España, moralmente vencida, tendrá que pedir paz a merced del enemigo*"... Blanco repitió lo incuestionable "*he ordenado salga la Escuadra inmediatamente, pues si se apodera enemigo boca de puerto está perdida*"...

Todos esperaban malas noticias de un momento a otro...

---

[81] El Coronel Español **Federico Escario**, al frente de una columna de 5,000 hombres, había salido de Manzanillo el 22 de Junio hacia Baire usando el camino del Cobre. Desde Baire a Palma Soriano la columna fue hostigada por el General Cubano **Francisco Estrada**, a cargo de la División de Manzanillo, que contaba con 800 hombres, y por los Coroneles Cubanos Lora y Poey, de la División de Bayamo. Las tropas de Escario tuvieron cientos de bajas que fueron obligados a dejar en las orillas de los caminos y en Bayamo.

El 3 de Julio, en horas de la madrugada, Toral, el Jefe Militar de Santiago, le dio las esperadas malas noticias a Blanco, que seguía en La Habana:

> *«El enemigo ha hostilizado varias veces a nuestras fuerzas... Comandante de Infantería **Ramón Escobar Huerta** muerto en combate; **Crucero María Teresa** perdido y su tripulación rescatada en la Socapa...Oquendo lleva fuego a bordo... se ignora paradero de **Almirante Cervera**... torpedos eléctricos de primera línea **no respondieron**... sólo dos de la segunda, de los cuatro existentes, han funcionado... se necesita **reparación de los siete Bustamantes**... considero fácil que enemigo **fuerce boca de puerto**... propongo **sumergir Crucero Reina Mercedes** aunque no impedirá paso a buques de nueve a trece pies de calado... consulto a V.E. si se puede hacer esa operación...»*

Cervera se comunicó con Blanco el 4 de Julio por conducto del Almirante Sampson, del cual era prisionero...

> ***«En cumplimiento de las órdenes de V.E., salí ayer en mañana de Santiago con toda la Escuadra y después de un combate desigual contra fuerzas más que triples de las mías, toda mi Escuadra quedó destruida, incendiados y embarrancados Teresa, Oquendo y Vizcaya, que volaron; el Colón, según informe de los Americanos, embarrancado y rendido; los cazatorpederos a pique. Ignoro aun las pérdidas de gente pero, seguramente suben a 600 muertos y muchos heridos, aunque no en tan grande proporción. Los vivos somos prisioneros de los Americanos. La gente toda rayando a una altura que ha merecido los plácemes más entusiastas de los enemigos. Al Comandante del Vizcaya le dejaron su espada. Estoy muy agradecido a la generosidad e hidalguía con que nos tratan. Entre los muertos está Villaamil y creo que Lazaga, entre los heridos Concas y Eulate. Hemos perdido todo y necesitaré fondos.»*** [82]

El día 5 de Julio, tocó a Manterola, Comandante General del Apostadero de Santiago de Cuba, dar a conocer las noticias verificadas al Ministro Auñón en Madrid.

> *«... Llegaron a tierra 108 marinos del **Plutón**, **Furor** y **Teresa**, algunos oficiales, ningún Jefe... ignoro noticias del Almirante... sólo sabemos que está prisionero en un buque enemigo... Blanco asegura él no ordenó Almirante Cervera salir de Cuba a las 9:45 de la mañana, cosa que lo*

---

[82] **Fernando Villaamil**, 38 años de servicio, diseñador de destructores;
Joaquín Lazaga y Garay, Capitán de Navío, 32 años de servicio;
Víctor M. Concas y Palau, Capitán de Navío del Crucero María Teresa;
Antonio Eulate y Fery, Capitán de Navío, 29 años de servicio.

El estado en que quedaron **TODOS** los Acorazados de la Flota del Almirante Cervera en las afueras de la bahía de Santiago de Cuba.

Los barcos maltrechos terminaron encallados cerca de la costa, al Oeste de Santiago, donde reposan hundidos, desde Aserradero hasta la entrada del puerto.

*efectuó... los cuatro acorazados y dos torpederos sucumbieron combate... muerto Comandante **Oquendo**; herido Comandante **Teresa**, Jefes, Oficiales... muertos marineros, soldados... ilesos dos Generales... muchos prisioneros, todos en camino Estados Unidos... créese enemigos utilizarán **Colón**... población amenazada inminente bombardeo por mar y tierra si no capitulan... enemigo ha cortado acueducto... dice no escasearán los víveres pero sí municiones... familias huyeron... población desierta... cercados por mar y tierra... **Bustamante** muy mejorado... han sido 24 buques enemigos... 153 tripulantes Escuadra llegados a tierra hasta ahora... **Furor** se fue a pique... causa probable de fuegos las granadas enemigas... tuvimos con cable interrumpido... comunicaré noticias que vaya sabiendo...»»*

El 9 de Julio de 1898, a bordo del San Luis, el Almirante Cervera redactó y envió al General en Jefe Ramón Blanco Erenas, la siguiente comunicación:

«*Excmo. e Ilmo. Sr.: En cumplimiento de las órdenes de V.E., con la evidencia de lo que había de suceder y tantas veces había anunciado, salí de Santiago de Cuba con toda la Escuadra que fue de mi mando, en la mañana del día 3 del corriente mes de julio.*

*Las instrucciones dadas para la salida eran las siguientes: El **Infanta María Teresa**, buque de mi insignia, había de salir el primero, siguiendo sucesivamente el **Vizcaya**, **Colón**, **Oquendo** y [los] destructores. Todos los barcos tenían todas sus calderas encendidas y con presión.*

*Al salir el **Teresa** empeñaría el combate con el enemigo que estuvieran más a propósito, y los que le seguían procurarían dirigirse al oeste a toda fuerza de máquinas, tomando la cabeza el **Vizcaya**. Los cazatorpederos habían de mantenerse, si podían, fuera del fuego, espiar un momento oportuno para obrar, si se presentaba, y tratar de escapar con su mayor andar, si el combate nos era desfavorable.*

*Los buques salieron del puerto con una precisión tan grande, que sorprendió a nuestros enemigos, quienes nos han hecho muchos y muy entusiastas cumplimientos sobre el particular. Tan pronto como salió el **Teresa** rompió el fuego a las 9:35 am., sobre un acorazado que estaba próximo, pero dirigiéndose a toda fuerza de máquina sobre el **Brooklyn**, que se encontraba al Suroeste y que nos interesaba tratar de poner en condiciones de que no pudiera utilizar su posterior andar. Los demás buques empeñaron el combate con los otros enemigos que acudían de los diversos puntos donde estaban apostados. La Escuadra enemiga constaba aquel día de los siguientes buques frente a Santiago de Cuba: **New York**, insignia del Contralmirante Sampson, **Brooklyn**, insignia del Comodoro Schley, **Iowa**, Oregón, **Indiana**, **Texas** y varios buques menores, o, mejor dicho, transatlánticos y yates armados. Realizada la salida se tomó el rumbo mandado, y el combate se generalizó con la desventaja, no sólo del número sino del estado de nuestra artillería y municiones de 14 cm. que conoce V.E. por el telegrama que le puse al quedar a sus órdenes. Para mí no era dudoso el éxito, por más que alguna vez creí que no sería tan rápida nuestra destrucción.*

Al **Infanta María Teresa** un proyectil de los primeros le rompió un tubo de vapor auxiliar por el que se escapaba mucho, que nos hizo perder la velocidad con que se contaba; al mismo tiempo otro rompía un tubo de la red de contra incendios. El buque se defendía valientemente del nutrido y certero fuego del enemigo, y no tardó mucho en caer entre los heridos su valiente Comandante, Capitán de Navío don Víctor M. Concas, que tuvo que retirarse, y como las circunstancias no permitían perder un segundo, tomé por mí mismo el mando directo del buque esperando ocasión de que pudiera llamarse al segundo Comandante, pero ésta no llegó, porque el combate arreciaba, los muertos y heridos caían sin cesar, y no había que pensar en otra cosa que en hacer fuego en tanto que se pudiera.

En tal situación, teníamos fuego en mi cámara, donde debieron hacer explosión algunos de los proyectiles que allí había para los cañones de 57 mm.; vinieron a participarme haberse prendido fuego al cangrejo de popa y caseta del puente de popa, al mismo tiempo que el incendio iniciado en mi cámara se corría al centro del buque con gran rapidez, y como no contábamos con agua, fue tomando cada vez más incremento siendo impotentes nosotros para atajarlo. Comprendí que el buque estaba perdido y pensé desde luego en donde lo vararía para perder menos vidas, pero continuando el combate en tanto fuera posible.

Desgraciadamente el fuego ganaba terreno con mucha rapidez y voracidad, por lo que envié uno de mis ayudantes con la orden de que se inundasen los pañoles de popa, encontrándose éste ser imposible penetrar en los callejones de las cámaras a causa del mucho humo y del vapor que salía por la escotilla de la máquina, donde también le fue absolutamente imposible penetrar, a causa de no permitir la respiración abrasadora de la atmósfera; por tanto fue necesario dirigirnos a una playita al Oeste de Punta Cabrera, donde embarrancamos con la salida, al mismo tiempo que se nos paraba la máquina; era imposible subir municiones ni nada que exigiera ir bajo la cubierta acorazada, sobre todo a popa de las calderas, y en tal situación no había que pensar más que en salvar la parte que se pudiera de la tripulación, de cuya opinión fueron el segundo y tercer Comandantes y los Oficiales que se pudieron reunir, a los que consulté si creían que podía continuar el combate, contestando que no.

En tan penosa situación, habiendo empezado las explosiones parciales de los depósitos de las baterías, di orden de arriar la bandera e inundar todos los espacios: la primera no pudo ejecutarse a causa del terrible incendio que había en la toldilla, habiéndose quemado al poco rato. Ya era tiempo: el fuego ganaba con mucha rapidez y apenas hubo el suficiente para abandonar el buque, cuando ya el fuego llegaba al puente, y eso ayudados por dos botes Americanos que llegaron como tres cuartos de hora después de la embarrancada.

Entre los heridos están el Teniente de Navío don Antonio López Cerón y Alférez de navío don Ángel Carrasco, y faltan el Capitán de Infantería de Marina don Higinio Rodríguez, al que creo mató un proyectil, el Alférez de Navío don Francisco Linares, el segundo Médico don Julio Díaz del Río, el Maquinista Mayor de primera clase don Juan Montero y el de segunda don José Melgares, cuyo cadáver salió a la pla-

La prensa mundial vio el desastre de Santiago como un justo final de la hegemonía Española y el ocaso final y definitivo del Imperio Español.

ya. El salvotaje se hizo tirándose al agua los que sabían nadar, intentando tres veces llevar una guía a tierra, lo que sólo se consiguió a última hora y ayudados por los dos botes Americanos de que llevo hecha mención. Nosotros arriamos un bote que parecía bueno e inmediatamente se fue a pique, y se echó al agua un bote de vapor, que sólo pudo hacer un viaje, porque también se fue a pique por efecto de las averías que tenía, al intentar volver a bordo por segunda vez, quedando agarrados a él los tres o cuatro hombres que lo llevaban y que se salvaron unos a nado y otros los recogió un bote Americano.

El Comandante, ayudado por buenos nadadores, había ido a tierra; el segundo y tercero dirigían a bordo el embarco, y necesitándose dirección en tierra, cuando ya venían los botes Americanos, yo me fui a nado, ayudado por dos cabos de mar llamados don Juan Llorca y Andrés Sequeiro y mi hijo Ayudante, Teniente de Navío don Angel Cervera.

Concluido el desembarco de la gente, fui invitado por el oficial Americano que mandaba los botes de seguirle a su buque, que era el yate armado **Gloucester**, a donde fui acompañado de mi Capitán de Bandera herido, de mi hijo Ayudante y del segundo del buque que fue el último que lo abandonó.

Durante este período, el aspecto del buque era imponente porque se sucedían las explosiones y estaba para aterrar a las almas mejor templadas. Nada absolutamente creo que pueda salvarse del buque, y nosotros lo hemos perdido todo, llegando la inmensa mayoría absolutamente desnudos a la playa. Pocos minutos después que el **Teresa** embarrancaba el Oquendo en una playa como a media legua al Oeste de él, con un incendio parecido al suyo, y se perdieron de vista por el Oeste el **Vizcaya** y el **Colón**, perseguidos por la escuadra enemiga. Según me ha manifestado el Contador del **Oquendo**, único oficial que está en el mismo buque que yo, la historia de este desgraciado buque y su heroica tripulación es la siguiente, que tal vez se rectifique algo, pero sólo en detalles, no en el fondo de los hechos:

El desigual y mortífero combate sostenido por este buque se hizo más desigual aún porque al poco tiempo de comenzado un proyectil enemigo entró en la torre de proa matando a todo el personal de ella, menos un artillero que quedó muy mal herido. A la batería de 14 cms, barrida por el fuego enemigo desde el principio, sólo le quedaron dos cañones útiles, con los que continuó defendiéndose con una energía incomparable. También la torre de popa quedó sin su Oficial Comandante, muerto por un proyectil del enemigo que entró al abrir la puerta para poder respirar, porque se asfixiaban dentro. No conoce el Contador la historia de la batería de tiro rápido y sólo sabe que disparaba, seguramente, lo mismo que toda esta valiente tripulación. Hubo dos incendios: el primero, que se dominó, ocurrió en el sollado de proa, y el segundo, que se inició a popa, no se pudo dominar, porque ya no daban agua las bombas, quizá por las mismas causas que en el **Teresa**.

Los ascensores de municiones de 14 cms. faltaron desde el principio, pero no faltaron municiones en la batería, mientras que pudo batirse, por los repuestos que, a prevención, se habían puesto en todos los buques. Cuando el valiente Comandante del **Oquendo** vio que no podía dominar el incendio y no tenía ningún cañón en estado de servicio, fue cuando se decidió a embarrancar, mandando previamente disparar todos los torpedos, menos los de popa, por si se acercaba algún buque enemigo, hasta que llegado el último extremo mandó arriar la bandera, minutos después que el **Teresa** y previa consulta a aquellos oficiales que estaban presentes. Los Comandantes segundo y tercero y tres Tenientes de Navío habían ya muerto. El salvamento de los supervivientes fue organizado por su Comandante, que ha perdido la vida por salvar la de sus subordinados. Hicieron una balsa, arriaron dos lanchitas, únicas embarcaciones que les quedaban útiles, y últimamente fueron auxiliados por embarcaciones Americanas, y según me dijo un insurrecto, a quien hablé en la playa, también les auxilió un bote que éstos tenían. Sublime era el espectáculo que presentaban estos dos buques; las continuas explosiones que se sucedían sin cesar, no acobardaban a estos valientes, que han defendido sus buques hasta el punto de no haber podido ser hollados por la planta de ningún enemigo. Cuando fui invitado por el Oficial Americano a seguirlo, según dije a V.E. anteriormente, di instrucciones para el reembarco al tercer Comandante don Juan Aznar, a quien no he vuelto a ver desde entonces. Al llegar al buque americano, que era el yate armado **Gloucester**, encontré allí una veintena de heridos pertenecientes en su mayor parte a los cazatorpederos, los Comandantes de éstos, tres oficiales del **Teresa**, el Contador del **Oquendo** y nos reunimos entre todos hasta noventa y tres personas, pertenecientes a las dotaciones de la Escuadra.

El Comandante y Oficiales del yate nos recibieron con las mayores atenciones, esforzándose por atender a nuestras necesidades, que eran de todo género, porque llegamos absolutamente desnudos y hambrientos; me manifestó el Comandante que como su buque era tan pequeño, no podía recibir aquella masa de gente, e iba a buscar un buque mayor que los embarcara. Los insurrectos, con quienes yo había hablado, me habían dicho que con ellos tenían unos 200 hombres entre los que había 5 ó 6 heridos, y me añadieron de parte de su Jefe que si queríamos irnos con ellos les siguiéramos y nos auxiliarían con lo que ellos tenían, a lo que les contesté que dieran las gracias a su Jefe y le dijeran que nosotros nos habíamos rendido a los Americanos; pero que si tenían médico, les agradecería que curaran una porción de heridos que teníamos en la playa, algunos de ellos muy graves.

Al Comandante del yate le comuniqué esta conversación con los insurrectos y le supliqué reclamara nuestra gente, lo que me prometió, enviando al efecto un destacamento con bandera. También envió algunos víveres de que tan necesitados estaban en la playa.

Seguimos después hacia el Oeste hasta encontrar el grueso de la Escuadra, de la que se destacó el crucero auxiliar **París**, y nuestro yate siguió hasta frente a [Santiago de] Cuba, donde recibió órdenes con arreglo a las que unos fuimos transbordados al **Iowa** y otros lo fueron a otros barcos.

Durante mi permanencia en el yate pedí a los Comandantes de los cazatorpederos noticia de la suerte que les había cabido, teniendo el conocimiento de saber su triste fin.

De lo ocurrido al **Furor**, puede V.E. enterarse detalladamente por la adjunta copia del parte de su Comandante; en él encontró una muerte gloriosa el Capitán de Navío don Fernando Villaamil, y el número de bajas acredita cómo se ha conducido este pequeño buque cuyo Coman-

Arriba, el Crucero Americano **USS San Luis**, donde el Almirante Cervera permaneció como prisionero al concluir la derrota de su Escuadra en Santiago de Cuba; *al centro*, dos vistas de la **Academia Naval de Annapolis** en la época en que estuvo allí detenido como confinado de guerra en 1898; *debajo*, detenidos Españoles pescando en la **Base Naval de Portsmouth**, en Kittery, al sur del estado de Maine, cerca de la ciudad de Portsmouth en New Hampshire, los EEUU, donde estaban recluidos antes de ser reembarcados a España.

dante también fue herido levemente.

Cuando llegué al **Iowa**, donde fui recibido con toda clase de honores y consideraciones, tuve el consuelo de ver en el portalón al bizarro Comandante del **Vizcaya**, que salió a recibirme con su espada ceñida porque el comandante del **Iowa** no quiso que se desprendiera de ella en testimonio de su brillante defensa. Adjunta es también copia del parte que me ha producido, por el cual vendrá V.E. en conocimiento de esta historia tan parecida a la de sus hermanos **Teresa** y **Oquendo**, lo que prueba que los mismos defectos han producido las mismas desgracias, habiendo sido todo cuestión de tiempo.

En el **Iowa** estuve hasta las cuatro de la tarde, en que fui trasbordado al **San Luis**, donde encontré al General segundo Jefe y Comandante del **Colón**.

Cuando estando aún en el **Iowa** se incorporó el Almirante Sampson, le pedí permiso para telegrafiar a V.E., haciéndolo en los siguientes términos:

«En cumplimiento de las órdenes de V. E., salí ayer mañana de Cuba con toda la Escuadra, y después de un combate desigual contra fuerzas más que triples de las mías, toda mi Escuadra quedó destruida, incendiados y embarrancados el Teresa, Oquendo y Vizcaya; el Colón, según informes de los Americanos, embarrancado y rendido; los cazatorpederos a pique. Ignoro aún las pérdidas de gente, pero seguramente sumen más de 600 muertos y muchos heridos, aunque no en tan grande proporción. Los vivos somos prisioneros de los Americanos. La gente toda rayando a una altura que ha merecido los plácemes más entusiastas de los enemigos. Al comandante del **Vizcaya** le dejaron su espada. Estoy muy agradecido a la generosidad e hidalguía con que nos tratan. Entre los muertos está Villaamil y creo que Lazaga; entre los heridos, Concas y Eulate. Hemos perdido todo y necesitaré fondos. - Cervera. - 4 de junio de 1898.»

En cuyo telegrama hay que rectificar la suerte del **Plutón**, que no fue echado a pique, sino que, sin poderse sostener a flote, consiguió embarrancar como V.E. verá en el parte de su bizarro comandante.

Réstame decir a V.E. , para completar los rasgos característicos de esta lúgubre jornada, que nuestros enemigos se han conducido y se conducen actualmente con nosotros con una hidalguía y delicadeza que no cabe más; no sólo nos han vestido como han podido, sino que han suprimido la mayor parte de los **hurras** por respeto a nuestra amargura; hemos sido y somos objeto de entusiastas felicitaciones por nuestra actuación, y todos, a porfía, se han esmerado en hacernos nuestro cautiverio lo más llevadero posible.

En resumen: la jornada del 3 ha sido un desastre horroroso, como yo había previsto; el número de muertos es, sin embargo, menor del que yo temía; la Patria ha sido defendida con honor y la satisfacción del deber cumplido dejan nuestras conciencias tranquilas, con sólo la amargura de lamentar lo pérdida de nuestros queridos compañeros y las desdichas de 1a Patria.

También acompaño a V.E. relación de los Jefes, Oficiales y Guardias marinas muertos, heridos, contusionados y desaparecidos y otra de los heridos no oficiales que hay en este buque; la gran masa de heridos está a bordo del buque hospital, que es el vapor **Solace**.

Como comprendo que V.E. tendrá dificultades para transmitir esta comunicación, me permito enviarle un traslado al Excmo. Sr. Ministro de Marina.
Dios guarde a V.E. muchos años.
En la mar, a bordo del San Luis, 9 de julio de 1898.
Firmado: Pascual Cervera.

Los Oficiales y Jefes de Navío que habían sobrevivido el ataque de las fuerzas navales Norteamericanas también escribieron Reportes de los acontecimientos en sus respectivas naves, en telegramas al Almirante Cervera:

El 6 de Julio, **José de Paredes**, General 2º Jefe, a bordo del San Luis, reportó sobre los acontecimientos en el **Cristóbal Colón**.

El 6 de Julio, **Pedro Vázquez**, Teniente de Navío de 1a Clase, a bordo del San Luis, lo hizo sobre el **Plutón**.

El 6 de Julio, **Antonio Eulate**, Capitán de Navío, desde el San Luis, lo hizo sobre el **Vizcaya**.

El 8 de Julio, **Diego Carlier**, Teniente de Navío de 1ª Clase, desde el San Luis, relató los eventos en el **Furor**.

El 20 de Julio, **Adolfo Calandria**, Teniente de Navío, desde Camp Long, Portsmouth Navy Yard, reportó sobre la suerte del **Oquendo**.

El 4 de Julio, adelantándose al reporte del Almirante Cervera [expedido el día siguiente de la batalla, el 5 de Julio, estando Cervera bajo la custodia del Almirante Sampson] el Capitán General de la Isla de Cuba promulgó un Manifiesto dirigido al pueblo de Cuba cuya copia envió a Cervera y fue recibida en la base Americana de Portsmouth a la 1:52 PM:

«Habitantes de la Isla de Cuba: no siempre el valor acompaña la fortuna. La Escuadra Española mandada por el Almirante Cervera acaba de realizar el acto de heroísmo más grande, quizás, que registran los anales de la Marina en el presente siglo, combatiendo contra triplicadas fuerzas Americanas, ha sucumbido gloriosamente en los mismos momentos en que la considerábamos salvada del peligro que la amenazaba dentro del puerto de Santiago de Cuba. El golpe es rudo, pero sería impropio de pechos Españoles desmayar...»

Cervera respondió al mensaje de Blanco indicándole el número de Oficiales de la Armada que continuarán en Portsmouth y los que serían trasladados a la base naval de Annapolis. Al final de su breve mensaje le informa...

«Como todo absolutamente lo hemos perdido [los oficiales allí presentes] *necesitaremos unos sesenta mil duros oro por el momento.»*

El General Blanco, por su parte, desde La Habana, telegrafió a su superior, el Ministro de Marina Auñón, una breve nota sobre la pérdida de la Escuadra que terminó diciendo...

«... no mereciéndome crédito lo que por la prensa Americana circula con variedad, todo indica que el desastre ha sido menor de lo que he supuesto en un principio respecto a las bajas sufridas, especialmente en el número de muertos.»

El 12 de Julio, el Almirante Sampson le hizo llegar a Cervera, por medio del Comandante de la *Estación Naval de Portsmouth*, una nota telegráfica recibida del General Blanco, que a todas luces responsabilizaba a Cervera del desastre de Santiago de Cuba y dejaba entrever que pensaba que no hubo resistencia fuerte por parte de las fuerzas comandadas por Cervera:

«... admiro comportamiento Jefes, Oficiales y dotaciones. Quizás habiendo elegido otra hora para salir hubiera sido distinto el resultado. Sampson asegura por su parte no haber sufrido más de tres bajas. ¿Es eso posible?...»

Cervera le contestó a Banco desde Portsmouth el 13 de Julio:

«Profundo dolor me causa que todos mis actos merezcan la censura de V.E. Me lisonjeo de justificarlos en su día, así como los hechos se han encargado de mostrar que no exageraba cuando emitía mi opinión a V.E., que también censuró. La salida de noche no hubiera ahorrado la pérdida de la Escuadra y seguramente hubiera triplicado el número de muertos, todo en el caso de que hubiera podido realizarla, lo que dudaban los prácticos... en el telegrama anterior ya le pedía sesenta mil pesos oro.»

Ya en Annapolis, Cervera sostuvo conversaciones directas con el Ministro de la Marina Auñón, entre el 16 de Julio y el 17 de Agosto. Auñón le anunció que desde La Habana le estaban girando los fondos solicitados; Cervera le dio a conocer el número de prisioneros en esa localidad y le informó que pensaba contratar pasajes para todos los prisioneros girando el costo contra el Ministerio en Madrid o la Comisión en Londres, no contra Blanco en La Habana. Comenzó entonces un largo debate alrededor de la repatriación de los Españoles, que serían aproximadamente 20,000, aceptando sólo ser liberados incondicionalmente. [83]

---

[83] Originalmente el Gobierno de los EEUU habían propuesto liberarlos a todos bajo juramento de que nunca más tomarían armas en contra de EEUU, a lo cual se negaron bajo la sugerencia e inspiración del Almirante Cervera.

Después del desastre de Santiago de Cuba, los prisioneros Españoles, alrededor de 20,000, quedaron divididos en tres grupos: Cervera y varios Oficiales, primero fueron a Annapolis y posteriormente a la **Base Naval de Portsmouth** (*foto de arriba*); el número más numeroso fueron al **Crucero Auxiliar Harvard** (foto del *centro en la página*) y el menos numeroso pero compuesto de los heridos más graves, en el **Buque-Hospital Solace**, en la foto inferior de la página.

Resuelto el asunto de repatriación sin condiciones, el 3 de Septiembre de 1898, el Almirante Cervera envió un telegrama al Ministro Auñón donde le informaba...

> «Comisión que envié a New York ha contratado transporte gente por 11,185 libras [84] pagaderas a la vista en Londres, orden Krajewski-Pesant y Compañía Giro contra la Comisión de Marina. Avisaré salida.»

Auñón le respondió de inmediato:

> «Aprobado flete y siendo un solo buque, diríjase Santander y avise salida.»

Entre el 8 y el 12 de Septiembre, Cervera volvió a telegrafiar a Auñón...

> «...llegaron heridos de Norfolk embarcado en **City of Rome**, [85] mañana llegarán oficiales de Annapolis...pasado saldrá dicho vapor para Portsmouth y recogerá grueso gente. Yo salgo ahora para preparar embarque...»

Finalmente, el 12 de Septiembre, Cervera le cablegrafió al Capitán General de Cuba Ramón Blanco una breve y precaria nota que decía:

«Salimos para España.»

Prisioneros Españoles a bordo del Vapor City of Roma, el 12 de Septiembre de 1898, repatriados a España desde la Base Naval de Portsmouth, New Hampshire.

---

[84] En moneda del 2015, el embarque de los prisioneros Españoles desde la Base Naval de Portsmouth, New Hampshire, hasta Cádiz, España, costó aproximadamente **US$1,300,000 dólares**.

[85] El **City of Rome** era un buque de pasajeros Inglés que fue rentado por el Gobierno de los EEUU para repatriar los prisioneros Españoles en 1898. Siempre fue caracterizado como el más lujoso y hermoso de los barcos que jamás habían cruzado el Atlántico. Acomodaba 520 pasajeros de primera clase y 810 en segunda, estaba totalmente iluminado eléctricamente y navegaba a una velocidad de 18 nudos. En el viaje de referencia transportó casi 1,700 pasajeros. En 1900, desafortunadamente, chocó con un témpano y nunca pudo recuperar su velocidad de diseño. En 1902 fue desguazado y vendido como chatarra.

Apéndices

Apéndice 1
LAS RUINAS DE LA ESCUADRA DEL ALMIRANTE CERVERA

Apéndice 2
LA ESCUADRA DEL ALMIRANTE CERVERA

Apéndice 3
LA PRENSA MUNDIAL Y SUS INFORMACIONES Y REPORTAJES PARTIDISTAS EN 1898

Apéndice 4
LA GENEROSA Y HUMANA REPATRIACIÓN DE LOS MILITARES Y MARINOS ESPAÑOLES EN CUBA

Apéndice 5
LA RESOLUCIÓN CONJUNTA DEL CONGRESO NORTEAMERICANO DE ABRIL DE 1898

Apéndice 1

LAS RUINAS DE LA ESCUADRA DEL ALMIRANTE CERVERA

Las ruinas de los barcos del Almirante Cervera se encuentran al sur de la provincia de Oriente, desde la playa de la Mula en la desembocadura del río Turquino, pasadas las de Juan González, Buey Cabón, Rancho Cruz, Mar Verde y finalmente frente a la bahía de Santiago. Son definitivamente el parque arqueológico más interesante del mundo y la historia, donde yacen, abrumados por el tiempo y olvidados por todos, los restos de la que fuera la invicta Escuadra de Operaciones Española de las Antillas:

Allí están[86] los Cruceros Acorazados ***Cristóbal Colón***, ***Vizcaya***, el buque insignia Almirante ***Oquendo***, los Contratorpederos ***Furor*** y ***Plutón*** y el carbonero norteamericano ***Merrimac*** con el que pretendían los Almirantes Sampson y Schley, bloquear la salida de la bahía de Santiago y así embotellar a la Escuadra Española.

Es fabuloso poder visitar y disfrutar hoy de la vista de estas ruinas del siglo XIX frente a la cordillera de la Sierra Maestra, en aguas tropicales y cristalinas, en un entorno de espectacular belleza.

En la bahía de Santiago yace el primero, el ***USS Merrimac***, un carguero carbonero Americano hundido para cerrar la bahía, lo cual no resultó;[87] en dirección Oeste, a lo largo de la costa Sur oriental, se llega hasta el último, el Crucero ***Cristóbal Colón***.

---

[86] El ***Infanta María Teresa***, no se encuentra en aguas cubanas, está hundido en *Cat Island*, Bahamas, se fue a pique mientras que era trasladado por los norteamericanos a una de sus apostaderos como trofeo de guerra.

[87] El teniente ***Hobson*** acompañado de seis hombres intentan hundir el carbonero norteamericano ***USS Merrimac*** dinamitándolo en la boca de la bahía de Santiago para bloquear a la escuadra de Cervera, pero los españoles lo interceptaron hundiendo la nave en un lugar que no impedía la navegación y por lo tanto la salida. Varios disparos de la artillería del crucero ***Reina Mercedes*** y dos torpedos del destructor ***Plutón*** echaron a pique al carbonero. Las ruinas del ***USS Merrimac*** se encuentran en el interior de la rada santiaguera donde empieza a ampliarse la bahía una vez superada la boca, en la zona Este, en un lugar que no obstaculiza la navegación. Yace en el lecho fangoso de la bahía entre los 16 y los 23 metros de profundidad, no dispone de arboladura ya que fue dinamitada a principios del pasado siglo para facilitar la navegación en el interior de la rada. Se encuentra perpendicular a la línea de costa con una ligera inclinación de la proa dirección nordeste. El pecio de acero se encuentra bas-

A medida que uno se mueve al Este, la primera ruina marina que se observa es el Cazatorpederos *Furor*, que fue hundido por el *Cañonero Americano USS Gloucester*, uno de cuyos cañones realizó un disparo afortunado, alcanzando de lleno la Santa Bárbara del *Furor* y éste tras una gran explosión, se fue a pique, llevándose consigo al fondo del mar a Fernando Villaamil y a muchos de los marinos de la dotación del malogrado caza torpedero. El Furor está hundido frente a la playa de Mar Verde cerca de Santiago de Cuba aproximadamente a una milla de la costa; yace a una profundidad de entre 24 y 27 metros sobre un fondo arenoso con bastantes formaciones coralinas. El **Furor** estalló antes de su hundimiento por lo que en el fondo no se encuentra la típica silueta de una ruina marina. La estructura externa, simplemente no existe; en el centro del barco se encuentran dos enormes calderas *Normand* que recuerdan las turbinas de una aeronave. El Furor está más o menos paralelo a la costa, rodeado de restos de proyectiles de mediano calibre de sus cañones de tiro rápido, algunos de ellos en perfecto estado de conservación y restos metálicos de lo que seguro fue su estructura.

Le sigue, moviéndose uno en dirección Este, el Cazatorpederos *Plutón*, que en la noche del 3 de Junio de 1898 logró torpedear el carbonero norteamericano *Merrimac* abortando con su acción el intento de embotellar la escuadra de Cervera en la bahía de Santiago por las unidades de la marina Norteamericana El *Plutón* se encuentra tocando la línea de la costa frente a la playita de Buey Cabón, ya que su capitán lo embarrancó en ese lugar y debido a la falta de profundidad y a los envites del mar Caribe ya no quedan ruinas como tal sino algunos restos de sus máquinas, bielas, toberas, proyectiles y un sin fin de restos metálicos de lo que fue la estructura de aquel veloz, pero sin coraza, destructor.

La próxima ruina es la del Crucero *Almirante Oquendo*, del que dijo su Comandante Juan Bautista Lazaga y Garay:

> «Prometo, como hombre honrado, como español y como marino, que aun á costa de mi vida sabré defender el honor de España. Ignoro lo que la suerte me tendrá designado; vamos á pelear contra una nación poderosa y ensoberbecida con sus riquezas; somos infinitamente más débiles que esos hombres falaces, en cuyo reto á nuestro país no veo el arranque noble del amor hacia su patria, sino la evidencia de su superioridad material; pero no importa... Sea cual fuere el resultado del primer encuentro, juro no arriar el pabellón español, y demostraré á ese enemigo odioso que los hijos de esta tierra hidalga saben morir antes que rendirse.»

Juan Bautista Lazaga, murió a bordo del crucero que tanto quiso defender. Las ruinas del *Almirante Oquendo* están frente a la playa de

---

tante bien conservado a pesar de los 117 años que lleva hundido e impresiona la oscuridad de su interior que le da a las ruinas un aspecto casi fantasmagórico. El Merrimack fue el único barco norteamericano hundido, pequeño triunfo de consolación para las armas españolas en Santiago

Juan González a unos cien metros de la orilla y a una profundidad de entre 8 y 14 metros. Se encuentra orientado norte sur y emergen casi en su totalidad el cañón González Hontoria de 280mm de proa y parte del de proa, proporcionando una visión exterior espectacular. El estado general del Oquendo es bastante bueno, dada la poca profundidad a la que se encuentra ya que está sometido a la presión de los rompientes de los temporales. Se aprecia casi toda su eslora de 103 metros de longitud y se encuentra apoyado en su quilla sobre un lecho de arena. La visión de las toberas de sus calderas es realmente soberbia. La cubierta se ha hundido sobre el resto de la estructura. Pueden verse todavía el ancla y varios grilletes de la cadena. La cofa con su mástil está en buen estado de conservación.

Moviéndose más hacia el Este, se encuentran las ruinas del **Crucero Vizcaya**. El Comandante Evans del *USS Iowa* escribió en sus memorias:

*«El Capitán Antonio Eulate se desprendió de su espada, la besó reverentemente y con los ojos brotando lágrimas me la entregó. Aquel hermoso acto quedaría indeleble para siempre en mi memoria. Saludé al valiente Español y no acepté su espada. En ese instante una formidable explosión anunciaba el fin del **Vizcaya**. El Capitán Eulate volvió la cara y extendió los brazos hacia aquel lugar donde se produjera la detonación y gritó ¡**Adiós Vizcaya**! Y los sollozos ahogaron sus palabras. Le ofrecí un puro de Cayo Hueso, dándole excusas por no tener algo mejor, Eulate me agradeció el gesto, se llevó la mano al bolsillo superior de dónde sacó un habano Corona mojado como su uniforme y me lo entregó diciéndome, querido señor capitán yo dejé 15,000 de estos detrás de mi Vizcaya.»*

El **Vizcaya** se encuentra frente a la playa del *Aserradero* como a una media milla de la costa, al igual que en están hoy en día el **Oquendo**, del cual era gemelo como también lo era el **Infanta María Teresa**; se puede ver su cañón *González Hontoria* desde la carretera que bordea la costa. El Vizcaya está incrustado en un arrecife paralelo a la costa; debido a estar sometido a fuerte temporales y al no estar al abrigo de la costa, se encuentra más deteriorado que el **Oquendo**. La armadura del cañón *González Hontoria* permanece fuera del agua. El **Vizcaya** fue el segundo barco que más lejos llegó en su alocada carrera para intentar huir de sus perseguidores, sin conseguirlo obviamente.

La próxima ruina es la del Crucero **Acorazado Cristóbal Colón**. es, sin duda, la joya de la flota hundida. Parece maravillosa la forma en que describió el comandante Cousteau el buceo en el crucero Colón en su documental *"Cuba las aguas del destino"*.

«Atravesando la barrera del tiempo, flotamos sobre la irreconocible chimenea que impulsó al Colón en una carrera por la supervivencia, que estaba perdida de antemano. Perseguido, el pesado crucero, acabó sucumbiendo".

El Acorazado **Cristóbal Colón**, Navío de la clase Garibaldi, fue construido en los astilleros *Sestri Ponenti* de Ansaldo en Génova, Italia, y fue botado el 16 de septiembre de 1896. Fue comprado por España ante la inminente guerra con los Estados Unidos y fue un portento de la tecnología de su época siendo su velocidad 21 nudos y su coraza de acero níquel sus principales virtudes, su talón de Aquiles fue sin duda combatir sin sus cañones principales, de proa y popa, dos cañones Armstrong de 254 mm. por no tenerlos instalados al declararse la guerra. Durante el combate naval, el *Colón* consiguió escabullirse y gracias a su velocidad, se dirigió hacia el Oeste a lo largo de la costa, con el vano afán de su capitán de escapar de sus perseguidores. Al agotarse el carbón (Inglés) de calidad, comenzó a disminuir su marcha y la escuadra enemiga acabó alcanzándolo, con 5 impactos menores en la banda de popa; su Comandante, Díaz Moreau decidió embarrancarlo, ordenó arriar bandera y abrir las válvulas de sentina, impidiendo así que los Norteamericanos se adueñaran de la nave. A las 1:30 PM de aquel fatídico 3 de Julio de 1898, el *Colón* fue el último buque en arriar bandera Española. Las ruinas del Colón se encuentran al Oeste de la desembocadura del río *Turquino* a unas 48 millas náuticas de la bahía de Santiago de Cuba y a unos 64 metros. de la costa.

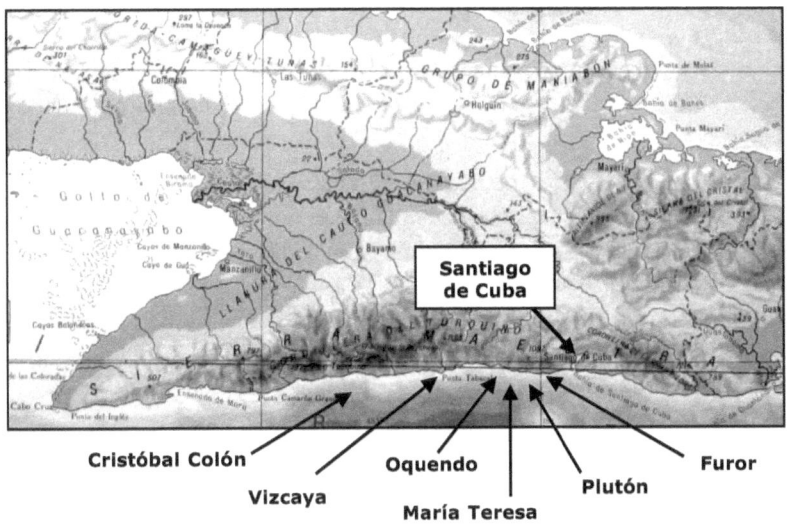

Posición final de los barcos Españoles hundidos en las aguas al sur de Oriente en Julio de 1898.

Apéndice 2

LA ESCUADRA DEL ALMIRANTE CERVERA

Crucero Español Vizcaya
Crucero Blindado, clase *Infanta María Teresa* de la Armada Española.
Longitud: 340 ' - **Desplazamiento**: 6,890 toneladas
La construcción comenzó: 1889
Lanzado: 8 de julio de 1891
Constructor: Bilbao - **Velocidad**: 23 nudos
Carga: 1,050 toneladas de carbón - **Tripulación**: 484 hombres.

Crucero Español Cristóbal Colón
Crucero Acorazado, clase *Giuseppe Garibaldi* de la Armada Española.
Longitud: 367 ' - **Desplazamiento**: 7,932 toneladas
La construcción comenzó: 1895
Lanzado: Septiembre de 1896
Constructor: Bilbao - **Velocidad**: 20 nudos
Carga: 1,050 toneladas de carbón - **Tripulación**: 560 hombres.

Crucero Español Infanta María Teresa
Nave líder de su clase de Cruceros Blindados de la Armada Española.
Longitud: 367 ' - **Desplazamiento**: 6,890 toneladas
La construcción comenzó: 1889
Lanzado: 30 de agosto de 1890
Constructor: Bilbao - **Velocidad**: 21 nudos
Carga: 1,050 toneladas de carbón - **Tripulación**: 484 hombres.

Crucero Español Almirante Oquendo
Crucero blindado clase Infanta María Teresa de la Armada Española.
Longitud: 364 ' - **Desplazamiento**: 6,890 toneladas
La construcción comenzó: Enero de 1889
Lanzado: 1891
Constructor: Bilbao - **Velocidad**: 21 nudos
Carga: 1,050 toneladas de carbón - **Tripulación**: 484 hombres.

Destructor español Furor
Destructor Español de la Armada de la clase Furor de la Armada Española.
Longitud: 220 ' - **Desplazamiento**: 370 toneladas
La construcción comenzó: 21 de Febrero de 1896
Lanzado: 1896
Constructor: TUI, Reino Unido - **Velocidad**: 28 nudos
Carga: 100 toneladas de carbón - **Tripulación**: 67 hombres.

Destructor español Plutón
Destructor Español fe la clase Audaz de la Armada Española.
Longitud: 225 ' - **Desplazamiento**: 400 toneladas
La construcción comenzó: 12 de Febrero de 1897
Lanzado: 1897
Constructor: TUI, Reino Unido - **Velocidad**: 30 nudos
Carga: 96 toneladas de carbón - **Tripulación**: 67 hombres.

La oficialidad del Oquendo alrededor del Almirante Cervera, frente a una pieza de 320 mm, probablemente de popa. Se distingue a su comandante, Pascual Cervera Topete. De la revista *El Mundo Naval Ilustrado*. Año 1898.

Apéndice 3

LA PRENSA MUNDIAL Y SUS INFORMACIONES Y REPORTAJES PARTIDISTAS EN 1898

Cuba en 1898 era, junto a Puerto Rico, la última colonia Española en América. Su lucha por la independencia, conmovía los pensamientos y sentimientos de los Hispanoamericanos. Oponiéndose a sus esfuerzos por independizarse, estaba una metrópolis peninsular que se aferraba con todas sus fuerzas a ese espacio histórico que representaba su pasado glorioso. La pasión por la independencia nutría las esperanzas de los cubanos, quienes, sin percibir las consecuencias, habían apelado al poderoso aliado con que contaban: los EEUU. Estos no desperdiciarían la oportunidad para demostrarle al mundo occidental, que eran ellos los que estaban llamados a tutelar los destinos del continente Americano. La prensa mundial, particularmente la del hemisferio Americano, estuvo obsesionada con la Guerra en Cuba, como puede apreciarse por la profusión y extensión de las informaciones provenientes de diferentes partes del mundo sobre lo que sucedía en la isla caribeña. La prensa y la opinión pública en general, se preocuparon y ocuparon de la Guerra Hispano-Cubano-Norteamericana de 1898, cuya gestación inclusive había sido objeto de tratamiento periodístico desde los primeros años de la década de 1890.

En todas las Américas los inmigrantes españoles, y la prensa pro-Española, se expresaban en forma calurosa y contundente en favor de su Patria y los más pudientes no escatimaban recursos para ayudar a la causa Española, a cuyas raíces aún se hallaban aferrados. Guardaban un memorable respeto a España, a la que toda Hispanoamérica debía los bienes culturales y las bases morales de la Madre Patria.

Una gran mayoría de los criollos a lo largo de todo el continente, sin embargo, defendía la empresa de los Cubanos; Argentinos, Bolivianos, Paraguayos y Uruguayos, por ejemplo, rememoraban sus hazañas de Mayo 18 al 25 de 1810 y las comparaban con las del pueblo Cubano y sus héroes. No desdeñaban la ayuda que subrepticiamente salía de los

EEUU, pues reconocían que la Revolución de Mayo de 1810, había contado con el apoyo de Inglaterra.

De particular interés para todos fueron las informaciones y detalles de la batalla de Santiago de Cuba. La prensa Españolista de Hispanoamérica, basada en partes extraoficiales o inventados, reportaba en Madrid y a todo lo largo del continente Americano noticias desfavorables a los EEUU, mientras en Washington y muchas capitales Europeas ocurría todo lo contrario. En Asia, nada interesaba de lo que estaba ocurriendo en las Antillas.

Un semanario Madrileño señaló que el Gral. Schafter...

> «*a duras penas fue capaz de contener la situación a que se enfrentaba y tuvo que replegarse con sus tropas a las colinas próximas a la costa Cubana con el objeto de dar descanso a las tropas. Parece que Schafter abandonó completamente todo el llano que circunda a Santiago y las posiciones que ocupaba en el Caney.*»

Mientras tanto, desde Madrid se informaba falsa o prematuramente que

> «*... dos mil soldados españoles combatieron heroicamente contra diecisiete mil norteamericanos y murieron heroicamente, mientras que muchos otros generales y oficiales quedaron heridos.*»

Del otro lado, un parte de Nueva York informaba que...

> «*...en Manzanillo, en la provincia de Oriente en Cuba, el buque Norteamericano **Hornet** acometió los buques españoles y se retiró después de haber hundido un torpedero y una cañonera Española. El gobierno Español tomó medidas urgentes para el envío de refuerzos a Cuba.*»

En otra ocasión, se dio cuenta de...

> «*un despacho originado en Washington con carácter de "urgente", en el cual se señalaba que la flota Americana del Comodoro Sampson, había entrado al puerto de Santiago y destruido la flota Española del Almirante Cervera. Todos los buques españoles fueron destruidos, menos uno,*»

agregando que un telegrama de Schafter de fecha 3 de Julio, decía que...

> «*...pidió capitulación inmediata de Santiago, amenazando en caso contrario, bombardearla; cree que la plaza capitulará.*"

Por otra parte...

> «*se supo en Nueva York, gracias a un comunicado fechado en Playa del Este, que, habiendo salido de la bahía de Santiago, los Españoles, alinearon sus buques y los incendiaron, menos uno, en el que se supone se hallaba Cervera. Se trata del buque Vizcaya.*»

En otro parte informativo...

> «*el Comodoro Sampson confirmó a Washington la voladura de la escuadra de Cervera, y además, que tomó mil doscientos prisioneros Españoles entre los cuales se encuentra Cervera.*»

En tanto que, allí mismo...

«un telegrama de Schafter al Ministro de Guerra Norteamericano, anunció que la guarnición de Santiago rehusó capitular y que, de acuerdo con las instrucciones que se le enviaron, él ha acordado un plazo hasta mañana a medio día para rendirse, pasado el cual, procedería vigorosamente al bombardeo.»

En contraposición, noticias de España sobre la escuadra de Cervera decían que...

«el gobierno acaba de comunicar a la prensa un despacho oficial de Cuba, según el cual dicha escuadra salió de Santiago pasando el canal sin accidente alguno. Y que después se oyó un vivo cañoneo. Que se ignora el resultado del combate que ha debido librarse con la escuadra Norteamericana.»

Luego...

"el Ministro de Guerra ha recibido otro telegrama de Santiago, anunciando la llegada a esa plaza de la columna del Gral. Escario, después de haber forzado las líneas Americanas."

Finalmente...

«otros despachos procedentes de Madrid, anuncian que la escuadra de Cervera forzó el bloqueo establecido por los buques Norteamericanos, y gracias a su velocidad pudo alejarse sin haber siquiera recibido averías," añadiendo que... *" las noticias Americanas sobre la destrucción de esa flota, son falsas y tienen el objeto de desanimar a las tropas Españolas, que defienden a Santiago de Cuba, para obtener la rendición de la plaza (5 de Julio).»*

Una noticia en Sevilla aseguraba que

«Madrid informa que su gobierno, ignora la destrucción de la flota de Cervera y que los despachos oficiales de Cuba no lo mencionan.»

Mientras, en Nueva York se publicaba que...

«Cervera está herido en un brazo, y que le declaró a Sampson que prefería arriesgar un combate en alta mar, que esperar la perspectiva de sucumbir en la situación en que se halla.»

«Schafter cayó enfermo, por lo que será reemplazado por el generalísimo Miles, quien se trasladará a la isla antes de 8 días con refuerzos y asumirá el mando del Ejército.»

En tanto que, en Washington, se anunció desde Santiago, que...

«los cónsules extranjeros tuvieron una conferencia con Schafter para pedirle prolongara el plazo fijado para la rendición de la ciudad. Es posible que dicho general acepte con el fin de que los extranjeros, puedan ponerse a salvo.»

Finalmente, y después de varias aseveraciones y desmentidas...

«una editorial de Los Andes, merced a los despachos que provee la agencia "Havas", confirma la destrucción de la escuadra de Cervera, disipando todas las dudas. En el despacho se detalla el nombre y calado de los buques, su tonelaje y la tripulación, totalizando 2,164 marinos, los que se habrían enfrentado a los Norteamericanos; según datos de estos, 1,600 de ellos han sido presos,"

Aunque se afirma que...

«...el Cristóbal Colón se habría salvado, con sus 543 tripulantes. Esto interesa por que dicho buque es gemelo de nuestro Garibaldi, agregando que... aunque rudo, el golpe no ha desarmado a España en el mar, pues además cuenta con la poderosa escuadra del Contralmirante Cámara, sin contar con otras naves muy a propósito para la defensa de las costas.»

Dice finalmente que...

«Cervera merece el respeto universal por la gloriosa, aunque es desgraciada la página que ha agregado a la brillante historia naval de España. Quien tan brillantemente acaba de luchar, nació el 18 de febrero de 1839 y cuenta con 45 años de importantes servicios, habiendo ganado muchos de sus ascensos por acciones de guerra y tiene numerosas condecoraciones.»

Apéndice 4

LA GENEROSA Y HUMANA REPATRIACIÓN DE LOS MILITARES Y MARINOS ESPAÑOLES EN CUBA

El capítulo de la repatriación es un epílogo triste de la Guerra Hispano-Cubano-Americana, que puso al descubierto toda la miseria y el drama de las fuerzas combatientes derrotadas de Estaña. Los soldados regresaron vencidos a la península tras luchar en una contienda imposible contra el destino y la marcha del mundo. La cadena conmovedora de cadáveres que salieron de Cuba terminó en las recaladas de los puertos Españoles -Santander, Vigo, Cádiz- cuando los valientes soldados y marineros de España, barbudos y descuidados, amarillos de fiebre, eran bajados como mercancía en planchas desde los buques hasta los muelles, ante el dolor y el asombro incrédulo de los Españoles que hasta entonces habían creído que Cuba siempre pertenecería España. Muchos de ellos apenas tocaron suelo Español cerraron los ojos para siempre... teniendo al menos la suerte de acariciar una vez más la Patria por la que lucharon y donde dejaron desvanecidas sus ilusiones.

En menos de un año, el orgullo de las armas Españolas y la majeza de sus mozos se había derrumbado en las tierras y los mares tropicales de Cuba en lo que, sin duda, fue una última locura Española, esta vez no peleando contra molinos de viento sino contra las realidades de la historia, la tecnología y su debilitado patrimonio.

Don **Claudio López Bru**,[88] segundo *Marqués de Comillas* cuarto hijo de

---

[88] En 1898, entre las Compañías que eran propiedad de la **Casa Comillas** estaban la **Compañía Transatlántica Española**, la **Compañía General de Tabacos de Filipinas**, los **Ferrocarriles del Norte de España**, la **Compañía Hullera Española**, la **Banca López Bru**, la **Constructora Naval Española** y el **Banco Vitalicio de España**. Sin contar su total auspicio y financiamiento del **Seminario Pontificio de Comillas**, Cantabria, fundado en 1890 por su padre y designado por el Papa Pio X en 1904, en su decreto *Praeclaris honoris argumentas*, como la **Universidad Pontificia de Comillas**.

Antonio López y López, el fundador y dueño de la *Compañía Transatlántica Española*, con un patriotismo casi demente había trasladado miles de jóvenes Españoles a Cuba durante los días de la Guerra del 95, en un seductor pasaje de la *Crónica de la Generación del 98* que ha sido por alguna razón ingratamente silenciado. A la hora de la casi inevitable pero no anticipada desesperación de las vencidas tropas Españolas, el Marqués se creció con una excelsa maniobra de repatriación agotadora, en la que puso sin reservas y gratuitamente, en honor a España, toda su flota de buques trasatlánticos, e incluso fletó 26 grandes barcos de pasajeros, 19 de países extranjeros y 7 de competidores suyos Españoles, para completar las operaciones de repatriación de los vencidos héroes Españoles en el más breve tiempo posible.

El ***Alfonso XIII*** rindió su primer viaje con soldados repatriados entrando en Santander el día 3 de Octubre. Quince días más tarde inició una nueva expedición, pero esta vez a Filipinas, zarpando de Barcelona; regresó a Cádiz el 26 de Noviembre y zarpó el día 30 para La Habana. El 5 de Enero y el 18 de Febrero de 1899, sus barcos retornaban a Cádiz de otras tantas expediciones similares desde Cuba y Puerto Rico.

No fue sino hasta el 20 de Marzo de 1899 que reanudó desde Santander su primer viaje comercial y civil a La Habana, como el empresario de antes, tal como si no hubiese pasado nada. La paz había vuelto a la ruta Antillana. Cuba y Puerto Rico, antiguas provincias de España, siguieron unidas a España en el afecto, la cultura, las relaciones económicas y los valores humanos. El Alfonso XIII, junto al Reina María Cristina, volvieron a llevar todo lo Español a los mares y tierras del Caribe. Los viajes comenzaron a ser más largos y no tan baratos como antes; ahora salían Bilbao y sus rutas se extendían hasta Veracruz. Fue precisamente el ***Alfonso XIII*** el primer buque de Trasatlántica que zarpó de Bilbao con destino a La Habana en el mes de Febrero de 1900.

En los años de paz que vivió el ***Alfonso XIII*** entre 1900 y 1914, cumplió como bueno y además completó todo un generoso record de asistencias navales. Ya en 1898, pocas semanas antes de la ruptura con los Estados Unidos, había dado remolque en pleno Atlántico al mercante Inglés ***Bulton***, herido y sin fuerzas para llegar por sí mismo hasta La Coruña. Pero fue precisamente con un buque de bandera Norteamericana con el que se hizo célebre su generosidad de postguerra. El 23 de Febrero de 1902, logró rescatar a toda la tripulación del velero Norteamericano ***Contest***, después de varias horas tratando sin éxito de salvar el barco.

El siguiente fue el vapor Británico *Torgorm*, al que el 23 de Junio de 1904 logró remolcar 315 millas hasta Ponía Delgada, en las Azores. Tres años más tarde, en Enero de 1907, a la salida del puerto de La Habana el *Alfonso XIII* sufrió la rotura del árbol de la hélice, un accidente bien corriente en los buques a vapor de aquella época. Esta vez fue el buque Español el que tuvo que pedir auxilio, y fue remolcado hasta el puerto Norteamericano de Pensacola, en la Florida por un buque Norteamericano.

A fines del 1904, el *Alfonso XIII* fue sometido a una intensa reconstrucción en el astillero de la Trasatlántica Española en Matagorda, Cádiz. En esta ocasión se le sustituyó su preciosa arboladura de cuatro palos por otra más sencilla y normal de dos palos, secos, sin vergas ni aparejos. Con ello perdió belleza y presencia, si bien se redujeron, como es lógico, los gastos de conservación y mantenimiento de palos, jarcias y velamen. A mediados de Febrero de 1908, totalmente reformado también en sus cámaras y camarotes, salió el *Alfonso XIII* de Cádiz para Bilbao a fin de reincorporarse a la ruta España-Cuba, que ahora se extendía hasta el puerto Mejicano de Tampico. Volvió de inmediato a ser el barco de más rápida respuesta a las SOSs del Atlántico. En 1910 asistió al correo alemán *Scotia* que había roto el eje de cola en pleno Atlántico.

En el año 1911, el *Alfonso XIII* sufrió otro percance. A unas 14 millas del puerto de Veracruz, tocó fondo. El buque permaneció durante tres días embarrancado y el pasaje tuvo que desembarcar y ser llevado a Veracruz a bordo del mercante mejicano Oaxaca. En 1914 participó en la evacuación de súbditos Españoles durante los días difíciles de la Revolución Mexicana, que tanto afectaron a la colonia Hispana en aquel país. El 5 de Marzo de ese año fue testigo presencial del hundimiento del enorme velero Norteamericano *E. C. Mowatt*. El *Alfonso XIII* pudo salvar a la tripulación mientras el viejo velero, botado en 1868, con más de mil toneladas de desplazamiento, se iba a pique. A mediados del mes de Mayo asistió al vapor *Oswald Bay* en el Golfo de México.

En esos primeros años de lo 1910s, el mundo se vio de nuevo sometido a la guerra, esta vez en Europa, que se encerró en una especie de asonada loca y patriotera que degeneró en la Primera Guerra Mundial. Gracias a Dios, y a la Corona de España, la península se mantuvo fuera de la guerra, a pesar de compartir los compromisos de defensa con los Imperios Centrales (el Austriaco-Habsburgo de la Reina Madre, y la

Inglaterra Victoriana de la Reina consorte doña Victoria Eugenia). Para entonces el Alfonso XIII estaba ya viejo y desgastado y logró disfrutar su merecido retiro dentro de los pacíficos Puertos Españoles; soñando, posiblemente, sus años mozos repatriando Españoles en tribulaciones desde costas ajenas hasta la calma que España se había ganado en su vejez.

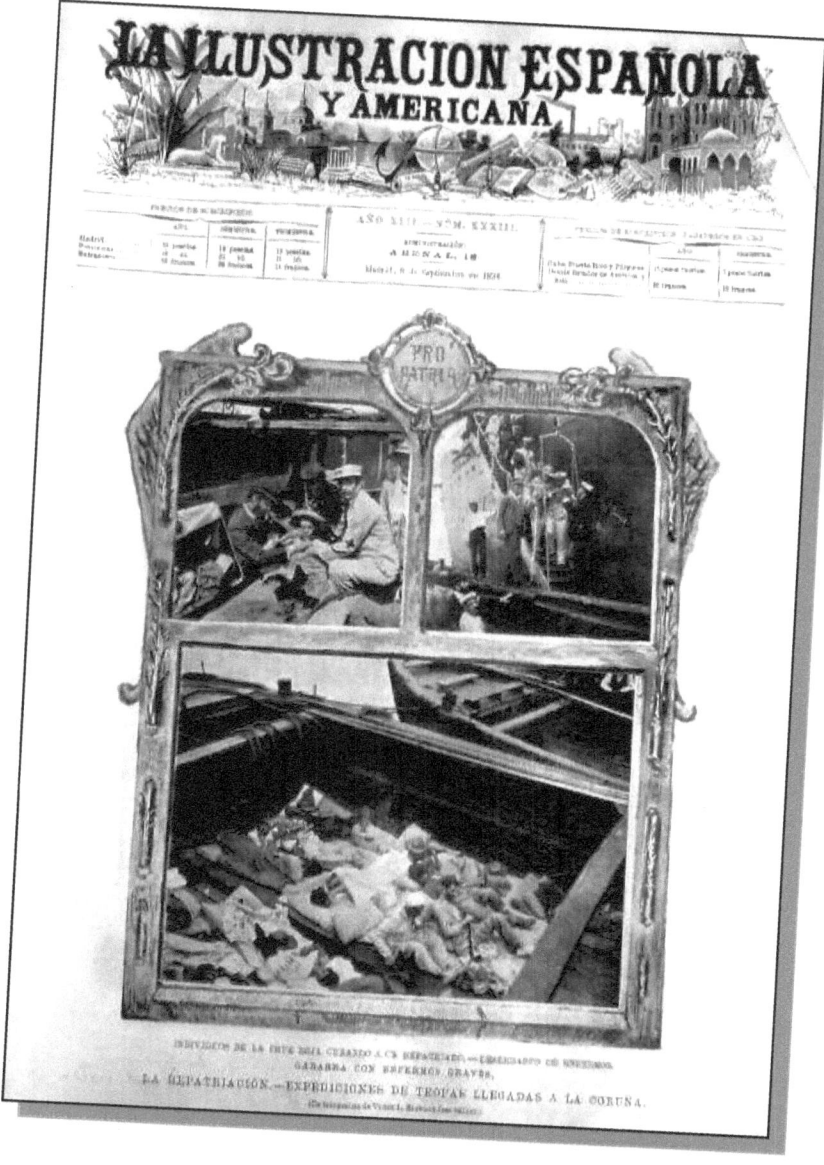

Apéndice 5

LA RESOLUCIÓN CONJUNTA DEL CONGRESO NORTEAMERICANO DE ABRIL DE 1898

El 13 de Abril de 1898, el Ministro Luis Polo de Bernabé,[89] le escribió al Ministro de Estado Español, informándole que el *Comité de Relaciones Exteriores del Senado* había presentado un informe calumnioso, basado principalmente en la destrucción del *Maine*, en que proponía aprobar una Resolución Conjunta de la Cámara y el Senado declarando libre al pueblo de Cuba, demandando del gobierno de España que retirase inmediatamente su autoridad, su Ejército y su Armada de la Isla, y ordenando al Presidente que usara las fuerzas federales y la milicia, a fin de dar efectividad a la Resolución.

La alarma causada por esta nota en España fue enorme. El 14 de Abril, el Ministro de Estado solicitó al Papa, por medio de su Embajador Español ante el Vaticano, que propusiera cualquier medida que estimara oportuna a fin de impedir la guerra. El senador Americano John Spooner[90] le escribió a un amigo el 2 de Mayo de 1898:

> «Es posible pensar que el Presidente hubiera podido resolver el asunto sin guerra, pero la corriente era demasiado fuerte, los demagogos demasiado numerosos, y las elecciones de otoño se acercan. Legalmente, ninguna de las razones expresadas por McKinley y por el Congreso, son

---

[89] **José Polo de Bernabé** (1836-1905), fue un notable marino y diplomático español; siendo muy joven ingresó en la Armada y ascendió sucesivamente de Capitán de Fragata en 1853, a Vicealmirante en 1885. Desde Febrero de 1892 hasta Julio de 1899 fue Ministro Plenipotenciario de España en Washington.

[90] **John Coit Spooner** (1843-1919), Senador por el Estado de Wisconsin, fue considerado como el principal experto constitucional del Senado de su tiempo. Presidente del Comité de Reglas, Spooner era parte importante de un grupo de poderosos Senadores que dominaron las acciones del Senado a comienzos del siglo XX. Spooner fue un orador y polemista de altura, y sirvió como asesor del Presidente William McKinley.

suficientes, bajo el Derecho Internacional, para intervenir en Cuba, o para privar a España de su soberanía sobre la Isla.»

El 19 de Abril de 1898, el Congreso Norteamericano adoptó la siguiente Resolución:

Resuélvase por el Senado y la Cámara de Representantes de los Estados Unidos de América reunidos en Congreso:

1) Que el pueblo de la isla de Cuba es y de derecho debe ser libre, e independiente.

2) Que es el deber de los Estados Unidos demandar, y el Gobierno de Estados Unidos por la presente demanda, que el Gobierno de España inmediatamente renuncie a su autoridad y gobierno en la isla de Cuba, y retire de ésta sus fuerzas de tierra y mar.

3) Que al Presidente de los Estados Unidos se le ordene, y por la presente se le ordena y faculta, para usar todas las fuerzas de tierra y mar de los Estados Unidos, así como para llamar al servicio actual de los Estados Unidos la milicia de los varios Estados, en la medida que pueda ser necesaria, a los fines de dar efectividad a esta resolución.

4) Que los Estados Unidos por la presente niega toda disposición o intención de ejercitar soberanía, jurisdicción o dominio sobre dicha Isla, excepto en cuanto sea necesario para la pacificación de la misma; y afirma los Estados Unidos su determinación de dejar el gobierno y dominio de la Isla a su pueblo, tan pronto como esa pacificación tenga efecto.

Esta resolución pasó en el Senado por 42 votos contra 35,[91] y en la Cámara por 310 contra 65. El 20 de Abril, McKinley firmó la resolución y un ultimátum fue preparado por el Presidente y enviado a Woodford en Madrid, para que lo trasmitiera al gobierno de la Corona. En él, el Presidente hacía constar que si al mediodía del Sábado 23 de

---

[91] En el Senado hubo bastante **oposición a la Resolución**, principalmente porque en 1898 el Senado Americano estaba compuesto preponderantemente por miembros adinerados con intereses conservadores.

Abril, el gobierno Americano no había recibido de España una contestación completa y satisfactoria a las demandas de la transcrita Resolución, se procedería a usar los poderes y autoridades que se le conferían en la Resolución, para dar efectividad a la misma.

España, determinada a no ceder en su empeño de continuar ejerciendo su soberanía en Cuba, quiso evitar que Woodford tuviera oportunidad de entregar el Memorándum y el día 21 de Abril, envió una nota al ministro Woodford, manifestándole que

> «... en vista que el Presidente había aprobado la Resolución de ambas Cámaras, y toda vez que esta Resolución, al negar la soberanía de España y amenazar con la intervención armada en Cuba, equivalía a una evidente Declaración de Guerra, el gobierno de Su Majestad ha ordenado a su Ministro que se retirara del territorio Americano y que por este acto terminaban las relaciones diplomáticas que previamente existieron entre los dos países.»

Con la ruptura de las relaciones diplomáticas entre España y Estados Unidos se inició el estado de guerra que culminó con el tratado de paz firmado en París el 1º de Diciembre de 1898.

El 8 de abril del año 1898, con el cargo de Contralmirante, salió de Cádiz rumbo a Cuba, al mando de la Escuadra Española del Atlántico, **Pascual Cervera y Topete**, posiblemente el mejor profesional que tenía el Ejército Español en el convulso siglo XIX. Su misión: sofocar los brotes independentistas de la isla de Cuba. Cervera consideraba descabellada e irresponsable la misión que se le había encomendado en Cuba, teniendo en cuenta la manifiesta desproporción de fuerzas y calidades que existían entre la flota Española y la de los EEUU, que apoyaban a los insurrectos Cubanos.

Cervera había tratado de convencer a la Junta de Almirantes Española que su encargo debía ser reforzar y defender las Islas Canarias y la propia península en previsión de posibles ataques de la armada de los EEUU. Sus argumentos fueron totalmente desoídos por sus superiores y por una gran mayoría del Gobierno Español, imbuidos de un anacrónico patriotismo. Como militar fiel y pundonoroso Cervera se aprestó a cumplir disciplinadamente la orden recibida.

La batalla que enfrentaron los barcos Españoles con la Escuadra Americana apenas duró 15 minutos en los mares al Sur de Santiago de Cuba. Tal y como había previsto Cervera, sus barcos fueron uno a uno encañonados y hundidos por el certero fuego cruzado de los Acorazados Estadounidenses. La batalla costó la vida a unos 500 marineros españoles; 2,000 de ellos fueron hechos prisioneros, entre los que se contó el propio Cervera, que tuvo que ganar la costa a nado.

Repatriado a España en Septiembre de 1988, Pascual Cervera tuvo que sufrir un juicio militar por sus presuntas responsabilidades en el desastre colonial. Una vez absuelto, publicó un libro titulado **Colección de Documentos** en 1899, dando a conocer los argumentos contendidos y los incidentes ocurridos antes y después de la derrota Española.

Las páginas siguientes muestran una reproducción digital exacta del libro publicado por Cervera. Las notas e imágenes complementarias que facilitarán al lector su estudio, han sido presentadas en las primeras páginas de este libro.

GUERRA HISPANO-AMERICANA

COLECCIÓN DE DOCUMENTOS

REFERENTES Á LA

Escuadra de Operaciones

DE LAS ANTILLAS

ordenados por el Contraalmirante

PASCUAL CERVERA Y TOPETE

EL FERROL

IMPRENTA DE «EL CORREO GALLEGO»
Sinforiano López, 139 y 141
1899.

AL LECTOR

Poseedor de los documentos que siguen, he creído que debía publicarlos para que ilustren al público y puedan ser enseñanza para el porvenir y datos para la Historia.

Pensé primero, que fueran precedidos de una sucinta relación de los hechos, pero considerando que son tan recientes y han afectado tanto á nuestro desgraciado País, que cualquier crítica pudiera degenerar en pasión, he creído como mejor dejarlos solos, porque ellos explicarán muy bien todo lo ocurrido.

Quisiera haberlo hecho antes, pero mi condición de procesado me hizo desde luego aplazarlo hasta la terminación de la causa, y después ha pasado algún tiempo para obtener el permiso que era necesario, dada mi calidad de militar y la índole de los documentos, que la mayor parte proceden del Ministerio de Marina ó le han sido dirigidos.

Por eso recurrí á S. M. con la instancia que copio, recayendo R. O. que también copio.

Va la colección en dos caracteres de letra; uno, el más pequeño, se refiere á los documentos impresos en cierto trabajo donde se han deslizado errores y omisiones; y el otro diferente, á los aportados por mí, de cuya mayor parte poseo originales; y otros, son tomados de varias publicaciones y hasta de los Diarios de Sesiones de las Cámaras.

Si esta publicación contribuye á enmendar nuestros errores para el porvenir, se habrán colmado mis deseos, que se cifran sólo en ser útil á mi Patria.

Madrid 30 de Agosto de 1899.

Pascual Cervera.

Instancia.

Señora: Don Pascual Cervera y Topete, Contraalmirante de la Armada, á los RR. PP. de V. M., con el más profundo respeto expone:

Que es notorio que por la destrucción de la Escuadra que mandaba en el combate del 3 de Julio de 1898, se instruyó causa en la que recayó providencia del Consejo Supremo de Guerra y Marina, sobreseyendo respecto al exponente y otros más. Pero esta providencia, en la que sólo hubo un voto de mayoría, no parece suficiente para satisfacer á la opinión que, extraviada á raíz de los sucesos y mucho tiempo después, se manifestó en una campaña muy viva contra el honor del exponente, el de la Escuadra que mandó y el de la Marina entera.

Al observar estos síntomas, trató el recurrente de dar una amplia explicación al País, para lo que solicitó y obtuvo ser elegido Senador por la provincia de Albacete, pero ni aun consiguió que se discutiera el acta de su elección.

Declarado después procesado, creyó el exponente que no debía intentar hablar hasta que el tribunal hubiese pronunciado su fallo.

El recurrente posee muchos documentos originales y otros en copia, pero todos auténticos, y de entre ellos hay no pocos publicados con errores, y otros que se han impreso sin publicarse, pero que los conocen muchos, con no menos errores que seguramente pueden extraviar la opinión.

Estos documentos, que tuvieron carácter de reservados la mayor parte, ya no tiene razón de ser el secreto por estar restablecida la paz, y su publicación corregiría muchos de esos errores, sirviendo de enseñanza para el porvenir.

Por todas estas razones

Suplica rendidamente á V. M. se le permita hacer, á su costa, una edición de los documentos aludidos para ilustración del pueblo español.

Es gracia etc. 18 Agosto 99.

REAL ORDEN

Dada cuenta á S. M. de la instancia promovida por V. E. el día 18 del actual en súplica de que se le permita hacer á su costa una edición de los documentos que obran en su poder referentes á la Escuadra que mandó en el combate naval de Santiago de Cuba el día 3 de Julio del año próximo pasado, S. M. el Rey (q. D. g.) y en su nombre la Reina Regente del Reino, conformándose con lo informado por el Asesor general de este Ministerio, se ha servido autorizar á V. E. para que publique todas las disposiciones emanadas del Ministerio de Marina, relativas á la Escuadra destruída en Santiago de Cuba. De R. O. comunicada por el Sr. Ministro del Ramo lo manifiesto á V. E. para su conocimiento y como resultado de su referida instancia. Dios etc.—Madrid 22 de Agosto de 1899.—El Subsecretario, MANUEL J. MOZO.

Sr. Contraalmirante D. Pascual Cervera y Topete.

COLECCIÓN DE DOCUMENTOS

REFERENTES Á LA

ESCUADRA DE OPERACIONES DE LAS ANTILLAS

El Ministro de Marina.—PARTICULAR.—*Madrid Noviembre 28/97.—Excmo. Sr. D. Pascual Cervera.*—Mi querido General y amigo: Contesto á sus estimadas cartas, expresándole me parecen muy bien las instrucciones dadas á la Escuadra y cuanto me expone relativo á velocidades, diámetros y movimientos tácticos. Con gran satisfacción recibí el telegrama sobre las pruebas de fuego verificadas en el *Vizcaya*, después de tantas dudas y opiniones diferentes; pero á pesar de ellas, creo no debemos entregarnos á una confianza sin límites, y su buen criterio sabrá restringir á todo lo posible el hacer uso de estas piezas (1) hasta que tengamos los nuevos casquillos, que, según me han prometido, empezarán á recibirse á principios de Enero. Continúo mis gestiones para armar los torpederos, pero se lucha con la falta de personal de Maquinistas, hoy aumentada esta necesidad por los contratados que se van separando del servicio. Deseándole todas felicidades, etc.—SEGISMUNDO BERMEJO.—Nada nuevo de Filipinas.

Santa Pola 3 de Diciembre 1897.—Excmo. Sr. D. Segismundo Bermejo.—Mi querido General y amigo: Al llegar aquí recibí su muy grata del 28. Mucho me complace que haya us-

---

(1) Se refiere á las de 14 cm. de tiro rápido González Hontoria.

ted encontrado bien las instrucciones que dí á la Escuadra. El *Oquendo* quedó listo anteayer, porque le bastó destapar los registros de los condensadores. Estoy con V. en que debemos esperar los nuevos casquillos de 14 cm. para hacer ejercicio al blanco con esa artillería, y pienso correr la voz con arte que esperaremos para no disminuir nuestro repuesto. Me parecen pocos 1.500 casquillos, pues creo que lo menos necesitamos el doble, que es el cargo de estos buques. Para quitar todo motivo de comentarios á que no se haga fuego con los cañones de 14 cm., pienso hacerlo sólo con los de 28 cm. y otro ú otros días con los pequeños á un blanco de día y de noche, si V. no dispone nada en contra. Anteanoche hicimos un ejercicio con las exploradoras de este buque y el *Teresa*, que resultó interesante; las vedettes fueron descubiertas por los proyectores. Continuamos las experiencias con éstos para ver su mejor instalación. La interesantísima cuestión del radio de acción de estos buques, no podrá fijarse bien con los datos aportados en mi viaje, pero sí muy aproximadamente. Las causas por qué no podrán fijarse son que el *Teresa* ha puesto unos consumos muy exagerados, sobre lo que hoy va á su Comandante una censura para los Maquinistas, y el *Oquendo,* por un error de interpretación de una frase mía, no obró con arreglo á las instrucciones, pero tenemos los datos de este buque, que convienen con los que puede presumirse que tendría el *Oquendo,* y no tardaré mucho en enviarle á V. el estudio correspondiente. Pienso, como creo dije á V. en mi anterior, salir algunos días con la Escuadra; también pienso que hagan ejercicios de táctica los botes de vapor con los Oficiales, bajo la dirección de un Jefe. Y sin molestarle más, etc.—PASCUAL CERVERA.

El **Ministro de Marina.**—PARTICULAR.—*Madrid, Enero 9 del 98.*—*Excmo. Sr. D. Pascual Cervera.*—Mi querido General y amigo: Acabo de recibir la visita, además de la Comisión Ansaldo, del Embajador de Italia sobre la artillería de 25 centímetros del *Colón,* haciendo entrever pueden suscitarse disgustos por este asunto. Como el informe del Centro Consultivo es completamente desfavorable á la admisión de los cañones 325 y especialmente del 313, su buen criterio comprenderá que la Junta que V. preside debe proponerme soluciones encaminadas al modo de reemplazar estas piezas, aunque sea provisionalmente, por otras de otros sistemas. Por mi parte he dado á entender que si en muy breve plazo se ponen á pruebas otros dos cañones, que no sean el 325 y el 313, y estas pruebas diesen resultados satisfactorios, podría el Gobierno terminar este enojoso asunto. Queda suyo, etc.— SEGISMUNDO BERMEJO.—Tenga presente, mi querido General, lo que es la prensa de este país, y el modo que tienen siempre de injuriarnos.

EL GOBERNADOR GENERAL DE CUBA (BLANCO) AL M. DE ULTRAMAR (R. GIRÓN).

Habana 8 Enero 1898.

«(**Entre otras cosas**).—A Marina se deben dos millones y tercio que convendría liquidar para que puedan hacer servicio gran número de barcos que están Arsenal con averías sin poder repararlas por falta fondos.»

Acorazado Vizcaya.—ALMIRANTE.—*Cartagena 29 Enero de 1898.—Excmo. Sr. D. Segismundo Bermejo.*—Mi querido General y amigo: El telegrama que puse á V. ayer le informó que el *Vizcaya* está listo y encendido para salir en el momento que reciba las instrucciones y el dinero, única cosa que le falta, pues aun cuando todavía no han llegado tres ó cuatro personas de las que tenía con permiso mío, á las que se les ha telegrafiado y llegarán de seguida, el buque saldría sin ellos si llegan antes el dinero é instrucciones. Tiene á bordo cerca de 600 toneladas de carbón y sigue haciendo hasta que lleguen las instrucciones ó hasta rellenar. Ha encendido seis calderas y sigue llenando las otras cuatro con el agua que le traen. También ha empezado á destilar para rellenar su aguada, y continuará después para todas sus necesidades. Tiene cuarenta días de víveres. Se le ha reemplazado la cureña de 57 que en tiempo de V. se envió á Plasencia de las Armas y aun no está á bordo, por otra del *Lepanto*. Le falta un Teniente de Navío porque he desembarcado á Alvargonzález, y como no hay de reemplazo en el Departamento, se lo voy á embarcar del *Alfonso,* que con este arrechucho de nuestra salida va á quedar lastimado y hará falta atenderlo. Los otros dos cruceros de Bilbao, se están alistando también. El *Teresa* empezará hoy á hacer carbón y el *Oquendo* en cuanto caiga al agua, que será hoy, embarcará su pluma y de seguida hará carbón y materias lubricadoras. El *Teresa* tiene sus materias lubricadoras á bordo. De aguada para estos buques estaremos socorridos, porque por gestiones de Bustamante y concesión del Capitán General, tendremos mañana en el Arsenal un grifo de la Compañía inglesa, que nos dará el agua á 1,16 pesetas metro cúbico. He telegrafiado á Barcelona preguntando para cuándo tendremos la galleta. Si llega el carbón de Inglaterra, podrían rellenar los buques, pero en otro caso, siempre tendremos para llegar á Las Palmas. Como V. sabe muy bien, en la Escuadra no hay un cuarto de economía en ninguno de sus tripulantes, por lo que hacen falta dos cosas: Primera: Que se permita dejar asignaciones á las familias, para no condenar á que tengan hambre quinientas ó seiscientas, lo que puede ser un mal hasta para la disciplina. Segunda: Que se nos consigne dinero en la Habana para poder vivir nosotros, porque si haciendo la cuenta de que hemos cobrado Enero, se pretende nivelarnos, pereceremos miserablemente. Sobre este vital asunto expido un telegrama. El *Furor* podrá salir dentro de un par de días; el *Terror* necesita lo menos una semana para tener listas sus calderas. Dije al Capitán General lo que V. me encargó de los torpederos y dotaciones de la *Vitoria*. No hemos recibido aun la consignación de Enero, sobre lo que va un telegrama. Tenemos inútiles tres botes de vapor y he pedido al Capitán General los del *Lepanto* y dejarle éstos para que les arreglen las calderas y sirvan para ese buque. Faltan en la Escuadra cinco Tenientes de Navío y cinco Alféreces de Navío, y el Departamento dice que no tiene. La principal falta recaerá sobre el *Alfonso* y para remediarla en parte, voy á habilitar los cuatro Guardias Marinas próximos á ascender y que por esa razón trasbordo al *Alfonso*. Y no sé si me olvido algo.—Suyo afectísimo, etc.—PASCUAL CERVERA.

Cartagena 30 de Enero de 1898.— Querido primo Juan Spottorno: Hace dos años próximamente que te escribí una carta sobre nuestro estado para entrar en una guerra con los Estados Unidos, rogándote la conservaras por si algún día era preciso sacarla á luz en defensa de mi memoria ó mía propia, al tocarse el triste desengaño que nos prepara la torpeza de unos, la concupiscencia de muchos y la impotencia de todos, aun de los mejor intencionados. Hoy tocamos otra vez uno de esos períodos que parecen el principio del fin, y te vuelvo á escribir para reiterar mi modo de ver en esto y explicar mi modo de obrar, suplicándote que unas esta carta á aquélla y que ambas sean como mi testamento militar. La situación militar relativa de España y los Estados Unidos ha empeorado para nosotros, porque estamos extenuados sin tener un céntimo, y ellos están muy ricos, y porque no hemos aumentado nuestro poder marítimo más que con el *Colón* y los cazatorpederos, y ellos lo han aumentado mucho más. Lo que siempre he dicho de nuestra industria, tiene su amarga confirmación en cualquiera cosa á que se mira. Ahí está el *Cataluña* con más de ocho años de empezado y aun no tiene ni la obra viva. Y eso aguijados por el peligro que no consigue despertar el patriotismo en casi nadie, mientras que la patriotería se ceba en el que elige por víctima, que quién sabe si mañana seré yo. Si esto sucede en este Arsenal, en los demás sucede lo mismo. Veamos la industria particular. La Maquinista Terrestre y Marítima nos da la máquina del *Alfonso XIII;* Cádiz nos da el *Filipinas,* y si el *Carlos V* no es un desastre, tampoco resulta lo que debe, pues sacrificado todo al andar, le falta fuerza. ¡Y eso que sólo es española la ejecución! La Graña no termina sus buques, según me han dicho, y sólo estos barcos resultan buenos en su clase, pero aunque hechos en Bilbao, lo fueron por ingleses. ¡Qué desconsuelo! Porque pone de manifiesto que aun la victoria nos sería funesta. De lo enredoso de la administración, no hablemos, porque sus trámites nos matan. El *Vizcaya* lleva un cierre de 14 cm. inútil, declarado así hace dos meses, y yo no lo he sabido hasta anoche y eso ¡después de haberlo preguntado de oficio! ¡Cuántos casos podría citar! Pero no es mi propósito acriminar, sino explicar, por qué podemos y debemos temer un desastre. Pero como es preciso llegar al fin, y decir esto públicamente sería hoy un crimen, me callo y voy resignado á afrontar las pruebas á que Dios sea servido someterme. Tengo la seguridad de que llenaremos nuestros deberes, porque el espíritu que reina es inmejorable; pero pido á Dios que esto tenga término sin que haya un conflicto que, de cualquier modo, creo nos sería desastroso. Te confío una interesantísima correspondencia que sostuve con el General Azcárraga, y que deseo y te suplico quede unida á esta carta y su hermana mayor. En ella verás la opinión de Azcárraga. Y sin más molestarte, queda tuyo afectísimo primo, cuyo honor confía en tus manos, PASCUAL CERVERA.—Cartagena dos de Julio de mil ochocientos noventa y ocho.—GINÉS MONCADA.—ANTONIO MARTÍ.

Acta.—Don Ginés Moncada y Ferro, Ingeniero de Minas, y D. Antonio Martí y Pagán, Abogado, declaran bajo sus palabras de honor que en el día de hoy han concurrido á la casa de D. Juan Spottorno y Bienert, á ruego de éste, el cual les ha exhibido una carta, que han leído y en la que firman, del Excelentísimo Sr. Contraalmirante D. Pascual Cervera y Topete, dirigida al Sr. Spottorno en 30 de Enero de 1898. También han visto, sin leer más que los encabezamientos y firmas, una colección de documentos que el Sr. Cervera confió al señor Spottorno, compuesta de cartas de los Excmos. Sres. General Don Marcelo Azcárraga y Contraalmirante D. Segismundo

Bermejo; copias de las cartas que el Sr. Cervera dirigió á dichos señores, al Excmo. Sr. D. Segismundo Moret y Prendergast y al Sr. Spottorno; otras copias de oficios dirigidos al Excelentísimo Sr. Ministro de Marina; acta original de la Junta de guerra celebrada en 20 de Abril de 1898 en San Vicente de Cabo Verde por los Capitanes de la Escuadra española; una opinión expresada en la misma Junta, suscrita por el Capitán de Navío Sr. D. Víctor M. Concas, y copia de un telegrama dirigido por el Capitán de Navío Sr. D. Fernando Villaamil al Excelentísimo Sr. D. Práxedes Mateo Sagasta. De todos estos documentos se hace una relación detallada que firmamos hoy. Manifiesta el Sr. Spottorno que debe tener en Madrid, entre sus papeles, una carta de hará dos á tres años que le dirigió el señor Contraalmirante Cervera y Topete (á la que se hace referencia en la de éste de 30 de Enero de 1898 que dejamos firmada) carta en la cual, como contestación á otra que el señor Spottorno dirigió desde Madrid al Sr. Cervera hablándole de asuntos de la Marina, decía en síntesis el Sr. Cervera desde Cádiz que veía venir por culpa de todo el país un desastre marítimo en el que se acusaría al Almirante que mandase la Escuadra y que lo que se temía era que probablemente él (Cervera) sería el *Persano* acusado, así como se acusó á este Almirante italiano del fracaso de su Escuadra que se debía á toda Italia. Como hombres de honor dan fe de cuanto queda expuesto, en Cartagena á dos de Julio de mil ochocientos noventa y ocho.—GINÉS MONCADA.—ANTONIO MARTÍ.

Cartagena 3 Febrero 1898.—Excmo. Sr. D. Segismundo Bermejo.—Mi querido General y amigo: Llegó el *Colón,* que tuvo mal tiempo en el Golfo de León que le llevó una escala real, una canoa y otras cosillas, lo que no quise poner en el telegrama por no alarmar á los ignorantes. Aun no hemos cobrado las consignaciones de Enero, y como los suspensos de la Escuadra son tan pequeños, para que saliera el *Vizcaya* fué necesario meterle mano á los fondos particulares. En cambio el Departamento ya ha cobrado la mensualidad de Febrero. ¿No puede hacerse que la Escuadra no esté siempre postergada? Preciso es buscar remedio, si se aspira á mantener en ella el buen espíritu existente, y yo le ruego y suplico que tenga la bondad de poner remedio á este mal. El temporal del *Colón* ha puesto de manifiesto la necesidad de abrirle portas de desahogo para la mar y voy á ver eso en seguida. El *Colón* no lo voy á hacer rellenar de carbón, por las condiciones de sus carboneras, á menos que V. no ordene lo contrario. He recibido la R. O. corroborando el telegrama sobre las asignaciones y V. me permitirá que insista en mi petición, sobre la que escribo á Moret. Y sin más molestarlo, etc.—PASCUAL CERVERA.

Cartagena 3 de Febrero de 1898.—Excmo. Sr. D. Segismundo Moret.—Muy querido amigo: Supongo que V. sabrá que al llegar yo á ésta me encontré al *Vizcaya* listo para salir, habiendo tenido el gusto de telegrafiar al Ministro de Marina, que lo mandaba encender. Cito esto, porque pone de manifiesto el buen espíritu de la Escuadra, que se extiende á todas las clases, como lo prueba el no haber faltado ni un hombre á la lista de salida, á pesar de tener muchos con licencia y de ellos algunos en aldeas de Galicia. En la Marina (y no hablo principalmente de los Oficiales, aunque no los excluyo) no hay ricos, y en cambio hay las numerosas clases de Contramaestres, Condestables, Maquinistas, Maestranza y Fogoneros, que no tienen otros recursos que sus sueldos que, en general, son mezquinos, y con ellos han de atender á sus familias; lo menos las dos terceras partes de este personal, pues no cuento á los solteros sin familia. Tampoco cuento con los cabos de mar y artilleros que pueden dejar á sus familias los premios de enganche, por más que tengan el mismo derecho que los demás, pero tienen menos necesidad y aun cuando abogo por todos, quiero fundar mi argumento en la verdad. Esto hace que cada uno de estos buques, que salga de la Península, deje confiada á la Divina Providencia un centenar de familias, ¡y sin embargo ninguno faltó! ¿Por qué? Seguramente confiaron en que su General velaría por ellos y el Gobierno de S. M. acogería paternalmente mi equitativa súplica. Pero telegrafié al Ministro de Marina suplicándole que el Gobierno autorizara el establecimiento de asignaciones á las familias y me contestó que las disposiciones vigentes no lo permitían, por lo que puse el 31 el oficio de que le acompaño copia y que le suplico lea. Hoy recibo la corroboración del telegrama del Ministro de Marina, y en el que me dice que la concesión depende también de su Ministerio de Ultramar y que renueva las instancias que sobre ello tiene hechas; por esta razón molesto la atención de usted, sabiendo que encontraré disculpa en ocuparle unos minutos. Soy enemigo de molestar y tengo aversión á cierta clase de asuntos, y como prueba diré que cuando mi hijo Angel estuvo en Pekín agregado á la Legación nuestra para guardarla con el destacamento que mandaba, fué el único que cobró su sueldo en pesos mejicanos; ¡toda la Legacion, menos él, cobraron en oro! Y aun cuando soy pobre, y por ende él también, no he molestado cuando el Ministerio de Ultramar le negó la justísima petición de cobrar como los demás (1). Pero hoy se trata de otra cosa; no son intereses míos ni de mis deudos, sino de mis subordinados, á quienes el General tiene el deber de atender. Suplico á V., pues, que llame á la vista el asunto y haga se resuelva favorablemente, como es de justicia. Así lo espera de V. su afmo. amigo y servidor, etc.—PASCUAL CERVERA.

Comandancia General de la Escuadra.—ESTADO MAYOR.—*Reservado.*—Excmo. é Iltmo. Sr.: Aun cuando estoy seguro de que nada nuevo digo á V. E. I., creo que no huelga en los críticos momentos actuales hacer una exposición del estado en que está la Escuadra, sin más que ampliar los estados de fuerza y vida, en aquello que, por razones que no hay necesidad de exponer, no consta en ellos. De la Escuadra debemos rebajar el crucero *Alfonso XIII*, en pruebas desde hace tantos años, y al cual no parece hemos de tener el gusto de contar entre nuestros buques

---

(1) Trece meses después de la fecha de esta carta, ha sido indemnizado en parte; cuarenta y cuatro meses después de terminada su comisión en China.

útiles, quedando reducida á los tres acorazados de Bilbao (1), el *Colón*, el *Destructor* y los cazatorpederos *Furor* y *Terror*. Los tres acorazados de Bilbao están, al parecer, completos; pero V. E. I. sabe, por lo mucho que se ha ocupado de ellos cuando mandaba la Escuadra y después en su actual puesto, que la artillería de 14 centímetros, principal fuerza de estos buques, está prácticamente inútil, por el mal sistema de sus cierres de culata y la debilidad de los casquillos, de los cuales no hay más que los que existen á bordo. Al *Colón*, que es, sin duda alguna, el mejor de todos los buques que tenemos bajo el punto de vista militar, le faltan sus dos cañones gruesos, de lo que, por orden de V. E. I., me he ocupado con el General Guillén, á fin de buscar el posible remedio, si lo hay. El *Destructor* puede servir como aviso, por más que su andar resulta deficiente para serlo de esta Escuadra. Los cazatorpederos *Furor* y *Terror* están en buen estado; pero dudo que puedan hacer uso eficaz de sus piezas de 75 milímetros. De los recursos exteriores que necesita una Escuadra se carece, con frecuencia, aun de los más necesarios. En este Departamento no hemos podido rellenar de carbón, y entre Barcelona y Cádiz sólo hemos podido obtener la mitad de la galleta que pedimos, y aun eso contando con 8.000 kilogramos que yo había mandado hacer aquí. No tenemos cartas de los mares de América, y aunque supongo que estarán encargadas, hoy no podríamos operar. En cambio de este deficiente estado del material, tengo la satisfacción de hacer constar que el espíritu del personal es inmejorable y que la Patria encontrará en él cuanto quiera exigirle. ¡Lástima que mejor y más numeroso material, con más recursos y menos trabas, no pongan á este personal en condiciones de llenar cumplidamente su cometido! Y sin alargar más este escrito, doy á V. E. I. la seguridad de que sean cuales fueren las contingencias del porvenir, estas fuerzas llenarán cumplidamente sus deberes.— Cartagena 6 de Febrero de 1898.—Excmo. é Iltmo. Sr.—PASCUAL CERVERA.

El Ministro de Marina.—PARTICULAR.—*Madrid Febrero 6 de 1898.—Excmo. Sr. D. Pascual Cervera.*—Mi querido General y amigo: Aprovecho el ser hoy domingo para contestar á sus estimadas cartas, empezando por la situación política: ésta en nada ha variado; seguimos siendo visitados en Cuba por buques americanos, siempre bajo las seguridades del Gobierno de los Estados Unidos que significa que éstas son de pura cortesía y amistad; si envuelven otro objetivo, tal vez el hacer una exhibición de sus buques que patentice su superioridad sobre los estacionados en aquellas colonias, su objeto está conseguido; mientras, el núcleo de sus fuerzas navales se encuen-

---

(1) He empleado esta denominación, por ser la oficial; pero nunca he tenido estos barcos por acorazados y creo funesto no designar los barcos con propiedad.

tra, so pretexto de hacer maniobras navales, estacionado en las Tortugas secas y Cayo Hueso, debiendo durar éstas hasta primero de Abril. Veremos lo que resulta de todo esto, que me hace cavilar mucho, procurando por mi parte el atraer á España todos los elementos que se encuentran en el extranjero.—Cuanto me dice del *Vizcaya* me es muy satisfactorio, y escribiré á la Habana cuanto sobre dicho buque me expresa.—Su despedida también.—La comunicación oficial sobre el viaje del *Colón* me entera de las obras que se practican en él, habiendo telegrafiado al Capitán General para que con urgencia se las hagan, independiente de los imbornales que V. ejecuta para sí.—El General Guillén se le habrá presentado: sus estudios no deben ser decisivos hasta ser conocidos por este Centro, pues en ésta se ponen y se agitan influencias para la recepción de los cañones de 254 mm., pareciéndome vamos á tener una segunda edición, que procuraré evitar, de los cañones y montajes de 24 cm. del *Regente;* mañana veré un señor enviado por Perrone, que sin duda vendrá á tratar de esta artillería, cuyo expediente sólo falta se vea en Consejo de Ministros, para lo que sólo espero el resultado de la comisión enviada á esa, esperando no se contraiga compromiso alguno con Canet.—Del parte de campaña de este buque, contesto dando gracias á su Comandante por su pericia marinera, é hizo usted muy bien en no alarmar, dado que sus averías son de fácil corrección y no imposibilitan al buque su salida.—Deseo complacer á V. quitándole el *Alfonso XIII,* pero es preciso aguardar á sus definitivas pruebas oficiales y saber lo que puede rendir el buque; esto es, si puede considerarse como crucero de Escuadra ó será preciso dedicarlo á exclusivos servicios; creo que por los antecedentes será esto último.—Su relación sobre falta de Oficiales se la he trasmitido, recomendándosela, al Director del Personal; tenemos gran escasez de ellos y especialmente de Alféreces de Navío; diez han salido este semestre y seis saldrán para el próximo; éstos son todos los buques armados, y los que aun quedan en el extranjero, con dotaciones al presente muy reducidas.—A sus peticiones sobre devengos he contestado telegráficamente no había sido por parte de este Centro demora, y si alguna existe es por los Departamentos al hacer efectivos los libramientos, sin preferencias por aquí de ningún género.—Su comunicación sobre asignación, apoyada por mí, se encuentra en Ultramar con *igual interés* que el que V. demuestra, pues trabajo me costó lo de los giros de Filipinas, por estar á 50 por 100; pero á pesar del tiempo transcurrido, aun no está normalizado este servicio; usted sabe perfectamente que en este Departamento Central no hay fondos de ninguna clase ni servicio administrativo para esta atención; por consiguiente, precisa que Ultramar nos los anticipe para reintegrar con el presupuesto de la colonia, pues carecemos de Caja de Ultramar, como la tiene establecida el Ejército, tomando como bases las Cajas de los Regimientos é Institutos armados.—No creo haber olvidado nada de lo que me expresan sus cartas, y deseándole felicidades, se repite, etc. —SEGISMUNDO BERMEJO.

Cartagena 8 Febrero 1898.—Excmo. Sr. D. Segismundo Bermejo.—Mi querido General y amigo: Llegó el Ingeniero del Creuzot, pero me ha dicho que los primeros cañones estarán listos en todo el mes de Junio, y como tengo la creencia de que nunca cumplen lo que dicen, siempre será después, y no me parece esta solución aceptable. ¿Habría otros que poderle poner? Si los hubiera, sería lo mejor, y si no, los Armstrong, aunque no sean tan buenos como sería de desear.—La dinamo del *Colón* puede arreglarse aquí; pero como la avería está en el inducido, y no tiene de respeto, le mando que pida un inducido más.—Y no ocurre nada más, por lo que le dejo repitiéndome etc.—PASCUAL CERVERA.

El Ministro de Marina.—PARTICULAR.—*Madrid Febrero 8 de 1898.—Excmo. Sr. D. Pascual Cervera.*—Mi querido General y amigo: Hoy le he puesto un telegrama para que aliste lo más pronto posible el *Oquendo*, que debe desempeñar igual misión que el *Vizcaya* en el Seno Mejicano, por acuerdo del Consejo de Ministros, debido á la opinión del Gobernador General de Cuba, trasmitida por un cable cifrado de Manterola. Este será el último desprendimiento ó mejor expresado, alejamiento de buques de esa Escuadra, pues si otra cosa fuera, iría usted con el *María Teresa* y algún otro buque de los que se le vayan incorporando y están en el extranjero, debiendo por el momento contar con el *Colón* y el *Alfonso XIII,* aunque éste esté sometido á pruebas, pues estimo estar mejor representada su insignia. He dado orden para que la Escuela se trasborde á la *Navarra* y al 2.º Jefe V. lo embarcará adonde estime conveniente, pues los buques que visitan los puertos de Cuba, lo hacen sin otra representación que la de sus Comandantes.—La división de destroyers y torpederos se reunirán en Cádiz y bajo la custodia del *Ciudad de Cádiz,* armado, pasarán á Cuba, y á la llegada de los otros destroyers, aun en Inglaterra, se incorporarán á la Escuadra.—Del *Colón* tengo en ésta una Comisión italiana, pero nada decidiré hasta saber el resultado de la Junta que V. preside. Si algo razonable y equitativo propusiese, á muy corto plazo daré á V. cuenta, habiéndole dicho terminantemente que no pueden admitirse los cañones 325 y 313. —He recibido su reservado, y sobre la artillería de 14 centímetros no estimo á tan alto grado su pesimismo, pues las seguridades del Coronel Sánchez y las pruebas de fuego efectuadas con el *Vizcaya,* demostraron que se habían exagerado mucho los temores que sobre ella se tenían; además espero que los nuevos casquillos los disiparán por completo.—De carbones quedarán en Cartagena dos mil toneladas, más el carbón ayer pedido; y de lo demás que refiere V., procuraré ir remediándolo en todo lo que sea posible.—Quisiera ser más extenso, pero puede V. creer que no tengo un momento, con tanto problema que resolver, y con tantos elementos en el extranjero, que deseo atraer á España.—Creo que los americanos reunirán ó reforzarán su estación en Europa, aunque para mi modo de apreciar, sus tendencias serán á las Canarias.—Hasta otro día etc.—SEGISMUNDO BERMEJO.

Cartagena 9 Febrero 1898.—Excmo. Sr. D. Segismundo Bermejo.—Mi querido General y amigo: Ayer he recibido sus cartas del 6 y 7 y el telegrama cifrado mandando prepararse el *Oquendo* para comisión.—En cuanto recibí el telegrama mandé á uno de mis Ayudantes para activar las cosillas que tiene en el Arsenal, y al Ordenador de la Escuadra que comprara los víveres de que por haber existencia en plaza no he querido traer hasta última hora, no habiendo acudido para esto al Departamento por temor á la eterna tramitación que todo lo embaraza. Yo espero que al llegar las instrucciones estará en condiciones de encender, si tal es la orden, y mañana por la mañana puede salir.—Pero si se ha de separar, como parece desprenderse del telegrama mandando trasbordar la Escuela de Artilleros al *Navarra*, preciso será darle dinero, pues usted sabe el cortísimo suspenso que tienen estos buques; esperaré á recibir las instrucciones y procederé según lo que V. ordene, gestionando lo conveniente, ó telegrafiando á V. si mis gestiones fueren estériles.—Mucho agradezco á V. que me tenga al corriente de la situación política, peligrosísima por demás, y que tanto nos hace cavilar á todos por la falta de medios para hacer frente á la guerra con los Estados Unidos.—No es tiempo de lamentaciones ciertamente, y por eso no digo nada de cuanto se me ocurre, como seguramente se le ocurre á V.— Mucho agradezco á V. que le sea satisfactorio lo que le he dicho del *Vizcaya*, y que escriba V. á la Habana para que pueda conservarse bien organizado como va. Mi despedida no fué enteramente como los periódicos han puesto, aunque esta vez no han cambiado la esencia de las cuatro palabras que les dije. —Las falucheras del *Colón* deben quedar hoy listas.—Quedo impuesto de cuanto me dice V. sobre la artillería gruesa del *Colón*, y se cumplirá lo que V. dispone. De sentir y lamentar es que haya siempre esas intrigas para todo, y por esa razón que las haya ahora para la admisión de los cañones de 254 milímetros, porque si al fin los tomamos, parecerá que se cede á imposiciones de mal género, y si la cosa urge, lo que ustedes pueden apreciar más que yo, me parece que habrá necesidad de aquella verdad del barquero, que el pan duro, duro, duro, más vale duro que ninguno, y si no tenemos otros cañones, y los que de éstos se tomen pueden disparar siquiera 25 ó 30 tiros, tomarlos aunque sean caros y malos y sin perder tiempo para que el barco esté armado cuanto antes y puedan estar oportunamente listas sus municiones.— Se me olvidaba decir á usted que el *Oquendo* sólo tiene 700 y pico de toneladas de carbón, porque no hay más en plaza.—Tuve un telegrama de Moret sobre el asunto de las asignaciones que suplico á usted no deje de la mano.—Con los víveres haremos lo que V. manda en su carta del 7.—Creo que no se me olvida nada de interés. Que le vaya á V. bien, etc.—PASCUAL CERVERA.

Cartagena 11 de Febrero de 1898.—Excmo. Sr. D. Segismundo Bermejo.—Mi querido General y amigo: Poco después de haber puesto á V. ayer mis dos telegramas cifrados sobre la artillería de 14 cm. de estos buques, y la gruesa del *Colón*, recibí sus cartas del 8 y del 9, que voy á contestar, al par que le expondré las novedades desde ayer.—El *Oquendo* está listo para salir, salvo las cosas que le faltan y sin las cuales saldrá; sólo espero para mandarlo encender, recibir la contestación de usted al telegrama que le puse anoche preguntando si se le dan las mismas autorizaciones que al *Vizcaya*, y la cantidad que se le entrega, porque el *Vizcaya* llevó seis mil libras y pagó Febrero, y seguramente no hay tantos fondos en el Departamento para que pueda ir como el *Vizcaya*.—En cuanto termine ésta voy á ir á tierra á ocuparme de este tan interesante asunto.—Si hemos de contar con el *Alfonso,* aun cuando ande poco, preciso es que se le dote de Oficiales y demás que le he quitado por la penuria que tenemos en todo, con el fin de que sea útil en cuanto sea posible.—La Escuela de Artilleros está en el *Navarra*.—El 2.º Jefe está en el *Colón*.—El telegrama que sobre la artillería gruesa de éste puse ayer á V. es reflejo de mi conferencia con Guillén: hoy se reunirá la Junta y en seguida comunicaré á V. el resultado de la sesión, pero no creo difiera en nada esencial de mi telegrama de ayer. Que los cañones números 325 y 313 son malos y deberían desecharse en circunstancias ordinarias, no hay la menor duda, pero si realmente la necesidad apremia, como no hay otros, no parece que haya más remedio que procurar que nos los cambien y si no tomarlos, malos y todo.—Ayer, el Ingeniero del Creuzot, decía que los dos primeros cañones de 24 no estarían listos hasta fin de Junio, si se construían tal y como están proyectados, pero si se le pone un zuncho de muñones se tardaría más; después hay que probarlos en el polígono, transportarlos al puerto donde los haya de montar el buque y montarlos. ¿Cuándo se terminará esta faena? No es aventurado asegurar que de ningún modo será antes de Septiembre, plazo que me parece más de desecho que los cañones que nos ofrecen.—Guillén vió si se le podían montar cañones de á 20 cm. y lo encontró imposible en las torres actuales, y por tanto no parece que quede otro remedio que someternos á la dura ley de la necesidad y procurar sacar el mejor partido posible, ya sea que más adelante nos los cambien por otros, ya sea que los paguemos menos, ya que sólo los alquilemos, y de no aceptar alguna solución en este sentido, resignarnos á que el buque esté aún ocho ó diez meses, lo menos, sin armar.—Mientras la artillería de 14 centímetros continúe con los actuales extractores, me parece prácticamente de desecho, quizá más aún que los cañones del *Colón*, y esto no es pesimismo, sino hacerme cargo de la triste realidad; pero aplico á ella el mismo razonamiento que á los del *Colón,* y puesto que no tenemos otra, preciso es servirnos de ésta, y con ella nos batiremos si llega el caso, que más vale que no llegue. Sí; se pueden cambiar desde luego los cañones de este buque números 20 y 28 que Guillén dice que están completamente inútiles, para tener de lo malo, lo menos malo; y sucesivamente, cuando regresen el *Oquendo* y *Vizcaya,* los que Guillén señala en esos buques que, según creo, son hasta cuatro, y no seis como ayer se decía en el telegrama. Con esto y los nuevos casquillos, si es que llegan á tiempo, quedaremos lo mejor posible por el momento, pero como son paliativos exigidos por las circunstancias del momento, deben desecharse, como hace tiempo desean todos los que se ocupan de tan vital asunto, y tomando la lección de lo que nos pasa, no exponernos á otra. Esto lo sabe V. mejor que yo, porque se ha ocupado de esto más y antes que yo.—Tengo siempre muy presente lo que es la prensa de este país, y así habrá V. observado como eludo, en mis telegramas, usar ciertas frases que alarmen, ni nada que pueda excitar las pasiones; en estas cartas íntimas, así como en lo reservado, ya es otra cosa, y creo que le debo mi opinión desnuda, sin ambajes ni rodeos.—Que Dios nos saque en bien de tanto enredo y sabe V., etc.—PASCUAL CERVERA.

Cartagena 12 de Febrero de 1898.—Excmo. Sr. D. Segismundo Bermejo.—Mi querido General y amigo: Listo el *Oquendo,* saldrá después de medio día para que pueda cambiar los billetes grandes que se le han dado, por otros pequeños y plata.—Lleva algún más dinero de las diez mil pesetas que decía el telegrama de V., no sólo porque materialmente no tendría bastante, sino por evitar el contraste de la comparación con el *Vizcaya* que llevó ciento cincuenta mil pesetas en oro.—Lleva algunas faltas de reemplazo, y le autorizo para que compre lo más necesario en Canarias, si lo encuentra. Es del todo inadmisible la penuria que tiene este Arsenal.—Deseoso estoy de que tanto éste como el *Vizcaya* rindan su viaje y estén incorporados, ya al puerto de la Habana, ya en España, pero sin estar así sueltos en la boca del lobo.—Como no ceso de pensar en la posible guerra con los Estados Unidos, creo que sería muy conveniente que se me dieran los informes posibles de lo siguiente: 1.º Cómo están distribuídos los buques de los Estados Unidos y movimientos que hagan.—2.º Dónde tienen sus puertos de aprovisionamiento.—3.º Las cartas, planos y derroteros de lo que pueda ser teatro de operaciones.—4.º Qué objetivo han de tener las operaciones de esta Escuadra, ya sea la defensa de la Península y Baleares, ya la de Canarias ó la de Cuba, ó por fin el caso improbable de que fueran las costas de los Estados Unidos, cosa que no podría ser á menos de tener algún aliado poderoso.—5.º Planes que el Gobierno tenga, en cada caso, para la campaña.—Puntos dónde la Escuadra puede encontrar recursos y cuáles sean, porque es extraño que aquí, por ejemplo, no haya encontrado beta de cuatro pulgadas ni tubos de nivel para calderas, ni otras cosas tan sencillas como éstas.—También creo conveniente saber para cuándo se cuenta con el *Pelayo, Carlos V, Vitoria* y *Numancia* y si éstos han de incorporarse á la Escuadra ó formar cuerpo independiente de ella y cuál sea la combinación suya con nosotros.—Con el conocimiento de estas cosas podría yo ir estudiando lo que convenga hacer, y llegado el día crítico, se emprendería sin vacilaciones la conducta que nos convenga seguir, tanto más necesario para nosotros, cuanto que su Marina es tres ó cuatro veces más fuerte que la nuestra, y cuentan con la alianza de la insurrección de Cuba, lo que les pondrá en posesión de sus magníficos puertos, excepción de la Habana y tal vez de algún otro. Lo mejor de todo es evitar la guerra de cualquier modo, pero también es necesario que termine la situación actual, porque esta tensión nerviosa no puede soportarse mucho tiempo.—Ya á estas horas tendrá V. el telegrama que le puse sobre la artillería gruesa del *Colón*, y nada tengo que añadir al acta que va por este mismo correo.—Hoy me ocuparé, con Guillén, de la artillería de 14 cm. de estos buques, en la que no son seis, como dije en mi telegrama, como me dijo Guillén, ni cuatro, como decía ayer en mi carta, sino cinco los que hay inútiles, y de ellos, dos en este buque, los cuales podrían, desde luego, cambiarse por otros de los del *Princesa*.— He hablado con Guillén de las frecuentes averías de los montajes de los Nordenfelt de 57 mm., y me parece que el remedio sería quizá reemplazar los montajes por los que haya del sistema antiguo, toda vez que lo permiten las condiciones de resistencia de las cubiertas de estos buques.—Y sin molestarlo más por hoy, etc.—PASCUAL CERVERA.

Reservado.—El Ministro de Marina.—Particular.—*Madrid, Febrero 15 de 1898.*—Excmo. Sr. D. Pascual Cervera.—Mi querido General y amigo: Paso á contestar sus estimadas cartas, que expresan con la sinceridad y buen deseo que yo agradezco, sus opiniones.—Anoche se celebró Consejo de Ministros, ocupándose del grave asunto Dupuy de Lome, aceptada su dimisión que se extenderá sin la fórmula de «satisfecho del celo etc.» y con una ligera explicación quedará resuelto favorablemente este enojoso incidente.—*Colón.*—He recibido el acta de la Junta en que se expresa para el pronto artillado del *Colón* el montar cañones de 252 mm. A.—No se pueden admitir los propuestos números 325 y 313; de hacerlo, aunque con el carácter de provisional, sería promover un incidente ruidoso, pues el expediente sobre este punto es terminante, y llevado á las Cortes por excitación de la Prensa, nos colocaría en situación muy desfavorable. Creo que bien pronto estará resuelto por la entrega de dos nuevos cañones que propondrá la casa Ansaldo, única con quien se debe uno entender, y esto se conseguirá á fuerza de tacto y de energía, combinación necesaria para que nos satisfaga cual corresponde á nuestro contrato. En mi entrevista con el Embajador de Italia, en que me expresó las dificultades con que se encontraría el Gobierno italiano en las Cámaras si desechábamos los cañones del sistema que ellos habían aceptado, le contesté diciéndole: «No tengo inconveniente en probarle á V. con datos técnicos no son admisibles las piezas que se nos quieren dar, pero bien puede la Marina italiana, por medio de la casa Ansaldo, el presentar otras dos, que probadas según nuestro programa, serían admitidas si los resultados satisficiesen.» Ahora bien; por varios conductos sé que este asunto está próximo á resolverse como todos deseamos.—Artillería de 14 cm.—Comprendo el defecto de los extractores y la influencia que sobre el fuego rápido tiene. Este defecto no se puede subsanar por el momento. Usted mandó hacer unos de mano, medida que fué aprobada: los dos cañones del *María Teresa* se cambiarán, y sobre los casquillos nuevos, Faura ha salido para Inglaterra, á quien he recomendado con gran interés este asunto.—Los juegos de cartas pedidos están de camino.—Los torpedos Bustamante, concedidos en el número que es posible, pues tengo que tener presente Filipinas y la Isla Cabrera.—Sobre la Escuadra deseo sacarla del Departamento, pero es difícil por el momento hasta ver qué se resuelve sobre el *Colón,* pues me parece que con menos de tres buques no debe ostentarse una insignia de Contraalmirante. A ella se agregará el *Carlos V* y el *Pelayo,* y el día que esto acontezca, su fuerza se ha multiplicado todo lo que está á nuestro alcance.—Pasando sobre sus consideraciones de la guerra con los Estados Unidos, expresaré á V. mi pensamiento.—En la Península y en las proximidades de Cádiz quedará una división compuesta de la *Numancia, Vitoria,* el *Alfonso XIII* ó el *Lepanto,* los tres destroyers *Audaz, Osado* y *Proserpina* y tres torpederos.—En Cuba, *Carlos V, Pelayo, Colón, Vizcaya, Oquendo, María Teresa,* tres destroyers y tres torpederos, que unidos á los ocho buques principales del Apostadero, tomarán la posición de cubrir las comunicaciones entre el Seno Mejicano y el Atlántico, procurando destruir á Cayo Hueso, donde tiene hoy principalmente su depósito de víveres, municiones y carbón la Escuadra de los Estados Unidos. Si esto consiguiese y la estación fuera favorable, podría el bloqueo extenderse sobre sus costas del Atlántico, para cortar sus comunicaciones y comercio con Europa; todo esto salvo las contingencias que puedan resultar de encontrar V. combates en que se decidirá quién puede quedar dueño del mar.— A su formulario sobre este particular, V. conoce los antecedentes que existen en el E. M. de este Ministerio, que puse á su disposición, incluso el ataque de Cayo Hueso, é iré dando á usted relación de dónde se encuentran los buques americanos y demás datos que me pide. También pongo en su conocimiento que 12 ó 15 vapores se armarán como auxiliares de nuestra Escuadra, independiente del corso, y con la mayor reserva le diré que si encontrase algún buque de verdadera representación, crucero ó acorazado, se comprará si se encontrase listo para todo el mes de Abril.—Mi vida es imposible, pues sobre todo lo que pesa en estas circunstancias sobre mí, se han unido las elecciones y los pretendientes á Diputados.—Creo, mi General, que todas las energías y todo el buen deseo de los que vestimos el uniforme son pocos en previsión de los sucesos que puedan ocurrir.—Es siempre suyo, etc.—SEGISMUNDO BERMEJO.

Cartagena 16 de Febrero de 1898.—Excmo. Sr. D. Segismundo Bermejo.—Mi querido General y amigo: Recibo su grata de ayer, que me apresuro á contestar, dejándola abierta hasta mañana, por si hay algo nuevo de aquí á entonces.—Al grave asunto Dupuy de Lome, se une la noticia de la voladura del *Maine*, que me acaban de decir, y no ceso un momento de acordarme del *Vizcaya*, que hoy debe haber llegado á New-York. Dios haga que no cometan con él un atentado.—Mucho me alegraré de que el asunto de la artillería del *Colón* se arregle en buenas condiciones; la carta que le envié de Perrone hijo, quizás haya contribuído á ello. Como Guillén va á esa, nada diré á V. de la artillería de 14 cm. Mucho me alegraré de que se cambien los dos que se señalan de este buque. Yo no sé cuándo podrán incorporarse el *Pelayo* y *Carlos V*, pero sospecho que no llegarán á tiempo: del primero nada sé en absoluto, pero del segundo tengo algunas noticias, por cierto no muy satisfactorias en cuanto al tiempo que tardará en estar listo.— Me parece que padece V. algún error al sumar las fuerzas de que disponemos en el desgraciado caso de una guerra con los Estados Unidos. En la división de Cádiz creo que faltará la *Numancia*. Con el *Lepanto* me parece que no se puede contar. Del *Carlos V* y *Pelayo* ya hablo antes. El *Colón* aun no está artillado, y si viene la guerra lo sorprenderá sin su artillería gruesa. Los ocho buques principales del Apostadero de la Habana, á que V. alude, son buques sin valor militar ninguno y además muy cansados; de suerte que pocos servicios pueden prestar. Esto no lo digo con el menor espíritu de contradicción, sino solamente para no hacerme ilusiones que tan caras suelen costar.—Y puesto en la realidad, bien triste por cierto, se ve que nuestra fuerza naval, comparada con la de los Estados Unidos, está próximamente como 1 : 3, lo que me hace parecer un sueño que raya en el delirio, pensar, con esta fuerza, extenuados por tan larga guerra como hemos sostenido, en establecer el bloqueo de ningún puerto de los Estados Unidos.—Una campaña contra ellos será hoy día defensiva ó desastrosa, á menos de contar con alianzas, en cuyo caso podrían volverse las tornas.—En asunto de ofensiva no podríamos hacer otra cosa que algunas razzias con los barcos rápidos para hacerles el posible daño.—Miedo da pensar en las resultas de un combate naval, aun cuando nos fuera ventajoso, porque ¿cómo y dónde remediaríamos nuestras averías? Yo, sin embargo, no rehusaré hacer lo que se juzgue preciso, pero me parece conveniente analizar la situación, tal cual ella es, sin hacerme ilusiones que puedan acarrear desengaños funestos.— Dejo este penoso tema, y suspendo ésta hasta mañana.— Hoy 17: Nada ha ocurrido de ayer hasta esta mañana, y no le molesto más.—La voladura del *Maine* parece ocurrida en circunstancias tales, que no dejan duda de ser debida al mismo buque; esto, sin embargo, tengo temores de que sea una nueva complicación y que cree al *Vizcaya* una situación penosa. Dios no lo quiera.— Que le vaya á V. bien, etc.—PASCUAL CERVERA.

El Ministro de Marina.—PARTICULAR.—*Madrid, Febrero 23 de 1898.—Excmo. Sr. D. Pascual Cervera.*—Mi querido General y amigo: Dispénseme si no he contestado á V. antes á sus cartas, exponiéndole que á pesar de la catástrofe del *Maine*, hasta el presente y á pesar de las notas pesimistas de algunos periódicos, nuestras relaciones con los Estados Unidos en nada han variado. Eulate, á quien fué preciso dar nuevas instrucciones para que disminuyese prudencialmente su permanencia en New York y extremase toda clase de precauciones, especialmente al tomar combustible, se ha conducido con un tacto exquisito, rehusando toda clase de fiestas, envolviéndose en la fórmula de considerarse de duelo; pero, como siempre, existen para mí motivos de disgustos: Sobral, á quien he telegrafiado para que se venga inmediatamente, en sus interviews con los reporters de los diarios americanos, hace apreciaciones desfavorables de la organización y disciplina de la Marina de los Estados Unidos, y empiezan las reclamaciones. ¡Cuánto afán, amigo Cervera, de exhibirse y hablar! Nunca se ve aquí que los agregados militares y navales residentes en Madrid, celebren esas conferencias con los periodistas, dando su opinión. Supóngase V. la que se armaría en este país si el de los Estados Unidos dijese que nuestra Marina no tenía organización ni disciplina, ú otras cosas de esta índole.—Pasando á esa Escuadra, se ha dado orden á Cádiz para la remisión de los tres cañones de 14 cm., y de los casquillos, según me comunican de Londres en breve se remitirá á Cádiz el primer lote. De los dos del *Colón* se ha comunicado á Ansaldo que no son admisibles los números 325 y 313, y que en muy breve plazo presente otros dos para someterlos á prueba, y como me consta que la Marina italiana está bien dispuesta en nuestro favor, espero una solución favorable. De todos modos, sabe usted que no soy partidario de cañones de ese calibre en que estimo hay más de ilusorio que de real; además, pienso si esto no afectará á la estabilidad del *Colón:* para mi modo de pensar, la solución que hubiera deseado era la de los cañones de 20 cm., creyendo que la fuerza militar se desarrolla por los calibres medios por la multiplicidad del fuego: cañones monstruos y torpedos son armas terribles, pero solamente en ocasiones determinadas.—Recibirá V. los torpedos que me pidió en menor número, pues tengo presente la Isla Cabrera y Filipinas.—De sus preguntas de V. sobre el estudio de la guerra con los Estados Unidos, le he mandado la situación de los buques armados y de estación de víveres, carbón, etc. Sólo tienen especial Cayo Hueso; los demás están en San Luis (Atlántico), y en sus Arsenales del Océano y del Seno Mejicano; sus buques están calculados por su calado para las barras que se extienden, como la de Nueva-Orleans, á gran distancia de las poblaciones.—Mi situación, V. debe comprenderla; me multiplico cuanto puedo para atraer á España los elementos de fuerza que están en el extranjero: busco medios de desenvolver también nuestras fuerzas, buscando como primer término la velocidad, y como le he manifestado, aunque me juzgo algo optimista, es fijar dos centros de resistencia, uno en Cuba, otro en la Península; y si podemos contar hasta fines de Abril, puede ser que varíe nuestra posición. Nuestra actitud debe ser reservada, y hasta donde sea posible, evitar todo conflicto con los Estados Unidos, pero considere lo impresionable de nuestro país y el mal que nos causa *una prensa imposible* de dominar.—Deseo también dar una situación á esos buques, pero el *Teresa* espera por los cañones de 14 cm. y el *Colón* por la solución de su artillería de 25 cm. El *Alfonso XIII*, que aunque no sea permanente el estar á sus órdenes, por ahora es preciso aceptarlo, pendientes sus pruebas. Si considera que el *Colón* está listo para hacer ejercicio al blanco, dígamelo y saldrá para Santa Pola.—Termino este precioso cuadro, con tener que buscar recursos para tener armados esos buques, en este país que tiene que mandar á Cuba mensualmente 16 millones de pesos.—Consérvese bueno, etc.—SEGISMUNDO BERMEJO.—También me ocupo de víveres, carbón y artillería de reserva.

Reservado.—*Excmo. é Iltmo. Sr.*—El Excmo. Sr. Jefe de E. M. General del Ministerio, con oficio reservado de 19 del corriente, me remitió dos Memorias y dos Estados referentes á estudios llevados á cabo en la previsión de una guerra con los Estados Unidos.—El examen detenido de estos documentos, seguido de meditación profunda, me han sugerido las siguientes reflexiones que someto respetuosamente á la elevada autoridad de V. E. I.—Si comparamos la Marina de los Estados Unidos con la nuestra, contando sólo los buques modernos en estado de prestar servicio, tomando los datos en cuanto se refiere á los americanos, de lo publicado en la *Revista General de Marina*, en su número de Diciembre, y en lo nuestro, del Estado General de la Armada, resulta que los Estados Unidos tienen los acorazados *Iowa, Indiana, Masachussets, Oregon* y *Texas*, los cruceros acorazados *Brooklyn* y *New-York*, los cruceros protegidos *Atlanta, Minneanopolis, Baltimore, Charles-*

ton, Chicago, Cincinnaty, Columbia, Newark, San Francisco, Olimpia, Philadelphia y Raleigh y cruceros rápidos sin protección Detroit, Marblehead y Montgomery, á la cual opondríamos nosotros, siguiendo su misma clasificación, los acorazados Pelayo, Infanta María Teresa, Viscaya y Oquendo, crucero acorazado Colón y cruceros protegidos Carlos V, Alfonso XIII y Lepanto, sin ningún crucero rápido sin protección, y esto suponiendo que estuvieran disponibles el Pelayo, el Carlos V y el Lepanto y dando el valor que se desea al Alfonso XIII.—No cuento los demás buques, por su corto valor militar, inferior seguramente al que tienen los nueve cañoneros de 1.000 á 1.600 toneladas; seis monitores que aun tienen en servicio, el Ariete Katadin, el Vesuvius y los cazatorpederos y torpederos que dejo de contar en la Marina de los Estados Unidos. Creo que en esta forma está hecha la comparación de un modo juicioso.—Comparando los desplazamientos, tenemos para los acorazados 41.589 toneladas en los Estados Unidos, contra 30.917 nosotros; para los cruceros acorazados 17.471 toneladas ellos, contra 6.840 nosotros; en los cruceros protegidos 51.098 toneladas ellos, contra 18.887 nosotros, y en cruceros rápidos no protegidos 6.287 ellos y nada nosotros, ó sea en total de Marina útil para toda clase de operaciones 116.445 toneladas ellos, contra 56.644 toneladas nosotros, ó sea poco menos de la mitad.—En velocidad son nuestros acorazados superiores á los suyos, pero no á sus cruceros acorazados; y en los demás tipos somos inferiores en andar.—Comparando la artillería que montan, admitiendo que se puedan disparar cada diez minutos el número de tiros consignado en el respectivo estado, y que sólo disparen la mitad de las piezas de calibre inferior á 20 centímetros, y suponiendo que la eficacia de cada tiro de los calibres de 32, 30, 28, 25, 20, 16, 15, 14, 12, 10, 7'5, 5'7, 4'2 y 3'7 esté representada respectivamente por los números 328, 270, 220, 156, 80, 41, 33, 27, 17, 10, 4, 2, 1, que son las centenas de los cubos de los números que representan sus calibres, expresados en centimetros, tendremos que la fuerza de artillería de los acorazados americanos estará representada por 43.822, y la de los nuestros, por 29.449; la fuerza de los cruceros acorazados de los Estados Unidos se representará por 13.550, y la de nuestro Colón por 6.573; los cruceros protegidos de los Estados Unidos estarán representados por 62.725, y los nuestros, por 14.600; los cruceros, sin protección, de los Estados Unidos, tendrán su fuerza de artillería representada por 12.300. En resumen; según estos datos, la fuerza ofensiva de la artillería de los buques de los Estados Unidos estará representada por 132.397, y la de los nuestros, por 50.622, ó sea algo menos de los $2/5$ de la adversaria.—Para llegar á esta conclusión desconsoladora, ya he expresado que ha sido necesario la buena voluntad de contar con el Pelayo y Carlos V, que probablemente no estarían á tiempo; con el Lepanto, que seguramente no lo estará, y con el Alfonso XIII, cuyo andar lo hace de una utilidad muy problemática.—Ahora bien; para emprender cualquier operación seria en una guerra marítima, lo primero que se necesita es asegurar el dominio del mar, batiendo las Escuadras enemigas, ó reducirlas á la impotencia, bloqueándolas en sus puertos militares. ¿Podemos hacer esto con la de los Estados Unidos? Me parece evidente que no.—Y aun cuando Dios nos diera una gran victoria, contra lo que razonablemente se debe esperar, ¿dónde y cómo remediaríamos nosotros las averías sufridas? Es indudable que el puerto sería la Habana, pero ¿con qué recursos? Yo desconozco los que pueda haber allí, pero á juzgar por lo que ocurre en este Departamento, donde no hay nada absolutamente de cuanto nos pudiera ser necesario, es de creer que lo mismo ocurriría en todas partes, y que la consecuencia inmediata del primer gran combate naval, sería la inacción de la mayor parte de la Escuadra para todo el resto de la campaña, fuere el que fuere el resultado de ese gran combate; y mientras tanto, el enemigo se repondría de sus pérdidas dentro de sus hermosos ríos y auxiliados por su poderosa industria y enormes recursos.—Esta falta de industria y de repuestos, alejan la posibilidad de sostener una campaña ofensiva, que ha sido el objeto del estudio de las dos Memorias que se ha servido enviarme el Excelentísimo señor Jefe de E. M.—Esas dos Memorias constituyen, á mi juicio, un estudio muy bien hecho de las operaciones que examina, pero les falta la base principal, que es el dominio del mar, primera necesidad para emprenderlas. Por eso no me parecen aplicables, á menos que no contáramos con alianzas que equilibraran siquiera nuestras fuerzas navales con las de los Estados Unidos, para intentar, con un golpe decisivo, obtener dicho dominio.—Si éste queda á merced de nuestros adversarios, inmediatamente serán dueños de los puertos que deseen de la Isla de Cuba, que no estén fortificados, contando, como cuentan, con la insurrección, y en ellos se apoyarán para sus operaciones contra nosotros.—El trasporte de tropas á Cuba, se haría dificilísimo por lo aventurado del éxito, y la insurrección, sin el freno de nuestro Ejército, que de día en día se iría aflojando, y con la ayuda de los americanos, crecería rápidamente, aumentando lo fatídico de su aspecto.—Tristes son estas reflexiones, pero creo en mí un deber ineludible sobreponerme á toda consideración personal y exponer lealmente á mi Patria los recursos con que creo que cuenta, para que sin ilusiones se pese el pro y el contra, y después, por medio del Gobierno de S. M., que es su órgano legítimo, pronuncie su fallo, en la seguridad de que sus decretos encontrarán en todos nosotros enérgicos, fieles y decididos ejecutores, porque sólo tenemos un lema: *El cumplimiento del deber.*—Dios guarde á V. E. I. muchos años.—Cartagena 25 de Febrero de 1898.—Excmo. é Iltmo. Sr.—PASCUAL CERVERA.—*Excmo. Sr. Ministro de Marina.*

*Cartagena 25 de Febrero de 1898.—Excmo. Sr. D. Segismundo Bermejo.—*Mi querido General y amigo: Recibo su favorecida del 23, y voy á responder á lo que en ella me pregunta é indica.—Mucho me alegro de que nuestras relaciones con los Estados Unidos no hayan variado, porque creo que el rompimiento con ellos acarrearía una gran catástrofe para la pobre España, que ya no puede más y no está preparada para tan rudo choque, que seguramente le sería funesto. Las Memorias y estados que de oficio me remitió el E. M. General del Ministerio, me han sugerido reflexiones que mañana ó pasado enviaré también de oficio, como recibí los documentos que las motivan; porque conviene no hacerse ilusiones sobre nuestra situación, aun cuando estemos dispuestos y resignados á soportar todas las pruebas que Dios se sirva enviarnos; que una cosa es tener energía y virilidad para afrontar lo que pueda venir, y otra hacerse ilusiones sobre los resultados que se pueden esperar.—La conducta de Eulate me ha gustado, y le he escrito á la Habana felicitándole.—Un fastidio es lo de Sobral, y me cuesta trabajo creer en tanta indiscreción; más bien creo que serán nuestros numerosos y arteros enemigos los que inventarán todo eso.—Según carta que se ha recibido de Cádiz, los cañones de 14 cm. necesitan una pequeña operación para instalarse en los montajes de este buque, y quizás fuese más fácil eso en Cádiz.—Muy interesante es que lleguen y se carguen los casquillos nuevos de 14 cm. para reemplazar los que tenemos.—Mucho me alegraré de ver pronto listo al *Colón* y creo que tiene V. razón en que el buque valdría más con cuatro cañones de 20 que con dos de 25, que son equivalentes en peso, pero que como ya está hecho con los de 25, así ha de morir.—Recibí la R. O. sobre los torpedos, pero éstos aun no han llegado.—Comprendo cuánto está V. trabajando y las amarguras que pasa, como las pasamos todos cuantos tenemos amor á nuestra Patria, y creo que realmente está V. optimista en todo cuanto se refiere á un rompimiento con los Estados Unidos, porque cree V. que si podemos contar hasta fines de Abril, variaría nuestra posición relativa, y me parece que se hace usted ilusiones, porque según noticias que yo tengo, para esa época no estarán listos el *Pelayo* ni el *Carlos V,* y al paso que vamos, es dudoso que lo esté el *Colón.* El *Lepanto* no lo estará y el *Alfonso XIII* será lo que actualmente es. La *Vitoria* podrá estar lista para prestar servicio, pero la *Numancia* no.—El *Colón* puede salir á tirar al blanco en cuanto se desee.—Y sin más molestarlo, etc.—PASCUAL CERVERA.

Cartagena 26 de Febrero de 1898.—Excmo. Sr. D. Segismundo Bermejo.—Mi querido General y amigo: Cuando recibí ayer su carta en la que entre otras cosas me preguntaba si el *Colón* podría salir á hacer ejercicios de tiro al blanco, al par que le contesté que el buque estaba listo, me ocupé de ver que se recargaran los casquillos que empleara, y resulta que no hay horno en que puedan recibir el recocido que necesitan ni aparato para recalibrar los casquillos, volviéndolos á las dimensiones que pierden por la dilatación, de suerte que resultan inútiles las cargas de respeto que trajo, que son 72 por pieza.—Para evitar esto, se ofrecen dos caminos: uno lento, que es traer los aparatos que hacen falta y construir el horno para recargar los casquillos; y el otro rápido, que es comprar casquillos para las cargas existentes, lo que puede hacerse de seguida, porque la fábrica tiene existencias que nos cedería, pues se lo ha preguntado Moreu, y le contestó que tenía y los precios, pero éstos llegaron ininteligibles. Por esta razón he telegrafiado á V. proponiéndole la adquisición de los casquillos, que son 720 de á 15 y 432 de á 12.—Hoy va el oficio que le anuncié ayer: tristes y desconsoladoras son sus conclusiones; ¿pero estamos en el caso de hacernos ilusiones? ¿No debemos lealmente á nuestra Patria, no sólo nuestra vida, si es necesaria, sino la exposición de lo que creemos? Yo estoy hace tiempo inquieto por todo esto: me pregunto si me es lícito callarme y hacerme solidario de aventuras que causarán, si ocurren, la total ruina de España, y todo por defender una isla que fué nuestra y ya no nos pertenece, porque aun cuando no la perdiésemos de derecho con la guerra la tenemos perdida de hecho, y con ella toda nuestra riqueza y una enorme cifra de hombres jóvenes, víctimas del clima y de las balas, defendiendo un ideal que ya sólo es romántico. Y creo más: creo que esta opinión mía debe conocerla la Reina y todo el Consejo de Ministros. Y sin molestarlo más, etc.—PASCUAL CERVERA.

El Ministro de Marina.—PARTICULAR.---*Madrid, Febrero 28 de 1898.—Excmo. Sr. D. Pascual Cervera.*—Mi querido General y amigo: Recibido su Reservado y carta que trata también del mismo asunto, espero que se disipe un poco la penosa impresión que me ha causado su lectura para contestarle sobre sus apreciaciones.—Sobre casquillos del *Colón,* busco recursos de que carezco para dar solución á lo que me propone.—Es suyo, etc.—SEGISMUNDO BERMEJO.

Cartagena 3 Marzo de 1898.—Excmo. Sr. D. Segismundo Bermejo.—Mi querido General y amigo: Ayer he recibido su carta del 28, y siento muchísimo la penosa impresión que le han causado mis reflexiones; pero no me extraña, porque son bien dolorosas y todavía quizás por debajo de la realidad, pues así se deduce de todo cuanto se toca. En su misma carta de V. se ve la prueba, pues la dificultad para adquirir casquillos para el *Colón,* es la falta de recursos, en vísperas tal vez de emprender la guerra contra la nación más rica del mundo.—Se trata de recargar los usados; se pide así respecto de unos cuantos de 14 cm. que se averigua hay vacíos en este Departamento, y contesta que aquí no se pueden recargar.—Y no quiero extremar más esto, porque no conduce á nada práctico; pero cuanto detalle se toca, pone de manifiesto tan pronto nuestra falta de recursos, tan pronto nuestros defectos de organización; pero, en resumen, nuestra falta de preparación para todo.—Yo he creído llenar un deber, diciendo sin ambajes ni rodeos, á quien debo decirlo, que es á V. y al Gobierno todo, por su conducto de V., cuál es mi opinión, y después venga la voz ejecutiva que será puesta en práctica con energía y decisión, y con resignación á lo que pueda venir.—Que le vaya á usted bien, etc.—PASCUAL CERVERA.

El Ministro de Marina.—PARTICULAR Y RESERVADO.—*Madrid, Marzo 4 98.—Excmo. Sr. D. Pascual Cervera.*—Mi querido General y amigo: Expresé á V. que cuando se calmase un poco la penosa impresión que me había causado la lectura de su Reservado y carta, le contestaría, lo que hago hoy por estas líneas, empezando por abrazar el estudio comparativo de las fuerzas de los Estados Unidos con las nuestras, que tomadas en absoluto, como V. lo hace, omitiendo algunos de nuestros buques en la Habana disponibles para combatir con los Estados Unidos, ponen en evidencia la diferencia de tonelaje, no tan excesiva como se desprende de sus líneas.—El asunto, en mi concepto debe estudiarse bajo la distribución que actualmente tienen las fuerzas de los Estados Unidos, teniendo presente que les interesa el sostener las del Pacífico que protegen á San Francisco de California y el Arsenal de San Diego, así como sus valiosas líneas trasatlánticas que, partiendo del primer punto, finalizan sus viajes en la Australia y China, protegiendo á su vez las Islas Hawai que procuran anexionarse los Estados Unidos, con cuyo objeto mantienen fuerzas navales en ellas.—Su buen criterio comprenderá que el viaje penoso y largo que estas fuerzas, entre las cuales se destaca el *Oregon,* tendrían que hacer para incorporarse á las del Atlántico, dejando descubiertos estos servicios, no puede efectuarse sin que de ello se tenga conocimiento, del que hasta ahora se carece por completo; por consiguiente, debo referirme á la nota que es adjunta, y aunque ella demuestra deficiencias que el Gobierno procura á toda costa compensar adquiriendo elementos, aunque sólo sea contando con la velocidad, no es en tan alto grado como se expone en relación con la Escuadra de los Estados Unidos del Atlántico.—Indudable que para reconcentrar por nuestra parte este núcleo de fuerzas, necesitamos algún tiempo que estimo ser todo el mes de Abril. El Gobierno de Su Majestad conoce, desde que me hice cargo de este Departamento, la situación en que se encontraba nuestro gran núcleo de fuerzas navales, reformándose ó carenándose en el extranjero, y atemperándose á esta exposición, ha procurado y procura, por todos los medios posibles, en relación también con los intereses generales del país, el seguir en sus relaciones con los Estados Unidos una política de perfecta amistad, á pesar de haberse dibujado algunas veces puntos de no fácil solución; pero su buen criterio comprenderá y con ello deseo desvanecer algunas apreciaciones que me hace sobre la Isla de Cuba, que aun ondea en ella nuestro pabellón y el Gobierno, interpretando los sentimientos patrios, aun á costa de tantos sacrificios, desea que no se desmembre aquella posesión española de nuestro territorio, procurando por todos los medios posibles, ya políticos, ya internacionales, ya militares, el dar una solución satisfactoria al problema de Cuba: ésta es la opinión dominante del país, y á ella se atemperan todos sus actos.—Ya le dejé dicho que el Gobierno conoce nuestra situación, razón por la que procura allegar todos los recursos posibles al puerto de la Habana, fortificando ésta para que pueda ser base de nuestras fuerzas navales, dotándole de un dique que ya funciona y en el que podrán nuestros buques reparar sus desperfectos, pues estimo que lo que pueden llamarse averías, producidas por la acción de un combate, éstas no se remedian ni por nosotros ni por nuestros enemigos en el breve período que se desarrollan las campañas militares internacionales, dados los intereses materiales que afectan. Los otros puertos de la Isla, tales como Cienfuegos, Cuba, etc., están dispuestos para cerrarse con torpedos.—Nada suma V. en sus cálculos la influencia que pueden tener dotaciones homogéneas, instruidas y disciplinadas, ante las mercenarias de los Estados Unidos, y su ilustración podrá sacar hechos históricos, evocando tristes recuerdos para nosotros, confirmando lo que le digo.—Termino, no dudando un momento en que V. y todos nosotros cumpliremos con el sagrado deber que nos impone la Patria, contestando á sus apreciaciones con las mías, deseando, como el que más, la PAZ.—De V., como siempre, etc.—SEGISMUNDO BERMEJO.

ESCUADRA DEL ATLÁNTICO DEL NORTE

Combinación posible.

New-York..	8.200 ton.ˢ		Vizcaya........	7.000	ton.ˢ
Indiana....	10.288	»	Pelayo.........	9.900	»
Massachuset.	10.288	»	Carlos V.......	9.250	»
Texas......	6.315		María Teresa...	7.000	»
Brooklyn...	9.271	.	Oquendo.......	7.000	»
Iowa.......	11.410	»	Colón.........	6.800	»
Montgomery	2.000	»	Alfonso XIII...	4.826	»
Marblehead.	2.000	»	M. Ensenada...	1.064	»
Detroit.....	2.094	»	Alfonso XII....	3.900	»
Nashville ..	1.071	»	Venadito......	1.189	»
M. Terror..	3.600				
Town......	Aviso.				
			Reina Mercedes.	3.900	»
			Infanta Isabel..	1.189	»
Toneladas.	66.537			62.818	

5 torpederos: término medio de andar, 21 millas.

3 destroyers / 3 torpederos \ Término medio de andar, 25 millas.

El Ministro de Marina.—PARTICULAR.—*Excmo. Sr. D. Pascual Cervera.*—Mi querido General y amigo: Acabo de recibir telegrama de Ansaldo, en que me dice: «Ayer repetimos nuestro encargo á los Sres. Armstrong de Elswich; telegrafian mandarán repuesto de los cañones por carta que le comunicaremos. La casa constructora pone gran empeño, pero sólo puede proveer casquillos en Agosto: hacemos nuevo encargo cerca de la Marina italiana.»—*G. Ansaldo.*—Sin más, queda de usted, etc.—SEGISMUNDO BERMEJO.—*Marzo 5 del 98.*

Reservado.—*Cartagena 7 Marzo 1898.*—*Excmo. Sr. D. Segismundo Bermejo.*—Mi querido General y amigo: Ayer tarde recibí su carta reservada del 4, á la que voy á contestar, pero antes me ha de permitir V. echar una ojeada general sobre nuestra situación, tal como yo la veo.--Que los propósitos de los Estados Unidos son llevarnos á la guerra, parece fuera de toda duda, y por eso urge cada día más estudiar las ventajas ó inconvenientes que de ella podemos esperar.—Inspirado en estas ideas, creí un deber de elevado patriotismo responder á la comunicación oficial en que se me participaba la distribución de los buques americanos y el estado de algunos puntos de sus costas, como lo hice por mi Reservado de 25 de Febrero próximo pasado. Hoy, con la mayor libertad que permite la forma confidencial, voy á ampliar mis ideas, al par que contesto su carta.—El examen de nuestras fuerzas, basado en lo que sabía y en recientes observaciones y noticias, no sólo me confirman en lo que dije, sino que aun lo ponen en peor término. He visitado la *Vitoria,* con la que contaba en mi Reservado, y de la visita he sacado la convicción de que no podemos contar con ella para el conflicto actual. Las noticias que tengo, tampoco permiten contar con el *Pelayo, Carlos V* ni *Numancia* (1) y, sin embargo, como no es opinión formada por observación propia, los dejo figurar en el adjunto estado, sólo porque usted los pone en el suyo.—Cualquiera que sea el giro que se le dé al conflicto, ya sea la guerra, ya negociaciones directas, ya por mediación de un tercero, árbitro ó no, mientras más tarde en resolverse, peor para nosotros; porque si es la guerra, nos cogerá más extenuados mientras más tarde llegue, y si es la negociación, de cualquier género que sea, vendrá después que los Estados Unidos hayan planteado muchas más exigencias, cada vez más irritantes, á las que habremos tenido que ceder

---

(1) Esta predicción se realizó hasta tal punto, que después de firmada la paz ha tenido que volver el *Pelayo* á La Seyne para terminar las obras que suspendió; antes de firmarse la paz hubo que desmontar al *Carlos V* la batería de 10 centímetros. La *Numancia* está en el Arsenal de la Carraca montando la artillería, que no puede aventurarse cuándo la tendrá lista. Ninguno de estos buques estuvo, pues, listo á la declaración de la guerra.

para ganar tiempo, con la vana esperanza de mejorar nuestra situación militar.—Y supuesto que nuestra situación no ha de ser mejor de lo que es, veamos qué podemos esperar de la guerra en tales condiciones.—Insensato sería negar que lo que racionalmente podemos esperar es la derrota, que podrá ser gloriosa, pero no por eso dejaría de ser derrota que nos haría perder la Isla en las peores condiciones.—Aun suponiendo lo improbable, es decir, que obtuviéramos una victoria, no por eso cambiaría el resultado final de la campaña, porque el enemigo no se daría por vencido; y es insensato que pretendiéramos vencer en riqueza y producción á los Estados Unidos, que se repondrían mientras nosotros agonizábamos, aun victoriosos, dando lugar á que el resultado final fuese un desastre.—Sólo en el caso de contar con una poderosa alianza, podríamos aspirar á obtener un resultado final halagüeño, pero sobre que sería necesario descontar el subido precio que tendría hoy para nosotros una alianza poderosa, aun así no haríamos más que aplazar algunos años el actual conflicto, que resultaría más agudo que hoy, como hoy lo es más que en la sublevación pasada.—Y aun admitiendo la conservación de Cuba, ésta nos costaría enormes sacrificios, originados por la necesidad de mantenernos armados hasta los dientes, y el problema se presenta como ya ha sido planteado por alguien: ¿Vale la Isla de Cuba la ruina de España? (Silvela en Burgos).—No trato de la cuestión del corso, porque me parece que no hay ningún hombre que conozca la Historia, que dé valor alguno á las empresas de los corsarios, hoy casi imposibles por las necesidades de los buques modernos.—Y aun cuando no doy gran importancia á ciertos detalles, por la poca influencia que pueden tener en los acontecimientos generales, me haré cargo de algunos que V. toca, para exponer mi punto de vista al contestar su carta como lo hago.—El Estado que acompaño, me parece más exacto que el que trae su carta, y pone de manifiesto que nuestras fuerzas en el Atlántico son próximamente la mitad de las de los Estados Unidos, tanto en el tonelaje como en la potencia de su artillería.—Nunca he pensado en las fuerzas que los Estados Unidos tienen en el Pacífico ni en Asia, para el desarrollo de los sucesos en las Antillas, pero siempre he visto en ellas un gran peligro para nuestras Filipinas, que no tienen fuerzas que oponerles ni aun parecidas como una sombra. Y lo que es por sus costas del Pacífico, bien seguros están los Estados Unidos de nosotros.—Me parece que se equivoca usted al creer que en todo el mes de Abril habrá variado nuestra situación. Como digo al principio, tengo por seguro que no estarán disponibles el *Carlos V, Pelayo, Vitoria* y *Numancia*, y quién sabe cómo estaremos de municiones de 14 cm. También parece seguro que á fin de Abril no estarán montados los cañones del *Colón*, de 254 mm. Y aun cuando yo me equivocara, entonces nuestra fuerza útil en las Antillas, sería el 49 por 100 de la americana en tonelaje y el 47 por 100 en artillería, y sólo seríamos superiores en cazatorpederos y torpederos, si todos llegan útiles allá.—Yo no sé fijamente cuáles son los sentimientos patrios respecto de Cuba, pero me inclino á creer que la inmensa mayoría de los españoles desea la paz antes que todo: sólo que los que así piensan, sufren y lloran en sus hogares y no gritan como la minoría, que vive ó medra con la continuación de este orden de cosas; pero éste es asunto que no me incumbe analizar.—Nuestra carencia de recursos es de tal naturaleza, que hace tres días se nos han caído al agua tres hombres, en ocasión de saludar á la voz, por haberse roto el nervio del toldo pedido hace cincuenta días, y que aun no se sabe cuándo será reemplazado. Sobre este interesante tema hay pasado más de un oficio. A los 43 días de darse el primer martillazo para construir el *Hernán Cortés*, estábamos con él en la mar. A los 51 días de haber pedido el cambio de tubos á la caldera de un bote (de vapor) del *Teresa,* aun no sabemos cuándo estará listo. En parecida proporción estarán los Estados Unidos con nosotros para remediar las averías, aunque tengamos el dique, que sin duda es lo principal, pero no todo.— Respecto de las dotaciones, no las conozco, pero lo mismo las reclutaban cuando vencían á nuestros antecesores de Trafalgar, y ruego á V. que no vea en esto un argumento contra el suyo, porque esto acusaría una gran ligereza en mí, hablando de lo que no conozco: es simplemente una reflexión que se me ocurre.—Estas son mis leales opiniones, y ante la salud de la Patria se las expongo á V., rogándole las trasmita al Gobierno. Si V. creyera útil que sea yo quien vaya á exponerlas, dispuesto estoy á ello en cuanto V. me lo indique. Y hecho esto, que descarga mi conciencia de un enorme peso, sólo me resta el deber, relativamente fácil, de conducir nuestras fuerzas á donde se me ordene, en la seguridad de que todos han de cumplir con sus deberes.—Que le vaya á V. bien, y queda etc.—PASCUAL CERVERA.

ESCUADRA DEL ATLÁNTICO DEL NORTE

Comparación con la de los Estados Unidos.

ESPAÑA			ESTADOS UNIDOS		
Buques actualmente allí con alguna protección, ó un andar de 15 millas, sin protección:			Buques que la componen actualmente, con alguna protección, ó un andar de 15 millas, sin protección:		
NOMBRES	Desplazamiento.	Artillería.	NOMBRES	Desplazamiento.	Artillería.
Vizcaya.........	7.000	6.130	New-York...	8.200	6.400
Oquendo........	7.000	6.130	Indiana......	10.288	9.304
M. de la Ensenada.	1.064	1.100	Massachuset.	10.288	9.304
	15.064	13.360	Texas.......	6.315	4.550
	23 %	23 %	Brooklyn....	9.271	7.880
			Iowa........	11.410	8.360
			Montgomery...	2.089	4.100
			Marblehead..	2.089	4.100
			Detroit......	2.089	4.100
			Terror.......	3.600	2.896
				65.639	60.994

A éstos pueden sumarse positivamente:

Infanta M.ª Teresa.	7.000	6.130	Minneapolis..	7.375	4.790
Cristóbal Colón...	6.840	8.490 (1)	Columbia.....	7.375	4.790
Alfonso XIII.....	4.826	4.340		14.750	9.580
	18.666	18.960			

Dudoso que puedan sumarse por varias causas:

Pelayo...........	9.917	6.987	Atlanta.....	3.000	4.270
Carlos V........	9.250	5.620	Charleston...	3.730	4.570
	19.167	12.607	Chicago.....	4.500	4.470
			Newark.....	4.098	6.740
			Philadelphia.	4.324	7.640
			Dolphin.....	1.485	700
			York-Town..	1.703	3.320
				22.840	31.710
En el Atlántico del Sur tienen el			Cincinnati...	3.200	4.795

Todos los demás buques tienen escasísimo valor militar, excepción hecha de los cazatorpederos y torpederos, de los que no se trata en este cuadro, como tampoco del *Katahdin* y *Vesuvius*.

---

(1) Sin los cañones de 25 cm., cuyo valor se representa por 1.248.

El Ministro de Marina.—PARTICULAR.—*Madrid, 13 Marzo del 98.—Excmo. Sr. D. Pascual Cervera.*—Mi querido General y amigo: Aprovechando ser hoy domingo, escribo á usted contestando á sus líneas reservadas sobre nuestras apreciaciones en relación con los acontecimientos que puedan desarrollarse en Cuba, si fatalmente nos viésemos obligados á ello, pues enterado por mí el Gobierno de nuestras deficiencias, repito á V. lo que le decía en mi anterior, esto es, que sus actos se ajustarán con prudencia á sostener sus relaciones amistosas con el de los Estados Unidos, procurando por todos los medios el alejar y conjurar cualquier conflicto que pueda sobrevenir, estimando, por unanimidad, nuestra situación desfavorable.—Paso á ocuparme de los asuntos referentes á esa Escuadra, y á los refuerzos que puede recibir.—Tengo telegrama de Ansaldo diciéndome que en este mes quedará resuelto el artillado de 25 cm. del *Colón,* presentando dos nuevos cañones en la Spezzia: también me dice haber pedido casquillos de 15 y de 12 á la Marina italiana.—De casquillos de 14 centímetros está de camino para Cádiz el primer lote y seguirán las remesas.—Cartas de Ferrándiz me dicen que probará las máquinas para el 15 y que estará listo para salir á primeros de Abril, y para mediados de este mes me dicen estará listo también el *Carlos V.*—Cuanto dicen los periódicos sobre compra de buques, es verdad, aunque por mi parte lo niegue; y lo niego, porque la publicidad ha hecho que las negociaciones sobre los dos cruceros del Brasil, que empezaron muy bien, hayan fracasado. Mis gestiones se dirigen sobre cruceros, torpederos y aun vapores que pasen de 1.000 toneladas y de más de 20 millas de andar, para sostener [nuestras comunicaciones.—Pasemos á la Escuadra, detenida en esa por no saber qué rumbo darle, que el más señalado es Cádiz; pero me encuentro que el *Colón,* si se realiza, como es de esperar, su artillado, tendrá que salir para Génova y sólo quedarán el *María Teresa,* el *Alfonso XIII,* que todavía tardará en terminar sus infinitas pruebas, y el *Destructor.*—Las máquinas de calibrar y recarga se ha dispuesto se envíen á esa.—Termino, pues: á su consideración dejo lo penoso de mi labor: hoy, día festivo, dedicado por el Señor al descanso, ha empezado mi tarea á las ocho de la mañana, para terminarla á las nueve con estas líneas.—Consérvese bueno, y se repite etc.—SEGISMUNDO BERMEJO.

Reservado.—*Cartagena 16 de Marzo de 1898.—Excelentísimo Sr. D. Segismundo Bermejo.*—Mi querido General y amigo: Ayer tarde fué en mi poder su favorecida del día anterior, por la que veo que V. coincide con mis apreciaciones acerca del conflicto que se cierne sobre nuestro desgraciado país, lo que no podía dejar de suceder examinando ambos el asunto con el deseo del acierto.—Veo también que todo el Gobierno participa de esta opinión, pero temo que pueda haber algún Ministro que, sin dejar de creer que estamos en condiciones desfavorables, deslumbrado por los nombres de buques que lea en el Estado General, crea que la desproporción no es tan abrumadora como desgraciadamente es en realidad, y mucho más si nada sabe de nuestra penuria en todo cuanto se relaciona con las necesidades de una guerra marítima, como son municiones, pertrechos, carbón, víveres, etc., de lo que no tenemos nada, en este Departamento al menos.—Y si este mi temor fuese fundado, creo del mayor interés que todo el Consejo de Ministros, sin exceptuar absolutamente á ninguno, estén iniciados con toda claridad en nuestra triste y desconsoladora situación, para que no quede la menor duda de que la guerra nos conducirá seguramente á un desastre, seguido de una paz humillante y de la ruina más espantosa; razón por la cual es preciso no sólo eludir la guerra, sino buscar una solución cualquiera que la haga imposible en adelante, porque de seguir así, el desenlace será tanto peor, cuanto más tiempo se tarde, sea cual fuere el camino por donde venga: la paz ó la guerra. De este razonamiento, que lo veo claro como la luz del día, se deduce que como no podemos ir á la guerra, sin caminar á un desastre seguro y horroroso, ni tratar directamente con los Estados Unidos, cuya mala fe es notoria, quizá no nos quede otro remedio que apelar á otros en forma de arbitraje ó mediación, como los adversarios acepten; pero este orden de consideraciones me aleja de mi papel que, como Jefe de la Escuadra, se limita á poner de manifiesto lo que militarmente ocurre, y hacer después lo que el Gobierno le mande, el cual Gobierno debe mandar con perfecto conocimiento de la situación.—Y antes de abandonar este tema, para seguir contestando á los demás puntos de su carta, permítame V. que le reitere lo que le dije en mi anterior, y no ha tenido contestación en la suya. Quizás sea bueno que yo mismo sea quien informe de palabra á los miembros del Gobierno: si así se cree, estoy dispuesto á ir á la menor indicación.—Paso á ocuparme de los refuerzos que se puedan obtener, y de lo que de ellos se puede esperar.—Mucho me alegraré de que Ansaldo cumpla lo que promete respecto á los cañones de 254 mm. del *Colón*. ¡Nos ha engañado ya tantas veces! Los casquillos de 14 cm. hacen absoluta falta: usted sabe que en este buque sólo hay 30, dentro de las tolerancias establecidas por el General Guillén, y es de suponer que los cargos del *Vizcaya* y *Oquendo* estén lo mismo. Por ahora está entregando la casa 100 por semana, y suponiendo que los primeros hayan llegado ya á Cádiz ó lleguen uno de estos días, á razón de 100 por semana, llegaremos al mes de Octubre, y después cargarlos, remitirlos, etc.; de modo que aun cuando se apresure su venida, nunca llegarían á tiempo para el conflicto actual. Yo creí tener los primeros en Enero, y no los tendré hasta Abril.—El *Pelayo* estará listo de máquina y podrá salir, pero ¿y la artillería mediana? Esa y el blindaje tardarán, y si se le pudiese montar provisionalmente su antigua batería! Pero lo dudo, porque las portas no lo permitirían. Y á propósito del *Pelayo:* he oído que para enviarle gente para que venga, ha sido preciso sacarla de la *Vitoria,* lo que es una prueba de nuestra excesiva penuria.—Mucho me alegraré de que el *Carlos V* esté listo pronto, pero después creo que hay que montarle la batería de 10 cm. y hacer las pruebas.—En la compra de barcos nunca he tenido confianza, porque las alharacas que se arman, ya nos hicieron perder el

Garibaldi; ahora nos han hecho perder los brasileros, y, en resumen, no nos han dado más que el *Colón,* excelente buque, pero que aun no está armado, y el *Valdés.*—Y suponiendo que todo fuera á pedir de boca y que la Providencia nos deparara una victoria, que á todas luces es improbable, estaríamos después en el caso analizado en mi anterior, y que no reproduzco por evitar repeticiones.—Me queda sólo que hacerme cargo de lo que me dice V. respecto al destino de la Escuadra. Yo creo que el *Teresa* debía estar en Cádiz, si allí se han de recargar los casquillos, y podría salir en cuanto tuviera montados los cañones que han venido de Cádiz.—Realmente, si el *Colón* va á Italia, no estaría muy airosa la insignia, pero esta consideración no debe anteponerse á las conveniencias del servicio, y si la disolución de la Escuadra lo aconsejare, podría yo arriar la insignia y desembarcar, salvo volver á arbolarla al reunirse de nuevo, en cuerpo de escuadra, los buques hoy dispersos, á menos que la reunión fuese cosa de pocos días. Esto se lo digo á V. para alejar toda idea de consideraciones personales, que yo siempre pospongo á los intereses del servicio. Por otra parte, lo mismo está aquí la insignia, que en Cádiz: cuando llegó la Escuadra inglesa, había en el puerto tres buques: el *Navarra* con la insignia del Capitán General, éste con la mía y el *Colón* con la de Paredes.—No le molesto más; crea V. que siento hacerlo tanto, pero la voz de la conciencia, que excitada por el amor á la Patria me dice que cumplo así un deber elevadísimo, es la que me impulsa á hacerlo para ayudar también de este modo al antiguo y querido compañero á quien ha tocado en suerte llevar esta pesada cruz.—Que le vaya bien, y disponga, etc.—PASCUAL CERVERA.

Cartagena 19 Marzo de 1898.—Excmo. Sr. D. Segismundo Bermejo.—Mi querido General y amigo: Cuando recibí anteanoche su telegrama cifrado, pedí rectificación del nombre del buque alistado, pero con la vehemente presunción de que era el *Colón;* ayer mañana lo hice entrar en la dársena y empezó de seguida á hacer carbón, que espero terminará hoy, á pesar de necesitar para el relleno más de 500 toneladas.—Anoche, cuando recibí el otro telegrama cifrado, contesté á V. y le añadiré que ya está este buque amarrado en la dársena, y vamos á empezar á embarcar las 180 toneladas que nos faltan para el relleno. Veremos si ambos buques pueden quedar listos para esta noche.—El cañón que está listo, vamos á montarlo ahora, dentro de un rato. Es lástima no llevar los otros dos, que todavía tardarán diez ó doce días en estar listos.—De municiones de 14 cm. llevamos 78 tiros por pieza, y de ellos, sólo 30 cartuchos, dentro de las tolerancias señaladas por Guillén.— Ayer ví á Pedro Aguirre y le pregunté por los buques del Apostadero de la Habana, diciéndome que ¡no había más buque listo que el *Venadito!* lo que le hice repetir varias veces. Me dijo también que el dique no funcionaba, y si eso no se corrige, preciso será pensar en el *Vizcaya*, que ya lleva ocho meses sin limpiar.—Como no sé nada más que lo que ponen los telegramas de V., estoy muy perplejo, sin saber la orden que debo dar á los ranchos chicos. ¿Podría V. indicarme algo? Mucho se lo agradecería.—Supongo que habrá V. recibido mi carta del 15, que confirmo.—Y sin molestarle más, etc.—PASCUAL CERVERA.

El Ministro de Marina.—PARTICULAR.—*Madrid, Marzo 21 del 98.*—*Excmo. Sr. D. Pascual Cervera.*—Mi querido General y amigo: Cuatro letras para continuar otro día.—Me pregunta V. por la comisión del *Colón:* ésta es la siguiente: Deseando abreviar el itinerario trazado á la Escuadrilla de torpederos, se ha pensado para mayor auxilio de ella, que vaya el *Colón* hasta dejarla en Puerto Rico: como este buque no puede entrar en dicho punto, tomaría carbón en San Thomas para regresar á España por estar pendiente de su artillería. Tomando parte en esta expedición dos Capitanes de Navío, irá el segundo Jefe de la Escuadra, que para algo está en ella. No sé aun si se realizará.—Como es posible que cuando acabe de montar los cañones vaya á Cádiz, allí puede recoger las cartas y empezar á tomar casquillos.—Es siempre suyo, etc.—SEGISMUNDO BERMEJO.

Cartagena 27 Marzo 1898.—Excmo. Sr. D. Segismundo Bermejo.—Mi querido General y amigo: Ayer recibí su favorecida del 24, y quedo listo esperando la orden de salir para Cádiz.

Como he dicho á V. en una de mis anteriores, llevo para Cádiz todos los proyectiles de 14 cm. que hay en este Departamento, que son:

500 balas granadas,
333 granadas ordinarias de procedencia inglesa,
216   id.   id.   de Cartagena,
67   id.   de segmentos de id. inglesa,
112   id.   id.   de Cartagena.
_____
1.228 proyectiles.

El Departamento de Cádiz, al que pregunté el 21 los proyectiles que allí hay, me contestó ayer que tienen:

27 balas granadas,
460 granadas ordinarias,
150   id.   de segmentos,
40   id.   de acero, ó sean
_____
677 proyectiles en total, que con los
1.228 que hay á bordo embarcados en este Departamento, suman
_____
1.905, pero como los casquillos que se han contratado, son 4.500 según creo, faltarán
_____
2.595 proyectiles para cargarlos y eso si se emplean todos los existentes, de los que creo hay alguno de procedencia inglesa, muy defectuoso, y además habrá necesidad de un repuesto para recargar los que se disparen.—El taller de proyectiles de aquí está parado, y si á V. no le parece mal, podría darse orden

para que construya.—Yo creo que el *Colón* debe hacer ejercicio al blanco, pero reposado, sin el aguijón de estar de viaje; vale la pena de detenerse un día, ó hacerlo salir de Cádiz expresamente para el objeto.—Y sin nada más por hoy, etc.—PASCUAL CERVERA.

Puerto Real 2 Abril 1898.—Excmo. Sr. D. Segismundo Bermejo.—Mi querido General y amigo: Parece mentira que desde mi llegada no haya tenido tiempo de escribir á V. como deseaba, pero entre distancias y cosas que hacer, no he podido.—A pesar del mal tiempo, llegamos bien, y la avería del *Colón* fué de menos importancia de lo que creí al principio, sólo que ha inutilizado varios tubos y por eso he pedido á usted por telégrafo, se adquieran de Niclausse 50 que tiene listos. He mandado hacer los pedidos del carbón y materias lubricadoras consumidas, para estar siempre listos para cualquiera eventualidad.—Mis temores se realizan, porque el conflicto se aproxima en tren expreso y el *Colón* no tiene sus cañones gruesos, el *Carlos V* no está recibido y le falta la batería de 10 cm., al *Pelayo* le falta terminar el reducto y me parece que la artillería mediana, la *Vitoria* está sin artillería y de la *Numancia* no hay que hablar. Pero en medio de todo vale más que se termine de una vez, porque el país no puede más y cualquier arreglo será bueno, por malo que parezca, si viene sin que tengamos que lamentar un gran desastre como puede suceder si entramos en la guerra con barcos á medio artillar, ya muy pocos en sí y con la falta de medios y sobra de trabas que tenemos.—Embarcaré las municiones que vayan estando listas, y con los dos buques, tal como están, puede contarse á todo momento.—La circunstancia de estar tan lejos el *Vizcaya* y el *Oquendo* produce no pocos inconvenientes, por lo que considero que si no se han de incorporar pronto, convendría separarlos de la Escuadra.—Que le vaya á V. bien, etc.—PASCUAL CERVERA.

EL ALMIRANTE (CERVERA) AL MINISTRO (BERMEJO).

Cádiz 4 Abril 1898.

«Creo que es muy peligroso continúe su viaje escuadrilla de torpederos. Como no tengo instrucciones, es conveniente que vaya á Madrid para recibirlas y formar plan de campaña. Me preocupan las Canarias, que están en situación peligrosa. Si durante mi ausencia fuese necesario que la Escuadra saliera, podría verificarlo mandada por segundo Jefe.»

EL MINISTRO (BERMEJO) AL ALMIRANTE (CERVERA).

Madrid 4 Abril 1898.

«Recibido su telegrama cifrado. En estos momentos de crisis internacional, no se puede formular de una manera precisa nada concreto.»

El Ministro de Marina.—PARTICULAR.—*Abril 4 del 98.*—Excmo. Sr. D. Pascual Cervera.—Mi querido General y amigo: Acabo de recibir su telegrama y su carta, y en estos momentos de crisis internacional en que la diplomacia ejerce su acción, que se habla de una tregua y hasta de la situación de las respectivas fuerzas navales, nada puede formularse, nada concretarse.—Otro día seré más extenso.—Siendo suyo, etc.—SEGISMUNDO BERMEJO.

Cádiz 6 Abril 1898.—Excmo. Sr. D. Segismundo Bermejo. Mi querido General y amigo: En el correo de anoche recibí su carta del 4, y antes había recibido su telegrama sobre el mismo asunto.—Precisamente por el estado de ansiedad en que todos estamos, es por lo que interesa, y mucho, tener pensado lo que se ha de hacer, para no andar con vacilaciones, si llega el caso, sino obrar rápidamente con medidas que puedan ser eficaces, y no ir, como el famoso hidalgo manchego, á pelear con los molinos de viento, para salir descalabrados.—Si nuestra fuerza naval fuese superior á la de los Estados Unidos, la cuestión sería muy sencilla, pues con cerrarles el paso, bastaría; pero como no solamente no es superior, sino es, muy inferior, tratar de cerrarles el paso, ó sea presentarles una batalla naval, con carácter de decisiva, sería el mayor de los desatinos, porque sería buscar una derrota cierta, que nos dejaría á merced del enemigo, que se apoderaría, si quería, de alguna buena posición en las Canarias, y tomándola por base de operaciones, aniquilar nuestro comercio y bombardear impunemente nuestras ciudades marítimas. Por eso es indispensable pensar lo que se ha de hacer, y sin dar ningún paso previo ostensible, no vacilar si llega el momento de obrar.—A estas consideraciones obedeció mi telegrama, y mis ideas no han variado, porque *si nos coge sin plan,* vendrán las vacilaciones, las dudas, y tras de la derrota, puede venir la humillación y la vergüenza.—Usted apreciará estas manifestaciones francas y leales de un antiguo amigo y compañero que sólo desea ayudar al Gobierno y acertar.—Que le vaya á V. bien, etc.—PASCUAL CERVERA.

EL GOBERNADOR GENERAL DE CUBA (BLANCO) AL M. DE ULTRAMAR (R. GIRÓN).

Habana 7 Abril 1898.

«Mantiénese la opinión digna y sensata, aunque algo excitada por noticias inminencia guerra. Se empieza á manifestar cierto disgusto por falta buques aquí, pues los que hay no pueden prestar servicio, y detención escuadrilla Cabo Verde deja indefensas costas. V. E., que mejor que yo conoce situación internacional, dadas actuales circunstancias, apreciará conveniencia enviar buques.»

EL MINISTRO (BERMEJO) AL ALMIRANTE (CERVERA).

Madrid 7 Abril 1898.

«Urge mucho salida; es preciso que sea mañana. Diríjase V. E. á San Vicente de Cabo Verde; así que llegue tomará carbón y agua. Comunique con semáforo Canarias por si hubiese alguna novedad que noticiarle. Las instrucciones, que se ampliarán, son, en esencia, proteger escuadrilla de torpederos que queda á sus órdenes, por estar en Europa *Amazonas* y *San Francisco.* No hay por ahora más buques americanos.»

El Almirante (Cervera) al Ministro (Bermejo).

Cádiz 7 Abril 1898.

«Estos acorazados están listos para cualquier comisión. Ruego á V. E. me permita insistir en la necesidad de concertar un plan general de campaña, á fin de evitar vacilaciones funestas. No dudo que el Gobierno tendrá formado su plan, que necesito indispensablemente conocer, si he de aspirar á cooperar á él con toda eficacia.»

El Almirante (Cervera) al Ministro (Bermejo).

Cádiz 7 Abril 1898.

«Mañana por la tarde efectuaré salida para Cabo Verde, donde la escuadrilla de torpederos quedará á mis órdenes. Como desconozco los planes del Gobierno y no se me dice qué he de hacer después, esperaré sus instrucciones cubriendo Canarias.»

El Ministro (Bermejo) al Almirante (Cervera).

Madrid 7 Abril 1898.

«La premura de la salida, impide por el momento darle conocer plan que solicita, pero lo tendrá con todos sus detalles á los pocos días de su llegada á Cabo Verde, pues seguirá sus aguas un vapor abarrotado de carbón.»

El Almirante (Cervera) al Ministro (Bermejo).

Cádiz 8 Abril 1898.

«Recibido telegrama cifrado de ayer de V. E. Esperaré instrucciones en Cabo Verde.»

El Almirante (Cervera) al Ministro (Bermejo).

Cádiz 8 Abril 1898.

«Son las cinco tarde y estoy saliendo con el *Teresa* y *Colón*.»

Cádiz 8 Abril 1898.—Excmo. Sr. D. Segismundo Bermejo. Mi querido General y amigo: He recibido todos sus telegramas.—Los barcos están listos y espero salir esta tarde.—He enviado ahora al Contador por el dinero á San Fernando, porque el Capitán General me avisa de que allí lo han recibido.—En Cabo Verde esperaré las instrucciones que V. me ordena. La reproducción del telegrama cifrado, tiene una palabra diferente, pues dice que las instrucciones *se ampliarán,* y en el primero recibido decía *se emplearán,* por eso indicaba mi idea de cubrir las Canarias, pero ahora, esperaré, como digo.—Siento mucho salir sin haber concertado ningún plan en sus líneas generales, para lo que tan repetidas veces solicité ir á Madrid; creo entrever, en el conjunto de los telegramas recibidos, que se persiste en la idea de que la Escuadrilla vaya á Cuba, y me parece una aventura que puede costarnos muy cara, porque la pérdida de nuestra Escuadrilla y la derrota de nuestra Escuadra en el mar Caribe, entraña un gran peligro para las Canarias y quizá el bombardeo de nuestras ciudades del litoral. No menciono la suerte de Cuba, porque ésta la tengo descontada hace mucho tiempo, y creo que una derrota naval precipitaría mucho su pérdida definitiva, mientras que sosteniéndose con los elementos que cuenta, quizás hiciera pensar á los Estados Unidos. No hay que hacerse ilusiones acerca de los refuerzos de nuestra Escuadra: si V. repasa nuestra correspondencia de hace dos meses, verá V., no que he sido Profeta, sino que me he quedado corto, y es preciso no hacerse ilusiones sobre lo que se puede hacer, que sólo es lo que sea apropiado á los medios disponibles.—Y sin molestarlo más, etc.—PASCUAL CERVERA.

El Ministro de Marina.—PARTICULAR.—*Madrid, Abril 7 del 98.*—*Excmo. Sr. D. Pascual Cervera.*—Mi querido General y amigo: Estamos en profunda crisis internacional, y aunque no perdidas las esperanzas de una solución pacífica mediante el deseo del Gobierno de evitar la guerra á todo trance, éste ha llegado á los últimos límites de las concesiones interponiendo las influencias de las potencias extranjeras; pero el Presidente de los Estados Unidos se encuentra envuelto en la ola que él mismo se ha creado, y que ahora trata de apaciguar.

A usted, como Almirante de la Escuadra y por su prestigio en el Cuerpo, le corresponde ó ha sido designado por Dios para la ejecución de los planes que se han de desarrollar, encomendados á su inteligencia y valor. Creo haber facilitado á V. cuanto me ha pedido y en mi mano ha estado concederle: si más no he hecho, es porque más medios no he tenido á mi disposición; mi conciencia en esto, como en todo, está perfectamente cumplida.—En las instrucciones que recibirá, se dibuja un pensamiento general, que V. con sus Capitanes desarrollará.—Y termino expresándole salude en mi nombre al personal á sus órdenes, y confirmándole la confianza que S. M. y el Gobierno tienen en sus altas condiciones.—Le abraza afectuosamente, etcétera.—SEGISMUNDO BERMEJO.

INSTRUCCIONES RECIBIDAS EN CABO VERDE

EL MINISTRO DE MARINA (BERMEJO) AL COMANDANTE GENERAL DE LA ESCUADRA (CERVERA).

Reservado.—Excmo. Sr.: Aun cuando hasta la fecha no han variado las relaciones de amistad que median entre España y los Estados Unidos de la América del Norte, en previsión de posibles complicaciones y ante la probable presencia en aguas de Europa de los cruceros de aquella nación *San Francisco* y *Amazonas*, se hace indispensable proteger la primera división de torpederos que actualmente se encuentra de arribada en las islas de Cabo Verde; tanto por si conviniere que continuara su viaje á las Antillas, como por si fuere necesario su regreso á Canarias.—En su consecuencia tan pronto reciba V. E. esta orden, saldrá con el buque de su insignia y el *Cristóbal Colón* para San Vicente de Cabo Verde, donde se incorporará á esa Escuadra de su mando la expresada división, que quedará, por tanto, á las órdenes de V. E. con el trasatlántico *Ciudad de Cádiz* que la acompaña. En San Vicente esperará V. E. las instrucciones que oportunamente se le comunicarán, y si las circunstancias del servicio aconsejasen la salida de la Escuadra con la división de torpederos para Puerto Rico, lo hará V. E. teniendo en cuenta, que si antes de su salida se hubieren agravado las circunstancias presentes, llegarán á Cabo Verde ó bien los encontrarán á los 18° 30′ de latitud N. y 53° 30′ de longitud O. los acorazados *Viscaya* y *Oquendo*. Dicho punto está tomado en la carta española general del Atlántico y á él procurará V. E. recalar con el objeto indicado.—La protección que V. E. va á prestar á los torpederos, colocan á la división en condiciones mucho más militares, pudiendo encargarse cada acorazado de dos de aquéllos y el trasatlántico mandado comprar Jefe escuadrilla. *Vizcaya Oquendo* desde día 9 navegan para unírsele.»

El Ministro (Bermejo) al Almirante (Cervera).—*Cabo Verde*.

Madrid 15 Abril 1898.

«Continúa situación grave. Cámaras americanas violentos y humillantes discursos para nuestra Patria. Grandes potencias demuestran deseos de paz.—Dicen confidencialmente de Washington que el 13 salió Escuadra volante compuesta de *New-York*, *Texas*, *Columbia*, *Minneapolis* y *Massachusetts*, para evitar unión de nuestros acorazados, dirigiéndose á esa. Dudo que sea así, por no haber declaración de guerra, pero de todos modos es preciso que esté prevenido. Provéase de todo lo necesario y al llegar los acorazados alístelos inmediatamente.»

El Comandante General de la Escuadra (Cervera) al Ministro de Marina (Bermejo).

Comandancia General de la Escuadra.—Estado Mayor.—Excmo. Sr.: Cumpliendo las órdenes de V. E. y según tuve el honor de telegrafiarle, salí en la tarde del 8 del puerto de Cádiz con el *Colón* y el *Teresa* haciendo rumbo á Punta Anaga (Isla de Tenerife), con cuyo semáforo comuniqué en la mañana del 11, recibiendo la orden de V. E. de seguir mi viaje y la noticia de que las impresiones eran más favorables. A mi vez comuniqué á V. E. que no había novedad en la Escuadra. Al *Colón*, que me esperaba frente á la ciudad de Santa Cruz, le llevó un remolcador un oficio del Comandante de Marina trasladándome el mismo telegrama del semáforo y añadiéndome que la noche anterior nos había esperado un vapor sobre Punta Anaga para comunicármelo.—A las nueve de la mañana del día 11 hice rumbo á San Vicente de Cabo Verde, fondeando en Puerto Grande el 14 á las diez de su mañana.—Aquí encontré á la primera división de torpederos, cuyo Jefe vino á ponerse á mis órdenes y á manifestarme que no ocurría en ella novedad.—La navegación ha sido buena, con viento y mar del primer cuadrante, que fueron calmando á medida que descendíamos en latitud. La hice con velocidad de 12 millas, que oportunamente reduje á unas 11, con objeto de hacer la recalada de día y poder efectuar una buena descubierta. En ella tuve todos los fuegos encendidos y la gente en sus puestos de combate.—Los consumos han sido exageradísimos en el *Colón* y bastante también en el *Teresa*, resultando que para poder recorrer unas 1.570 millas á la velocidad antes dicha, ha consumido el *Colón* unas 500 toneladas y el *Teresa* unas 400. Los consumos, en globo, por caballo-hora del *Colón*, han sido de 1,696 kilogramos á 12 millas y de 1,778 á 11, y los del *Teresa* de 1,155 y de 1,347, respectivamente. Al llegar, sólo quedaban 550 en el *Colón* y 570 en el *Teresa*. Sobre otro punto, también de mucha importancia militar, debo llamar la atención de V. E.—Al reflexionar sobre estos consumos tan elevados, atribuyo el del *Colón*, al sistema de calderas y á la poca práctica en su manejo, y el del *Teresa* á que fué muy pequeña la presión en las calderas para una máquina de triple expansión. Al ordenar que se elevara la presión que llevábamos de 100 libras á 150, me expuso el primer Maquinista Mayor las observaciones de que en comunicación aparte doy cuenta á V. E., y como abrigo el temor de que sean fundadas, he decidido no elevar la presión en las calderas de este buque sino en casos perentorios (1).

Al llegar, dirigí á V. E. el siguiente telegrama: «Fondeamos sin novedad. Estoy »ansioso de saber instrucciones y noticias. Suplico telegrama diario. Tengo necesidad »de combustible mil toneladas para rellenar.» En la tarde de ayer me notició el Capitán del *Ciudad de Cádiz* haber recibido este otro, fechado en Cádiz el 14, á las dos y cinco minutos de la tarde: «Anoche salió vapor *San Francisco* de Las Pal- »mas con mil toneladas carbón para Escuadra; avísclo al Almirante.» En la mañana de hoy he recibido el de V. E. del mismo día (7-50 tarde), referente al mismo asunto y á los acorazados *Vizcaya* y *Oquendo*, al que, después de oir al General segundo Jefe y Comandantes, he contestado con el siguiente: «Por carbón piden cincuen- »ta y un chelines tonelada pagado en Londres; como urge mucho lo mando com- »prar. Sin novedad.» Y al cerrar esta comunicación, que irá por un vapor que sale esta noche, recibo el otro telegrama de hoy (12-50 tarde), referente al movimiento de buques americanos.—Dios guarde á V. E. muchos años.—A bordo del *Infanta María Teresa*, San Vicente de Cabo Verde 15 de Abril de 1898.—Excmo. Sr.— PASCUAL CERVERA.

EL ALMIRANTE (CERVERA) AL MINISTRO (BERMEJO).

Cabo Verde 16 Abril 1898.

«Sin novedad. Por últimas noticias de su telegrama cifrado sobre Escuadra volante americana, se prepara escuadrilla de torpederos para combatir, alijando el carbón que estorba.»

EL ALMIRANTE (CERVERA) AL MINISTRO (BERMEJO).

Cabo Verde 17 Abril 1898.

«Por temporal no hemos podido terminar embarco carbón comprado. *San Francisco* no ha llegado; estoy impaciente por su tardanza.»

---

(1) El Maquinista Mayor manifiesta que ha observado que siempre que la presión en las calderas excedió de 115 libras, se produjo alguna avería con especialidad en las frisas de unión de la tubería auxiliar de vapor, atribuyéndolo á la falta de juntas de expansión, lo cual unido á que los tubos de las calderas han perdido mucho en su resistencia y á existir algunas pequeñas fugas de agua en la costura de unión de los hornos con los frentes de las calderas que pudieran adquirir importancia elevando la presión en ellas, aconseja no hacer esto en circunstancias normales, porque la economía de combustible obtenida no compensaría el gasto de las reparaciones y el entorpecimiento de los servicios.

EL ALMIRANTE (CERVERA) AL MINISTRO (BERMEJO).

Cabo Verde 18 Abril 1898.

«Llegó *San Francisco.*»

EL ALMIRANTE (CERVERA) AL MINISTRO (BERMEJO).

Cabo Verde 19 Abril 1898.

«Llegaron sin novedad *Oquendo* y *Vizcaya.*»

San Vicente (Cabo Verde), 19 Abril 1898.—Excelentísimo Sr. D. Segismundo Bermejo.—Mi querido General y amigo: Ayer llegó el *San Francisco* y con él las instrucciones y su carta de V.—Si el *Oquendo* y *Vizcaya* salieron realmente el 9 para acá, hoy traen diez días de viaje y deben llegar hoy ó mañana, pues no necesitarán más para andar las 2.400 millas que hay desde Puerto Rico aquí. Pero estoy pensando que quizá esa fecha 9 sea la del telegrama dándoles la orden, y no la salida, y en ese caso tardarán más.—Las calderas del *Ariete* están prácticamente fuera de servicio; de suerte que el *Ariete,* en vez de ser un elemento de fuerza, es una pesadilla para la Escuadra, pudiendo ser útil sólo para una defensa local. La caldera del *Azor* tiene once años, y es de sistema locomotora, y ya está dicho todo sobre ella. A los cazatorpederos *Furor* y *Terror* se les cierra la proa en cuanto trabajan, habiéndosele roto á alguno las buzardas. Villaamil ha atendido á consolidar esto, como ha podido. Al *Plutón* no le ocurre, porque ya le ocurrió en el viaje de Inglaterra, y consolidó la proa en el Ferrol.—Yo no sé si en San Juan de Puerto Rico puede refugiarse bien la Escuadra; y si no fuese así y el puerto de Mayagüez no pudiera cerrarse, estaría en malísimas condiciones. Para juzgar definitivamente de esto, esperaré la llegada del *Vizcaya,* por lo bien que Eulate conoce Puerto Rico. Las Canarias me preocupan siempre, y es preciso cerrar el puerto de la isla Graciosa, fortificándolo, así como la isleta que domina el puerto de la Luz, en Gran Canaria.—Por las instrucciones de V., parece descartado el pensamiento de que la Escuadra vaya á Cuba, lo que me parece muy sensato; y respecto de Puerto Rico, muchas veces me he preguntado si deben amontonarse allí todas nuestras fuerzas, y me parece que no. Si Puerto Rico es fiel, no será bocado tan fácil para los yankees; y si no lo es, seguirá fatalmente la suerte de Cuba, al menos en lo que se relaciona con nosotros.—En cambio, me preocupan las Filipinas, como digo antes de las Canarias, y, sobre todo, la posibilidad de bombardeos sobre nuestra propia costa; cosa que no es imposible, dada la audacia de los yankees, y teniendo cuatro ó cinco barcos de andar superior á los nuestros.—Por todo esto, vacilo acerca del partido que debo tomar, y que no tomaré sin la venia de V. y el consejo de los Capitanes de la Escuadra, como V. me indica en su carta. Y dejo ésta hasta mañana, por si ocurre algo.—Aquí llegaba, cuando vinieron á avisarme que estaban los acorazados *Vizcaya* y *Oquendo* á la vista, y, en efecto, tuve el gusto de verlos entrar y abrazar á sus Comandantes, que traen sus tripulaciones con buena salud y el mejor espíritu; pero el *Vizcaya* necesita imperiosamente dique, como que en la travesía de Puerto Rico aquí ha gastado 200 toneladas más que el *Oquendo,* lo cual se traduce en una disminución en su velocidad que estimo en tres á cinco millas, y en una disminución del 25 al 30 por 100 en el radio de acción, con lo que se pierde la ventaja que tan oportunamente apunta usted en sus instrucciones.—Ya están haciendo carbón; pero va lento, porque estamos de prestado, lo que es cosa mala. ¡Cómo ha de ser! Hasta mañana.--Está entrando el correo, que sale de seguida y cierro ésta.—Por lo que nos ha sorprendido, no va parte de oficio, pero no ignora V. nada.—Que le vaya á V. bien, etc.—PASCUAL CERVERA.

EL GOBERNADOR GENERAL PUERTO RICO (MACÍAS) AL M. DE ULTRAMAR (R. GIRÓN).

Puerto Rico 20 Abril 1898.

«**(Entre otras cosas).**—V. E. y Ministro Guerra conocen escasos recursos de que dispongo y convendría saber qué hacen nuestras fuerzas navales. Desconozco situación nuestra Escuadra.»

Comandancia General de la Escuadra.—ESTADO MAYOR.—Excelentísimo Sr.: A mi llegada á este puerto tuve el honor de dar cuenta á V. E., con fecha 15, de mi viaje.—Consecuente á sus órdenes, adquirí y repartí entre el *Colón* y *Teresa* las 700 toneladas, únicas que he podido adquirir en tierra, al precio exhorbitante de 51 chelines.—También adquirí, en previsión, para poder surtir al *Colón*, *Oquendo* y *Vizcaya*, el aceite de máquinas que he podido encontrar (unos 700 litros de oliva y 500 mineral).—A la par gestioné el auxilio de barcazas para el desembarco del carbón del *San Francisco*, obteniéndolas, aunque no en el número que fuera de desear.—El 18, al medio día, entró el *San Francisco*, y el 19, al amanecer, comenzó su descarga.—El Capitán me entregó las instrucciones anunciadas por V. E. Sobre el desembarco de su carbón se suscitó por la Aduana la dificultad de querer cobrar derechos; pero fué solventada por el Gobernador de estas islas, previa consulta telegráfica á su Gobierno.—El 19, á las once de la mañana, fondearon sin novedad el *Oquendo* y el *Vizcaya*; el segundo concurrió á meter carbón en seguida, trabajando de noche. Al *Oquendo*, que tiene unas 200 toneladas más, no fué posible empezar á dárselo hasta la mañana siguiente. Seguirá el aprovisionamiento con toda la rapidez posible.—En los acorazados no ha ocurrido novedad.—En la división de torpederos se han notado pequeños desperfectos en las consolidaciones de las proas del *Terror* y *Furor*, que hemos remediado provisionalmente.—(Al *Plutón* se le hizo este trabajo en Ferrol).—El *Ariete* tiene en mal estado sus calderas; y este torpedero, lejos de ser útil, viene á constituir un estorbo. Sus máquinas están muy delicadas.—Por separado ratifico á V. E. todos los telegramas que desde mi última comunicación le he dirigido.—El estado sanitario de la Escuadra es bueno.—Dios guarde á V. E. muchos años.—A bordo del *Infanta María Teresa*, San Vicente de Cabo Verde 20 de Abril de 1898.—Excmo. Sr.—PASCUAL CERVERA.

EL COMANDANTE GENERAL DE LA ESCUADRA (CERVERA) AL MINISTRO DE MARINA (BERMEJO).

Comandancia General de la Escuadra.—*Estado Mayor.*—Excmo. é Ilustrísimo Sr.: Adjunto tengo el honor de remitir á V. E. I. copia del acta de la reunión de Jefes que por indicación de V. E. convoqué hoy.—La premura del correo no me permite ampliarla como lo haré en el próximo.—Dios guarde á V. E. I. muchos años.—San Vicente (Cabo Verde) 20 de Abril de 1898.—Excmo. Sr.—PASCUAL CERVERA.

ACTA

Reunidos por orden del Excmo. Sr. Comandante General de la Escuadra, bajo su presidencia, á bordo del crucero *Cristóbal Colón*, el segundo Jefe de la misma y Capitanes de Navío con destino en ella, sometió á discusión el Sr. Presidente la siguiente pregunta: «En las circunstancias actuales que atraviesa la Patria, ¿conviene

»que esta Escuadra vaya desde luego á América ó cubra nuestras costas y Canarias, »para desde alli acudir á cualquiera contingencia?» Se cambiaron diversas opiniones para esclarecer las consecuencias de una campaña por nuestra parte en las Antillas, evidenciándose las deficiencias grandes de nuestras fuerzas navales en relación con las del supuesto enemigo, y asi mismo se convino en los escasísimos recursos que actualmente presentan, tanto la isla de Cuba como la de Puerto Rico para servir de base de operaciones.—Tenido esto en consideración, y no ocultándose los inconvenientes graves que á la Nación reportaria un descalabro de nuestra Escuadra en Cuba, por dejar entonces casi impune la venida de la del enemigo sobre la Peninsula é islas adyacentes, se acordó por unanimidad llamar la atención del Gobierno por medio del siguiente telegrama: «*Comandante General de la Escuadra al Minis-* »*tro de Marina:* De acuerdo con segundo Jefe y los Comandantes de los buques, »propongo ir al punto que se indica ó indicará: Canarias. *Ariete* tiene en mal esta- »do calderas, la del *Azor* es muy vieja. *Vizcaya* necesita entrar en dique para pin- »tar fondos si ha de conservar su velocidad. Canarias quedaria libre de un golpe de »mano y todas las fuerzas podrian acudir con toda prontitud en caso necesario á de- »fender la madre patria.» A bordo del crucero *Colón,* 20 de Abril de 1898.—*Pascual Cervera.—José de Paredes.—Juan B. Lazaga.—Emilio Díaz Moreu.— Victor M. Concas.—Antonio Eulate.—Joaquín Bustamante.—Fernando Villaamil.*

EL MINISTRO (BERMEJO) AL ALMIRANTE (CERVERA).—*Cabo Verde.*

Madrid 20 Abril 1898.

«Comisión mixta Cámaras americanas aprobaron intervención armada declarando Cuba ser libre á independiente. Créese firmará hoy Presidente la resolución. Urge alistarse.»

EL ALMIRANTE (CERVERA) AL MINISTRO (BERMEJO).

Cabo Verde 20 Abril 1898.

«Si V. E. aprueba ir Canarias, ruego envie dicho punto en seguida todos los torpedos.»

Reservado.—Excmo. é Iltmo. Sr.: Por la premura del tiempo no pude ayer comentarle el Consejo habido ayer á bordo del *Colón,* limitándome á enviarle copia del acta levantada.— Cerca de cuatro horas duró el Consejo, en el que todos los tonos fueron de la más pura y correcta disciplina, y caracterizados por el espíritu levantado que anima á toda la Escuadra y muy especialmente á estos distinguidos Jefes que tanto honran á España y á la Marina, y que me ha cabido la suerte de tener por compañeros en estas críticas y solemnes circunstancias. El natural impulso de marchar decididamente al enemigo, entregando la vida en holocausto de la Patria, era la primera nota que se dibujaba en todos; pero, al mismo tiempo, el espectro de la Patria abandonada, insultada y pisoteada por el enemigo, orgulloso con nuestra derrota, que no otra cosa puede obtenerse, en definitiva, yendo á buscarlos á su propio terreno, con fuerzas tan inferiores, les hacía ver que tal sacrificio, no sólo sería inútil, sino contraproducente, puesto que entregaba la Patria á un enemigo procáz y orgulloso, y Dios sólo sabe las funestas consecuencias que esto podría tener.—Yo les veía la lucha que sentían, poniendo en frente estas ideas, pues todos mostraban gran repugnancia de no marchar, desde luego, al enemigo, y terminar de una vez; pero, como digo antes, el espectro de la Patria pisoteada por el enemigo, se sobreponía, é inspirándose en ese valor de arrostrar las censuras y, tal vez, el sarcasmo y la acusación de esa masa inconsciente que ignora todo cuanto se refiere á la guerra y en particular á la naval, que cree que el *Alfonso XII* ó el *Cristina* pueden oponerse al *Iowa* ó al *Massachusets*, expresamente declaraban, en tonos muy enérgicos, que el interés de la Patria exigía ese sacrificio de nuestra parte.—Reparo tuvo alguno de los presentes en emitir opinión ninguna, y sólo limitarse á hacer lo que el Gobierno de S. M. se sirviese disponer; pero como eso, todos, absolutamente todos, estamos, no sólo dispuestos á hacerlo, sino que no cabe ni mencionarlo siquiera, pronto cesó en sus escrúpulos; y si menciono esto, es sólo para que V. E. tenga una relación exacta de todo lo ocurrido.—Uno de los Jefes, no por cierto el más exaltado, sino que puede decirse que representa el término medio de la opinión que dominó en el Consejo, ha escrito, por orden mía, sus ideas, y acompaño á V. E. I. copia de su escrito, que dice, mejor que yo pudiera hacerlo, lo que estos Jefes piensan: quítesele algo por algunos, y añádasele bastante por otros en los tonos que lo inspiran, y se tiene exacta idea de lo que piensan estos distinguidos Jefes.—Y creyendo cumplido mi propósito de dar á V. E. I. una nota exacta de lo ocurrido, con lo cual lleno un deber, le reitero la seguridad del excelente espíritu de todos.—Dios etc.—21 de Abril de 1898.—Excmo. é Iltmo. Sr.—PASCUAL CERVERA.—Excelentísimo Sr. Ministro de Marina.

Documento que se cita.

Capitán de Navío D. Víctor M. Concas, Comandante del acorazado *Infanta María Teresa*.—Sobre los asuntos presentados á consulta por el señor Almirante de la Escuadra, en la Junta de guerra celebrada á bordo del acorazado *Cristóbal Colón*, opina: 1.° Que las fuerzas navales de los Estados Unidos son tan inmensamente superiores á las nuestras en número y clase de buques, blindaje y artillería y en preparativos hechos, y estando en tan ventajosa situación por la insurrección de Cuba, la posible de Puerto Rico y la aun latente de Oriente, que tienen elementos suficientes para atacarnos en las Antillas, en la Península y sus islas y en Filipinas, y puesto que no se ha atendido á aquel Archipiélago, que era quizás lo más urgente para limitar nuestro campo vulnerable; y lo que se hubiera conseguido con un solo acorazado, hoy, todo lo que sea dividir nuestras fuerzas, siendo, como son, tan contadas, y apartarse de los mares de Europa, envuelve un error estratégico, que traería la guerra á la Península, con un desastre espantoso en nuestras costas, pago de enormes rescates y quizás pérdida de alguna isla.—Apenas se inicie la salida de esta Escuadra para las Antillas, es de indiscutible evidencia, pues ya se ha iniciado más de una vez, que la Escuadra volante americana saldrá para Europa; y aunque no se propusiera más que una razzia ó una demostración contra nuestro litoral, la justa alarma de toda España traería el regreso obligado de esta Escuadra, que forzosamente llegaría cuando ya el enemigo hubiera sacado todo el fruto de su impune victoria.—Los únicos tres buques de guerra que quedan para la defensa de la Península, el *Carlos V*, el *Pelayo*, cuyas reformas no están terminadas, y el *Alfonso XIII*, de escasísimo andar y éste sin garantía, no bastan para la defensa de la costa de España y de ningún modo para Canarias: sin que agreguen ninguna fuerza militar á nuestra Armada, ni el yate *Giralda*, ni los vapores *Germania* y *Normania*, cuya adquisición se ha notificado oficialmente, buques de ninguna utilidad para el combate.— 2.º El plan de defender la isla de Puerto Rico, abandonando á la de Cuba á su suerte, es de todo punto irrealizable, pues si la Escuadra americana destroza de propósito una ciudad de la última isla, á pesar de todos los planes del Gobierno sobre esta materia, y así fuera el mayor disparate, el Gobierno mismo se verá obligado, por la opinión en masa, á lanzar esta Escuadra contra la americana, en las condiciones y en el sitio que á ésta le plazca escoger.—3.º Aun suponiendo que se hubiera resuelto la defensa de Puerto Rico, como única, la travesía, hoy, después de declarada la guerra de hecho, sin un puerto militar donde reorganizarse á la llegada, y sin una Escuadra nuestra que distraiga á la del enemigo, que se supone hará á San Thomas su base de operaciones, es un error estratégico, tanto más deplorable, cuando se ha dispuesto de meses y aun de años para acumular en las Antillas las fuerzas necesarias. Lo que parece probable, de las noticias adquiridas, es que los recursos acumulados en San Thomas deben ser para hacer el enemigo su base de operaciones en las cercanías de nuestras indefensas Vieques; todo lo que constituye una responsabilidad en el viaje, que debe quedar toda al Gobierno de S. M.—4.º Reunidos estos tres acorazados, y el *Cristóbal Colón* sin sus cañones de romper, á los dos que quedan en la Península y á los pocos y viejos torpederos que nos restan, se puede defender nuestro litoral desde el Guadiana á Cabo Creus, con las Baleares y Canarias, gracias á la distancia del enemigo de su base de operaciones, pero defensa que será seguramente encarnizada si el enemigo acumula aquí sus buques más modernos; pero sin que sea posible evitar que las costas de Galicia y del Norte de España sufran más ó menos, si el enemigo trae consigo una división ligera, ni aun ataques de horas en las mismas costas protegidas, pues los buques son muy pocos para dividirlos.— 5.º Sensible es que no haya buques suficientes para atender á todas las necesidades, pero el deber y el verdadero patriotismo obligan á presentar, frente á frente, los recursos que nos dió el país y las necesidades que las circunstancias acumulan sobre la patria en peligro.—6.º Por último, opina: Que, con el mayor respeto, debe someterse la situación militar al Sr. Ministro de Marina, reiterando la más profunda subordinación á las órdenes que comunique, y el firme propósito de realizar, con la mayor energía, los planes de operaciones que dicte á estas fuerzas, con completa abstracción de las consecuencias, que, una vez hechas presentes, quedan al cargo y responsabilidad del Gobierno de S. M.—San Vicente de Cabo Verde 20 de Abril de 1898.—VÍCTOR M. CONCAS.

EL MINISTRO (BERMEJO) AL ALMIRANTE (CERVERA).—*Cabo Verde.*

Madrid 21 Abril 1898.

«Torpedero *Ariete* puede regresar á España remolcado por *San Francisco*. Déle instrucciones que considere conducentes.»

EL ALMIRANTE (CERVERA) AL MINISTRO (BERMEJO).

Cabo Verde 21 Abril 1898.

«Mientras más medito, es mi convicción (1) que continuar viaje á Puerto Rico será desastroso. Para Canarias podrá salirse mañana. El carbón se embarca despacio, porque hay escasez de medios. Los Comandantes de los buques tienen igual opinión y algunos más enérgica que yo. Necesito instrucciones.»

EL MINISTRO (BERMEJO) AL ALMIRANTE (CERVERA).—*Cabo Verde.*

Madrid 21 Abril 1898.

«Como Canarias está perfectamente asegurada y conoce V. E. telegramas de Washington sobre salida próxima de Escuadra volante, salga con todas las fuerzas

---

(1) Este es el texto en el impreso aludido; pero el texto real que envié desde Cabo Verde, dice: «Mientras más medito, *mayor* es mi convicción, etc. (Sigue igual.)»

para proteger isla Puerto Rico que está amenazada, siguiendo la derrota que V. E. se trace, teniendo presente la amplitud que las instrucciones le conceden y que le renuevo. La frase «*salgo para el Norte*» me indicará su salida, debiendo ser absoluta la reserva sobre sus movimientos.» (1)

El Almirante (Cervera) al Ministro (Bermejo).

Cabo Verde 22 Abril 1898.

«He recibido telegrama cifrado referente á *Ariete; San Francisco* tardará lo menos cinco días en hacer el alijo del carbón.—Por la razón de que el *Ariete* puede cooperar á la defensa de Canarias, suplico á V. E. repita la orden de que vuelva á España. Sus calderas no pueden resistir navegaciones largas, pero están útiles para defensa local.—Reitero mis telegramas cifrados sobre destino ulterior Escuadra.»

El General en Jefe (Blanco) al M. de la Guerra (Correa).

Habana 22 Abril 1898.

«(**Entre otras cosas**).—Espíritu público muy levantado; reina verdadero entusiasmo en todas clases, pero no debo ocultar á V. E. que cuando se convenzan de que no viene nuestra Escuadra, el decaimiento será grande y es posible se verifique una reacción desagradable. Ruego á V. E. me diga si puedo infundirles alguna esperanza más ó menos inmediata llegada Escuadra.»

El Ministro (Bermejo) al Almirante (Cervera).—*Cabo Verde.*

Madrid 22 Abril 1898.

«El Gobierno pregunta incesantemente por su salida. Es muy urgente la verifique cuanto antes, advirtiéndole que *Ariete* debe ser remolcado á Canarias por *San Francisco.*»

El Almirante (Cervera) al Ministro (Bermejo).

Cabo Verde 22 Abril 1898.

«He recibido telegrama cifrado con la orden de seguir para Puerto Rico. A pesar de persistir en mi opinión, que es opinión general de los Comandantes de los

---

(1) A este telegrama se le ha suprimido en el impreso la última parte, que dice así: «*La Nación, en estos momentos supremos en que se declara la guerra, acompaña á esa Escuadra en expedición y la saluda con entusiasmo.*»

buques, haré todo lo que pueda para avivar la salida, rechazando la responsabilidad de las consecuencias.» (1)

El Almirante (Cervera) al Ministro (Bermejo).

Cabo Verde 22 Abril 1898.

«No tengo conocimiento situación de los buques enemigos, ni en qué se funda lo que dicen las instrucciones. Suplico á V. E. que me mande cuantas noticias pueda.»

El Almirante (Cervera) al Ministro (Bermejo).

Cabo Verde 22 Abril 1898.

«Oficialmente no se sabe si se ha declarado la guerra, y es de absoluta necesidad saberlo para tratar como enemiga á la bandera americana.»

El Ministro (Bermejo) al Almirante (Cervera).

Madrid 22 Abril 1898.

«Si hubiera estado declarada la guerra, se lo hubiera comunicado; pero existe de hecho el estado de guerra, pues la Escuadra americana empezará mañana bloqueo Cuba.—Los buques de la Escuadra volante, de que hablé á V. E. sin tener después más noticias, son los que deben bloquear á Puerto Rico y no han salido aún de Hampton-Roads. El fundamento de las instrucciones es encomendar á V. E. la defensa marítima de Puerto Rico.—No se han recibido hoy noticias especiales que comunicarle.

El Almirante (Cervera) al Ministro (Bermejo).

Cabo Verde 22 Abril 1898.

«Necesito instrucciones precisas á las que poder arreglar mi conducta en el caso de no estar declarada oficialmente la guerra á la salida.»

---

(1) A este telegrama falta en el impreso la última parte, que dice así: «*Agradecemos saludo Nación, cuya prosperidad es nuestro único anhelo y á nombre de todos manifiesto nuestro profundo amor á la Patria.*»

El Ministro (Bermejo) al Almirante (Cervera).—*Cabo Verde.*

Madrid 22 Abril 1898.

«Recibido su segundo telegrama. No puedo darle instrucciones más concretas que las que tiene, dejándole en libertad para la derrota que ha de seguir, burlando, si es posible, el encuentro de la flota enemiga para arribar á cualquier punto de la isla de Puerto Rico. El *Ciudad de Cádiz* le acompañará con todo el carbón posible.»

San Vicente (Cabo Verde) 22 Abril 1898.—Excelentísimo Sr. D. Segismundo Bermejo.—Mi querido General y amigo: Aun no he contestado su carta del 7, que me trajo el *San Francisco,* porque aun cuando después le he escrito, no la tenía á la vista.—La sorpresa y estupor que ha causado á todos estos Comandantes la orden de marchar á Puerto Rico, es imposible de pintar, y en verdad, tienen razón, porque de esta expedición no se puede esperar más que la destrucción total de la Escuadra, ó su vuelta atropellada y desmoralizada, cuando aquí, en España, podría ser la salvaguardia de la Patria.—Es un error creer que las Canarias están seguras, lo cual sólo es verdad si se refiere ese aserto á Santa Cruz, Las Palmas y algún otro lugar; pero ¿lo está la isla Graciosa, por ejemplo? Pues si los yankees se apoderan de ella y fortifican el puerto del río, obtienen una base de operaciones, para las que hagan contra España, y seguramente no serán los batallones quienes los echen de allí. Eso es imposible (ahora al menos) con la Escuadra en Canarias, pero será inevitable con la Escuadra destruída.—Habla V. de planes; y por más que he hecho para que se formaran como era juicioso y prudente, no he obtenido la menor satisfacción á mis deseos, hasta el punto que si hubiesen sido otras las circunstancias, habría pedido mi pase á la Reserva, como lo pediré (si Dios me saca con vida de ésta) el día en que haya pasado el peligro. Aun lo pediría hoy, sin importárseme un bledo que me tacharan de cobarde, si ese paso mío no produjera en la Escuadra el deplorable efecto de una deserción de su Almirante al frente del enemigo.—¡Que me ha facilitado cuanto he pedido! El *Colón* no tiene sus cañones gruesos, y yo pedí los malos, si no había otros; las municiones de 14 cm. son malas, menos unos 300 tiros; no se han cambiado los cañones defectuosos del *Vizcaya* y *Oquendo;* no hay medio de recargar los casquillos del *Colón;* no tenemos un torpedo Bustamante; no hay plan ni concierto que tanto he deseado y propuesto en vano; la consolidación del servomotor de estos buques, sólo ha sido hecha en el *Teresa* y el *Vizcaya,* cuando han estado fuera de España; en fin, esto es un desastre ya, y es de temer que lo sea pavoroso dentro de poco. ¡Y quizás todo podría aun cambiar! Pero presumo que ya es tarde para nada que no sea la ruína y desolación de la Patria.—Comprendo que tenga V. la conciencia tranquila, como me dice en su carta, porque V. es una persona buena á carta cabal; pero reflexione V. en lo que le digo, ¡y verá cuánta razón tengo!—Reuní mis Capitanes, como V. me indicaba, y el extracto de lo que opinaron fué por telégrafo, así como después, de oficio, envié copia del acta, y por este correo va un oficio que la comenta. Nada tengo que añadir.—El *Vizcaya* no anda nada ya, y es un grano que le ha salido á la Escuadra.—Y no lo molesto más; considero ya el acto consumado, y veré la mejor manera de salir de este callejón sin salida.—Que le vaya á usted bien, etc.—PASCUAL CERVERA.

EL ALMIRANTE (CERVERA) AL MINISTRO (BERMEJO).

Cabo Verde 22 Abril 1898.

«Suplico á V. E. que me permita insistir en lo desastrosas que conceptúo las consecuencias de nuestro viaje á América para el porvenir de la Patria. Asi opinan todos estos hombres de honor. Suplico á V. E. que lea este telegrama, asi como toda mi correspondencia oficial y confidencial al Presidente del Consejo para tranquilidad de mi conciencia.»

EL MINISTRO (BERMEJO) AL ALMIRANTE (CERVERA).

Madrid 22 Abril 1898.—6 tarde.

«Por efecto fuerzas flexión dos golpes mar *Audaz* desde segundo mamparo dobló proa ángulo recto babor. Se le avisa para que refuerce V. en lo posible proas destroyers.»

El Ministro (Bermejo) al Almirante (Cervera).

(Estación Palacio).—Madrid 23 Abril 1898.—Medio día.

«Reuno Junta Generales.—Aguarde su resolución. Dígame si están armados torpederos inmediatamente.»

El Almirante (Cervera) al Ministro (Bermejo).

Cabo Verde 23 Abril 1898.

«Es conveniente que en puertos principales Antillas, donde estos buques pudieran arribar, haya agentes de confianza para darme noticias auténticas y tener créditos abiertos.»

El Almirante (Cervera) al Ministro (Bermejo).

Cabo Verde 23 Abril 1898.

«Recibido telegrama cifrado ayer tarde.—Se trabaja durante la noche llenar las carboneras; ya dije faltan recursos para ello. Aun quedan 800 toneladas y tardaré tres días.—Antes salida necesito conocer si se ha declarado la guerra.»

El Almirante (Cervera) al Ministro (Bermejo).

Cabo Verde 23 Abril 1898.

«Torpederos listos para batirse; destructores también, salvo cañones de 75; en su lugar llevan carbón. Pueden montarlos en breves horas.»

ACTA

de la Junta de Generales de la Armada, celebrada en el Ministerio de Marina, bajo la presidencia del señor Ministro del Ramo, Contraalmirante D. Segismundo Bermejo, el día 23 de Abril de 1898.

Asisten el señor Almirante D. Guillermo Chacón y Maldonado; los Vicealmirantes D. Carlos Valcárcel, D. José M.ª Beránger, D. Eduardo Butler y D. Fernando Martínez; los Contraalmirantes D. Manuel Pasquín, D. José Navarro, D. Antonio de la Rocha, D. Ismael Warleta, D. Manuel Mozo, D. Manuel de la Cámara, Don Eduardo Reinoso y D. José de Guzmán, y los Capitanes de Navío de primera clase D. José Gómez Imaz, D. Antonio Terry, D. Joaquín Lazaga, D. Joaquín Cincúnegui y D. Ramón Auñón.

Abierta la sesión á las tres de la tarde, expone:

El señor Ministro la situación en que el país se encuentra ante el estado de guerra con los Estados Unidos del Norte de América, la distribución y estado de nuestros buques y las noticias que tiene de los enemigos, y lee las instrucciones que dió al Almirante de nuestra Escuadra para su salida de Cádiz, instrucciones que no recibió hasta llegar á Cabo Verde por haberse apresurado dicha salida en virtud de órdenes telegráficas posteriores.

El Sr. Beránger dice que si la explicación hecha por el señor Ministro, no tiene otro objeto que informarnos de lo ocurrido, lo agradece y se da por enterado; pero si es para pedirle parecer sobre lo hecho, debe abstenerse de exponer aquello en que no está conforme, por respetos de disciplina, reservándose su libertad para juzgarlo donde tenga derecho á hacerlo.

El señor Ministro contesta que hasta ahora no ha hecho más que exponer la situación; pero que conocida ésta, ruega á los Generales de la Armada que le ayuden con su consejo acerca de lo que estimen más conveniente para el plan de campaña que ha de seguirse.

El Sr. Pasquín dice que sin menoscabo de la disciplina pueden los concurrentes exponer sus opiniones, puesto que para ello han sido convocados, que la cuestión más que técnica es de Gobierno, y á éste compete formar los planes de campaña; que esto no obsta para que si el señor Ministro quiere darlo á conocer, cada uno exponga su opinión; pero que antes de hacerlo, importa saber si es el Gobierno quien nos convoca como Junta de guerra ó es sólo el compañero quien nos invita á exponer nuestras opiniones particulares, porque en el primer caso, cada cual es responsable de las que emita, y en el segundo no tienen otro valor que el de consejos de amigo; y que, de todos modos, habiendo sido convocados sin expresar el objeto, no ha podido traerse ninguna preparación para exponer planes de la importancia y gravedad del que se nos pide.

El señor Ministro expone que el plan que tiene el Gobierno era enviar la Escuadra que está en Cabo Verde juntamente con la primera división de torpederos á Puerto Rico, y confiar á su Almirante la defensa de aquella isla que considera más expuesta á los ataques de los enemigos, por estar menos artillada, ser de costa más abierta y estar menos guarnecida para el caso de un levantamiento; que á la vez pensaba conservar en España los demás buques disponibles para enviarlos en momento oportuno adonde fuere necesario; pero que las instrucciones dadas al Almirante y recibidas en Cabo Verde no habían llegado á cumplirse por haber hecho éste observaciones en contra de aquel plan, que no estima acertado.

Suscítase un breve incidente entre los señores *Beránger* y *Butler*, sosteniendo el primero la posibilidad de que ciertas manifestaciones, á que atribuye gravedad, trasciendan al exterior, y afirmando el segundo, que la seriedad de los concurrentes asegura por completo la reserva de lo que se discuta.

El Sr. Chacón pregunta si la Escuadra tiene ya la orden de salir de Cabo Verde, como de público se dice, pues si la salida se ha verificado no hay para qué discutirla.

El señor Ministro contesta que se dió la orden de salida, pero no se ha verificado aún, porque las observaciones del Almirante, reforzadas con el parecer de los Comandantes de los buques, son para él motivo de meditación, y no la ha reiterado después de aquéllas, porque cree conveniente darlas á conocer al señor Presidente del Consejo.

El Sr. Beránger dice que desea que conste que se nos consulta después de rotas las hostilidades y que ya no es hora de pedir consejo; que nunca hubiera aconsejado la reunión de la Escuadra en Cabo Verde, ni la constitución de la escuadrilla de buques heterogéneos, en que los unos entorpecen la marcha de los otros é imposibilita á los destroyers de realizar lo que hubieran podido hacer solos; que hubiera preferido á la reunión de una Escuadra relativamente numerosa, dejar á los buques sueltos ó en pequeñas divisiones que obrasen con mayor libertad para buscar ó rehuir los combates, según su conveniencia; que ya no podía pensarse en retroceder, pero que el avance á Puerto Rico podía hacerse reunidos ó subdivididos y con diversas derrotas y aun enviar alguna fuerza á las Bermudas para obligar al enemigo á dividir las suyas; que cualquiera que fuese el plan adoptado, abrigaba la esperanza de que triunfaríamos por la bondad de nuestros buques, la pericia de los que los dirigen y el valor de sus tripulaciones, citando, en corroboración de su creencia, el hecho de que durante la guerra de la independencia de los Estados Unidos, se dió el caso de que once navíos ingleses después de 42 días de bloqueo, hostilizados constantemente por lanchas cañoneras tripuladas por hombres de corazón, tuvieron que volverse á Inglaterra sin haber logrado su propósito.

El señor Ministro contesta que la formación de la escuadrilla se hizo en plena paz y con tiempo sobrado para llegar á Puerto Rico, no entrando en los planes del Gobierno su arribada á Cabo Verde, debido á causas posteriores y lamentables.

El Sr. Gómez Imaz dice que no conviene perder el tiempo en discutir lo sucedido ni lo que debió suceder, sino adoptar una resolución sobre lo que ha de hacer la Escuadra, de hoy en adelante.

El Sr. Mozo dice que cuando el Jueves Santo, 6 de Abril, convocó el señor Ministro á los Generales del Ministerio con un objeto análogo al presente, la mayoría opinó por la concentración en Cabo Verde; que él continuaba opinando que debían acumularse todas las fuerzas posibles, verificando la concentración en un puerto de Canarias; que la guerra había que hacerla en una defensiva activa con todos los recursos que pudieran facilitarse al Almirante de la Escuadra, ya que á él habían de dirigirse después todas las responsabilidades.

El Sr. Beránger dice que su opinión es diametralmente opuesta á la del señor Mozo, porque un encuentro desgraciado yendo la Escuadra reunida, sería nuestra ruina; que nunca debió verificarse la reunión en un puerto extranjero, y que ya que lo estaba, debía salir inmediatamente para las Antillas con los destroyers, dejando los torpederos en Cabo Verde para que regresen á Canarias.

El señor Ministro dice que considera importante para la discusión dar á conocer el último telegrama recibido del Gobernador General de Cuba, manifestando que todos los españoles de aquella isla estaban animados del mejor espíritu para la resistencia; pero que esto dependía en gran parte de la esperanza que abrigaban del pronto regreso de la Escuadra á aquellas aguas, y que si ésta se hacia esperar ó se perdía esta esperanza, podía perderse á la vez el espíritu que animaba á la población española.

El Sr. Auñón dice que aun siendo el último de los concurrentes y el que menos luz podía aportar á la discusión, creía conveniente tomar parte en ella, más que para trazar planes de campaña que no podían hacerse sin la previa posesión de más datos que los aportados hasta entonces al debate, para encauzar éste á fin de que produjera algún resultado práctico y puntualizar el valor de las opiniones que se emitieran; que las primeras manifestaciones del señor Ministro tenían dos partes: la exposición de lo ocurrido hasta ahora, y la demanda de un consejo para el porvenir; que respecto á lo primero coincidía con el Sr. Beránger en creer que no habiendo sido consultados sobre lo que ya estaba hecho, ni pudiendo remediarlo, aunque nos pareciese mal, no había que hacer sino partir del momento actual, examinar serenamente el porvenir, y no negar nuestro consejo al Ministro ni al compañero que nos lo pedía, que harto necesitaba, cualquiera que ocupase aquel puesto en los momentos actuales, consejeros que alentasen sus energías y confortasen su espíritu para llegar al término de la jornada, que sería la ocasión de que cada cual pidiese explicaciones y exigiese responsabilidades en la forma y lugar á que tuviere derecho; que en cuanto á formar planes de campaña, aun partiendo de base forzada, y bajo el apremio de las circunstancias á que habíamos llegado, declaraba que no era empresa fácil, sin tener á la vista todos aquellos antecedentes que son indispensables para formar juicio de las posibles eventualidades, sin que pudiera tomarse como base el conocimiento superficial de las noticias, tantas veces erróneas, de la prensa; que al efecto, invitaba al señor Ministro á que expusiese el estado de aprovisionamiento de los buques que componían el núcleo reunido en Cabo Verde, y el tiempo necesario para que los que aun estaban en la Península, pudiesen entrar en campaña en regulares condiciones; que respecto á las instrucciones que hubiesen de darse al Almirante, estimaba que no debían ser concretas, sino respecto al objetivo que el Gobierno se proponía, dejándole amplia libertad para desarrollarlo, según lo aconsejaran las circunstancias del momento, porque las instrucciones que se diesen para cumplirlas quince días después y á dos mil leguas del centro directivo, ofrecían el inconveniente de tener que someterse forzosa é inoportunamente á ellas, ó tener que infringirlas, dejando al éxito que decidiese, si el que de tal manera procedía había de ser aclamado como héroe ó procesado como desobediente; y, por último, que ante la gravedad de las circunstancias, exhortaba si necesario era, á los respetables Almirantes y compañeros, á que con calma, sin pasión, haciendo por ahora abstracción de lo pasado, examinaran el porvenir y prestaran el concurso de sus luces en bien de la Patria y en auxilio de nuestros compañeros, sobre quienes estaba fija en estos momentos la atención del país, no bastante ilustrado sobre las verdaderas condiciones en que la fatalidad los lanzaba á los azares de una guerra tan desigual, en cuanto á los recursos materiales.

El señor Ministro agradece los sentimiéntos que han inspirado las palabras del señor Auñón, y ofrece poner de manifiesto cuantos datos se consideren necesarios para fundar sobre ellos opinión respecto al porvenir. Dice que los dos acorazados que vinieron de Puerto Rico traian cuarenta y cinco dias de viveres, y los que fueron de España treinta; que les habia enviado 2.000 toneladas de carbón en un trasatlántico y ordenado al Almirante que se repostase en Cabo Verde de todo lo que necesitara, y que, por consiguiente, consideraba á los cuatro acorazados en perfectas condiciones para emprender campaña de mar; que los tres destroyers estaban en iguales condiciones, y de los torpederos sólo dos podrian hacerse á la mar, porque el *Ariete* habia llegado con las calderas inútiles; que el *Carlos V* no podia quedar habilitado por completo hasta los primeros dias de Mayo, y el *Pelayo* lo estaría antes y el *Alfonso XIII* lo estaba; pero que el *Carlos V* tenia en viaje buena parte del repuesto de municiones, sin que pudiera precisarse cuando las recibiria; el *Pelayo* tenia un radio de acción tan limitado, que apenas podia ir con desahogo de Canarias á Puerto Rico, y el *Alfonso XIII* tenia tan escasa velocidad, que podia ser una rémora para los movimientos de la Escuadra. En cuanto á la *Vitoria*, no la consideraba buque de Escuadra por su escasa marcha, y la *Numancia*, aunque vendria pronto á los puertos de España, no traia concluidas las obras de reforma, á consecuencia de las huelgas, que las tuvieron paralizadas.

El Sr. Pasquín pide que se lean las comunicaciones del Almirante de la Escuadra en que razona los riesgos que prevé en la expedición á Puerto Rico.

El señor Ministro da lectura á un cablegrama del Almirante en que manifiesta su deseo de que conste su opinión y la de los Comandantes de los buques de que la recalada á Puerto Rico puede determinar un desastre para el porvenir de la Patria; pero que, obediente al mandato, activa todos los preparativos para ponerlo por obra en el momento que se le ordene. Lee, además, su contestación, en que le dice que somete la resolución á una Junta de Generales de la Armada.

El Sr. Beránger manifiesta que el telegrama leido por el señor Ministro era de tanta gravedad, que, en su concepto, no hubiera debido leerse, y que después de conocido, insistía en que la Escuadra que se halla en Cabo Verde debia salir inmediatamente para las Antillas, cualesquiera que fuesen los azares de guerra que pudiera correr, de la propia manera que lo hizo Tegetof cuando se le ordenó atacar á una Escuadra superior austriaca en Lisa.

El Sr. Lazaga dice que él se ha preocupado de los planes de campaña y que, bueno ó malo, somete el suyo á la consideración de todos; que en un principio fué partidario de la diseminación, pero que después de conocido el cablegrama del Gobernador General, ha modificado su opinión; que el *Carlos V* debe salir inmediatamente para reunirse á la Escuadra, llevando á bordo los operarios que se ocupan en la instalación eléctrica para el movimiento de las torres: el *Pelayo* debe terminar su habilitación trabajando dia y noche y adquiriendo, sin trabas, cuanto sea necesario; reunido en Cádiz con el *Alfonso XIII* y los dos destroyers que hay en España, deben salir en busca de la Escuadra, fijando previamente un punto geográfico cien millas al O. de Cabo Verde, y unidas todas las fuerzas seguir á Puerto Rico, librar á su vista un combate en regulares condiciones, continuar por el S. de Santo Domingo y Cuba y aparecer sobre la Habana por el O. para tomar puerto en ella ó librar nuevo combate, si así conviene, con las fuerzas bloqueadoras; los torpederos deben regresar á Canarias ó á España con los trasatlánticos; los cruceros *Patriota* y *Rápido* deben ser destacados á las Bermudas para distraer hacia aquella parte algunas fuerzas enemigas y dañar á su comercio.

El Sr. Cincúnegui opina que obligar á la Escuadra á permanecer en Cabo Verde ó en la mar hasta la llegada de los buques que han de reunirse en Cádiz, sería aplazar demasiado la presentación de nuestras fuerzas navales en Cuba; pero que puede enviarse desde luego la Escuadra que está en Cabo Verde á las Antillas y poco después la de España á las costas de los Estados Unidos para producir la alarma, atraer fuerzas en aquella dirección y acaso realizar alguna operación atrevida sobre las poblaciones enemigas. Agrega, que la salida de Cabo Verde es una operación imprescindible, porque de permanecer allí más tiempo, no tardaría en ser invitada á abandonar el archipiélago por el Gobierno portugués, en virtud de los deberes de neutralidad.

El señor Ministro objeta que para las operaciones sobre la costa de los Estados Unidos es un elemento importante la velocidad; que el *Alfonso XIII* la tiene muy escasa, el *Pelayo* tiene poco radio de acción, y ni éste ni el *Carlos V* pueden, por razón del calado, entrar á repostarse en Puerto Rico.

El Sr. Butler manifiesta que estando conforme con la necesidad de que la Escuadra salga pronto de Cabo Verde, cree que debiera anunciársele el propósito del Gobierno de reforzarla con los buques que quedan en España, á fin de infundirles alientos en la difícil empresa que van á acometer; que al General deben dársele facultades para que obre según las circunstancias, porque si bien considera necesario que salgan para las Antillas, no deben ser llevados á un inútil sacrificio, que sería aun mayor por no tener en Puerto Rico los recursos necesarios para la reparación de averías.

El señor Almirante Chacón expone la dificultad de concertar opiniones tan diversas; afirma que todas ellas no pueden tener otro carácter que el de consejos y nunca el de preceptos; cree que la opinión pública padece grave error al apreciar el valor ó eficacia de nuestra Escuadra, pero que, aun así, es necesario satisfacerla en cuanto tenga de razonable; que estima necesaria la salida de Cabo Verde, no sólo por las consideraciones que se deducen del cablegrama del Gobernador General de Cuba, sino por la expuesta por el Sr. Cincúnegui de no poder permanecer más tiempo en un puerto neutral; que siendo práctico calcular de diez á quince días el tiempo necesario para el alistamiento de los buques que quedan en España, no puede diferirse por tanto tiempo la salida de la Escuadra de Cabo Verde, y, por consiguiente, debe dirigirse desde luego á las Antillas, aun á riesgo de tener que arrostrar las consecuencias de un encuentro desgraciado; que si la Escuadra que bloquea á Puerto Rico se retira ó es vencida, allí puede esperar la nuestra el refuerzo que se le envíe para continuar á Cuba. Respecto á las operaciones del porvenir, es aventurado cuanto se diga sin conocer el resultado de las primeras.

El Sr. *Valcárcel* dijo que, en vista de las circunstancias y de la gravedad de la cuestión, entendía que la Escuadra que se halla en Cabo Verde, debe salir para las Antillas, no creyendo que deba esperarse á reforzarla con los buques que en España se alistan, porque, según lo manifestado por el señor Ministro, necesitarán algunos días para emprender la marcha.

El Sr. *Auñón* expone su deseo de hacer constar que, como la primera vez que el señor Ministro habló de las opiniones manifestadas por el Almirante de la Escuadra no dió lectura completa del cablegrama, pudo hacer mala impresión entre los presentes; pero que de su texto íntegro se deducía con toda claridad que el señor Cervera había procedido correctamente al exponer su parecer, al propio tiempo que manifestaba hallarse pronto á cumplir con toda diligencia aquello mismo que en su conciencia creía perjudicial para el curso de las operaciones; que su manifestación no podía tener otro alcance que dejar consignada su opinión, previendo, acaso, que su muerte posible, y sin duda gloriosa, hiciera para siempre desconocida la que él consideraba previsora advertencia. Que respecto á la contestación que le había dado el señor Ministro, creía conveniente llamar la atención sobre la frase *someto á la resolución de una Junta*, pues la Junta no podía ni debía tomar resoluciones, sino, á lo sumo, dar consejos, dejando por completo al Gobierno el deber de dictar resoluciones y aceptar la responsabilidad de ellas, ya fuesen ó no acordes con el consejo recibido.

El Sr. *Gómez Imaz* insiste en su parecer de que se procure la reunión de las Escuadras antes de exponerlas á un encuentro, porque el perjuicio del retardo de diez días, no es tan grande como el de un posible desastre.

El señor *Ministro* considerando el asunto bastante debatido, propuso que cada cual concretase su parecer, no en forma de voto para tomar acuerdos ni resoluciones, que en efecto correspondían al Gobierno, sino para condensar opiniones y poder apreciar cual era la dominante entre las diversas que se habían manifestado.

Procedióse á lo propuesto por el señor Ministro, dando por resultado el resumen que á continuación se expresa:

RESUMEN

de las opiniones emitidas por los Generales de la Armada acerca de la pregunta que con carácter de consulta les formuló el señor Ministro de Marina el día 23 de Abril de 1898, después de exponer la situación de nuestras fuerzas navales y los últimos cablegramas del Gobernador General de Cuba y del Comandante General de la Escuadra que se halla en Cabo Verde.

Pregunta.

Partiendo del estado actual de la guerra y de la situación de nuestras fuerzas navales en Europa y Cabo Verde, ¿qué movimiento deberá ordenárseles?

Contestaciones por orden de moderno á antiguo.

Don Ramón Auñón y Villalón, Capitán de Navio de primera clase.—Los cuatro acorazados y los tres destroyers que se encuentran en Cabo Verde, deben salir inmediatamente para el mar de las Antillas y significando á su Almirante la mayor necesidad de defensa en que se halla la isla de Puerto Rico, debe dejársele en completa libertad de acción respecto á la derrota y recalada, y á los casos y circunstancias en que debe empeñar ó evitar combates, según el estado de abastecimiento en que lleguen, la importancia de las fuerzas enemigas que encuentre y las noticias que pueda adquirir ó puedan comunicársele antes de su arribo. Los tres torpederos que están en Cabo Verde, deben regresar á Canarias cuando y como les sea posible, en condiciones de relativa seguridad.—Los buques *Pelayo, Carlos V, Alfonso XIII, Vitoria, Patriota* y *Rápido*, los destroyers que se hallan en Europa y los demás buques utilizables para la guerra que puedan adquirirse ó habilitarse, deben concentrarse en Cádiz y terminar rápidamente su habilitación, usando de todos los recursos extraordinarios que conduzcan á este fin, pero su ulterior destino no debe determinarse *á priori*, sino con presencia de las circunstancias en que se halle la guerra en la fecha en que su habilitación termine.

Don Joaquín Cincúnegui y Marco, Capitán de Navio de primera clase.—Opina lo mismo que el Sr. Auñón, agregando que convendría enviar simultáneamente á las costas de los Estados Unidos los cruceros *Patriota* y *Rápido* para sembrar la alarma, llamar la atención del enemigo sobre otros puntos, obligarle á dividir sus fuerzas y preparar la recalada de nuestra Escuadra en condiciones más favorables.

Don Joaquín Lazaga y Garay, Capitán de Navio de primera clase.—Mantiene la opinión que ha sustentado en el curso del debate; pero si á pesar de ella, prevaleciese la de la salida inmediata de la Escuadra de Cabo Verde, deben incorporársele á lo menos el *Alfonso XIII* y los destroyers que están en España y verificarse simultáneamente la excursión de los cruceros *Patriota* y *Rápido* á las costas de los Estados Unidos, si se hallan en estado de verificarla.

Don Antonio Terry y Rivas, Capitán de Navio de primera clase.—Opina lo mismo que el Sr. Auñón.

Don José Gómez Imaz, Capitán de Navio de primera clase.—Presentó por escrito su voto que dice así: «Que la Escuadra reconcentrada en Cabo Verde no debía salir inmediatamente, sino cuando estuviesen listos el *Carlos V*, el *Pelayo* y los demás barcos de que se pudiese disponer, á fin de reforzarla, bien directamente ó mejor con movimientos estratégicos (un algo parecido á lo manifestado por el General Lazaga) para que el combate, ineludible, fuese ó tuviese lugar en las condiciones más favorables para nosotros; que reunidas las fuerzas, el General Cervera obraría entonces con la libertad de acción correspondiente á un Almirante.»

Don José Guzmán y Galtier, Contraalmirante.—Opina como el Sr. Auñón.

Don Eduardo Reinoso y Diez de Tejada, Contraalmirante.—Opina como el señor Auñón.

Don Manuel de la Cámara y Libermoore, Contraalmirante.—Opina como el señor Auñón.

Don Manuel Mozo y Diez-Robles, Contraalmirante.—Formuló por escrito su voto ó parecer que es el siguiente: «Si el Gobierno de S. M., por razones de interés supremo de la Patria, entiende que la Escuadra debe salir inmediatamente para Puerto Rico, el General que suscribe también lo cree. De otro modo opina que dicha Escuadra debe ser reforzada, porque tiene la misma convicción del desastre que prevé su Almirante, y ese desastre, á la vista ó no de Puerto Rico, no habrá de contribuir seguramente á levantar el espíritu de los habitantes de aquella isla ni de los de Cuba.»

Don Ismael Warleta y Ordovas, Contraalmirante.—Opina como el Sr. Auñón.

Don Antonio de la Rocha y Aranda, Contraalmirante.—Opina como el señor Auñón.

Don José Navarro y Fernández, Contraalmirante.—Opina como el Sr. Auñón.

Don Manuel Pasquín y de Juan, Contraalmirante.— Opina como el señor Auñón.

Don Fernando Martínez de Espinosa, Viccalmirante.—Opina como el señor Auñón.

Don Eduardo Butler y Anguita, Vicealmifante.—Los cuatro acorazados y los tres destroyers que están en Cabo Verde deben salir inmediatamente para las Antillas con instrucciones de aceptar ó de evitar combates, según convenga; pero insistiendo en su convicción de que la unión es la fuerza, está conforme con lo expuesto por el General Lazaga respecto al aumento de buques, reforzando la Escuadra de Cabo Verde con todos los disponibles de alto bordo en la forma y en el punto que el Gobierno estime conveniente, pues cree que esto puede hacerse sin perjuicio de la salida inmediata para las Antillas.

Don José Beránger y Ruiz de Apodaca, Viccalmirante. — Se ratifica en todo lo que ha expuesto desde el principio del debate, á saber: Que la Escuadra que está en Cabo Verde no debe en ningún caso retroceder á Canarias y menos á España, sino que debe salir inmediatamente para las Antillas y utilizar los destroyers como exploradores para proporcionarse noticias antes de la recalada.

Don Carlos Valcárcel y Ussel de Guimbarda, Vicealmirante. — Opina como el Sr. Auñón.

Don Guillermo Chacón y Maldonado, Almirante.—Opina que la Escuadra que se halla en Cabo Verde debe salir inmediatamente para las Antillas, antes que por precepto internacional se vea obligada á abandonar el puerto neutral en que se halla. El Almirante de ella debe llevar amplia autorización para proceder conforme á las necesidades de la guerra y á las exigencias del honor nacional. Los buques que queden en España, deben reconcentrarse en Cádiz, terminar rápidamente su habilitación y hallarse dispuestos á cumplir instantáneamente las órdenes que el Gobierno crea deber comunicarles, según demande el curso de la guerra.

Y para que conste y por orden del señor Ministro de Marina, se levanta esta acta que firman los señores concurrentes.

Segismundo Bermejo.—Guillermo Chacón.—Carlos Valcárcel.—José María Beránger.—Eduardo Butler—Fernando Martínez.—Manuel Pasquín.—

José Navarro.—Antonio de la Rocha.—Ismael Warleta.—Manuel Mozo.—Manuel de la Cámara.—Eduardo Reinoso.—José de Guzmán.—José Gómez Imaz.—Antonio Terry.—Joaquín Lazaga.—Joaquín Cincúnegui.—Ramón Auñón.

EL MINISTRO (BERMEJO) AL ALMIRANTE (CERVERA).—*Cabo Verde.*

Madrid 24 Abril 1898.

«Oída la Junta de Generales de Marina, opina ésta que los cuatro acorazados y los tres destroyers, salgan urgentemente para las Antillas. Sometida esta opinión al Gobierno de S. M., la acepta, disponiendo se den á V. E. amplias facultades para dirigirse á las Antillas, confiando en su pericia, conocimiento y valor, pudiendo tomar informes en aquéllas antes de recalar sobre Puerto Rico ó á Cuba, si lo estimase más conveniente en vista informes recibidos.—La derrota, recalada, casos y circunstancias en que V. E. debe empeñar ó evitar combate, quedan á su más completa libertad de acción.—En Londres tiene á su disposición 15.000 libras.—Los torpederos deben regresar á Canarias con los buques auxiliares, marcándoles V. E. la derrota. La bandera americana es enemiga.» (1)

EL ALMIRANTE (CERVERA) AL MINISTRO (BERMEJO).

Cabo Verde 24 Abril 1898.

«Mañana espero acabar el carbón.—Torre barbeta popa *Oquendo* no obedece puntería horizontal. Llevamos quince días buscando causas sin éxito alguno; continuamos trabajando sin descanso.»

San Vicente (Cabo Verde) 24 Abril 1898.—Excelentísimo señor D. Segismundo Bermejo.—Mi querido General y amigo: Acaba de llegar el telegrama mandándonos salir, y doy orden de trasbordar del *Cádiz* á estos buques carbón, víveres, gente y la artillería de los cazatorpederos, que está en el *Cádiz.*— Pensaba haber salido sin rellenar del todo los buques, pero quedándose el *Cádiz,* no he querido salir sin la mayor cantidad de carbón posible. Veremos si puedo salir mañana.—Como ya es un hecho consumado, no insistiré sobre el juicio que me me-

---

(1) En el impreso aludido tantas veces falta el final de este telegrama, que dice: «Renuevo saludo entusiasta Patria y Gobierno.»

rece. Quiera Dios que no sea profeta, como lo he sido cuando decía á V. que para fines de Abril no estarían listos el *Pelayo, Carlos V, Vitoria* y *Numancia*, ni el *Colón* tendría sus cañones gruesos, como no fueran los defectuosos, ni nosotros tendríamos municiones de 14 cm. de las nuevas para batirnos, etcétera etc.—Con la conciencia tranquila voy al sacrificio, sin explicarme ese voto unánime (1) de los Generales de Marina, que significa la desaprobación y censura de mis opiniones, lo cual implica la necesidad de que cualquiera de ellos me hubiese relevado.—Trigueros me ha anunciado la salida de un cargamento de 5.700 toneladas de carbón para Puerto Rico, á donde debe recalar del 11 al 12 de Mayo, y tengo mucho temor de que vaya á caer en poder del enemigo.—Se padece un error al suponer que yo soy dueño de empeñar ó evitar el combate á mi voluntad; con los nueve meses que hace que no limpia el *Vizcaya* y su permanencia en la Habana, está hecho una potala y yo no lo debo abandonar. —Que le vaya bien, etc.— PASCUAL CERVERA.—Hoy 27: Estoy desesperado con la lentitud del *Cádiz*, que está muy bien preparado para el pasaje y muy mal para carga. Creo que saldremos mañana.

EL ALMIRANTE (CERVERA) AL MINISTRO (BERMEJO).

Cabo Verde 24 Abril 1898.

«Aprovechando detención he construido tapones calderas *Ariete*. Si queda listo lo llevaré.»

EL MINISTRO (BERMEJO) AL ALMIRANTE (CERVERA).—*Cabo Verde.*

Madrid 24 Abril 1898.

«*Gaceta* hoy publica decreto estableciendo que pabellón neutral cubre mercancía, excepto contrabando guerra; mercancía neutral excepto contrabando guerra, no es confiscable bajo pabellón enemigo, y que Gobierno mantiene derecho conceder patentes corso, aunque por ahora sólo hará uso de cruceros auxiliares de la Marina militar.—Para cumplir los puntos anteriores, buques de guerra y auxiliares ejercitarán derecho visita alta mar y aguas jurisdiccionales enemigas.»

---

(1) En aquella fecha creí el voto unánime. Véase en el acta de la Junta de Generales que no lo fué.

El Almirante (Cervera) al Ministro (Bermejo)

Cabo Verde 24 Abril 1898.

»He recibido telegrama urgente disponiendo salida Escuadra. Mañana, después de terminar carbón, cubrir bajas con gente del *Cádiz* y trasbordar artillería de los cazatorpederos, cumpliré lo que ordena V. E.»

El Almirante (Cervera) al Ministro (Bermejo).

Cabo Verde 25 Abril 1898.

»Pregunto si es cierto *San Francisco, Amazonas* están en Madera.—Conteste Vuecencia directamente Capitán *Cádiz* por si saliera yo antes.»

El Ministro (Bermejo) al Almirante (Cervera).—*Cabo Verde.*

Madrid 25 Abril 1898.

»Los buques citados están en Hampton-Roads. *Columbia, Minneapolis* se cree navegan para Europa.—Asegúranme que entre gente del carbón hay numerosos espías. Urge mucho su salida. Reserva absoluta de su dirección.»

El Almirante (Cervera) al Ministro (Bermejo).

Cabo Verde 25 Abril 1898.

»Hay mucha marejada que impedirá terminar hoy trasbordo carbón y efectos del *Cádiz.*»

El Ministro (Bermejo) al Almirante (Cervera).—*Cabo Verde.*

Madrid 25 Abril 1898.

»Circunstancias las mismas.—Escuadra volante no ha salido aún de Hampton-Roads. Las 15.000 libras se situarán en Inglaterra y hasta esa misma cantidad puede girar sobre Londres lo que necesite. *Se comunicará Puerto Rico señal convenida con práctico.*» (1)

---

(1) Lo que va en bastardilla no está en el impreso.

EL M. DE ESPAÑA EN LISBOA (AYERBE) AL DE ESTADO (GULLÓN).

Lisboa 26 Abril 1898.

«Ministro Negocios Extranjeros me ruega confidencialmente pregunte á Vuecencia si puede manifestar el tiempo que permanecerá Escuadra en Cabo Verde, encargo que al mismo tiempo hace al Ministro de Portugal en Madrid, por si los Estados Unidos presentasen reclamación, como anuncia hoy un periódico.»

EL ALMIRANTE (CERVERA) AL MINISTRO (BERMEJO).

Cabo Verde 26 Abril 1898.

«Se trabaja noche y día en el trasbordo de carbón y de los pertrechos de los cazatorpederos, pero adelanta poco, porque no permiten activar trabajo las escotillas del vapor trasatlántico. Aun faltan 400 toneladas. Los buques acorazados están con las máquinas preparadas para no dilatar la marcha. Villaamil sigue con la Escuadra.»

EL ALMIRANTE (CERVERA) AL MINISTRO (BERMEJO).

Cabo Verde 26 Abril 1898.

«En vista de salida cruceros rápidos enemigos que V. E. anuncia, y dado poco andar *Cádiz* y *San Francisco*, creo conveniente dé V. E. instrucciones directas Comandante *Azor*, Jefe de la expedición.»

EL MINISTRO (BERMEJO) AL ALMIRANTE (CERVERA).—*Cabo Verde.*

Madrid 26 Abril 1898.

«Dada orden Londres enviar 5.000 toneladas carbón destino Curazao á disposición V. E. ó Comandante Puerto Rico.»

EL ALMIRANTE (CERVERA) AL MINISTRO (BERMEJO).

Cabo Verde 27 Abril 1898.

«Continúa trasbordo lentamente. Estoy desesperado, pero no es posible trabajar más á prisa; quedan por embarcar 300 toneladas de carbón.»

EL ALMIRANTE (CERVERA) AL MINISTRO (BERMEJO).

Cabo Verde 27 Abril 1898.

«Salgo mañana por la tarde y deseo antes últimas noticias de la guerra y del curso sucesos en España.»

El Ministro (Bermejo) al Almirante (Cervera).—*Cabo Verde.*

Madrid 28 Abril 1898.

«Por si llegare á tiempo, digo á V. E.: Habana, como la parte N. de Cuba, sigue bloqueada; Puerto Rico, hasta ahora, libre; en aguas de Europa no existe buque enemigo; en España completa tranquilidad y unión. (1) *Reitero entusiasta saludo de la Nación.* Con mucha actividad se trabaja en alistar otros buques.»

El Almirante (Cervera) al Ministro (Bermejo).

Cabo Verde 28 Abril 1898.

«A pesar de que se han hecho todos los esfuerzos, trabajando toda la noche, hasta mañana no podré salir. Trabajo muy duro impide adelantar lo que se desea. Quedo lista torre *Oquendo*.»

El Almirante (Cervera) al Ministro (Bermejo).

Cabo Verde 29 Abril 1898.

«Salgo para el Norte.» (2)

El Comandante General de la Escuadra (Cervera) al Ministro de Marina (Bermejo).

Comandancia General de la Escuadra.—Estado Mayor.—Reservado.—Excelentísimo Sr.: Con fecha 20 tuve el honor de participar á V. E. lo ocurrido hasta entonces en esta Escuadra. Continuó la descarga del *San Francisco* trabajando día y noche, y terminó el 24. Según ya he dicho á V. E. en comunicación aparte, faltaron 150 toneladas de las 2.000 que debía conducir, á causa, sin duda, de la premura con que el vapor las tomó y al mucho perdido en la descarga, por la gran cantidad de polvo arrastrado por el viento, más el que caería al agua en el trabajo de noche. Algo semejante debe ocurrir en el *Cádiz*.—He comprado todo el aceite de máquina que he podido encontrar en plaza y quedan los buques bien pertrechados de estas materias.—Sobre este punto me permito indicar á V. E. la conveniencia de que á los repuestos de carbón acompañen siempre los de materias lubricadoras en proporción.—En la tarde del mismo día 24 recibí la orden telegráfica de V. E. de salir para las Antillas y de separar de la Escuadra los tres torpederos y el *Ciudad de Cádiz*, y como los buques quedaban aún escasos de carbón y necesitaban llevar la mayor cantidad posible, ordené en el acto que tomaran unas 625 toneladas del

---

(1) Lo que va en bastardilla está suprimido en el impreso.
(2) Frase convenida en telegrama del Ministro de 21 Abril.

depositado en el *Cádiz*, así como los repuestos de máquina y víveres, y se hizo el trasbordo de la artillería de 75 mm. y municiones de los tres destroyers que han de seguir conmigo.—Las condiciones de las bodegas de este vapor; la escasez de material de transporte y la mucha marejada, han hecho esta faena muy penosa y demasiado lenta; pero he creído preferible perder estos pocos días ante la ventaja de encontrarme mejor pertrechado á la recalada.—Los buques salen con 1.080 toneladas cada uno de los del tipo *Teresa*, y con 1.270 el *Colón*. Este último buque consume notablemente más que los otros por la clase de calderas.—Los destructores llevan unas 140 toneladas, 34 más que la cabida de sus carboneras, y con ellas tienen, aproximadamente, un radio de acción teórico de 2.800 millas, á razón de 10 por hora; pero, seguramente, tendré que darles más antes de recalar, á menos que el estado de la mar no me permita llevarlos á remolque, para lo cual tendré en cuenta su extremada debilidad de estructura.—El *Vizcaya*, como á V. E. consta, está muy sucio; en su viaje, de diez días, de Puerto Rico aquí, quemó 200 toneladas más que el *Oquendo*. Este es un punto débil, pero como por ahora no le veo remedio, contraté aquí con unos buzos su limpieza á flote, que no han podido efectuar más que en una fracción muy pequeña, y con los de la Escuadra hice limpiar las hélices y las tomas de agua de los fondos.—Por la premura del tiempo y por la falta de espacio á bordo de los acorazados, ya tan sobrecargados, dejo en el *Cádiz* 1.500 tubos de respeto de las calderas de los destructores.—Si V. E. creyera que la campaña durará lo bastante y ofrecerá oportunidades para cambiar los que se averíen, le ruego los envíe á donde estime oportuno.—Igual ruego le repito respecto á los torpedos Bustamante que, seguramente, me serían de gran utilidad.—Los torpederos con el *Ciudad de Cádiz* y el *San Francisco* salen hoy conmigo.—La expedición, según he comunicado á V. E., va al mando del Teniente de Navío más antiguo, que lo es el Comandante del *Azor* D. Claudio Alvargonzález.—Por separado ratifico á V. E. los telegramas que le he dirigido desde mi comunicación anterior.—Réstame sólo decirle que el personal de la Escuadra no tiene novedad digna de mención y que todo él va animado del firme propósito de sacrificar su vida en el cumplimiento del deber.—¡Quiera Dios conceder á nuestras fuerzas éxito proporcionado á la justicia de nuestra causa!—Él guarde la vida de V. E. muchos años.—A bordo, San Vicente de Cabo Verde 28 de Abril de 1898.—Excmo. Sr.—PASCUAL CERVERA.

EL COMANDANTE GENERAL DE LA ESCUADRA (CERVERA) AL MINISTRO DE MARINA (BERMEJO).

Comandancia General de la Escuadra.—Estado Mayor.—Reservado.—Excelentísimo Sr.: Con esta fecha doy las siguientes instrucciones al Jefe de la primera división de torpederos:—«A unas 450 millas próximamente del puerto de Fort de France (Martinica), se destacará V. S. de la Escuadra, previa señal de última hora, con los cazatorpederos *Furor* y *Terror*, para dirigirse á dicho puerto con un andar de unas 20 millas, y adquirir en él las noticias que le tengo expresadas, volviendo luego á comunicármelas, para lo cual tendrá V. S. en cuenta que la Escuadra navegará corriendo al paralelo de la punta Sur de la Martinica, con una velocidad de unas ocho millas por hora. Conocedor V. S. de mis propósitos, obrará dentro de ellos con completa libertad de acción. Las señales de reconocimiento durante la noche serán la letra R del alfabeto Morse, hecha con el proyector, entendiéndose que el punto se representará manteniendo el haz luminoso durante un cierto intervalo á una elevación de 45°, y la raya un intervalo más largo á la misma elevación; entre una R y otra R se harán tres movimientos horizontales con el haz luminoso: el primero, por ejemplo, de izquierda á derecha; el segundo, de derecha á izquierda, y el tercero, otra vez de izquierda á derecha, ó viceversa.—La contestación por parte de la capitana será la letra A. hecha en la misma forma, y los tres movimientos horizontales.—Para poder comunicar rápidamente las noticias que pueda traer, le incluyo adjunto un pliego de señales convencionales para esta sola ocasión.—Además, podrá comunicar con la clave A B 0755.—En el improbable caso de que en el desempeño de su comisión encontrase fuerzas enemigas, obrará según le aconsejen las circunstancias, teniendo presente que su principal misión es la de comunicarme las noticias expresadas.»—Lo que tengo el honor de trasladar á V. E. para su conocimiento y aprobación.—Dios guarde á V. E. muchos años.—A bordo del *Teresa*, en la mar 1.° de Mayo de 1898.—Excmo. Sr.—PASCUAL CERVERA.

En la mar, 5 de Mayo de 1898.—Querido Juan: Para nuestra colección de documentos creo conveniente que tengas la adjunta copia de un telegrama de Villaamil á Sagasta, que te envío por dos cazatorpederos que destaco á la Martinica en busca de noticias.—A bordo de los buques no hay novedad, y el espíritu es excelente. ¡Veremos la suerte que el Señor nos reserva! En definitiva no es dudosa, ¡pero si tuviéramos la suerte de empezar dando un buen golpe!—Dios esté con nosotros. Adiós; muchas cosas á los tuyos, etc.—PASCUAL.

Telegrama.

Día 22 Abril 1898.—Madrid.—Práxedes Sagasta.—Descífrese por clave Marina.—Clave C D 4393.—Ante trascendencia que tendrá para la Patria el destino dado á esta Escuadra, creo conveniente conozca V. por el amigo que no teme las censuras, que si bien como militares están todos dispuestos á morir honrosamente cumpliendo sus deberes, creo indubitable que el sacrificio de este núcleo de fuerzas navales será tan seguro, como estéril y contraproducente para el término de la guerra, si no se toman en consideración las repetidas observaciones hechas por su Almirante al Ministro de Marina.—(Firmado).—FERNANDO VILLAAMIL.

EL COMANDANTE GENERAL DE LA ESCUADRA (CERVERA) AL MINISTRO DE MARINA (BERMEJO).

Comandancia General de la Escuadra.—Estado Mayor.—Reservado.—Excelentísimo Sr.: Según tuve el honor de anunciar á V. E. en mi última comunicación del 28 próximo pasado, fechada en San Vicente de Cabo-Verde, salí de aquel puerto al día siguiente con los cuatro acorazados y los tres destructores, dejando dispuestos para hacerlo á los tres torpederos y vapores *Cádiz* y *San Francisco*.—Al salir di al General segundo Jefe y á los Comandantes de los buques las instrucciones cuya copia es adjunta, así como la de la alocución que dirigí á las tripulaciones, y que se les leyó fuera ya del puerto, siendo acogida con entusiasmo por todos.—Después de reflexionado maduradamente y en vista de la latitud de las instrucciones recibidas y de la situación verdaderamente excepcional en que se van á encontrar estas fuerzas, formé el propósito (que no di á conocer hasta después de la salida) de dirigirme á Fort de France (Martinica), para adquirir noticias, y si posible fuera, carbón y víveres que me permitieran obrar con algún desembarazo. Con este objeto destacaré mañana, á unas 470 millas de dicho puerto al *Terror* y al *Furor* al mando del Jefe de la primera división de torpederos, el cual llevará esta comunicación y el siguiente telegrama cifrado: «La Escuadra sin novedad; excelente espíritu. Villaamil va adquirir noticias de qué dependerán las operaciones en lo futuro. Para dar la paga vencida se necesitan 570.000 pesetas. Lo que hay á bordo y en Londres suma 675.000; no quiero agotar todos los recursos, por lo que es necesario ampliación de crédito.»—Al tener el honor de corroborarlo, me permito encarecer á Vuecencia la necesidad de que se amplíe el crédito puesto á mi disposición, para que estas dotaciones que sólo han obtenido un anticipo para sus familias y para los ranchos, puedan cobrar la paga de Mayo que ya hubiesen recibido de estar en España. La navegación no ha ofrecido hasta el día de hoy novedad digna de mencionarse, habiendo encontrado el tiempo bonancible propio de esta estación y latitud.—Aunque con algún recelo, hice el mismo día de la salida que tomaran los remolques los tres cazatorpederos y comencé á navegar á razón de 10 millas; pero, el haber faltado algún remolque y el temor de que se pudiera averiar, por efecto de las guiñadas, alguno de estos frágiles buques, me hicieron reducir la velocidad á 7'2 millas con la que hemos venido hasta ayer mañana que la aumenté á 8.—Para obrar así, he tenido presente lo molesto y lento que también sería repostarlos de carbón en la mar, antes de la recalada; la conveniencia de que sus dotaciones lleguen frescas y en estado de prestar desde luego servicios útiles, y el pequeño ahorro de carbón que, con esta velocidad, realizarían los acorazados.—Adjuntas incluyo también á V. E. copia de un bando que hoy reparto á los buques, dirigido principalmente á las clases subalternas, de las instrucciones que he redactado para el ejercicio del derecho de visita y de las que doy á Villaamil.—Nada puedo adelantar á V. E. sobre mis futuros propósitos; sólo sí repetirle, que puesta mi confianza en Dios y animado del más vivo deseo de servir á la Patria, lo haré así hasta donde mis luces y mis fuerzas alcancen.—Dios guarde á V. E. muchos años.—A bordo del *Infanta María Teresa*, en la mar, lat. N. 14°-42' y log. O. 44°-26', 8 de Mayo de 1898.—Excelentísimo señor.—PASCUAL CERVERA.

Instrucciones que se citan.

Comandancia General de la Escuadra.—Estado Mayor.—Excmo. Sr.: Con fecha 27 de Abril último, comuniqué á los Comandantes de los buques de la Escuadra las siguientes instrucciones: «En el próximo viaje, la Escuadra marchará en el orden y con las distancias que expresa el adjunto croquis núm. 1:

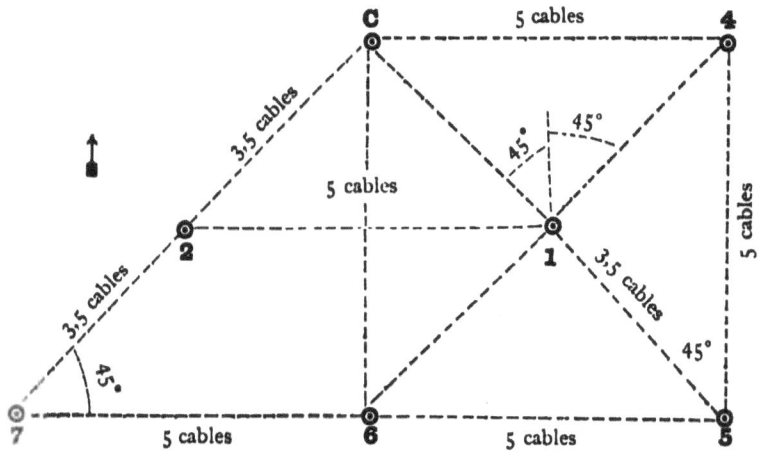

Este orden se tomará desde luego á la salida, sin necesidad de señal previa, pero con sujeción á lo preceptuado en la evolución núm. 15 (formar un orden estando los buques dispersos), de las instrucciones tácticas, las cuales quedarán desde luego en vigor. Se ha adoptado este orden para que cada destructor quede en fácil contacto con el acorazado á que está afecto. Cuando se ordene (que no será probablemente antes de recalar ó avistar al enemigo), se formará como se representa en el croquis núm. 2, ó sea los acorazados en línea de fila, el *Teresa* á la cabeza y el *Vizcaya* á la cola, á la distancia que se marque, y los destructores en otra linea de

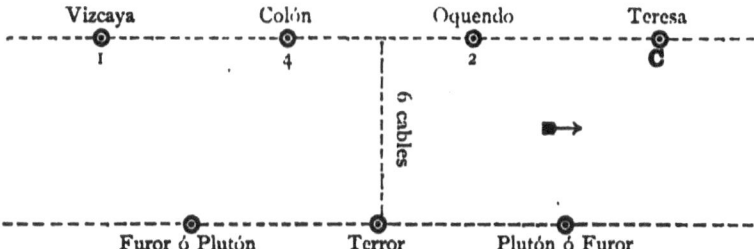

fila, endentada con la de acorazados, á sotafuego, guardando entre sí las mismas distancias que aquéllos y las dos líneas la de seis cables, si no se previniese nada en contrario.—Cuando se adopte este orden de fila, el Jefe de la División de destructores trasbordará á uno de ellos, y si llega el caso de combatir, los alejará de suerte que los proyectiles enemigos no les alcancen, ó sea raro, y observará las fases del combate para lanzarse oportunamente sobre el enemigo cuando vea la ocasión favorable para ello. Se le concede á aquél libertad completa de movimientos, y lo mismo á cada uno de los Comandantes para los casos en que, por una ú otra causa no puedan ser dirigidos por su Jefe, encargándoles á todos que su ardimiento no les lleve á disparar antes de tiempo.—Para pasar del orden de viaje al de fila, se practicarán las evoluciones números 10 y 11 de las Instrucciones, entendiéndose que el *Teresa* y el *Oquendo* constituyen un grupo, y el *Colón* y el *Vizcaya* otro.— Los destructores seguirán por contramarcha los movimientos del cabeza · · Si se hace la señal Z 96 (dar remolque etc.), los acorazados moderarán, previo el gallardete Z, hasta el andar mínimo (si no se previene otra cosa), y cada destructor se dirigirá desde luego á tomar el remolque del acorazado correspondiente. Cuando la capitana disponga que se surta de víveres á los destructores, hará la señal Q 02, y éstos maniobrarán en consecuencia, previo el gallardete de ejecución; si se ha de moderar, se indicará antes por señal, pero los Comandantes de los acorazados quedan autorizados para hacerlo libremente sin ella, si lo conceptúan necesario.—Cuando sean los destructores los que los soliciten, harán la señal Q 11, y con ella izada, se dirigirán desde luego á su acorazado.—Si en vez de víveres se tratara de agua, se harán las señales Q 61 y Q 55, respectivamente, sin necesidad de señalar buque, y si de carbón, las J 76 y J 84.—Cuando se vaya á recalar, se cambiará el orden de las ocupaciones de la gente en la forma siguiente: 1.° La diana se tocará con la anticipación suficiente para que todo el mundo esté en su puesto de combate, y el buque listo para batirse, una hora antes de la salida del Sol y en ese estado permanecerá todo hasta que sea bien de día y, hecha una buena descubierta, se llegue al convencimiento de que es imposible una sorpresa.—2.° Entonces almorzará la gente.—3.° Después de almorzar se harán los ejercicios que convenga, por el tiempo necesario, y especialmente probar los diversos aparatos que puedan necesitarse en el combate.—4.° Descansará la gente hasta las diez, y á esta hora se harán las limpiezas.—5.° Después de comer la gente, descanso hasta las dos ó las tres, y las faenas que necesite el buque.—6.° A las seis la cena é inmediatamente después zafarrancho, quedando en su sitio de combate todo cuanto no ofrezca riesgo.—Los traveses de coys quadarán hechos y colocados con la mitad de ellos, sin las mantas, pues cada hombre tendrá la suya, quedando un coy para cada dos.—Este cambio de régimen se ordenará de una vez para todas por la señal A 5 2. (Calar las redes protectoras).»—Tengo el honor de trasladarlo á V. E. para su superior conocimiento y aprobación,—Dios guarde á V. E. muchos años.—A bordo del *Teresa*, en la mar, 8 de Mayo de 1898.—Excmo. Sr.—PASCUAL CERVERA.

EL ALMIRANTE (CERVERA) AL MINISTRO (BERMEJO).

Martinica 12 Mayo 1898.

«La Escuadra sin novedad; excelente espíritu.—Villaamil va adquirir noticias de que dependerán las operaciones futuras. — (1) *Para dar la paga vencida se necesitan 570.000 pesetas. Lo que hay á bordo y en Londres suma 675.000. No quiero agotar todos los recursos, por lo que es necesario ampliación de crédito.*»

EL MINISTRO (BERMEJO) AL ALMIRANTE (CERVERA).—*Martinica (a)*.

Madrid 12 Mayo 1898.

«Ha sabido con satisfacción Gobierno su llegada á ese puerto.—Península sin novedad.—Telegrama recibido hoy anuncia ataque Puerto Rico por Escuadra enemiga compuesta de *New-York*, *Indiana*, *Terror* y *Puritan*, dos cruceros, un torpedero y dos buques carboneros.—Isla Puerto Rico está vigilada por los auxiliares *Paris* y *New-York*. Almirante Habana dice ayer que estaban á la vista cuatro buques enemigos, uno en Matanzas y varios sobre Cienfuegos; hay noticia bombardeo Cárdenas por un acorazado, un monitor y otro buque, siendo rechazado enemigo.—Ampliación crédito, otras 15.000 libras sobre la misma casa Londres.- Vapor *Alicante* debe encontrarse ahí, y otro vapor inglés con 3.000 toneladas debe llegar ese puerto á las órdenes Capitán *Alicante*. Puede disponer V. E. de ambos buques.»

EL MINISTRO (BERMEJO) AL ALMIRANTE (CERVERA).—*Martinica (a)*.

Madrid 12 Mayo 1898.

«Por las últimas noticias, acorazado *Oregon*, acompañado del *Maryjette* y otro buque igual, están de viaje de Rio Janeiro á las Antillas.»

---

(1) En el impreso falta lo que va en bastardilla.

El Ministro (Bermejo) al Almirante (Cervera).—*Martinica (a)*.

Madrid 12 Mayo 1898.

«Desde su salida han variado las circunstancias.—Se amplían sus instrucciones para que, si no cree que esa escuadra opere ahí con éxito, pueda regresar Península, reservando su derrota y punto recalada, con preferencia Cádiz.—Acuse recibo y exprese su determinación.»

ACTA

Reunidos el día 12 de Mayo en la cámara del Almirante, el General segundo Jefe de la Escuadra, los Comandantes de los cuatro acorazados, el Jefe de Estado Mayor y el de la primera división de torpederos, dió el Almirante conocimiento de las noticias adquiridas el día antes en Fort de France por el Jefe de la división de torpederos. Estudiada la situación, verdaderamente crítica, en que se encuentra la Escuadra, por la escasez de carbón, por haber negado este auxilio el Gobernador de la Martinica, por tener noticias de que no lo hay en Puerto Rico, ni probablemente en Santiago de Cuba, y por el mal estado de las calderas de los destructores de torpederos, uno de los cuales, el *Terror*, las tiene prácticamente inútiles, habiendo sido preciso enviarle esta mañana á Fort de France á esperar órdenes del Gobierno, no encuentran otra solución, so pena de encontrarse con la Escuadra inmovilizada y, por lo tanto, presa fácil del enemigo, que dirigirse á Curazao, con la esperanza de encontrar allí el carbón anunciado por el Excmo. Sr. Ministro de Marina en su telegrama del 26 de Abril.—Y para que conste firmaron esta acta en la mar, frente al puerto de Fort de France (Martinica).—*Pascual Cervera.—José de Paredes.—Emilio Díaz Moreu.—Juan B. Lazaga.—Antonio Eulate.—Victor M. Concas.—Joaquín Bustamante.—Fernando Villaamil.*—Es copia: Cervera.

El Almirante (Cervera) al Ministro (Bermejo).

Curazao 14 Mayo 1898.

«De acuerdo con segundo Jefe y los Comandantes de los buques, vine aquí con esperanza encontrar buque carbonero anunciado en el telegrama de 26 Abril. Buque carbonero no ha llegado y no he podido adquirir el que necesito, lo que crea conflicto del que veré cómo salgo.—Sólo han permitido entrada dos buques, limitando permanencia 48 horas.»

(a) Ninguno de estos telegramas los conocí hasta mi llegada á España.—El último lo sospeché en Santiago de Cuba.

El Gobernador General Cuba (Blanco) al M. de Ultramar (R. Girón).

Habana 14 Mayo 1898.

«Ruego á V. E. me diga con absoluta franqueza si viene Escuadra. Llegan hasta mí telegramas, cuyo curso impido, que lo niegan, y yo necesito indispensablemente saber la verdad para obrar en consecuencia. Excuso asegurar á V. E. que absolutamente nadie más que yo sabrá su contestación.»

El Ministro (Bermejo) al Almirante (Cervera).—*Curazao. (a)*

Madrid 15 Mayo 1898.

«Recibido su telegrama. Se ordena al trasatlántico *Alicante*, surto en Martinica *(con carbón)*, (1) salga inmediatamente para esa. Si creyese no alcanzase el tiempo para esperarlo, telegrafíe urgente Comandante *(Terror)* (1) para donde lo quiere, En vista su ida á Martinica, vapor encargado ir Curazao se ordenó fuese Martinica, ignorando si este último ha llegado.»

El Ministro (Bermejo) al Almirante (Cervera).—*Curazao. (a)*

Madrid 15 Mayo 1898.

«Si no pudiera esperar al vapor trasatlántico *Alicante*, deje órdenes en esa para que á su llegada pueda dicho buque dirigirse á donde V. E. ordene, así como el vapor inglés *Twickhand*, que también lleva carbón.»

El Ministro (Bermejo) al Almirante (Cervera).—*Curazao. (a)*

Madrid 15 Mayo 1898.

«Nuestro Ministro desde Toronto, comunica siguiente telegrama hoy 15:—Dicen Escuadra enemiga mandada por Sampson estaba ayer en Puerto Plata.»

El Ministro (Bermejo) al Comandante Principal Puerto Rico (Vallarino).

Madrid 15 Mayo 1898.

«Procure por todos los medios que lleguen á conocimiento Almirante Escuadra, que está en Curazao, los telegramas que para él tiene, así como noticias sobre

---

(1) Las palabras entre paréntesis no llegaron en el texto del telegrama que se recibió.

(a) Estos tres telegramas no fueron conocidos hasta estar en Santiago de Cuba, donde se recibieron.

situación Escuadra enemiga, y disponga inmediata salida del vapor inglés *Roath*, si tiene carbón á bordo para la Escuadra.» (1)

El Comandante General de la Escuadra (Cervera) al Ministro (Bermejo).

*Comandancia General de la Escuadra.—Reservado.—*Excmo. Sr.: Por mi oficio fechado el 8 del corriente en la mar, conoce V. E. las pocas peripecias que ofreció nuestro monótono viaje á través del Atlántico, en el que todo lo sacrifiqué á que nuestros frágiles cazatorpederos llegaran frescos y en estado de prestar servicios útiles; pero nuestro buen deseo se forjaba ilusiones, pues no bien se pidió al *Furor* y al *Terror* que mantuvieran 24 horas los dos tercios de su andar en pruebas, el segundo inutilizó sus calderas, poniéndonos en el duro trance de perder aun más tiempo y de dejarlo al fin en el puerto neutral de Fort de France de la isla Martinica.—Por la copia del parte producido por su Comandante (documento número 1), se enterará V. E. de lo ocurrido. Para mí fué una sorpresa tan grande como desagradable, cuando en la amanecida del 11 encontramos á los cazatorpederos, ver al *Terror* hecho una boya, y el *Furor* custodiándolo para no dejarlo abandonado en medio del mar, hasta tener la seguridad de que la Escuadra lo había visto. Llegado que hubimos á él, lo tomé con este buque á remolque, y vuelta al andar lento, aun más que al principio, porque ya le faltaba resistencia á la guirnalda de que lo proveyó el Jefe de la escuadrilla para los remolques.—De esta avería no diré más, sino que ha ocurrido en un buque bien mandado, que tiene un Maquinista Mayor que goza de envidiable reputación, lo cual prueba la fragilidad de estos buques, que tienen un defecto peor todavia, que es la temperatura que se desarrolla en ellos, insoportable para todos y muy expecialmente para los Maquinistas y fogoneros, que con frecuencia se asfixian. - El Jefe de la escuadrilla que, como sabe V. E. iba á Martinica en busca de noticias, salió con el *Furor* al amanecer del 11, y á la media noche del 11 al 12 se incorporó á la Escuadra bien repleto de noticias, pero todas malas, y habiendo tenido que vencer, entre otros muchos obstáculos, la caza que le dió un crucero enemigo, demostrando este Jefe, Capitán de Navío D. Fernando Villaamil, una vez más en esta comisión, las raras dotes de inteligencia, iniciativa y sangre fria que le adornan. Las noticias que me comunicó, son las siguientes, que responden al cuestionario que le di cuando le confié la comisión: Que los buques enemigos bloquearon la parte O. de Cuba, desde Cárdenas á Cienfuegos, con el grueso de su Escuadra; que ahora, según noticias reservadas pero casi seguras, están sobre Puerto Rico con su Almirante á la cabeza, y han debido bombardear la capital el 11; que Puerto Rico debe de estar bloqueado, y Santiago de Cuba, libre; que hay dos cruceros auxiliares enemigos, que son el *Haward*

---

(1) Este telegrama lo he conocido mucho tiempo después de mi llegada á España.

y el *San Luís*, uno en Guadalupe y otro en Martinica; que los americanos han estado posesionados de Puerto Plata, y que se cree lo estén de Sanamá; que la guerra de Cuba continúa lo mismo, y la última noticia era de un reñido combate en Sierra Maestra; que en España había crisis ministerial; que en Martinica no nos permitían hacer carbón, pero sí víveres, y que del extremo Oriente no había nada de particular.—Además me trajo un fajo de telegramas públicos que contenían muchas noticias, destacándose entre ellas la destrucción de nuestra pobre Escuadra de Filipinas, desastre que no por ser gloriosísimo, deja de ser un gran desastre.—En vista de tan graves noticias, y á pesar de que mis opiniones sobre el particular están consignadas, quizá con suma desnudez, en mi correspondencia con el Gobierno, tanto telegráfica como de oficio, y en la confidencial con el Excmo. Sr. Ministro del ramo, creí deber llamar á la orden á los Comandantes y al segundo Jefe, á los cuales expuse la situación, consultándoles lo que, en su concepto se debiera hacer; y, después de discutir tan trascendental cuestión, visto que nada práctico podíamos obtener en Martinica, donde sólo consumiríamos carbón, que no se repondría; que era una insensatez ir á Puerto Rico, porque sería proporcionar un triunfo fácil al enemigo; que apenas teníamos carbón para llegar á Santiago de Cuba con la velocidad que se impone en el mar de operaciones, y que tal vez no resistieran los cazatorpederos; todos unánimemente, opinaron que debíamos ir á Curazao en busca del carbón que nos anunció el telegrama de 26 de Abril, de lo cual se levantó acta, que acompaño en copia (documento núm. 2); (1) y, como yo participaba de la misma opinión, nos dirigimos á esta isla, haciendo antes falso rumbo con dirección á Santo Domingo, hasta estar unas 30 millas de Martinica.—Séame permitido en este punto hacer algunas reflexiones que expliquen mis operaciones y las justifiquen. Que en un sacrificio como el hecho por nuestros compañeros de Filipinas, queda el honor muy alto, no cabe la menor duda, y yo me complazco en enviarles desde aquí mi entusiasta saludo y la expresión de mi admiración; pero ¿tiene algún resultado práctico? Es evidente que no, como lo es también que oponiendo buques como el *Castilla* y el *Cristina* á buques modernos, no puede esperarse otro resultado que el obtenido, completamente contraproducente. Y así sucederá siempre que haya gran desproporción entre las fuerzas que se opongan, ya sea en el número de los buques, ya en su calidad ó en los pertrechos que tengan. Este doloroso resultado, justifica, pues, los crudos conceptos emitidos en mi antes citada correspondencia, sobre la que no insisto más, porque rayaría en pesadez, que siempre es mala y mucho más dirigiéndose al superior, y paso á exponer las circunstancias del viaje.—La travesía, desde las aguas de Martinica á las de Curazao, no ofreció nada digno de mención. A las siete de la mañana del 14, á unas cinco millas de Curazao Chico, dí orden á los destructores de que se adelantaran á tomar el puerto; pero á las ocho y media los ví parados frente á su boca. Al poco rato me señaló el *Plutón*: «En espera permiso del Gobernador;» paré la Escuadra, y poco después volvió el *Plutón* á decirme que sólo permitían la entrada á dos buques, lo cual me ratificó un prác-

---

(1) Esta acta va delante; página 93.

tico que llegó al poco tiempo, exigiendo además nota previa de sus nombres, tripulación, armamento y carbón que necesitaban. Elegí el *Teresa* y el *Vizcaya* por ser los más escasos de combustible; dí la nota pedida, expresando que cada buque necesitaba 700 toneladas, y volvió el práctico á tierra con ella. Di orden al *Furor*, que ya estaba con sus carboneras á plan barrido, lo rellenara el *Colón*, y de que éste, el *Oquendo* y el *Plutón* se mantuvieran fuera.—El práctico regresó acompañado del Cónsul de España, quien me añadió que la permanencia en el puerto se había de limitar á 48 horas. A las doce y media fondeé en él, y seguidamente pasé á conferenciar con el Gobernador, quien me manifestó, que ese era criterio impuesto por su Gobierno para ambos beligerantes. Acepté las 600 toneladas de carbón, únicas disponibles en plaza, y ordené la adquisición de víveres para completar 30 días por buque, de Capitán á paje.—A las cinco de la tarde dirigí á V. E. el siguiente telegrama cifrado que ratifico: «De acuerdo con segundo Jefe y los Comandantes de los buques, vine aquí con esperanza de encontrar buque carbonero anunciado en el telegrama cifrado de 26. Buque con carbón no ha llegado y no he podido adquirir el que necesito, lo cual crea conflicto del que veré como salgo. Sólo han permitido entrada dos buques, limitando permanencia á 48 horas.»—De mis propósitos nada digo á V. E. porque no quiero confiarlos al papel, y porque, seguramente antes de recibir ésta, tendrá V. E. noticia telegráfica de cuales son. El embarque de carbón es lento por falta de medios de embarque, pero me propongo salir esta misma tarde, sea cual fuese la cantidad que tenga á bordo, pues aunque es grandísima la importancia que para mí tiene el combustible, no quiero pasar otra noche con la Escuadra dividida.—Dios guarde á V. E. muchos años.—A bordo del *Infanta María Teresa*, en el puerto de Santa Ana de Curazao, á 15 de Mayo de 1898.— Excmo. Sr.—PASCUAL CERVERA.

Documento que se cita.

Núm. 1.—*Cazatorpedero «Terror».—Comandancia.*—Excmo. Sr.: Cumpliendo órdenes de V. E., el día 9 á las diez de la mañana nos separamos de la Escuadra en unión del *Furor*, llevando á bordo al señor Jefe de la División.—Navegábamos con tres calderas y unas 18 millas, cuando, siendo la una y media, reventaron algunos tubos de las calderas de proa que se incomunicaron y apagaron.—Encendimos la cuarta, que se comunicó media hora después y, cuando estuvieron frías las averiadas, se reconocieron, emprendiendo la composición de la número 2, que había sufrido menos.—Al amanecer se concluyó de taponar los tubos rotos, encendiéndose y comunicándose á las ocho y media de la mañana.—A las diez y media de la misma se quedaron las tres sin agua ni vapor, apagándolas con baldes y llamando al *Furor* para que nos remolcara. Reconocidas, empezamos á componer la número 2, en la que, ya lista, levantamos vapor á las siete de la mañana, dirigiéndonos hacia la Escuadra, que se avistaba en aquel momento.—Lo que en cumplimiento de mi deber tengo el honor de manifestar á V. E. para su conocimiento y fines que procedan.—Dios guarde á V. E. muchos años.—A bordo, en la mar, á 11 de Mayo de 1898.—Excmo. Sr.—*Francisco de la Rocha.*—Es copia: El Jefe de Estado Mayor.—*Joaquín Bustamante.*

El Comandante General de la Escuadra (Cervera) al Ministro (Bermejo).

Comandancia General de la Escuadra.—Estado Mayor.—Reservado.—Excelentísimo Sr.: Creo de mi deber, con motivo del cambio de Gobierno, llamar la atención de V. E. hacia las deficiencias principales con que esta Escuadra ha salido á campaña. La falta principal en este buque, que es general en toda la Escuadra, es la de municiones de 14 cm. que ofrezcan confianza, de las cuales habrá entre todos los buques unas 620 cargas de las 3.000 escasas que constituyen los cargos. En el *Viscaya* hay, además, dos cañones de 14 cm. y uno en el *Oquendo* que tampoco merecen confianza y están mandados cambiar por otros. De los estopines hay gran número que ofrecen pocas garantías de seguridad por defectos de origen.— En la Escuadra no hay ni uno de los 60 torpedos Bustamante que se mandó que tuviera.—El *Colón* no tiene sus cañones gruesos ni tampoco aparatos para recalibrar y cargar los casquillos de la artillería de 15 y 12 centímetros.—El *Viscaya* no limpia desde Julio y eso le ha hecho perder su andar en términos que sólo puede llegar hoy á unas 13 ó 14 millas, lo cual hace perder á esta Escuadra la única ventaja que podría tener sobre la enemiga, porque no debe abandonar á tan importante buque.—Y con esto termino, no porque no haya otras cosas, pero si de un interés más pequeño con relación á la campaña, y no es mi objeto molestar á V. E., sino ponerle de manifiesto el estado real de estas fuerzas.—Dios guarde á V. E. muchos años.—A bordo del *Teresa*, Santa Ana de Curazao, 15 Mayo de 1898.—Excelentísimo señor.—Pascual Cervera.

El Gobernador General de Cuba (Blanco) al M. de Ultramar (R. Girón) (a).

Habana 17 Mayo 1898.

«(Descifre V. E. por sí mismo).--Interrogado por mi General Marina si había recibido noticias sobre situación nuestra Escuadra, me dice recibido de Puerto Rico telegrama cifrado y reservado manifestando se dirige telegrama á Fort de France diciendo al General de nuestra Escuadra se amplían sus instrucciones para que si no puede operar aquí con éxito pueda regresar Península; y como de acontecer esto, la situación aquí seria de todo punto insostenible y no me seria posible evitar una revolución sangrienta en esta capital y en toda la isla, donde están ya los ánimos extraordinariamente excitados con la tardanza de la Escuadra nuestra, ruego á Vuecencia me diga si es cierta la citada orden de retirada á la Península, y caso de serlo, medite el Gobierno la gravísima trascendencia de ese acuerdo, que podría ser causa de una página de sangre y de baldón, derrumbándose nuestra historia, y de la pérdida definitiva de esta isla y de la honra de España. Si nuestra Escuadra es batida, aumentaria aquí la decisión para vencer ó morir; pero si huye, el pánico y la revolución son seguros.»

EL GOBERNADOR GENERAL PUERTO RICO (MACÍAS) AL M. ULTRAMAR (R. GIRÓN. (a).

Puerto Rico 18 Mayo 1898.

«Orden vuelta Escuadra á Península, hará caer por tierra entusiasmo isla y su espíritu levantado después primer combate. Dirán habitantes, España les abandona y situación puede ser gravísima. Cumplo deber sagrado manifestándoselo.»

EL GOBERNADOR GENERAL DE CUBA (BLANCO) AL M. ULTRAMAR (R. GIRÓN) (a)

Habana 19 Mayo 1898 (9 m.)

«Está entrando en Santiago de Cuba nuestra Escuadra á cuyo Almirante felicito en este momento por su llegada y habilísima derrota.»

EL MINISTRO DE ESTADO (GULLÓN) AL DE MARINA (AUÑÓN). (a)

Ministerio de Estado.—Excmo. Sr.: El señor Ministro de S. M. en Caracas, en despacho núm. 79, de 18 de Mayo último, dice á este Ministerio lo siguiente: «El viernes 13 del corriente, circuló por esta ciudad el rumor de que la Escuadra española estaba en el puerto de Higuerote de esta República, sin poderse averiguar el fundamento de esta noticia, porque, á causa de la revolución que aun asola este país, no hay telégrafo para comunicar con aquel punto.—Inquieto con estas noticias, recibí el sábado 14 un telegrama de nuestro inteligente y activo Vicecónsul encargado del Consulado de España en Curazao, Sr. Morris E. Curiel, diciéndome que la Escuadra española, compuesta de seis vapores, estaba frente al puerto.—En el acto telegrafié me comunicase noticias con frecuencia y expedí á V. E. un telegrama cifrado, que decía: «Escuadra (española á la) vista hoy (de) Curazao,» á fin de que el Gobierno de S. M. supiese cuanto antes donde estaba dicha Escuadra.—El Sr. Morris me telegrafió el mismo día 14 á las 6^h 45^m de la tarde, que entraban en el puerto el *Infanta María Teresa* y el *Viscaya*, quedando fuera el *Oquendo*, *Cristóbal Colón* y los cazatorpederos *Plutón* y *Furor*.—El domingo 15 supe que la Escuadra buscaba carbón, y que les había vendido 500

(a) Los telegramas anteriores y esta comunicación, no los conocí hasta mucho después de mi vuelta á España.

toneladas, únicas que había en aquel puerto, el Capitán Smith, Cónsul de los Estados Unidos; el cual, reprendido severamente por su Ministro aquí, le había contestado que el carbón no era suyo, sino de un amigo, del cual consiguió por patriotismo, que no les vendiera más que el que ya habían embarcado al recibir sus quejas, que eran unas 300 toneladas.—Espero recibir el correo de Curazao para ratificar ó rectificar estos datos y otros que he obtenido, de los cuales parece resultar que la Escuadra tomó muchos víveres, y que los cazatorpederos tenían repletas sus carboneras.—También se me avisó que el Ministro Americano había telegrafiado á Washington y á su *Despatch Boat* que tienen en San Thomas, que la Escuadra norteamericana esperase á la nuestra en el Canal de la Mona (entre Santo Domingo y Puerto Rico); en el acto lo telegrafié á Curazao, de donde me contestó el Cónsul á las cinco y media de la tarde, que había dado el aviso y que la Escuadra estaba saliendo.—Como yo sabía que á la Escuadra norteamericana se la esperaba en Curazao, donde desde el día 13 tiene el Almirante Sampson dos telegramas aguardándole, y sé que la Compañía del cable francés ha telegrafiado á sus agentes en La Guayra, Puerto Cabello y Curazao, abriendo un crédito ilimitado para telegrafiar á dicho Almirante, expedí una persona de confianza que llevase instrucciones precisas á nuestro Cónsul en la Guayra, Sr. Perera, y encargándole tuviese preparado uno de los prácticos del puerto, que son casualmente españoles, para que si se avistaba nuestra Escuadra lo despachase en el acto, para prevenir al Almirante Sr. Cervera de todo esto, así como de que en el puerto de Guanta, al lado de Barcelona de esta República, hay carbón disponible. Tuve conocimiento, reservadamente, aquel mismo día 15, de que el corresponsal aquí de *New-York Herald*, había recibido un telegrama de este periódico pidiéndole telegrafiase si la Escuadra española estaba en Barranquilla (Colombia), lo que prueba que ya calculaban en los Estados Unidos que nuestros buques estaban sobre las islas de Sotavento y Colón.—Todos los informes reservadísimos los he obtenido por diferentes personas ansiosas de probarme su adhesión á España, y ninguna de estas confidencias ha costado un solo céntimo á esta Real Legación.—El 16 me telegrafió el Cónsul de Curazao que el Vicecónsul de España en Puerto Plata (Santo Domingo), le avisaba la llegada de la flota norteamericana; y en el mismo día dirigí á V. E. un telegrama cifrado diciendo: «Escuadra española compuesta (de) seis buques, ha conseguido (en) Curazao solamente 300 toneladas (de) carbón, zarpando ayer avisada por mí (que) flota de los Estados Unidos (la) está esperando (en el) Canal (de la) Mona.»—«Flota de los Estados Unidos está en Puerto Plata (y es) esperada (en) Curazao y Venezuela. Carbón disponible en Guanta.»—Hoy me ha trasmitido el Cónsul en Curazao un telegrama de nuestro Cónsul general en Santo Domingo con clave 74, que aquél no tiene, descifrado por el señor Secretario de esta Real Legación que, afortunadamente, posée admirablemente las claves del Ministerio del digno cargo de V. E. para cifras; decía: «Flota enemiga salió sábado Samaná,» y no entiendo si este telegrama se refiere á un movimiento anterior ó nó, á la llegada el 16 (lunes) de dicha flota á Puerto Plata.—También he recibido un telegrama del señor Gobernador General de Puerto Rico, preguntándome si tengo clave núm. 74, al que, confiando en los conocimientos de criptografía del Secretario de esta Real Legación, Sr. Mariategui, he contestado que sí.—En cambio, el Cónsul en Curazao ha recibido y me ha trasmitido un telegrama del Sr. Comandante General de la Habana, Contraalmirante Manterola, y otro del Sr. Comandante General de Marina de Puerto Rico, uno ayer y otro hoy, en clave naval, que ni él ni yo hemos podido entender.—He prevenido á una y otra autoridad me telegrafien en clave del Ministerio de Estado, sin obtener respuesta hasta ahora. Ha llegado hace ocho días á esta capital un Oficial norteamericano, como agregado militar á la Legación, y él y su Ministro trabajan mucho, haciendo el primero excursiones al vecino puerto de la Guayra; pero no les pierdo de vista y haré cuanto pueda para desbaratar sus planes.»—De R. O. comunicada por el Sr. Ministro de Estado, lo traslado á V. E. para su conocimiento y efectos oportunos. Dios guarde á V. E. muchos años.—Palacio 17 de Junio de 1898. El Subsecretario, *L. Polo de Bernabé*.

El Ministro (Auñón) al Comandante del «Terror» *(Martinica)* y al de Marina de Santiago de Cuba (1).

Madrid 19 Mayo 1898.

«Si tuviesen medios de comunicar con Almirante nuestra Escuadra, manifiéstele que Gobierno anula telegrama sobre vuelta á España.»

El M. de España en El Haya al de Estado (Gullón) (2).

El Haya 19 Mayo 1898.

«Ministro plenipotenciario Estados Unidos ha llamado la atención del Gobierno holandés sobre la cantidad de carbón facilitado en Curazao á Escuadra española, creyendo fueron más que las 400 toneladas. Insistió en que la isla no se convierta en base de operaciones.»

El Almirante (Cervera) al Ministro (Auñón).

Santiago de Cuba 19 Mayo 1898.

«Esta mañana ha entrado en este puerto la Escuadra. Tengo necesidad limpiar máquinas y calderas, viéndome obligado á permanecer aquí algunos días; además, necesitaré más combustible del que existe.»

El Almirante (Cervera) al Capitán General de Cuba (Blanco).

Santiago de Cuba 19 Mayo 1898.

«Hoy he fondeado en este puerto desde donde le saluda

---

(1) Este telegrama lo conocí en Santiago de Cuba el día 20.
(2) No conocí este telegrama hasta mucho después de mi vuelta á España.

toda esta Escuadra, deseosa de cooperar á la defensa de la Patria.»

El Almirante (Cervera) al Comandante General Apostadero (Manterola).

Santiago Cuba 19 Mayo 1898.

«Esta mañana he fondeado en este puerto, teniendo el gusto de quedar á su disposición.»

El Ministro (Auñón) al Almirante (Cervera).—*Cuba*.

Madrid 19 Mayo 1898.

«Encargado Ministerio felicito V. E. y Escuadra por hábil maniobra. Ordeno General Apostadero provéale de cuanto necesite. Proceda acuerdo Gobernador General y déme frecuentes noticias.»

Capitán General de Cuba (Blanco) al General Linares.—*Cuba*.

Habana 19 Mayo 1898.

«Sírvase V. E. manifestar señor Almirante Cervera, que le felicito por su feliz llegada y habilísima derrota y le ofrezco mi cooperación en todo y por todo, excusando decir á Vuecencia que se la preste desde luego y en absoluto. Mis últimas noticias son: Escuadra Sampson en Samaná y Puerto Plata. Escuadra volante en marcha de Charleston á Cayo Hueso, donde calculo debe hallarse hoy.»

Comandante General Apostadero (Manterola) al Almirante (Cervera).—*Cuba*.

Habana 19 Mayo 1898.

«Recibido su telegrama; al saber su llegada por Comandante Marina, me apresuré á felicitarle en nombre de todos por su feliz arribo. Por noticias recibidas, Escuadra americana de evolución debía salir para Cayo-Hueso unida á la de Sampson buscar á la nuestra. Bloquean esta capital un trasporte dos cruceros y un cañonero.»

El Capitán General de Cuba (Blanco) al M. de la Guerra (Correa) (1).

Habana 20 Mayo 1898.

«Según dije á V. E. llegó á Santiago de Cuba Escuadra Cervera, menos *Terror* que quedó Martinica con *Alicante*, ambos bloqueados por buques enemigos que los acechan.—Escuadra sin víveres ni carbón que toma allí, donde no podrá permanecer mucho tiempo, pues se expondrá á ser bloqueada, completamente incomunicada, limitando escasos recursos plaza.—Si hubieran venido con ella *Pelayo, Carlos V* y flotilla torpederos, podría intentar algo importante y contribuir poderosamente defender islas; pero, reducida como viene, tiene que EVITAR CHOQUE, limitándose á maniobras que no la comprometan y que no podrán ser de grandes resultados.— Tampoco ha traído ningún trasporte con carbón y víveres, que tan útiles nos hubieran sido, así como armas y municiones.»

El Almirante (Cervera) al Ministro (Auñón).

Santiago Cuba 20 Mayo 1898.

«Pienso alistar los buques en el menor tiempo posible, porque á mi juicio Santiago de Cuba pronto estará en situación difícil si no se le envían recursos.»

El Ministro (Auñón) al Almirante (Cervera).—*Cuba.*

Madrid 20 Mayo 1898.

«Anúnciase invasión de la isla de Cuba para últimos días de la próxima semana (con 28.000 hombres). Apostados buques enemigos al Sur de Santiago de Cuba y San Thomas, y próximos Martinica para apresar *Terror* y *Alicante*.—(El enemigo supone poder defensivo Puerto Rico muy débil.)» (2)

El Comandante General Apostadero (Manterola) al Almirante (Cervera).—*Cuba.*

Habana 20 Mayo 1898.

«Urge mucho avisar al Almirante de la Escuadra sale hoy mismo vapor inglés con tres mil carbón Cardiff para Curazao,

---

(1) Este telegrama lo conocí mucho después de mi vuelta á España.
(2) Lo entre paréntesis no fué trasmitido á Santiago de Cuba.

según orden superior, llevando telegrama urgente Ministro de Marina; cónsul San Thomas dice Escuadra enemiga reforzada otra Cayo-Hueso marcha al encuentro nuestra en la dirección Martinica.»

El Almirante (Cervera) al Comandante General Apostadero (Manterola).

Santiago de Cuba 20 Mayo 1898.

«Estos buques necesitan recorrer la máquina. Desconozco composición de las Escuadras enemigas y distribución de sus demás fuerzas navales cuyas noticias agradeceré á V. E.— También suplico á V. E. que me diga si ha recibido municiones de 14 ú otros pertrechos para esta Escuadra y si Cienfuegos tiene recursos y comunicación por tierra con esa capital. Me parece que hace falta enviar en seguida aquí carbón y muchos víveres. Agradecemos mucho la felicitación de V. E. y personal de este Apostadero.»

El Comandante del «Terror» al Almirante (Cervera).—*Cuba.*

Fort de France 20 Mayo 1898.

«Concluída composición calderas.»

El Almirante (Cervera) al Comandante del «Terror»

Santiago de Cuba 20 Mayo 1898.

«Felicito á V. por composición calderas. Cuando pueda trasladarse á Puerto Rico con relativa seguridad, salga; pero tenga entendido que actualmente hay buques enemigos apostados en San Thomas, para perseguirlo y al *Alicante*. Avise al *Alicante*.»

El Ministro (Auñón) al Almirante (Cervera).—*Cuba.*

Madrid 21 Mayo 1898.

«Recibido su telegrama. Dígame si recibió carbón suficiente (1) *y si tiene noticias del Terror.*—En Londres tiene á su disposición 30.000 libras.»

El Ministro (Auñón) al Almirante (Cervera).—*Cuba.*

Madrid 21 Mayo 1898.

«Se apremia á nuestros trasatlánticos de Martinica y Puerto Rico para que le lleven carbón y al Jefe Marina comisionado en Kingston (Jamaica), al que se le previene se ponga á sus órdenes.»

El Ministro (Auñón) al Almirante (Cervera).—*Cuba.*

Madrid 21 Mayo 1898.

«Me comunican que flota Sampson salió del puerto de Cayo Hueso anoche.»

El Almirante (Cervera) al Ministro (Auñón).

Santiago de Cuba 21 Mayo 1898.

«Felicitamos á V. E. por su elevación al Ministerio, de la que esperamos grandes resultados.—Santiago de Cuba está muy escaso de víveres, y si no los recibe sucumbirá.—Como esta Escuadra es muy inferior á la americana, no podremos aceptar un combate decisivo, que seria derrota segura, y si somos bloqueados antes de hacer carbón que está (escaso) *dificultoso*, (2) sucumbiremos con la plaza. Si vienen víveres se podrá resistir mientras duren.»

El Ministro (Auñón) al Almirante (Cervera).—*Cuba.*

Madrid 21 Mayo 1898.

«Su Majestad me manda que en su Real nombre felicite Vuecencia por pericia demostrada y salude tripulaciones Escuadra, cuyos movimientos sigue con interés.»

---

(1) En el impreso falta lo que va en bastardilla.
(2) En el impreso falta lo que va en bastardilla, y sobra lo entre paréntesis, para que sean los textos originales.

El Almirante (Cervera) al Ministro (Auñón).

Santiago de Cuba 21 Mayo 1898.

«Ayer se ha recibido telegrama del *Terror* participando estar compuestas sus calderas. Lo he mandado vaya Puerto Rico, si se presenta la oportunidad, notificándole los enemigos que están acechando actualmente.»

El Almirante (Cervera) al Ministro (Auñón).

Santiago Cuba 21 Mayo 1898.

«Ruego á V. E. se sirva manifestar á S. M. nuestra profunda gratitud y adhesión aspirando sólo á hacernos dignos de sus distinciones.»

El Capitán General Cuba (Blanco) al General (Linares).—*Cuba.*

Habana 21 Mayo 1898.

«Diga Almirante Cervera que buque inglés con carbón salió ya Curazao para Santiago de Cuba y puede V. E. después utilizar dicho barco para víveres.»

El Comandante General Apostadero (Manterola) al Almirante (Cervera).—*Cuba.*

Habana 21 Mayo 1898.

«Guantánamo, la Mulata, Cárdenas, Matanzas, Mariel y Nipe tienen torpedos Bustamante, el último dudoso. Cienfuegos y Habana torpedos eléctricos.»

El Comandante General Apostadero (Manterola) al
Almirante (Cervera).

Habana 21 Mayo 1898.

«Cienfuegos tiene recursos y comunicaciones por tierra con esta capital. Anticipo esto y mañana satisfaré demás preguntas.»

El Comandante General Apostadero (Manterola) al Almirante (Cervera).

Habana 21 Mayo 1898.

«Las fuerzas enemigas se componen de siete cruceros, y son: *Brooklyn, Massachusetts, Minneapolis, Columbia, New-York, Indiana, Yowa* y *Oregon*. Próximo á llegar dos de 6.000 toneladas que son *Texas, Puritan;* cinco de tres á cuatro mil; siete de una á dos mil; seis torpederos de 127 á 180 y algún más crucero que se han visto sobre Habana y Cienfuegos. Además crecido número de remolcadores y trasportes, mejor ó peor armados, pero de buena marcha, número que se hace pasar de 60, sin que me sea posible negar ó afirmar.—Ahora tenemos frente al puerto, crucero *New-York* é *Indiana, Puritan* y otros cinco cruceros, seis cañoneros y dos avisos.—Sólo hay depósito 150 cargas cañones 14 centímetros. 25 medias cargas de 28. Tres cajas estopines para el *Vizcaya*. En 1.º de Abril dije al Ministro con clave A B 0553: «De los 55 buques que componen esta escuadra, 32 son lanchas de auxilio poco útiles aun para la policía de la costa, referida sólo á las expediciones filibusteras; los dos cruceros están completamente inútiles, *Alfonso XII* sin movimientos propios. *Reina Mercedes* de sus 10 calderas, siete inútiles y tres poco menos. *Marqués de la Ensenada, Isabel II* y *Venadito*, sólo este último navega, los otros no pueden moverse en un mes. *Magallanes* tampoco puede encender los fuegos; los cañoneros convertidos en cruceros, para lo que no fueron construídos, han perdido su marcha, que constituye su primordial defensa.

Trasporte *Legazpi*, andar máximo siete millas. De los cañoneritos de Inglaterra creo excusado decir nada V. E.» Visto *Reina Mercedes*, dará idea de mis fuerzas. *Infanta Isabel* y *Marqués de la Ensenada*, quedarán listos breves días; los cañoneros torpederos *Martín A. Pinzón, Nueva España, Marqués de Molins* y *Vicente Y. Pinzón,* pueden utilizarse, mejor dicho, moverse.—Víveres para dos meses esta escuadra y la del digno mando de V. E.—Carbón nuestro 9.000 toneladas y embargado el de particulares que llegará á 20.000.—Confiado en su llegada con toda la Escuadra y numeroso convoy de víveres, pertrechos de todas clases y escuadrilla de torpederos, su arribo tal como es, me obliga á expresarle la necesidad de saber y poner en conocimiento del Capitán General si vienen más buques y convoyes, para caso de no poder contar con nada más que lo que tenemos, combinar un plan con V. E. y dicha autoridad para unir lo que poseemos del modo más eficaz que aconsejen las circunstancias; no se dispone para ello de un solo buque de marcha, ni nuestro, ni particular, y el de más andar, el *Santo Domingo*, por rumbo en sus fondos está en dique.—Espero su contestación.»

EL ALMIRANTE (CERVERA) AL MINISTRO (AUÑÓN).

Santiago de Cuba 22 Mayo 1898.

«He tenido necesidad de contratar fogoneros para aumentar dotaciones, insuficientes para este servicio extraordinario.»

EL MINISTRO (AUÑÓN) AL ALMIRANTE (CERVERA). — *Cuba.*

Madrid 22 Mayo 1898.

«Reitero mis telegramas 26 Abril y 12 Mayo diciéndole en cada uno que tiene á su disposición en Londres, casa Mildred Goyeneche 15.000 libras.»

El Almirante (Cervera) al Ministro (Auñón).

Santiago de Cuba 22 Mayo 1898.

«Continuamos limpiando las máquinas y calderas, que es de absoluta necesidad. Estamos haciendo carbón que no hay bastante para rellenar, pero si llega el vapor de carga salido de Curazao, rellenaremos y sobrará algo.—Del *Terror* trasmití noticia telegráfica ayer.»

El Almirante (Cervera) al Comandante General Apostadero (Manterola).

Santiago Cuba 22 Mayo 1898.

«He recibido su telegrama cifrado notificándome lastimoso estado de sus fuerzas navales. Creo que no podrán venir más de España, porque no quedaban disponibles más que *Carlos V, Alfonso XIII* y algunos cazatorpederos y torpederos. *Pelayo* creo que no tendrá instalada su artillería mediana. Podrían venir con recursos alguno de los vapores trasatlánticos adquiridos, que creo son cuatro y andan bien. Mi venida ha sido algo casual, pues conforme á las instrucciones debía ir Puerto Rico. De convoy creo que no se haya pensado nunca, puesto que siempre se me ha hablado que aquí encontraría de todo. Quizá estas ideas hayan cambiado con la crisis Ministerial.»

Capitán «Alicante» (Genis) al Almirante (Cervera).

Fort de France 22 Mayo 1898.

Marqués Comillas díceme salga para ahí dejar carbón; el Comandante cazatorpedero dar aviso de parte V. E. que buques enemigos apostados para perseguirme. Ruego á V. E. de darme instrucciones para hacer viaje.

El Almirante (Cervera) al Capitán «Alicante» (Genis).

Santiago Cuba 22 Mayo 1898.

«No salga por ahora.»

El Comandante principal de Puerto Rico (Vallarino) al Comandante Marina Santiago Cuba.

San Juan 22 Mayo 1898.

Vapor inglés *Restamel* tres mil toneladas Cardiff para Escuadra, salió ayer Curazao para ese puerto; anda siete millas.»

El Ministro (Auñón) al Almirante (Cervera).—*Cuba.*

Madrid 23 Mayo 1898.

«Apruebo aumento fogoneros.—Salió carbón Puerto Rico para esa.—Hay 3.000 toneladas en Cienfuegos.—Salió Escuadra enemiga Almirante Schley de Cayo Hueso para Sur Cuba dia 20 noche y después la de Sampson. Créese (cuatro) monitores y algunos cruceros guardan canal de Yucatán.—Si vapor trasatlántico armado *Alfonso XIII* llega con carbón y víveres, puede, si le conviene, incorporarlo Escuadra: dígolo Comandante General del Apostadero. Si imposibilidad pasar canales conviniera rodear ó hacer diversión sobre costa enemiga, puede hacerlo, mas no se considere obligado.»

El Capitán General Cuba (Blanco) al M. de la Guerra (Correa).

Habana 23 Mayo 1898.

«Ayer reforzado enemigo linea bloqueo hasta 21 barcos, de ellos tres acorazados; hoy hay solamente seis. Tres acorazados frente á Cienfuegos.»

El Capitán General Cuba (Blanco) al General (Linares).—*S. de Cuba.*

Habana 23 Mayo 1898.

«Hoy 12 buques enemigos frente Cienfuegos.»

El Capitán General Cuba (Blanco) al General (Linares)—*S. de Cuba.*
Habana 23 Mayo 1898.

De los barcos que ayer había frente Habana, se han dirigido hacia barlovento, acorazado *Indiana*, crucero acorazado *New-York*, crucero *Montgomery*, aviso *Dolphin*, cañonero grande *Wilmington* y otros cruceros.»

El Capitán General Cuba (Blanco) al General (Linares).—*S. de Cuba.*
Habana 23 Mayo 1898.

«Desde las diez de esta mañana está libre de barcos enemigos casi todo horizonte Habana, quedando sólo cuatro cañoneros poco importantes á barlovento; los que faltan salieron hacia dicha dirección de barlovento.»

El Capitán General Cuba (Blanco) al General (Linares).—*S. de Cuba.*
Habana 23 Mayo 1898.

«Tengo confidencia desde Montreal de que Escuadra Schley sale para Sur de Cuba, después Sampson y que cuatro monitores y algunos cruceros guardan estrecho Yucatán.—No hay novedad en Puerto Rico, y ayer salió para ese puerto desde Curazao vapor inglés con carbón. Me limito á trascribirlo á V. E., y ya le he participado los barcos que había frente Habana esta tarde.»

El Almirante (Cervera) al Comandante principal Puerto Rico (Vallarino).
Santiago Cuba 23 Mayo 1898.

«El vapor trasatlántico que no salga por ahora.»

El Almirante (Cervera) al Ministro (Auñón).

Santiago de Cuba 24 Mayo 1898.

«Pronta la Escuadra dejar el fondeadero en busca recursos de que carece, he reunido á los Comandantes de los buques, quienes (1) *unánimes* opinan: Que dado andar máximo de esta Escuadra reducido á 14 millas por lo sucio *Vizcaya;* el poco carbón que tenemos; situación Escuadras enemigas y condiciones del puerto, el peligro cierto de la salida es muy superior á las ventajas que pudiéramos obtener alcanzando Puerto Rico (1) *único* puerto (más próximo) (2) á donde podríamos dirigirnos. Levantada acta que yo he firmado; esperaré ocasión más favorable si se presenta. Mientras tanto, aprovecharemos los recursos posibles y de acuerdo con el Comandante General (1) *de la división* ejército, contribuiremos defensa puerto y la plaza. Para abastecer ésta se necesita forzar el bloqueo con buques rápidos veinte millas (1) *durante la noche*, conviniendo día y hora para enviar (2) (un bote) fuera del puerto (2) (con) práctico y tener canal franco; por eso he ordenado vapores trasatlánticos de Puerto Rico y Martinica no salgan pues (1) *seguramente* (2) (según las noticias) serían apresados.»

ACTA

El día 24 de Mayo de 1898, llamados por el Almirante, se reunieron en la cámara de éste, el General segundo Jefe, los Comandantes de los acorazados, el Jefe del E. M. y el de la primera división de torpederos.

El Almirante dió conocimiento de las noticias recibidas desde la tarde de ayer, procedentes del General Gobernador de la isla, del Comandante General del Apostadero y del Gobierno de S. M., que aseguran que la Escuadra del Almirante Schley salió de Cayo Hueso el día 20 del corriente con rumbo al Sur de la Isla de Cuba, y que la Escuadra del Almirante Sampson se encontraba ayer á la vista de Cienfuegos, componiendo cada una de ellas fuerza muy superior á la de esta Escuadra, y como quiera que la permanencia durante el día de ayer de cuatro buques á la boca del puerto, prueban la exactitud de las noticias, expuso la necesidad de oir las opi-

---

(1) Las palabras y frases en bastardilla no están en el impreso.
(2) Las que están entre paréntesis no se pusieron en el telegrama que se expidió.

niones sobre lo que pudiera hacerse que fuese más acertado con la Escuadra.

Las disposiciones tomadas desde el día de ayer, fueron las convenientes para salir al amanecer con rumbo á Puerto Rico, donde se habían puesto los telegramas necesarios para detener en aquel puerto al buque carbonero y al trasatlántico *Alfonso XIII,* que el telegrama del Gobierno ponía á disposición de la Escuadra.

La situación de las fuerzas enemigas, su número é importancia, hicieron que unánimemente se considerase imposible la realización de este plan, dado que el andar máximo de esta Escuadra puede calcularse en catorce millas, por ser éste el del *Vizcaya,* como consecuencia del estado de suciedad de sus fondos, teniendo en cuenta que los buques sólo han podido repostarse de la tercera parte de su combustible, considerando que las condiciones del puerto obligan en la salida á que ésta se efectúe uno á uno á poca velocidad, lo que pudiera obligar á tener que retroceder al que, ó los que primero saliesen, aunque sólo fuese para un reconocimiento, con la consiguiente pérdida de fuerza moral, todos los Jefes expresados fueron de opinión de que el peligro cierto de la salida era muy superior á las pocas ventajas que pudieran obtenerse logrando alcanzar el puerto de San Juan de Puerto Rico, hacía considerar necesario abandonar este proyecto y el continuar en este puerto repostándose de todo lo necesario y de que haya existencias, con el fin de utilizar cualquier circunstancia que pudiera presentarse para salir del puerto, hoy bloqueado con fuerzas tan notoriamente superiores.

Todos los Jefes expresados fueron igualmente de opinión de que la situación en que hoy se encuentra esta Escuadra, la obliga á permanecer en este puerto.

Pascual Cervera.—José de Paredes.—Juan B. Lazaga.—Víctor M. Concas.—Fernando Villaamil.—Joaquín Bustamante.—Antonio Eulate.—Emilio Díaz Moreu.

El Capitán General Cuba (Blanco) al General (Linares).—*S. Cuba.*

Habana 24 Mayo 1898.

«*Oregon* llegó Cayo Hueso; Escuadra volante marcha sobre Santiago de Cuba y Sampson piensa llegar también mañana si aviso no le notifica movimiento Escuadra Cervera. Si éste no gana horas podría verse encerrado.»

El Comandante del «Terror» al Almirante (Cervera)

Fort de France 24 Mayo 1898.

«Mañana madrugada salgo.»

Centro Consultivo de la Armada.—*Particular.—Madrid 24 Mayo 1898.—Excmo. Sr. D. Pascual Cervera.*—Mi querido General y amigo: Sólo le pongo estos renglones para darle mi más sincera enhorabuena por haber llegado con felicidad á ese puerto de Santiago de Cuba con la Escuadra de su digno mando, pudiendo asegurarle que mi alegría al saber su llegada á esa ha sido muy grande, porque pensaba inevitable el encuentro con alguna de las dos Escuadras enemigas que cruzaban por esos mares, y como ambas son muy superiores en fuerzas á la de su mando, era de temer que, aunque gloriosamente, fuera vencida y destrozada.

Gracias á su hábil derrota, á sus acertadas disposiciones y sobre todo á la Divina Providencia, no tenemos hoy que lamentar la vida de numerosas víctimas y de los mejores buques de nuestra escasa Marina.

Por ello le felicito de todo corazón, lo mismo que á todos los tripulantes á sus órdenes y pido á Dios continúe favoreciéndolos.

Consérvese bueno, sírvase dar mis cariñosos recuerdos á su hijo Angel y cuente siempre con el afecto de su afectísimo amigo, q. b. s. m.—Antonio de la Rocha.

Madrid (La Concepción) 16 de Noviembre de 1898.—Excelentísimo Sr. D. Antonio de la Rocha.—Mi querido General y amigo: Devuelta de la isla de Cuba, recibí anteayer su cariñosa carta de 24 de Mayo, que he agradecido mucho y que me ha causado mucho gusto por ser un documento precioso en primer término para mí y después para V. y todos los Generales que en la Junta magna votaron la ida de la Escuadra á las Antillas.

Ayer estuve en el Ministerio para dar á V. las gracias y hablarle de esto, y no lo encontré, sintiendo la causa de ello y por eso le escribo, en la imposibilidad de ir hoy ni mañana á su casa, para desearle alivio é iniciarle lo que pienso de su carta y lo que me propongo hacer.

La carta es interesantísima para mí, porque al decir usted que *pensaba inevitable el encuentro con alguna de las dos Escuadras enemigas que cruzaban por aquellos mares, y como eran ambas muy superiores en fuerza á la de mi mando, era de temer que, aunque gloriosamente, fuera vencida y destrozada,* se demuestra que no era sólo mi opinión, sino también de mis compañeros, y aleja por completo toda duda de que nosotros fuimos empujados á segura destrucción, punto que á mí me importa mucho aclarar.

Es importante para V. y sus compañeros de voto, porque al demostrarse que á pesar de que creían ustedes que la Escuadra marchaba á la derrota, votaban ustedes que saliera, se pone de manifiesto que no la ignorancia ni la ligereza, sino móviles mucho más elevados eran los que impulsaban á ustedes, y aun cuando yo creo que esos móviles no han debido hacer variar sus votos de ustedes, es consolador ver ese espíritu de sacrificio en el Cuerpo, aun cuando hubiera de hacerse por otros que los votantes.

Falta decir á V. lo que me propongo hacer, que no es otra cosa que conservar su carta como valiosa joya, y hacer que su contenido conste en mi declaración.

Y repitiéndole cuanto le deseo el alivio, queda suyo afectísimo amigo y compañero, q. b. s. m.—Pascual Cervera.

El Almirante (Cervera) al Ministro (Auñón).

Santiago de Cuba 25 Mayo 1898.

«Estamos bloqueados; califiqué desastrosa nuestra venida para los intereses Patria.—Hechos empiezan darme razón.—Con la desproporción de fuerzas es absolutamente imposible ninguna operación eficaz.—Tenemos víveres para un mes.»

El Ministro (Auñón) al Almirante (Cervera).-*S. Cuba.*

Madrid 25 Mayo 1898.

«*Recibido su telegrama* A D 0391. *Apruebo su determinación confirmándole facultades amplias que tiene así como confianza Gobierno. La Escuadra no debe ser sacrificada inútilmente.—Estudio atrer los buques enemigos á sus costas. No tenemos buques 20 millas, pero si supiese de alguno, use facultades amplias para realizar la operación que propone. ¿Sabe usted el paradero del* «*Furor*» *destructor?*» *(1)*

El Capitán General de Cuba (Blanco) al General (Linares).—*S. de Cuba.*

Habana 25 Mayo 1898.

«*Urgente.*— Telegramas particulares de los Estados Unidos dicen se proponen encerrar nuestra Escuadra ahí y convendrá vigilar la boca para evitar la realización de tal propósito.»

El Almirante (Cervera) al Comandante General de la División de Ejército de S. de Cuba (Linares).

Reservado.—Excmo. Sr.: Tengo el honor de acusar á Vuecencia recibo de sus dos oficios reservados sobre los movimientos de las Escuadras enemigas, por los que le doy mu-

---

(1) Este telegrama, que es contestación al mío del día 24, página 112, ha sido suprimido totalmente en el impreso.

chas gracias.—Lamentable es en extremo que la Escuadra no saliera ayer, encendida como estaba; pero noticias llegadas del Gobierno afirmaban que la Escuadra Schley había salido para aquí en la noche del 20 y le seguía la de Sampson, por lo que todos los Capitanes de Navío de esta Escuadra opinaron unánimemente que la salida era improcedente, y por la penuria de carbón que tenemos mandé apagar los tres quintos de las calderas.—Como estos buques necesitan muchas horas para encender, no estarían listos antes de la noche, y ya sería tarde, con la agravante del consumo, no despreciable, de carbón. Por estas razones no queda por ahora otro camino que seguir, que tomar posiciones, conforme convenimos ayer, para defender el puerto y la plaza, si intentan forzar la entrada.—Ya está el *Colón* en su sitio y dentro de un rato estará éste; los otros irán entre esta tarde y mañana, por la necesidad de tomar agua para las calderas.—Pienso procurar aprovechar otra ocasión, si se presenta, pero como no puedo aspirar con tan cortas fuerzas, á realizar ciertas operaciones, todo se reducirá á cambiar de puerto, donde también seré bloqueado.—Es de sentir que la mala suerte me haya traído á este puerto, tan falto de recursos, y que elegí de preferencia, porque como no había sido bloqueado, lo suponía abundante de víveres, carbón y pertrechos de todas clases; y aun cuando siempre creí que sería bloqueado, me lisonjeaba tener así inutilizada la mayor parte de la flota enemiga, único servicio eficaz que se puede esperar de esta reducida y mal armada Escuadra.—Suplico á Vuecencia trasmita estas explicaciones al Excmo. Sr. Capitán General, como representante supremo de la Nación, para que conozca las causas de mi aparente inacción.—Dios guarde á Vuecencia muchos años.—Santiago de Cuba 25 de Mayo de 1898. Excelentísimo señor.—PASCUAL CERVERA.

EL COMANDANTE GENERAL DE LA DIVISIÓN DE EJÉRCITO (LINARES) AL ALMIRANTE (CERVERA).

Reservado.—Excmo. Sr.: He recibido el atento escrito de Vuecencia sirviéndose acusar recibo de otros dos míos anteriores y manifestándome su deseo de que el Excmo. Sr. Capitán General de la Isla conozca las razones que ha tenido Vuecencia para no zarpar de este puerto con la Escuadra de su digno mando, las cuales he trasmitido á la referida autoridad por medio del cable, procurando extractar fielmente el contenido de dicho escrito.—Lo que tengo el honor de participar á V. E. para su conocimiento, remitiéndole copia del cablegrama expedido.—Dios guarde á V. E. muchos años.—Santiago de Cuba 25 de Mayo de 1898.—ARSENIO LINARES.

Copia que se cita.

Santiago de Cuba 25 Mayo 1898.

AL GENERAL EN JEFE.—*Habana.*

«Trasmitidas á Cervera noticias V. E. de ayer y madrugada hoy relativas situación Escuadras americanas, me contesta de oficio para conocimiento V. E. en síntesis lo que sigue: «Lamenta en extremo no haber zarpado ayer amanecer. Acuerdo unánime quedarse fué motivado noticias directas Gobierno asegurándole Escuadra Schley había salido noche 20 rumbo Santiago Cuba seguida de la de Sampson, obligándole penuria carbón apagar tres quintos calderas.—Encender de nuevo, acabar aguada, no le permitiría salir antes entrada noche, lo cual considera ya improcedente.—Decídese por ahora permanecer aquí, rectificando fondeadero barcos, disposición rechazar enemigo si intentara forzar canal.—Siente mala suerte háyale traído este puerto falto de recursos, que eligió circunstancia no estar bloqueado, suponiéndolo abundante víveres, carbón, pertrechos todas clases. Aunque después hubiera sido bloqueado, le lisonjeaba tener inmovilizada mayor parte flota enemiga, único servicio eficaz que puede prestar con su reducida y mal armada Escuadra.—Procurará, añade, aprovechar ocasión salida si se le presenta para cambiar de puerto donde también será bloqueado, porque no puede intentar otra clase de operaciones.—Da á V. E. anteriores explicaciones como representante supremo Nación, para que conozca causas de su aparente inacción.—*Linares.*—Es copia.—LINARES.

EL CAPITÁN GENERAL DE CUBA (BLANCO) AL M. DE LA GUERRA (CORREA).

Habana 26 Mayo 1898.

«(**Entre otras cosas**).—Parece que ayer fué apresado, cerca de Santiago de Cuba, un vapor inglés que llevaba carbón nuestra Escuadra. El *Terror* burló buques americanos en Martinica; ya está en Puerto Rico.»

EL CAPITÁN GENERAL DE CUBA (BLANCO) AL M. DE LA GUERRA (CORREA).

Habana 26 Mayo 1898.

«Almirante Cervera resuelto permanecer por ahora Cuba, vista superioridad enemigo, escasez carbón y deficiencia armamento de sus barcos. Háblase alistarse otra Escuadra Cádiz; si así fuera, seria indispensable vinieran con ella transportes con víveres y carbón, y los cañones, fusiles y municiones pedidas á V. E.»

EL MINISTRO DE MARINA (AUÑÓN) AL ALMIRANTE (CERVERA).—*S. Cuba.*

Madrid 26 Mayo 1898.

«Sírvase trasmitir Comandante General de esa plaza (Linares) siguiente telegrama del Ministro Guerra:—Dígame para cuanto tiempo tiene víveres y si podría recibirlos por tierra, indicándome en este caso á que puerto más próximo podrían enviarse. He preguntado Capitán General si está esa plaza bloqueada también por tierra y no me contesta, necesitando saber para medidas abastecimiento y otras. Dígame si recibió clave de guerra para comunicar con este Ministerio contestando con ella ó por medio Jefe de la Escuadra si no la tiene.»

EL ALMIRANTE (CERVERA) AL MINISTRO (AUÑÓN).

Santiago de Cuba 26 Mayo 1898.

Sírvase trasmitir Ministro Guerra siguiente:—«Podrá subsistir Cuba hasta mediados Julio. Se consumen 350 mil raciones al mes personal; 20.000 maíz, cinco libras una ganado.—Brigada Guantánamo abastecida hasta mediados Junio, consume 200 mil raciones personal; nueve mil maíz ganado.—Baracoa y Sagua Tánamo puertos costa Norte; abastecidos hasta fin Agosto, tienen 900 y 700 hombres respectivamente sin ganado.—Además se necesitan medicamentos para hospitales, especialmente quinina, bismuto.—Cuerpos en Enero actual recibieron consignación Abril año anterior. Generales, Jefes, Oficiales, Comisiones activas, nueve pagas en descubierto con circunstancia, tres de una vez, recibidas en billetes no circulables aquí.—Existe bloqueo por tierra que rompen tropas cada vez que salen, pero no pueden recibirse raciones más que en puertos referidos para respectivas fuerzas.—No he recibido clave para comunicar con V. E.—Tengo gestión hecha para traer Cuba, Guantánamo, víveres dos meses de Halifax Canadá y reses repúblicas Sur.--No espero consigan burlar bloqueo extremado desde llegada Escuadra.—Es indispensable envío alpargatas cerradas 1.800 pares Baracoa, 1.400 Sagua Tánamo, 24.000 Cuba y 16.000 Guantánamo.—LINARES.»

EL CAPITÁN GENERAL DE CUBA (BLANCO) AL GENERAL (LINARES).—*S. Cuba.*

Habana 26 Mayo 1898.

«Comunique Almirante Cervera:—Me entero comunicación V. E. conducto General Linares agradeciéndole mucho su atención. Me parece que si se me hubiese concedido intervención asunto de tal interés, se hubiera logrado mejor éxito, pues nadie mejor que yo pudiera haberle participado estado puertos isla y situación Escuadras enemigas diariamente, datos que hubieran podido ser muy útiles V. E. para realizar sus planes; pero nada se me previno de su derrota ni estaciones y nunca pude comunicar con V. E. aunque procuré hacerlo el 13 á Puerto Rico por si tocaba allí enterándole situación barcos enemigos, como lo hago desde su llegada ese puerto.—Lamento con V. E. que estas causas y deficiencias armamento barcos, le hayan colocado en situación poco lisonjera, siendo de sentir no le hayan acompañado algunos trasatlánticos de andar con víveres y carbón, que es lo que más falta le hace, á mi juicio; pues sin él no le será posible intentar movimiento alguno, de los que su reconocida pericia y valor le inspirarán seguramente. Háblase de estar lista en Cádiz para salir otra Escuadra, lo cual podría resolver problema, pero lo dudo, y si viene también sin carbón ni víveres, valdría más no viniese. De todos modos yo tengo en V. E. profunda confianza y lo espero todo de sus talentos y patriotismo. Su tarea, como la mía, es dura, pues tenemos que hacerlo todo con bien escasos recursos. Cuente V. E. para todo conmigo y con Linares, que vale mucho, y confiemos en Dios.—Recibido noticia llegada *Terror* Puerto Rico salvando todas dificultades.»

EL ALMIRANTE (CERVERA) AL MINISTRO MARINA (AUÑÓN)

Santiago de Cuba 26 Mayo 1898.

«Sírvase trasmitir Ministro Guerra siguiente: Continuación cable anterior, ruego envío 12.000 trajes rayadillo Cuba, 7.000 Guántanamo; 1.000 Baracoa; 1.000 Sagua Tánamo, con correspondiente todos doble muda interior, camisa, camiseta, calzoncillo.—(LINARES).

ACTA

El día 26 de Mayo de 1898, llamados por el señor Almirante se reunieron en su cámara el General segundo Jefe, los Comandantes de los acorazados, el Jefe de E. M. de la Escuadra y el de la División de torpederos.

El Almirante dió conocimiento de las últimas noticias referentes á los movimientos de las Escuadras enemigas y pidió opiniones sobre la conveniencia de salir hoy, aprovechando la circunstancia del mal tiempo reinante; por unanimidad se convino que se debía salir para Puerto Rico y se dió orden de encender todas las calderas y estar listos para las cinco de la tarde.

A las dos de la tarde señaló el semáforo la presencia de tres buques enemigos, lo que, unido á lo que aclaraba el tiempo, decidió al Almirante á volver á convocar á los Jefes citados. Entonces se suscitó la duda, ya apuntada en la reunión de la mañana, de si la marejada reinante permitiría la salida franca de los buques.

Para resolverla, se llamó al práctico llamado Miguel, que es el que ha piloteado á la capitana, el cual, según opinión del Capitán del puerto, es el más inteligente de todos (á excepción del mayor, que se halla enfermo).

Este práctico dijo que no encontraba dificultad para sacar á cualquier hora del día ó de la noche con el tiempo reinante al *Teresa*, al *Vizcaya* y al *Oquendo*, que sólo calan de 7,10 á 7,20 metros, pero que la salida del *Colón*, que cala 7,60, podría ofrecer dificultades á causa de una laja de muy poca extensión que hay sobre la punta del Morrillo, en la que sólo hay 27 y medio pies ingleses de agua. Para que formara mejor juicio sobre el estado de la mar, se le envió á la boca y regresó diciendo que creía muy probable que á causa de la marejada tocara el barco (diera *una culada*, en términos vulgares) sobre la referida laja. En tal estado, el Almirante hizo la siguiente consulta en el supuesto de que la Escuadra ha de salir toda sin dejar en el puerto más que á los cazatorpederos: ¿Conviene arrostrar los riesgos de avería del *Colón* ó no efectuar la salida en espera de que se presenten mejores circunstancias?

Hecha así la pregunta, opinaron por la salida los señores Concas y Bustamante por las razones que más adelante exponen y opinaron que no se debía salir todos los demás señores menos el Almirante, que se reservó su opinión, y de orden suya se levantó la presente acta.

José de Paredes.—Antonio Eulate.—Juan B. Lazaga.— Emilio Díaz Moreu.—Fernando Villaamil.

Voto particular.

Las razones que he tenido para opinar por la salida inmediata de la Escuadra, á pesar del dicho del práctico Miguel, son las siguientes: Mi impresión sobre la situación probable de las Escuadras enemigas, es la que, reasumiendo las suyas, formuló el Almirante. Hoy es casi seguro que no están sobre este puerto; mañana es casi seguro que lo estarán. Partiendo de esta base, que creo muy fundada, he raciocinado del modo siguiente: Nuestra Escuadra, bloqueada por fuerzas superiorísimas, tiene poquísimas probabilidades de salir *unida* forzando el bloqueo. El hacerlo cada buque á la ventura no encaja bien en mi modo de sentir y me parece expuesto á perder alguno ó algunos buques. El salir francamente á presentar combate me parece hasta inhumano, por lo seguro de la derrota, é impolítico, porque sería proporcionar un triunfo fácil al enemigo. Fuera de esto, no se me alcanza más recurso que el capitular como la plaza, cuando al cabo de un mes ó poco más nos encontremos faltos de víveres, pues estamos completamente bloqueados por mar y por tierra. Y esta solución última es para mí más inadmisible aún que las anteriores.

Esta es, á mi juicio, la situación en que se encuentra la Escuadra, y ante su inmensa gravedad, opto por la salvación de tres de sus buques, aun corriendo el riesgo de la pérdida marinera del cuarto, tanto más cuanto que no creo tan inminente esta pérdida, pues los prácticos siempre dejan un margen de seguridad ó resguardo y lo mismo hacen los hidrógrafos. El *Colón* cala, según manifestó su Comandante, 7,60 metros, que son 24,93 pies ingleses. La laja, según el práctico, tiene 27,50 y es de cortísima extensión (según indicaba, materialmente menor que la manga del salón del Almirante). Queda, pues, un margen de *dos y medio* pies ingleses largos y la marejada no me pareció excesiva esta mañana, que estuve en la boca del puerto y soplaba más el viento. Pudiera, pues, suceder que el *Colón* pasara sin que le cogiera un golpe de mar sobre la laja, y aun cuando le cogiera y tocara, no por eso sería seguro que la avería resultante le imposibilitara de seguir viaje y, sobre todo, repito que, dentro del orden de las probabilidades, creo preferible que el *Colón* (el que á mi juicio hubiera debido salir al último) se quedara perdido en la boca del puerto, á lo que temo que nos espera. Esta es mi opinión que deseo en verdad sea equivocada, pero me la dicta mi conciencia y no puedo reservarla.—*Joaquín Bustamante.*

Aceptando por completo el voto del Capitán de Navío señor Bustamante, agregaré que la Escuadra enemiga que viene de Cienfuegos y que esperábamos esta mañana, detenida seguramente por el temporal, puede estar aquí al amanecer, desde cuyo momento el bloqueo habrá que romperlo contra fuerzas inmensamente superiores, aun sin contar con la otra Escuadra que se anuncia que viene por el canal viejo.

Para hacerse cargo de la gravedad de la situación de la plaza, hay que tener en cuenta que al Ejército y á la Marina se le deben once meses de sueldo, que el primero debe casi tanto de sus provisiones y que el comercio no quiere aumentar la deuda, estando como está la retirada en la mente de todos y de hecho la Hacienda fuera de nuestras manos por la autonomía. Por consiguiente, Santiago de Cuba, bloqueado por tierra y por mar, está sitiado por sí mismo, que es el bloqueo más efectivo, pues no hay víveres ni nadie hace nada por traerlos. Por consiguiente, la capitulación se impondrá en un plazo brevísimo, arrastrando con ella á la Escuadra.

Del mismo modo que el Capitán de Navío Bustamante, considero muy lejano el peligro del *Cristóbal Colón,* y si bien en tiempo ordinario no debiera salir, y quizás ni haber entrado, hoy las circunstancias imponen que se corra el riesgo, hasta de pérdida total, que considero remotísimo, pues el plazo de veinte ó veinticinco días que nos quedan, no es suficiente para esperar ni una ocasión ni un cambio de circunstancias.—Santiago de Cuba Mayo 26, 1898.—*Víctor M. Concas.*

Considero que las circunstancias, no son tan extremadas para exponernos á perder el *Colón* por la mar que hay en la laja, en que la *Gerona,* de menos calado que él, perdió parte de la zapata, y en espera de que calme la mar y se presente otra ocasión, se suspende la salida.—CERVERA.

EL ALMIRANTE (CERVERA) AL MINISTRO (AUÑÓN).

Santiago de Cuba 27 Mayo 1898.

«Ayer pensé forzar el bloqueo aprovechando temporal, pero el mejor práctico opinó que el *Colón* corría gran riesgo de tocar en una laja que hay en la boca del puerto, donde *Gerona* perdió zapata. No encontré justificado correr este riesgo, suspendiendo salida de acuerdo con segundo Jefe y Comandantes, excepto Jefe Estado Mayor y el del *Infanta María Teresa* que opinaron en contrario. —Aquí no hay buques suficientemente rápidos para forzar bloqueo.»

EL MINISTRO (AUÑÓN) AL ALMIRANTE (CERVERA).

Madrid 28 Mayo 1898.

«*Recibido su telegrama día 27* (1).—Adviértole que el enemigo intenta sumergir cascos entrada del puerto.»

EL GENERAL EN JEFE (BLANCO) AL M. DE LA GUERRA (CORREA).

Habana 28 Mayo 1898.

«(**Entre otras cosas**).—Aunque V. E. tiene ya noticias directas Santiago de Cuba, creo oportuno manifestarle que aquella división es la que he procurado atender mejor á causa alejamiento Habana y probabilidades ataque ó bloqueo americanos é insurrectos, reforzándola hasta cuatro batallones, tres escuadrones, una batería montaña Krupp, cuatro compañías ingenieros, diez piezas posición, cuarenta y siete plaza y correspondientes tropas auxiliares.—Además de las partidas de víveres satisfechas aquí en letras de cambio contra el Ministerio, le he remesado 166.000 pesos oro, 10.000 plata, 100.000 billetes y le he situado 100.000 pesos en Madrid y 10.000 libras en Birminghan; de todo lo cual y de otros particulares referentes á la defensa, tengo dada cuenta á V. E. detalladamente de oficio. Donde urgen más las provisiones es en Gibara y Nuevitas.—Presencia Escuadra Cervera hecho mucha impresión americanos, que han puesto siete barcos sobre Santiago de Cuba.» (2)

(1) Lo que va en bastardilla no está en el impreso.
(2) Hay la seguridad de que lo que llegó á Santiago de Cuba fué mucho menos.

El Capitán General de Cuba (Blanco) al M. Guerra (Correa).

Habana 28 Mayo 1898.

«Dice General Linares que llegaron ayer doce buques enemigos frente Cuba á unas 15 millas, desapareciendo hacia O. menos uno.»

El Almirante (Cervera) al Ministro (Auñón).

Santiago de Cuba 28 Mayo 1898.

«El puerto está bloqueado por Escuadra enemiga más poderosa que la nuestra y estamos en acecho para aprovechar la ocasión de forzar el bloqueo.—Mientras, tenemos vigilancia para frustrar propósitos enemigo. En estas condiciones el combate sería desigual, por lo que procuraré evadirlo si puedo.—El carbón se embarca despacio.»

El Almirante (Cervera) al Comandante General División Ejército Cuba (Linares).

Excmo. Sr.: He recibido el oficio de V. E. fecha 26 en que me trasmite las reflexiones del Excmo. Sr. General en Jefe, al que suplico dé muchas gracias en mi nombre por todo.—Yo veré si puedo salir de este mal paso, pero me desespera la lentitud del carbón y sin una razonable provisión, nada se puede intentar.—Vigilamos constantemente la boca del puerto y creo que cualquier empresa contra nosotros, fracasará por las disposiciones de V. E. y concurso nuestro.—Ojalá tuviéramos los medios que hacen falta.—Dios guarde á V. E. muchos años.—Santiago de Cuba 28 de Mayo de 1898.—Excelentísimo señor—Pascual Cervera.

El Capitán General de Cuba (Blanco) al M. Guerra (Correa)

Habana 29 Mayo 1898.

«Según noticias traídas prisioneros cangeados, ha causado sensación Estados Unidos llegada nuestra Escuadra á Santiago de Cuba, y culpan de falta de pericia á sus Almirantes. Ayer hubo doce barcos sobre Santiago; esta mañana han marchado la mayor parte hacia el Oeste.»

EL ALMIRANTE (CERVERA) AL MINISTRO (AUÑÓN).

Santiago de Cuba 31 Mayo 1898.

«Los buques enemigos han disparado unos 60 tiros, pareciendo hacer reconocimiento. Hicieron fuego *Brooklyn, Iowa, Massachusets, Texas, Amazonas* y crucero auxiliar; contestaron baterías y *Cristóbal Colón*. El crucero auxiliar se retiró, probablemente con avería. Desde tierra vióse, al parecer, caer dos proyectiles en *Iowa*. Nosotros sin novedad.»

EL MINISTRO DE MARINA (AUÑÓN) AL ALMIRANTE (CERVERA).

Madrid 31 Mayo 1898.

«*Diputados, Senadores y Comisiones Andalucía, me encargan envíe afectuoso saludo V. E. y su Escuadra.* (1)

EL ALMIRANTE (CERVERA) AL MINISTRO (AUÑÓN).

Santiago de Cuba 1.º Junio 1898.

«A la Escuadra de bloqueo han llegado grandes refuerzos.—Para tener probabilidades éxito al forzar el bloqueo, será conveniente procurar que se alejen los cruceros acorazados *Brooklyn* y *New-York*, llamándoles la atención hacia otra parte.»

EL MINISTRO (AUÑÓN) AL ALMIRANTE (CERVERA).

Madrid 2 Junio 1898.

«*Recibido* (telegrama 31 Mayo) *B C 5448*. (2) *Su Majestad me manda felicitar á V. E. y combatientes de su Escuadra; también les felicitamos el Gobierno.* Anúnciase propósito desembarco proximidades esa plaza.»

EL ALMIRANTE (CERVERA) AL MINISTRO (AUÑÓN).

Santiago de Cuba 2 Junio 1898.

«*Suplico á V. E. que presente nuestra profunda gratitud á S. M.* (2)—(La) Escuadra de bloqueo tiene veintiun buques, de ellos seis acorazados.—La plaza ca-

---

(1) Este telegrama está suprimido en el impreso.
(2) Lo que va en bastardilla no está en el impreso.

rece de artillería moderna, por lo que he ofrecido dos cañones de 75 del *Terror* que están á bordo.»

EL ALMIRANTE (CERVERA) AL MINISTRO (AUÑÓN).

Santiago de Cuba 3 Junio 1898.

«Esta madrugada un acorazado y un vapor mercante intentaron forzar el puerto. Los cazatorpederos y exploradoras que estaban en la boca, rompieron fuego, siguiendo *Reina Mercedes* y las baterías que con la artillería de aquel buque hay montadas en la Socapa.—Vapor mercante fué echado á pique; acorazado rechazado. Han sido cogidos prisioneros un Teniente de Navío y siete marineros. Nosotros sin novedad por fuego enemigo y con algunas averías en las instalaciones de los cañones de 75 de los cazatorpederos.»

EL MINISTRO DE LA GUERRA (CORREA) AL GENERAL EN JEFE (BLANCO).

Madrid 3 Junio 1898.

«La situación muy seria de Filipinas nos obliga á mandar allí buques y refuerzos de tropas tan pronto como sea posible. Con objeto de poder contender con la Escuadra del enemigo en Manila, será indispensable mandar allí una Escuadra que no sea inferior. Ahora hay allí sólo dos buques de guerra, y uno de ellos creo que no puede pasar el canal. La única cosa que podemos hacer es enviar todos los barcos de la Escuadra de Cervera, que puedan salir de Santiago, pero antes de adoptar una resolución en este sentido, el Gobierno desea conocer su opinión con respecto al efecto que podría producir esto en el pueblo de Cuba, la retirada de la Escuadra de Cervera. Este movimiento sería sólo temporal, y una vez conseguido el objeto en Filipinas, la Escuadra volvería á Cuba sin pérdida de tiempo y fuertemente reforzada.» (1)

EL GOBERNADOR GENERAL CUBA (BLANCO) AL M. DE LA GUERRA (CORREA).

Habana 4 Junio 1898.

«Faltaría á mi deber si ocultase V. E. que salida estos momentos Escuadra Cervera producirá en la opinión tan funesto efecto, que dudo pudiera dominarse si-

---

(1) Este telegrama no está en el texto á la letra por no tenerlo original, pero es público y en el *Diario de Sesiones* ha salido.

tuación de fuerza que de seguro provocaría. Los voluntarios, excitados ya hoy por insuficiencia Escuadra Cervera y contenidos sólo esperanza llegada segunda Escuadra de un momento á otro, se sublevarían en masa al saber que en vez de refuerzos se retiran los pocos barcos que hay. La represión tendría que ser sangrienta; la actitud para ese caso del Ejército, dudosa, y segura la pérdida de la isla, ante la horrible conflagración que aquí surgiría.»

EL ALMIRANTE (CERVERA) AL MINISTRO (AUÑÓN).

Santiago de Cuba 6 Junio 1898.

«Escuadra enemiga, fuerte de diez buques, ha bombardeado este puerto durante tres horas, siendo contestada por las baterías boca del puerto, entre las que figuran los cañones del *Reina Mercedes*.—Hemos tenido: muertos, segundo Comandante *Reina Mercedes* y cinco (marineros) (1) *más* (2); heridos, Alférez de Navío Molins (y) (1) once (marineros) (1) *más y cinco contusos* (2).—Ejército ha tenido un muerto; heridos un Coronel (de Artillería) (1), cuatro Oficiales y 17 tropa. Ignoramos pérdidas del enemigo.—*Reina Mercedes* ha sufrido mucho; *Vizcaya* recibió dos proyectiles; *Furor* un proyectil (en la) (1) carbonera sin avería seria.—En las obras defensa desperfectos sin importancia militar.—*Después* (2) Escuadra enemiga cañoneó otros puntos de la costa.»

EL ALMIRANTE (CERVERA) AL MINISTRO (AUÑÓN).

Santiago de Cuba 6 Junio 1898.

«Temo que el enemigo llegue á obstruir boca del puerto; nosotros no podemos impedirlo por su gran superioridad.—Suplico á V. E. me dé instrucciones.»

EL COMANDANTE GENERAL APOSTADERO (MANTEROLA) AL ALMIRANTE (CERVERA).

Habana 6 Junio 1898.

«Recibo del Ministro Marina el cable siguiente: Recibido telegramas S. Majestad me manda que en su Real nombre felicite defensores Santiago Cuba.»

---

(1) Lo que va entre paréntesis no estaba en el original.
(2) Lo que va en bastardilla no está en el impreso y sí en el original.

El Ministro (Auñón) al Almirante (Cervera).

Madrid 8 Junio 1898.

«Siendo imposible prever y resolver desde aquí con oportunidad todos los casos que pueden ocurrir en la campaña, el Gobierno, que conoce los medios de que Vuecencia dispone, las cualidades que le adornan y las amplias facultades de que está investido, confía en que hará de ellas el uso más acertado en cada caso, y estimará que ha llenado su difícil misión si deja satisfechas la letra y el espíritu de nuestras Ordenanzas.» (1)

ACTA

El día 8 de Junio reunió el Almirante en su cámara á los Jefes de la Escuadra para oir sus opiniones respecto á la situación de ésta. Invitados á hacerlo, lo hicieron por el orden y en el sentido siguiente:

Bustamante opinó, habidas en cuenta todas las circunstancias de existencia de víveres, error en superioridad de las fuerzas enemigas, etc., etc., porque se debía resueltamente aprovechar este obscuro de luna para efectuar la salida, y puesto que la situación durante la noche de la Escuadra enemiga y las dificultades para la salida le parecen impedir que la Escuadra salga en masa, que se efectúe en la forma siguiente: los cazatorpederos primero con rumbo al Sur, pasando á toda velocidad por los costados, ó mejor dicho, proximidades del *Texas* y los tres acorazados gruesos. Poco después saldría el *Colón*, que es el buque más andador de los cuatro, con rumbo al OSO. contra el *Brooklyn* que acostumbra á situarse en esta ala. Después el *Teresa* por el ESE. y más tarde el *Vizcaya* y el *Oquendo*. Cree que de este modo se produciría confusión en la Escuadra enemiga que permitiría salvar cuando me-

(1) Ordenanzas Generales de la Armada.—Trat. 3.º, Tít. I, Art. 153.—:Deberá combatir hasta donde quepa en sus fuerzas contra cualquier superioridad, de modo que, aun rendido, sea de honor su defensa entre los enemigos. Si fuese posible, varará en costa amiga ó enemiga antes de rendirse, cuando no haya un riesgo próximo de perecer el equipaje en el naufragio; y aun después de varado, será su obligación defender el bajel, y finalmente quemarle si no pudiese evitar de otro modo que el enemigo se apodere de él.»

nos, el cincuenta por ciento de la nuestra, solución muy preferible en su opinión á la que entrevé de verse estrechado por falta de víveres y que no quiere admitir. Opinó también que la Escuadra debe prepararse descansando unos días, sobre todo los cazatorpederos, cuyas tripulaciones es milagroso que resistan las fatigas del servicio nocturno diario, que vienen desempeñando. Además cree ventajoso por todos conceptos (uno de ellos, el de cansar al enemigo) el que se le haga fuego siempre que se ponga á tiro, sobre todo á los proyectores con que exploran las inmediaciones de la boca durante las horas de obscuridad. Y por fin, en su ignorancia de las medidas adoptadas por el Almirante, opinó porque antes de intentarse la resolución extrema que propone, se diese conocimiento preciso al Gobierno de S. M. de la situación gravísima en que se encuentra la Escuadra. Dada la forma en que ésta había de salir, cree que el punto de reunión debiera ser la Habana, en vez del de Puerto Rico, que preferiría á salir toda la Escuadra reunida.

El Capitán de Navío *Concas* opinó, que si desaparecía uno de los cruceros rápidos *Brooklyn* ó *New-York*, debía intentarse la salida inmediatamente. En caso contrario, debe intentarse la salida en las cercanías del novilunio, siempre con la Escuadra unida y toda á un mismo rumbo, contando que el grueso de las fuerzas se aguanten como hasta la presente á cinco ó seis millas de la boca del puerto.

El Excmo. Sr. General segundo Jefe, y los Capitanes de Navío Comandantes del *Colón, Oquendo, Vizcaya* y el de la primera división de torpederos, opinan que dada la impunidad con que cuenta la Escuadra bloqueadora por la escasa defensa de la boca del puerto que le permite acercarse á una milla de ella, siempre que lo considera conveniente, dadas las condiciones del puerto, cuya salida se ha dificultado por la situación del *Merrimac* y en la que necesariamente ha de emplearse un tiempo tal, que permitiría concentrar sobre la boca fuerza siempre muy superior, aunque el enemigo no se apercibiese de la salida del primer buque que la emprendiera, no debe intentarse la salida mientras subsistan las circunstancias presentes, y por el contrario, tomar todas las medidas militares que los recursos permitan para reforzar las defensas de la boca del puerto, con el fin de precaver un ataque con torpederos ó embarcaciones menores que pudieran presentarse en ella protegidos por un buque ó más de combate, y resistir con la Escuadra en este puerto, reteniendo ante él la mayor parte de la fuerza naval enemiga, como el servicio más importante que puede prestar para la defensa general de la isla.—Consideran igualmente conveniente poner al abrigo los cazatorpederos, para permitir, no sólo descanso á sus tripulaciones, sino evitar que con un golpe de mano pudieran ser abordados en un ataque de noche con embarcaciones menores.

José de Paredes.—Juan B. Lazaga.— Víctor M. Concas.— Emilio Díaz Moreu.—Antonio Eulate.—Fernando Villaamil. —Joaquín Bustamante.

El Almirante (Cervera) al Ministro (Auñón).

Santiago de Cuba 9 Junio 1898.

«Llamé Comandantes á la orden con objeto de oir sus opiniones sobre las operaciones ulteriores.—Segundo Jefe y Comandantes *Colón*, *Oquendo*, *Vizcaya* y división torpederos, opinaron que no debe salirse por la superioridad de la Escuadra de bloqueo; Comandante *Teresa* opinó que, en el caso de separación ó retirada *Brooklyn* y *New-York*, debe salirse inmediatamente y, de todos modos, en el novilunio, aunque continúe reunida la Escuadra. Jefe de E. M. opinó verificar salida inmediatamente dispersando nuestra Escuadra.—Los buques están con la máquina encendida para aprovechar la primera oportunidad, pero siendo demasiado estrecho bloqueo y la Escuadra enemiga cuatro veces superior, dudo *mucho* (1) que se presente.»

El Almirante (Cervera) al Comandante General Ejército S. Cuba (Linares).

Excmo. Sr.: En la noche última he observado por mí mismo desde la batería alta de la Socapa, la posición de la Escua-

---

(1) La palabra *mucho* fué suprimida en el impreso.

dra enemiga, y me he convencido de que es absolutamente imposible el que ésta de mi mando pueda salir desapercibida, á favor de la obscuridad de la noche, mientras la artillería de la costa no consiga alejar á los buques que con sus proyectores eléctricos iluminan constante y completamente la boca del puerto.—Dios guarde á V. E. muchos años.—Santiago de Cuba 11 Junio 1898.—Excmo. Sr.—PASCUAL CERVERA.

El COMANDANTE GENERAL EJÉRCITO S. CUBA (LINARES) AL ALMIRANTE (CERVERA).

Excmo. Sr.: Toda vez que V. E. en persona ha observado en la noche de ayer, la posición de la Escuadra enemiga, y adquirido el convencimiento de la imposibilidad de salir de este puerto la nuestra, desapercibida para el contrario, mientras la artillería de la costa no consiga alejar á los buques que con sus proyectores iluminan constantemente y por completo la boca, le ruego me manifieste si considera eficaz al expresado objeto el fuego de los cañones Hontoria de 16 centímetros, que son los de mayor alcance entre los emplazados en las baterías de la costa, para poder en su consecuencia, dar las correspondientes órdenes al Comandante de la batería alta de la Socapa; pero como no conviene producir alarmas innecesarias en el vecindario, hacer consumo inútil de municiones ni menos evidenciar ante nuestros enemigos lo limitado de nuestros elementos de defensa y ataque, si no ha de lograrse favorecer la salida de la Escuadra, me permito hacer á V. E. presente, por si estimara oportuno tenerlo en cuenta, que, sobre la población se divisan claramente los haces de luz, y por lo tanto, á la distancia á que de ordinario se sitúan de noche los barcos americanos, habría que agregar cuando menos, los 7 ú 8 kilómetros que separan á Cuba de la costa, distancia total á la cual podría colocarse la Escuadra enemiga, sin dejar de iluminar con sus focos eléctricos la entrada de la bahía.—Dios guarde á V. E. muchos años.—Santiago de Cuba 11 de Junio de 1898.—ARSENIO LINARES.

El Comandante General Ejército S. Cuba (Linares) al Almirante (Cervera).

Excmo. Sr.: El General en Jefe en cablegrama de las 11ʰ 25ᵐ de la mañana de hoy, me dice: «Recuerdo á V. E. que en el caso de verse atacado por tierra, pueden ser un poderoso auxiliar para rechazar enemigo las compañías de desembarco de la Escuadra, con sus excelentes cañones de campaña que no dudo facilitará el C. A. Cervera, para el mejor éxito de la defensa, que estoy seguro ha de ser gloriosa, y que unidos elementos División y Escuadra, triunfarán de los americanos.»—Lo que tengo el honor de trasladar á V. E. para su conocimiento, significándole que contesto al Excmo. Sr. General en Jefe en el sentido de que ya V. E. me había ofrecido sus elementos de desembarco.—A la vez ruego á V. E. que si llegara el caso, una compañía de desembarco puede establecerse en la Socapa, otra en Punta Gorda, otra en el muelle de la Cruces y la restante en Punta Blanca; todas ellas con el número de piezas apropiadas al objeto que V. E. juzgue conveniente.—Dios etc.—Santiago de Cuba 12 de Junio de 1898.—Arsenio Linares.

El Almirante (Cervera) al Comandante General Ejército S. Cuba (Linares).

Excmo. Sr.: He recibido la comunicación de V. E. fecha, de ayer, referente á las columnas de desembarco de esta Escuadra, y tengo el gusto de reiterar á V. E. mi aquiescencia previa y completa, á prestar cuantos auxilios sean necesarios para la defensa de la plaza.—Dios etc.—Santiago de Cuba 13 Junio 1898.—Pascual Cervera.

El Almirante (Cervera) al Ministro (Auñón).

Santiago de Cuba 14 Junio 1898.

«El enemigo hizo anoche algunos disparos.—Esta mañana volvió á cañonear defensas de la boca del puerto durante 30 minutos.—Tenemos heridos leves Alférez de Navio Bruquetas, y dos más en la batería Socapa. *Vizcaya* recibió un proyectil sin consecuencias.—*Ejército tres heridos leves* (1).»

El Almirante (Cervera) al Ministro (Auñón.)

Santiago de Cuba 16 Junio 1898.

«Esta noche proyectil al parecer dinamita reventó entre dos aguas cerca del *Plutón* ocasionándole averías que se están reconociendo.—Al amanecer, el enemigo hizo un nutrido fuego de cañón durante una hora y más lento treinta minutos, retirándose después. He tenido Alférez de Navio Bruquetas y ocho heridos; dos muertos.—Ejército un Oficial y ocho heridos; un muerto.—Durante la noche hizo fuego *Vesuvius;* esta mañana ocho buques.»

El Almirante (Cervera) al Ministro (Auñón).

Santiago de Cuba 16 Junio 1898.

«Tengo sospecha de que el enemigo ha fondeado torpedos en (este) (2) *la boca del* (1) puerto, por lo que he dispuesto minucioso reconocimiento dirigido por Bustamante.—Aunque caros y malos, he comprado víveres que alcanzará (hasta) (2) *á* (1) fin de Julio por lo menos.»

El Capitán General Cuba (Blanco) al M. de la Guerra (Correa).

Habana 20 Junio 1898.

«Sensible ha sido que la independencia de que goza Escuadra Cervera me haya impedido intervenir en sus operaciones, no obstante pesar sobre mí sus consecuencias, pues han variado por completo, á causa de entrada y permanencia (de aquélla) en Santiago de Cuba, el nuevo objetivo y aspecto de la campaña, las existencias de víveres y de carbón y el aprovisionamiento de algunas plazas. Si por lo menos hubiese tratado ponerse acuerdo conmigo, con General Linares y con el General del Apostadero, es posible que entre todos hubiéramos encontrado más ventajosa solución, en un principio, que las que hoy se ofrecen, que son: ó esperar resultado desigual combate dentro puerto, ó romper línea enemiga para tomar otro cualquiera, Haití ó Jamaica, donde quedaría nuevamente encerrado; preferible quizá venir á Cienfuegos ó Habana—cosa posible aun en esos momentos—ó tomar rumbo á España, de no reforzarse, que sería lo mejor; todo, menos seguir encerrado en Cuba, expuesto á rendirse por hambre.—La situación es gravísima y no dudo que el Gobierno de S. M. ordenará en tan críticas circunstancias lo que sea más oportuno al bien de la Patria y al honor de nuestras armas, haciéndole respetuosamente presente la conveniencia de unificar la acción militar en la presente guerra, disponiendo

---

(1) Las palabras en bastardilla fueron suprimidas en el impreso.
(2) Lo que va entre paréntesis no está en el original.

resida en mi autoridad el mando en Jefe de todas las fuerzas de mar y tierra destinadas á estos mares.»

El Capitán General de Cuba (Blanco) al M. de la Guerra (Correa).

Habana 20 Junio 1898.

«Me preocupa, cuanto V. E. puede figurarse, situación división Cuba, sobre la que hoy pesa principal acción enemigo atraído por permanencia aquel puerto Escuadra Cervera á la que se propone impedir salida.—Allí está, pues, empeñado honor nuestras armas y suerte nuestros mejores barcos que deben salvarse á toda costa. Para contrarrestar sus esfuerzos dispongo todos auxilios posibles. He organizado convoy marítimo de municiones á Manzanillo desde donde utilizarán todos medios imaginables para hacerlas llegar á Cuba; refuerzo por lo pronto á Linares con una brigada de esta División, que marchará por el interior en combinación fuerzas aquel convoy víveres y municiones, formando con ambas Divisiones el cuarto Cuerpo de Ejército al mando de dicho General, que dispondrá así libremente de 19 batallones, cinco escuadrones, siete compañías Ingenieros, artillería montada divisionaria y guerrillas movilizadas y demás unidades afectas Divisiones, para maniobrar como crea oportuno sobre enemigo interior y exterior; esperando con estas disposiciones sostener guerra con éxito en aquel territorio sin desguarnecer los del centro, Villas y Occidente, constantemente amenazados también.» (1)

El Capitán General de Cuba (Blanco) al M. de la Guerra (Correa).

Habana 20 Junio 1898.

«Sesenta barcos (americanos) con cuerpo desembarco frente á Santiago de Cuba. General Linares manifiesta que si Gobierno no tiene medios abastecerlos enviando una Escuadra sobre costas Estados Unidos, objeto distraer parte de la americana que les ataca, para que pueda salir la nuestra ó la que venga romper bloqueo combinación salida Cervera, las circunstancias se encargarán solucionar conflicto y su comportamiento de justificar desenlace.—Por mi parte he hecho y haré cuanto humanamente sea posible para ayudarle, empresa difícil por la absoluta incomunicación en que se encuentra, dominando el mar por completo el enemigo.»

El Almirante Cervera al Ministro (Auñón).

Santiago de Cuba 20 Junio 1898.

«El vigía me ha participado que hay á la vista sesenta buques enemigos, de ellos siete acorazados modernos.»

---

(1) Es de notar que á Santiago de Cuba no llegó ningún auxilio del exterior, si se exceptúa la columna Escario, que llegó sin víveres.

El Comandante General Apostadero (Manterola) al Almirante (Cervera).

Habana 22 Junio 1898.

«El Ministro me dice hacer el pedido municiones por número, clases y calibres, lo que manifiesto á V. E. para lo que le convenga.»

El Almirante (Cervera) al Comandante General Apostadero (Manterola).

Santiago de Cuba 22 Junio 1898.

«En la actualidad bloqueados y sitiada la plaza, es tarde para hacer el pedido municiones que en España hice muchas veces.—Ya seguramente no pueden llegar con oportunidad, puesto que en estos días se ha de resolver la cuestión.—Los seis séptimos de las municiones de 14 son de desecho; los estopines de poca confianza, y nos faltan los torpedos. Estas son las principales deficiencias.—Si el Gobierno tuviese medios de enviarlos de modo que lleguen esta semana, quizá sería tiempo.»

El Almirante (Cervera) al Ministro (Auñón) (1)

Santiago de Cuba 22 Junio 1898.

«El enemigo (ha desembarcado) *desembarca* por Punta Berracos. Como la cuestión ha de resolverse en tierra, voy á desembarcar *las* tripulaciones de *la* Escuadra, *hasta donde alcancen los fusiles.*—La situación es muy crítica.»

El Ministro (Auñón) al Almirante (Cervera).

Madrid 23 Junio 1898.

«*Regreso de Departamentos. Recibo DC8041, DC9948, CD4892, CD4890* (2). El Gobierno aplaude propósito salida (aprovechando) (1) *en primera* ocasión propicia que deja á su arbitrio.—Llegaron víveres á Cienfuegos.—Enviaré expedición por tierra á Santiago y se enviarán cruceros auxiliares costa enemiga.» (3)

---

(1) El texto original no tenía la frase que va entre paréntesis y en cambio tenía las que van en bastardilla.

(2) Estos cuatro telegramas á que alude son los anteriores, pues nótese que desde el día 8 no había habido noticias de Madrid.

(3) Los cruceros auxiliares nunca fueron á la costa enemiga.

El Almirante (Cervera) al Ministro (Auñón).

Santiago de Cuba 23 Junio 1898.

El enemigo se ha apoderado ayer de Daiquirí; hoy seguramente ocupará Siboney, á pesar de brillante defensa. El curso de estos sucesos es muy doloroso, aunque previsto. Han desembarcado tripulaciones Escuadra para ayudar Ejército. Ayer salieron cinco batallones de Manzanillo; si llegan á tiempo, prolongarán la agonía, pero dudo mucho que salven la plaza (de la catástrofe). (Dudando) *Como es absolutamente imposible* que la Escuadra (pueda salir) *escape* en estas condiciones, pienso resistir cuanto pueda y destruir los buques en último extremo.—Aunque otros son responsables de esta situación insostenible, acarreada á pesar de mi gran oposición, es muy doloroso ser actor (encadenado) *en estas.*» (1)

El Comandante General Apostadero (Manterola) al Almirante (Cervera).

Habana 23 Junio 1898.

Capitán General asegura que esa Escuadra y la plaza están ya muy escasos de víveres, en términos de limitar la ración del marinero á galleta y la del soldado á arroz, y aun eso durará poco. Siendo así, tan grave situación puede empeorar, por si falta de víveres llegara á rendir la plaza ó abandonarla su guarnición dirigiéndose hacia el O., en cuyo caso faltando raciones en esa Escuadra, puerto bloqueado y en poder del enemigo la plaza, la situación de V. E. sería muy grave. Ante este caso quise enterarme y pregunté Comandante Marina situación bloqueo de noche. Tan cerrado lo he encontrado que, sólo veo una probabilidad de ciento, para poder burlar la vigilancia, pero necesario es hacer algo, intentar mandar tres ó cuatro buques chicos por si alguno logra el objeto, pero como V. E. en esa debe ver eso más claro que yo, no quiero obrar sin consultar con V. E., por si ve otro modo de obrar, que hiciera variar la situación, suplicándole se sirva contestarme con su opinión.»

---

(1) El texto original no contiene las palabras entre paréntesis y en cambio tiene las que van en bastardilla, con lo que se altera mucho el sentido.

El Almirante (Cervera) al Comandante General Apostadero (Manterola).

Santiago de Cuba 24 Junio 1898.

«Creo imposible que ningún buque pueda forzar el bloqueo actualmente en este puerto. Con los víveres que tenemos llegaremos á fin de Julio, pero creo que antes habrá terminado el sitio.—Están fondeados torpedos Bustamante, pero hay entrada por O. de cayo Smith.—Felicitamos por combate brillante *Isabel II.*»

El Almirante (Cervera) al Ministro (Auñón).

Santiago de Cuba 24 Junio 1898.

 Recibido CD 4898, (dia 23). —Llamé (1) *inmediatamente* segundo Jefe, Comantes acorazados y de la División de torpederos, para pedirles opinión sobre lo que podriamos hacer en estas circunstancias.—Unánimemente opinaron no ha sido ni es posible la salida; entonces *les* he leido mi telegrama de ayer que hicieron suyo, por lo que lo confirmo.—Tengo pocas noticias del enemigo, pero nuestras fuerzas continúan replegándose sobre la plaza.»

ACTA

El día 24 de Junio, reunidos en la cámara del señor Almirante, el General segundo Jefe y los Capitanes de Navío que firman, no asistiendo el Jefe de E. M. por estar en tierra con fuerzas de marinería, dió lectura dicho señor Almirante de un telegrama del Ministro de Marina fecha de ayer, recibido hoy, en el que dice que el Gobierno aplaude el propósito de salida en primera ocasión; y después de exponer cada uno su opinión, sobre la situación presente, acordaron de la más completa unanimidad, declarar que, desde el día 8 ha sido y continúa siendo absolutamente imposible dicha salida.

Y dada lectura por el señor Almirante del telegrama puesto ayer al señor Ministro exponiéndole esta circunstancia y la

---

(1) Estas palabras en bastardilla han sido suprimidas en el impreso.

posibilidad de que en muy breves días sea preciso destruir los buques, acordaron con la antedicha unanimidad, hacer suyo cuanto se expresa en dicho telegrama, como manifestación exacta de las penosas circunstancias en que se encuentran estas fuerzas.

Firmando esta acta á los efectos correspondientes á bordo del crucero *Infanta María Teresa.*—Santiago de Cuba á 24 de Junio de 1898.

José de Paredes.—Juan B. Lazaga.—Fernando Villaamil. —Emilio Díaz Moreu.—Antonio Eulate.—Víctor M. Concas, Secretario, Jefe de E. M. interino.

El M. de la Guerra (Correa) al Capitán General de Cuba (Blanco).

Madrid 24 Junio 1898.

»Según acuerdo Gobierno, prevendrá Ministro Marina á General Cervera, que Escuadra de su mando, sin destino definido hasta ahora, lo tenga en esa isla para cooperar á su defensa, y ya en ese caso, ejerce V. E. sobre ella, como sobre las demás fuerzas navales que operan en territorio de su mando, las facultades que terminantemente le atribuyen Ordenanzas del Ejército y Armada, confirmadas por Real Orden de 29 Octubre 1872.»

El Ministro (Auñón) al Almirante (Cervera).

Madrid 24 Junio 1898.

»Para dar completa unidad á la dirección de la guerra en esa isla, considérese Vuecencia mientras opere en aguas de ella, como Comandante General de Escuadra de operaciones y proceda en sus relaciones con el General en Jefe conforme Real Orden de 13 Noviembre 1872, dictada por este Ministerio y artículos Ordenanza que menciona; pudiendo desde luego ponerse en comunicación directa con dicha autoridad y cooperar con la Escuadra á la realización de sus planes.»

El Almirante (Cervera) al Ministro (Auñón).

Santiago de Cuba 25 Junio 1898.

»Aunque siempre me he considerado subordinado del General en Jefe, doy á Vuecencia las gracias por esta disposición que da fuerza legal á las relaciones ya establecidas y, dando unidad á las operaciones (militares, relévame) *me relevard* (1) de tomar por mí mismo resoluciones extremas de la mayor gravedad.»

El Comandante General Ejército (Linares) al Almirante (Cervera).

Excmo. Sr.: He regresado á la plaza.—Columna á mis órdenes fué atacada por tropas americanas de consideración, combinadas con partidas rebeldes; dos veces ayer y otra esta mañana, con artillería, siendo rechazadas con muchas bajas vistas, pues se presentan al descubierto.—Las nuestras siete muertos, 20 heridos graves, entre ellos tres Oficiales y varios leves y contusos.—Se ocuparon municiones y una esclavina de paño con botón de metal con águila.—Hoy en la marcha efectuada no nos han hostilizado, sin embargo de las buenas posiciones que pudieron haber ocupado.—La circunstancia de las lluvias, tener las tropas todas al descubierto produciéndose enfermos y la de no poder tomar la ofensiva, hasta la llegada de refuerzos, me han resuelto á replegar la defensa á las exteriores del recinto de la plaza.—Dios etc.—Santiago de Cuba 24 de Junio de 1898.—Arsenio Linares.

El Almirante (Cervera) al General en Jefe (Blanco).

Santiago de Cuba 25 Junio 1898.

«Ministro de Marina ordena me ponga á las órdenes de V. E. según lo mandado en Real Orden 13 Noviembre 1872, lo que hago con el mayor gusto.—Creo de mi deber exponer el estado de la Escuadra. De 3.000 cargas para cañón Hontoria de 14, sólo 620 son de confianza, las demás han sido clasificadas inútiles, no habiéndose reemplazado por faltar existencias á la salida; dos cañones Hontoria de 14 del *Viscaya* y uno del *Oquendo* no ofrecen confianza, habiéndose mandado cambiar por otros; el mayor número de los estopines ofrece poca confianza; carecemos de torpedos Bustamante; al *Colón* le falta su artillería gruesa; *Viscaya* está muy sucio y ha perdido su velocidad; *Teresa* no tiene cañones de desembarco y los del *Viscaya* y *Oquendo* (están) *son* (2) inútiles; tenemos poco carbón y víveres para todo Ju-

---

(1) El texto original contiene las palabras que van en bastardilla, y no contiene las que van entre paréntesis.
(2) El original dice *son* y no (están).

lio. Escuadra de bloqueo es cuatro veces superior, por lo que la salida sería nuestra destrucción absolutamente segura. Tengo mucha gente en tierra para reforzar la guarnición, de la que me considero solidario.--Creo deber decir á V. E. que el 23 dirigí al Gobierno el siguiente telegrama:—El enemigo se ha apoderado ayer de Daiquirí; hoy, seguramente, ocupará Siboney, á pesar de brillante defensa. El curso de estos sucesos es muy doloroso, aunque previsto. Han desembarcado tripulaciones Escuadra para ayudar Ejército. Ayer salieron cinco batallones de Manzanillo; si llegan á tiempo prolongarán agonía, pero dudo mucho que salven la plaza. Como es absolutamente imposible que la Escuadra escape en estas condiciones, pienso resistir cuanto pueda y destruir los buques en último extremo.—Esto expresa mi opinión de conformidad con los Comandantes de los buques. Espero instrucciones de Vuecencia.»

El Comandante General de la División de Cuba.— *25 Junio de 1898.—Excmo. Sr. D. Pascual Cervera.*

Mi querido General y amigo: En cable cifrado que recibí anoche, me dice el General en Jefe entre otras cosas, lo siguiente: «Ruego á V. E. diga al Almirante Cervera que desearía conocer su opinión y sus propósitos, opinando yo que debería salir de ahí cuanto antes para donde juzgara conveniente, pues situación en ese puerto es á mi juicio la más peligrosa de todas. Anoche sólo había ahí siete barcos de guerra, y en Cienfuegos tres y aquí nueve, á pesar de lo cual forzaron con facilidad línea de bloqueo el *Santo Domingo* y el *Montevideo*, que salieron á las dos de la madrugada. Si perdiéramos la Escuadra sin combatir, el efecto moral será horrible dentro y fuera de España.»—Y sin otra cosa etc.—ARSENIO LINARES.

Santiago de Cuba 25 Junio 1898.—Excmo. Sr. D. Arsenio Linares.—Mi querido General y amigo: Recibo su interesante carta de hoy, que me apresuro á contestar.—El General en Jefe tiene la bondad de desear conocer mi opinión, y voy á darla tan explícita como debo, pero concretándome á la Escuadra, que creo es lo que se me pide.—Creo á la Escuadra perdida desde que salió de Cabo Verde, porque me parece insensato pensar otra cosa, dada la desproporción enorme que hay entre nuestras fuerzas y las enemigas.—Por esa razón me opuse enérgicamente á la salida, y aun creí sería relevado por alguno de los que opinaban en contra mía.—No pedí mi relevo, porque me parece que eso no lo puede hacer ningún militar que recibe orden de marchar al enemigo.—Desde que llegué aquí V. sabe la historia. —Si yo hubiese salido para Puerto Rico, cuando un telegrama del Gobierno me hizo cambiar, mi situación sería la misma, sólo que habría variado el teatro que sería Puerto Rico, sobre cuya isla habría caído la avalancha que ha venido á ésta.--Yo creo que el error ha consistido en enviarla aquí.—Dice el General en Jefe que se ha forzado el bloqueo, y añadiré á V. que yo, con un barco de siete millas, entré en Escombreras, y permanecí allí hora y media, estando ocupado por la Escuadra cantonal; pero ¿hay paridad en esto y las circunstancias actuales? Sin duda no. La salida de aquí ha de hacerse uno á uno; no cabe ardid ni disfraz, y la consecuencia de ello, absolutamente segura, es la ruína de todos y cada uno de los barcos con la muerte de la mayor parte de sus tripulantes.—Si yo creyera que hay probabilidades de éxito, aunque fueran remotas, lo hubiera intentado á pesar de que, como digo antes, sólo hubiera cambiado el teatro de la acción á menos de haber ido á la Habana, donde tal vez la cosa hubiera cambiado.—Por estas razones, para que fuera en algún modo útil mi fuerza, ofrecí á V. desembarcarlas al mismo tiempo que el General en Jefe hacía á V. idéntica indicación.—Hoy, como antes, considero la Escuadra perdida y el dilema es perderla destruyéndola si Cuba no resiste, contribuyendo á su defensa, ó perderla sacrificando á la vanidad la mayor parte de su gente, privando á Cuba de ese refuerzo, lo que precipitará su caída. ¿Qué debe hacerse? Yo, que soy hombre sin ambición, ni pasiones locas, creo que lo que sea más conveniente, y declaro, del modo más categórico, que la horrible y estéril hecatombe que significa la salida de aquí á viva fuerza, porque de otro modo es imposible, NUNCA sería yo quien la decretara, porque me creería responsable ante Dios y la Historia, de esas vidas sacrificadas en aras del amor propio, pero no en la verdadera defensa de la Patria.—Hoy las circunstancias mías han variado en el orden moral, porque he recibido esta mañana un telegrama que me pone á las órdenes del General en Jefe en cuanto se refiere á las operaciones de la guerra; por tanto á él toca decidir si desembarco las dotaciones ó marcho al suicidio, arrastrando al mismo tiempo á estos dos mil hijos de España ó se emplean del modo que lo están.— Creo dejar contestada su carta, y me alegraré de que en esta contestación no se vea más que la noble y leal expresión del parecer de un viejo honrado que lleva 46 años de servir á su País como ha podido.—Quedo suyo etc.—PASCUAL CERVERA.

El Almirante (Cervera) al General en Jefe (Blanco).

Santiago de Cuba 25 Junio 1898.

«Después de puesto mi anterior telegrama, recibo carta General Linares, trasmitiendo telegrama de V. E. deseando conocer mi opinión. Ya va indicada en mi anterior, y la amplio ahora.—No es exacto que la Escuadra de bloqueo haya estado nunca reducida á siete buques; sólo los seis principales representan más de triple fuerza que los cuatro mios. La falta de baterías que mantengan á distancia la Escuadra enemiga, hace que esté siempre cerca de la boca del puerto, que iluminan, imposibilitando toda salida que no sea á viva fuerza. En mi juicio la salida implica seguramente la pérdida de la Escuadra y del mayor número de sus tripulantes, determinación que yo no tomaría nunca por mí, pero si V. E. me lo ordena lo ejecutaré.—La pérdida de la Escuadra se decretó, en mi juicio, al hacerla venir para aquí, de modo que no me ha sorprendido esta dolorosa situación. V. E. ordenará si marchamos á este sacrificio que creo estéril.»

El General en Jefe (Blanco) al Almirante (Cervera).

Habana 26 Junio 1898.

«Recibidos sus dos telegramas. Agradezco mucho satisfacción que expresa quedar á mis órdenes; yo me considero en ello muy honrado y deseo vea en mí el compañero más que al Jefe.—Me parece exagera V. E. algo dificultades salida; no se trata de combatir, sino de escapar de ese encierro en que fatalmente se encuentra Escuadra, y no creo imposible, aprovechando circunstancias oportunas, en noche obscura y con mal tiempo, poder burlar vigilancia enemigo y huir en el rumbo que crea V. E. más apropósito; pues, aun en el caso (de que) se apercibiera, de noche el tiro es incierto, y aunque sacara averías, nada representaría comparadas con salvación barcos. Me dice V. E. que es segura pérdida Santiago de Cuba, en cuyo caso destruiría barcos, y esta es razón de más para aventurarse á salir, pues siempre es preferible al honor de las armas, sucumbir en un combate donde puede (haber) muchas probabilidades de salvarse; además, no es segura tampoco la destrucción de los barcos, pues podría suceder como en la Habana el siglo pasado, (cuando) *en que* los ingleses nos pusieron por condición en la capitulación la entrega de la Escuadra que estaba encerrada en el puerto. Por mi parte, repito, que creo muy difícil, por fuerte que sea Escuadra enemiga, que saliendo en noche obscura y escogiendo oportunidad, reducción ó alejamiento parcial de buques enemigos y forzando máquina en dirección preconcebida, puedan ellos, aunque se apercíban, causar tanto daño. Prueba de ello la salida del *Santo Domingo* y *Montevideo* de este puerto con nueve en la línea de bloqueo, la del *Purísima*, de Casilda, con tres, y la entrada del *Reina Cristina* en Cienfuegos con otros tres. Bien sé que el caso de esa Escuadra es más árduo, pero esos precedentes guardan proporción. Si esos cruceros llegan á ser apresados en cualquier forma dentro del puerto de Cuba, el efecto en el mundo entero será desastroso, y la guerra podrá darse por terminada en favor del enemigo. Hoy todas las Naciones tienen la vista fija en esa Escuadra, y en ella se cifra la honra de la Patria, como estoy seguro lo comprende V. E. El Gobierno opina del mismo modo, y el dilema no ofrece duda á mi juicio, tanto más, cuanto que abrigo gran confianza en el éxito, dejando completamente á discreción de V. E., cuyas dotes rayan á tanta altura, la derrota que ha de seguir, y si algún barco ha de quedar por poca marcha. Como dato favorable, diré á V. E. que Comandante crucero alemán *Giers*, ha expresado la opinión de que puede efectuarse salida Escuadra sin exponerse á grandes riesgos.

El Ministro (Auñón) al Almirante (Cervera).

Madrid 26 Junio 1898.

«Gobierno estima que en caso extremo á que se refiere en cablegrama del 23, antes de destruir nosotros mismos nuestra Escuadra en puerto, debe intentarse salvación total ó parcial, por salida nocturna, como opinaron algunos Jefes de esa Escuadra en juntas 26 Mayo y 10 Junio, y anunció V. E. en 28 Mayo.—Dígame si desembarcó tripulaciones á petición autoridad militar, y si cumplido auxilio reembarcaron.—El objeto de mi cablegrama del 24 que agradece, no es el bien personal, sino el mejor servicio de la Nación.—Evite comentarios que (ocasionan) *se le atribuyen* (1) interpretaciones desfavorables.»

---

(1) La palabra (ocasionan) no está en el original, y sí las que van en bastardilla.

El Almirante (Cervera) al Ministro (Auñón).

Santiago Cuba 27 Junio 1898.

«*Recibo C D 4097 (telegrama anterior)*. Siento mucho incurrir en el desagrado del Gobierno por (lo oportunamente dicho) *opinión dicha* hace mucho tiempo, y á V. E. desde telegrama cifrado fecha 21 Mayo.—Tal cual está bloqueada boca del puerto, es la salida durante la noche más peligrosa que de día, porque están más cerca de tierra.—Desembarco tripulaciones ha sido petición autoridad militar por indicación del General en Jefe. Pido su reembarco, pero dudo mucho que se pueda efectuar antes de que lleguen refuerzos. Su *A D 0491* (telegrama del 24) así como todos los actos de V. E. tiene por objeto el mejor servicio, pero no quita resulte en mi beneficio, porque no (será á mí á) (1) *soy yo* quien (se deberá) (1) *decide* la inútil hecatombe que se prepara.»

El Almirante (Cervera) al General en Jefe (Blanco).

Santiago de Cuba 27 Junio 1898.

«Recibo su cable y doy muchas gracias á V. E. por las benévolas frases que me dedica. Debo acatar los juicios de V. E. sin discutirlos, mucho más habiéndole dado mi opinión, formada después de madura reflexión. Siempre he creído que hay muchos marinos más hábiles que yo y es muy sensible que no pueda venir alguno de ellos á tomar el mando de Escuadra, quedándome yo subordinado suyo. Considero el telegrama de V. E. como la orden de salida y en su consecuencia pido al General Linares el reembarco de las fuerzas que por indicación de V. E. han desembarcado. Suplico á V. E. que confirme la orden de salida, porque no está explícito y sentiría mucho no interpretar bien las órdenes de V. E.»

El General en Jefe (Blanco) al C. General S. de Cuba (Linares).

Habana 27 Junio 1898.

«(**Entre otras cosas**).—Dígame sinceramente su opinión sobre Escuadra, si cree puede salir y cuál solución le parece mejor.»

El Almirante (Cervera) al General en Jefe (Blanco).

Santiago de Cuba 28 Junio 1898.

«El General Linares me contesta que no es posible reembarcar mis fuerzas hasta llegada tropas de Manzanillo.»

---

(1) Lo que va en bastardilla es lo que consta en el texto original, que no tiene lo que va entre paréntesis.

El General en Jefe (Blanco) al Almirante (Cervera) *Cuba.*

Habana 28 Junio 1898. (1)

«(Personal y reservado).—Recibido telegrama V. E. anoche. Deseoso de mejorar todo (lo) posible situación Cuba, me ocupo con afán en remitirle raciones; si lo consigo (y puedo enviar) *podré enviarle* más refuerzos, prolongando así defensa, quizá (venga) levantamiento sitio, salvación Escuadra; de no conseguirlo, se impone, como V. E. comprende bien, que ésta abandone ese puerto á pesar dificultades que reconozco. Mi resolución, por lo tanto, que desearé satisfaga V. E., es la siguiente: La Escuadra permanecerá ahí y sin apurarse ni precipitarse, puesto que aun tiene raciones, acechará la ocasión oportuna para salir, dirigiéndose á donde V. E. juzgue conveniente; pero en el caso de que los acontecimientos se agravaran hasta el punto de creerse próxima la caida de Santiago de Cuba, la Escuadra saldrá resueltamente, lo mejor que pueda, confiando su destino al valor y pericia de V. E. y de los distinguidos Jefes que la mandan, que, indudablemente, confirmarán con sus hechos la reputación de que gozan.—Acuse recibo.»

El Almirante (Cervera). al General en Jefe (Blanco).

Santiago de Cuba 29 Junio 1898.

«Recibido telegrama de V. E.—Suplico repetición desde la palabra «agravaran» hasta el punto que le sigue, que está ininteligible. Todo lo demás se ejecutará en cuanto sea posible, porque la escasez de carbón lo dificulta. Estos buques necesitan doce horas para encender, y si están encendidos y listos para aprovechar cualquier ocasión, gasta cada uno 15 toneladas por día. Pero creo entender la síntesis de su orden.—Si se puede aprovechar una ocasión favorable, hacerlo, y si no, á última hora, salir, aun cuando sea segura la pérdida de la Escuadra.—También pueden venir dificultades de que se apoderen de la boca del puerto.»

El General en Jefe (Blanco) al Ministro de Marina (Auñón).

Habana 30 Junio 1898.

«De acuerdo con lo prevenido por V. E. en telegrama de 24 del corriente, he dictado al Almirante Cervera las instrucciones siguientes: «La Escuadra podrá permanecer ahí, sin apurarse ni precipitarse, puesto que aun tiene raciones, y acechará la ocasión oportuna para salir, dirigiéndose á donde V. E. juzgue conveniente; pero en el caso de que los acontecimientos se agravasen hasta el punto de creerse próxima la caida de Santiago de Cuba, la Escuadra saldrá resuelta, lo mejor que pueda,

---

(1) El telegrama recibido contiene lo que va en bastardilla, y no lo que va entre paréntesis.

confiando su destino al valor y pericia de V. E. y de los distinguidos Jefes que la mandan que, indudablemente, confirmarán con sus hechos la reputación de que gozan.»—Lo digo á V. E. para su debido conocimiento, rogándole me manifieste si las antedichas instrucciones merecen aprobación Gobierno.»

El Ministro (Auñón) al Comandante General Apostadero (Manterola).

Madrid 1.° Julio 1898.

«Trasmita á General en Jefe que Gobierno aprueba sus instrucciones á Almirante Cervera.»

El Almirante (Cervera) al Teniente General Comandante en Jefe del 4.° Cuerpo de Ejército de Santiago de Cuba (Linares). (1)

Excmo. Sr.: Tengo el honor de trasladar á V. E. un cable que he recibido del E. S. General en Jefe que dice así: «Recibido telegrama V. E. anoche. Deseoso de mejorar todo posible situación Cuba,................................
.....................confirmarán con sus hechos la reputación de que gozan.»—Le suplico en consecuencia que si cree alguna vez que puede llegar el desgraciado caso que prevé el telegrama, se sirva avisarme con anticipación suficiente para que pueda embarcar la gente que tengo en tierra, y hacerme á la mar en cumplimiento de lo mandado —Dios etc.— S. de Cuba 30 Junio 1898.—Pascual Cervera.

El Comandante en Jefe del 4.° Cuerpo de Ejército (Linares) al Almirante (Cervera).

Excmo Sr.: En contestación del atento oficio de V. E. trasladándome un cable del Excmo. Sr. General en Jefe, en virtud del cual se sirve V. E. rogarme le avise cuando la plaza se halle en peligro de caer en poder del enemigo, tengo el honor de manifestar á V. E. que, como se trata de plaza abierta,

---

(1) Esta nueva denominación se dió al General Linares por esos días.

que para defenderla se han hecho movimientos de tierra en las alturas inmediatas y líneas de atrincheramiento sobre su recinto de alambrada, no es posible determinar el momento de avisar á V. E., pues desde que se inicia el ataque, se corre el riesgo de que potente columna rompa la extrema línea, ocupada por la circunstancia de tener desplegadas todas mis escasas fuerzas, sin reservas para acudir á los puntos que resulten más amenazados.—Sin embargo de lo expuesto, procuraré tener á V. E. al corriente del curso del combate por más que aquellos momentos, si fuera desfavorable, no son los más apropósito para efectuar el reembarque de sus fuerzas.—Dios etcétera.—Santiago de Cuba 1.º Julio 1898.—ARSENIO LINARES.

El Almirante (Cervera) al General en Jefe (Blanco).

Santiago de Cuba 1.º Julio 1898.

«Como continuación á mi cable de ayer, pongo en conocimiento de V. E. que el General Linares me contesta que, como se trata de plaza abierta con sólo movimientos de tierra y alambrada, no es posible determinar el momento de avisarme por correrse el riesgo de que potente columna rompa la línea ocupada por tener desplegadas todas sus escasas fuerzas, sin reservas para acudir á los puntos más avanzados; que sin embargo, me tendrá al corriente del curso del combate, por más que si fuera desfavorable, aquellos momentos no son los más á propósito para efectuar el reembarque de mis fuerzas.—Como sin ellas no pueden salir estos buques, á los que espera tan rudo combate á la salida que en mi juicio serán destruídos ó apresados, como tengo expresado á V. E , (y) pudiera llegar el caso de no poder cumplimentar sus órdenes, lo pongo en su conocimiento, suplicándole instrucciones.»

ACTA

El día 1.º de Julio, á las siete de la noche, llamados por el Almirante los Jefes que suscriben, dió lectura de los telegramas cruzados con el General en Jefe desde la Habana, en los cuales aquél dispone que apesar de las observaciones hechas sobre el desastre que espera á la Escuadra á la boca del puerto, salga ésta á viva fuerza y á todo evento en caso de ser inminente la pérdida de Santiago de Cuba. Seguidamente dió noticia de las operaciones militares verificadas en el día de hoy, en que el enemigo se ha opoderado del poblado del Caney y de la meseta de San Juan, y preguntada la opinión de los Jefes de referencia sobre si consideraban que era llegada la ocasión en que dicho General en Jefe dispone la salida, manifestaron por unanimidad absoluta que consideraban que había llegado la ocasión en que el General en Jefe dispone la salida; pero que para ello es absolutamente imposible intentar la salida sin embarcar la gente que está en tierra defendiendo la plaza, que es hoy más de las dos terceras partes de la marinería y que al mismo tiempo y según oficialmente ha manifestado el Jefe de este Cuerpo de Ejército, no puede prescindir de este socorro, pues carece en absoluto de reservas y de fuerzas con que relevarlos en la extensa línea que defiende. Como consecuencia de lo anteriormente expuesto entienden que para coadyuvar con la mayor eficacia y condiciones de éxito para la defensa de la plaza sería conveniente obstruir la entrada del puerto.

José de Paredes.—Juan B. Lazaga.—Fernando Villaamil. Víctor M. Concas.—Antonio Eulate.—Emilio Díaz Moreu.

El Almirante (Cervera) al General en Jefe (Blanco).

Santiago de Cuba 1.º Julio 1898 (n).

Por el General Toral conoce V. E. la jornada de hoy. Cree evidente que la retirada de mis fuerzas desembarcadas, implica la pérdida inmediata de la plaza. Sin ellas no puedo intentar la salida. Yo creo lo mismo que Toral y nuestra salida parecería una fuga que á todos repugna. Así opinan también mis Capitanes. Suplico las instrucciones que le he pedido.»

El Almirante (Cervera) al Ministro (Auñón).

Santiago de Cuba 1.º Julio 1898.

«El enemigo atacó hoy rudamente plaza, con fuerzas muy superiores; ha hecho pocos progresos, porque la defensa ha sido brillante; pero tenemos 600 bajas, entre ellas Comandante General Ejército herido grave, un General brigada muerto, Capitán Navío Bustamante herido grave. Las tripulaciones no se han reembarcado porque arrastraría la inmediata pérdida de la plaza. He pedido instrucciones al General en Jefe.»

EL GENERAL EN JEFE (BLANCO) AL ALMIRANTE (CERVERA).—*Cuba*.

Habana 1.° Julio 1898 (10-30 n.)

«*(Urgentísimo.—Clave L)*.—Vistos progresos enemigos á pesar heroica defensa guarnición y de acuerdo con la opinión del Gobierno de S. M., reembarque Vuecencia tripulaciones y, aprovechando la oportunidad más inmediata, salga con todos los barcos de esa Escuadra, quedando en libertad de seguir derrota que considere oportuna, autorizándole para que deje ahí alguno de ellos que por su poca marcha ó circunstancias no ofreciera probabilidades de salvación.—Debo advertir á Vuecencia para su noticia, como nformación y sin carácter de prevención, que en Cienfuegos sólo hay tres barcos y nueve aquí, ninguno de importancia.»

EL GENERAL EN JEFE (BLANCO) AL ALMIRANTE (CERVERA).- *Cuba*.

Habana 1.° Julio 1898 (10-45 n.)

«*(Urgente.—Clave O)*.—Ampliando mi telegrama anterior de esta noche, prevengo á V. E. apresure lo posible su salida de ese puerto antes que el enemigo pudiera apoderarse de la boca.»

EL GENERAL EN JEFE (BLANCO) AL C. GENERAL S. DE CUBA (TORAL).

Habana 1.° Julio 1898 (10-55 n.)

«(**Entre otras cosas**).—Es indispensable concentrar las fuerzas y prolongar todo cuanto se pueda la defensa, procurando á toda costa que enemigo no se apodere de la boca del puerto antes que salga la Escuadra, que deberá salir lo antes posible para no tener que rendir ni destruir los barcos.»

EL GENERAL EN JEFE (BLANCO) AL M. DE LA GUERRA (CORREA).

Habana 1.° Julio 1898.

«Almirante Cervera se preocupa para abandonar puerto en cuya operación teme quede destruida Escuadra, y pide nuevas instrucciones. Le contesto de acuerdo telegrama V. E. número 90, que abandone aquél, aprovechando oportunidad más inmediata, antes que enemigo ocupe boca.»

El Ministro (Auñón) al Almirante (Cervera).

Madrid 1.° Julio 1898.

«Participole que nuestros carboneros *Alicante* y *Remembrance* están en Martinica; *Marie* y *Burton* en Guadalupe.»

El Almirante (Cervera) al General en Jefe (Blanco).

Santiago de Cuba 2 Julio 1898 (madrugada).

«*(Urgente).*—Recibo sus telegramas urgentes de anoche; envío á mi Jefe de Estado Mayor para que los muestre al General Toral, y mando encender para salir en cuanto se reembarque mi fuerza.»

El General en Jefe (Blanco) al Almirante (Cervera).—*Cuba.*

Habana 2 Julio 1898 (5-10 m.)

«*(Urgentísimo).*—En vista estado apurado y grave de esa plaza que me participa General Toral, embarque V. E. con la mayor premura tropas desembarcadas de la Escuadra y salga con ésta inmediatamente.»

El Almirante (Cervera) al Comandante General accidental del 4.º Cuerpo de Ejército S. de Cuba (Toral).

Excmo. Sr.: Después de los telegramas del excelentísimo señor General en Jefe, que le enseñó esta mañana mi Jefe de Estado Mayor, acabo de recibir el siguiente: «En vista estado apurado............................salga con ésta inmediatamente.»—Lo que tengo el honor de trasladar á V. E. á fin de que dé sus órdenes para poder cumplimentar inmediatamente la del General en Jefe.—Dios etc.—Santiago de Cuba 2 de Julio de 1898.—Pascual Cervera.

El Comandante General accidental 4.º Cuerpo de Ejército (Toral) al Almirante (Cervera).

Excmo. Sr.: Enterado del cablegrama del General en Jefe dirigido á V. E. disponiendo el reembarque de las fuerzas de la Escuadra, ordeno con urgençia que la compañía que se halla en San Miguel de Parada, vaya á embarcar en San José; la de Mazamorra en Socapa; la de Cruces en el muelle de este nombre; la que (está) entre los fuertes del Gasómetro y Hornos, en Punta Blanca y el resto de las fuerzas de Marina desembarcadas, en el muelle Real.—Lo que tengo el honor de comunicar á V. E. para su conocimiento y efectos de embarque de las referidas compañías.—Dios etc.—Santiago de Cuba 2 de Julio de 1898.—JOSÉ TORAL.

El General en Jefe (Blanco) al C. General S. de Cuba (Toral).

Habana 2 Julio 1898.

«Recibido cablegrama de V. E. de la 1^h 30^m de la madrugada de hoy que contesto, reiterándole las instrucciones que he dado á V. E. en mi último telegrama de esta madrugada.—Es indispensable concentrar las fuerzas y prolongar cuanto se pueda la defensa, impidiendo enemigo se apodere boca del puerto antes salida Escuadra, que ordeno al General Cervera en vista estado plaza que V. E. me participa, para evitar rendición ni destrucción barcos.—Si V. E. con esas valerosas tropas pudiera dar lugar á llegada brigada Escario ó Pareja, mejoraría mucho situación; pero si ésta fuera tan crítica que imposibilite continuar la defensa, reuniré todas las tropas y habitantes leales, procurando abrirse paso, retirándose sobre Holguín ó Manzanillo, inutilizando lo que no pueda llevarse, quemando y destruyendo cuanto deje á retaguardia, sin que quede al enemigo el menor trofeo de su victoria, confiando en todo caso en que V. E. sabrá adaptar cumplimiento mis instrucciones con estado plaza y fuerzas.»

El C. General S. de Cuba (Toral) al General en Jefe (Blanco).

Santiago de Cuba 2 Julio 1898.

«Amanecer reanudó enemigo ataque plaza, que continúa á la vez que á poblado Cuebitas, sobre línea férrea, y al Cobre, induciendo esto último á creer haya sido detenida columna Escario por fuerzas desembarcadas Aserradero. A petición Almirante Cervera, ordeno urgente reembarco tropas Escuadra, debilitando en mil hombres defensa, pues fuerza Asia llegada madrugada y resto Constitución, apenas completan bajas tenidas ayer. Situación cada vez más insostenible.»

El General en Jefe (Blanco) al C. General S. de Cuba (Toral).

Habana 2 Julio 1898.

Recibido telegrama V. E. de la una y media. Comprendo situación difícil, pero no desesperada.—Si Escario ó Pareja se incorporaran, mejorará mucho.—De todos modos, sostenga V. E. la plaza á toda costa y antes capitulación procure unirse con alguna de aquellas fuerzas, dejando heridos y enfermos hospitales asistidos Cruz Roja; población no deberá destruirse á pesar lo que anoche le dije.—Lo esencial es que Escuadra salga en seguida, pues si se apoderan de ella americanos, España estará moralmente vencida y tendrá que pedir la paz á merced del enemigo. Una plaza perdida puede recobrarse; la pérdida de la Escuadra en estas circunstancias es decisiva y no se recobra. No deje V. E. de telegrafiarme comunicándome los sucesos y sus impresiones.»

El Capitán General de Cuba (Blanco) al M. de la Guerra (Correa).

Habana 2 Julio 1898.

«(**Entre otras cosas**).—He ordenado salga Escuadra inmediatamente, pues si se apodera enemigo boca puerto está perdida.»

El C. General Apostadero (Manterola) al Ministro (Auñón).

Habana 3 Julio 1898.

»Comandante Marina Cuba me dice: «Salió nuestra Escuadra, sosteniendo fuego vivísimo, que no se oye ya, con la enemiga; parece ha conseguido romper el bloqueo, dirigiéndose al Oeste.»

El C. General S. de Cuba (Toral) al General en Jefe (Blanco).

Santiago de Cuba 3 Julio 1898.

»Llegó anochecer columna Escario. Enemigo ha hostilizado esta mañana diferentes veces á nuestras fuerzas, causándonos Comandante Asia Ramón Escobar muerto, y siete heridos tropa. Presentáronse esta tarde en Socapa varios náufragos de los destroyers y un marinero del *María Teresa*, manifestando éstos que ya fuera vista puerto,perdióse dicho crucero y que *Oquendo* llevaba fuego á bordo; después han llegado más tripulantes del *María Teresa*. Se ignora paradero Almirante Cervera.—Comunicaré á V. E. más detalles cuando los conozca. Por manifestación Oficial torpedista no responder de los torpedos eléctricos de primera línea y sólo de cuatro de la segunda y haberse inutilizado dos y necesitar otros dos reparación de los siete Bustamante, considero fácil que enemigo fuerce boca puerto y dispongo su cierre, como dije á V. E.—Comandante Marina informa que ningún buque mercante podría lograrse y propone sumergir crucero *Reina Mercedes*, si bien advierte no impedirá paso á buques de nueve á trece pies calado. Consulto V. E. si se puede hacer operación.»

El Almirante (Cervera) al General en Jefe (Blanco). (1).

Playa del Este 4 Julio 1898.

«En cumplimiento de las órdenes de V. E., salí ayer mañana de Cuba con toda la Escuadra y después de un combate desigual contra fuerzas más que triples de las mías, toda mi Escuadra quedó destruida, incendiados y embarrancados *Teresa*, *Oquendo* y *Vizcaya*, que volaron; el *Colón*, según informes de los americanos, embarrancado y rendido; los cazatorpederos á pique. Ignoro aún las pérdidas de gente, pero, seguramente, suben de 600 muertos y muchos heridos, aunque no en tan grande proporción. Los vivos somos prisioneros de los americanos.—La gente toda rayando á una altura que ha merecido los plácemes más entusiastas de los enemigos. Al Comandante del *Vizcaya* le dejaron su espada.—Estoy muy agradecido á la generosidad é hidalguía con que nos tratan.—Entre los muertos está Villaamil y creo que Lazaga; entre los heridos Concas y Eulate.—Hemos perdido todo y necesitaré fondos.»

El General en Jefe (Blanco) al M. de la Guerra (Correa).

Habana 5 Julio 1898.

«Almirante Cervera me trasmite por telégrafo desde Playa del Este con esta fecha lo siguiente: «Salí ayer mañana de Cuba con toda la Escuadra, etc. etc. (Sigue como el anterior).»

El Comandante General Apostadero (Manterola) al Ministro (Auñón).

Habana 5 Julio 1898.

«Ultimo parte trasmitido Comandante Marina Cuba, las noticias eran inseguras; hoy madrugada recibí estos dos: Están llegando tripulantes del *María Teresa;* refieren que este buque, *Oquendo*, *Plutón* y *Furor* embarrancaron con fuego á bordo; que *Colón* y *Vizcaya* se perdieron de vista sin ser perseguidos por enemigo.—Han llegado hasta este momento 108 del *Plutón*, *Furor* y *Teresa*, entre

---

(1) Este telegrama lo envié por conducto del Almirante Sampson, rogándole lo expidiese, y por esta razón no lo recibió el General en Jefe hasta el día siguiente.

ellos Oficiales ningún Jefe. Ignoro noticia cierta Almirante; sobre esto último pedí aclaración, que no recibí todavía. Extraoficialmente me dijeron anoche, decían estaba prisionero en buque enemigo.— Comunicaré como siempre cuantas noticias oficiales reciba.»

El Comandante General Apostadero (Manterola) al Ministro (Auñón).

Habana 6 Julio 1898.

«Sin comunicación con Cuba; últimos cables recibidos, los dos trasmitidos ayer. Por ruego, General en Jefe me facilitó el siguiente, con la salvedad de que él no ordenó General Cervera saliera de Cuba á las 9^h 45^m mañana, hora que lo efectuó: «Según orden de V. E. salí ayer mañana de Cuba, etc., etc.» (Sigue como el de la página 155).

El Comandante General Apostadero (Manterola) al Ministro (Auñón).

Habana 8 Julio 1898.

«Comandante Marina Cuba comunica: «Según noticias que parecen fidedignas, los cuatro acorazados, dos torpederos, sucumbieron combate día 3. Muertos Comandante *Oquendo*, marineros, soldados; heridos Comandante *Teresa*, Jefes, Oficiales; ilesos los dos Generales, muchos prisioneros, todos éstos en camino Estados Unidos. Créese enemigos utilizaran *Colón*.—Esta población amenazada inminente bombardeo mar y tierra si no capitula. Enemigo nos ha cortado el acueducto; dicen no nos escasearán mucho los víveres, pero sí las municiones. Familias huyeron, población desierta. Estamos cercados por mar y tierra; considero próximos sucesos graves, sangrientos, decisivos. Joaquín Bustamante muy mejorado (1).— Veinticuatro buques enemigos. Total tripulantes Escuadra llegados hasta ahora 153, entre ellos Manuel Bustamante y José Caballero, únicos Oficiales; Guardia Marina Ramón Navia.—*Furor* se fué á pique; los otros buques embarrancados con fuego á bordo; causa probable, las granadas enemigas.—Estuvimos con cable interrumpido, razón carencia mis noticias. Comunicaré las que vaya recibiendo.»

---

(1) El Capitán de Navío D. Joaquín Bustamante, Jefe de Estado Mayor de la Escuadra, desembarcó mandando las columnas de la Escuadra que lo hicieron para ayudar á la defensa de Santiago de Cuba. En el combate del día 1.º de Julio estuvo al frente de sus fuerzas, matándole primero su caballo, y quedando á pie, continuó con un arrojo y heroísmo que todos ensalzaron, hasta que cayó herido de un balazo en el vientre. Falleció el 19 de Julio en el hospital de Santiago de Cuba.— Sus restos han sido sepultados en San Fernando en el Panteón de Marinos Ilustres.

PARTE DEL COMBATE

El Almirante (Cervera) al General en Jefe (Blanco).

Excmo. é Iltmo. Sr.: En cumplimiento de las órdenes de V. E. I., con la evidencia de lo que había de suceder y tantas veces había anunciado, salí de Santiago de Cuba con toda la Escuadra que fué de mi mando, en la mañana del 3 del corriente Julio.

Las instrucciones dadas para la salida eran las siguientes: El *Infanta María Teresa*, buque de mi insignia, había de salir el primero, siguiéndole sucesivamente el *Vizcaya*, *Colón*, *Oquendo* y destructores. Todos los barcos tenían todas sus calderas encendidas y con presión. Al salir el *Teresa* empeñaría el combate con el enemigo que estuviera más apropósito, y los que le seguían procurarían dirigirse al Oeste á toda fuerza de máquina, tomando la cabeza el *Vizcaya*. Los cazatorpederos habían de mantenerse, si podían, fuera del fuego, expiar un momento oportuno para obrar, si se presentaba, y tratar de escapar con su mayor andar, si el combate nos era desfavorable.—Los buques salieron del puerto con una precisión tan grande, que sorprendió á nuestros enemigos, quienes nos han hecho muchos y muy entusiastas cumplimientos sobre el particular. Tan pronto como salió el *Teresa* rompió el fuego á las $9^h 35^m$ sobre un acorazado que estaba próximo, pero dirigiéndose á toda fuerza de máquina sobre el *Brooklyn*, que se encontraba al SO. y que nos interesaba tratar de poner en condiciones de que no pudiera utilizar su superior andar. Los demás buques empeñaron el combate con los otros enemigos que acudían de los diversos puntos donde estaban apostados. La Escuadra enemiga constaba aquel día de los siguientes buques frente á Santiago de Cuba: *New-York*, insignia del Contralmirante Sampson, *Brooklyn* insignia del Comodoro Schley, *Iowa*, *Oregon*, *Indiana*, *Texas* y varios buques menores, ó mejor dicho, trasatlánticos y yates armados. - Realizada la salida se tomó el rumbo mandado, y el combate se generalizó con la desventaja, no sólo del número, sino del estado de nuestra artillería y municiones de 14 centímetros que conoce V. E. por el telegrama que le puse al quedar á sus órdenes. Para mí no era dudoso el éxito, por más que alguna vez creí que no sería tan rápida nuestra destrucción.

Al *Infanta María Teresa*, un proyectil de los primeros le rompió un tubo de vapor auxiliar, por el que se escapaba mucho, que nos hizo perder la velocidad con que se contaba; al mismo tiempo otro rompía un tubo de la red de contra incendios. El buque se defendía valientemente del nutrido y certero fuego del enemigo, y no tardó mucho en caer entre los heridos su valiente Comandante Capitán de Navío D. Víctor M. Concas, que tuvo que retirarse, y como las circunstancias no permitían perder un segundo, tomé por mí mismo el mando directo del buque, esperando ocasión de que pudiera llamarse al segundo Comandante, pero ésta no llegó, porque el combate arreciaba, los muertos y heridos caían sin cesar, y no había que pensar en otra cosa que en hacer fuego en tanto que se pudiera.

En tal situación, teníamos fuego en mi cámara, donde debieron hacer explosión algunos de los proyectiles que allí había para los cañones de 57 mm.; vinieron á participarme haberse prendido fuego al cangrejo de popa y caseta del puente de popa, al mismo tiempo que el incendio iniciado en mi cámara se corría al centro del buque con gran rapidez, y como no contábamos con agua, fué tomando cada vez más incremento, siendo impotentes nosotros para atajarlo. Comprendí que el buque estaba perdido y pensé desde luego en dónde lo vararía para perder menos vidas, pero continuando el combate en tanto que fuera posible.

Desgraciadamente, el fuego ganaba terreno con mucha rapidez y voracidad, por lo que envié uno de mis Ayudantes con la orden de que se inundasen los pañoles de popa, encontrándose éste ser imposible penetrar en los callejones de las cámaras á causa del mucho humo y del vapor que salía por la escotilla de la máquina donde también le fué absolutamente imposible penetrar, á causa de no permitir la respiración aquella abrasadora atmósfera; por tanto fué necesario dirigirnos á una playita al O. de Punta Cabrera, donde embarrancamos con la salida, al mismo tiempo que se nos paraba la máquina; era imposible subir municiones ni nada que exigiera ir bajo la cubierta acorazada, sobre todo á popa de las calderas, y en tal situación no había que pensar más que en salvar la parte que se pudiera de la tripulación, de cuya opinión fueron el segundo y tercer Comandantes y los Oficiales que se pudieron reunir, á los que consulté si creían que podía continuar el combate, contestando que no.

En tan penosa situación, habiendo empezado las explosiones parciales de los depósitos de las baterías, di orden de arriar la bandera é inundar todos los pañoles; la primera no pudo ejecutarse á causa del terrible incendio que había en la toldilla, habiéndose quemado al poco rato.—Ya era tiempo: el fuego ganaba con mucha rapidez y apenas hubo el suficiente para abandonar el buque, cuando ya el fuego llegaba al puente de proa, y eso ayudados por dos botes americanos que llegaron como tres cuartos de hora después de la embarrancada.

Entre los heridos están el Teniente de Navío D. Antonio López Cerón y Alférez de Navío D. Angel Carrasco y faltan el Capitán de Infantería de Marina D. Higinio Rodríguez, al que creo mató un proyectil, el Alférez de Navío D. Francisco Linares, el segundo Médico D. Julio Díaz del Río, el Maquinista Mayor de primera clase D. Juan Montero y el de segunda D. José Melgares, cuyo cadáver salió á la playa.—El salvataje se hizo tirándose al agua los que sabían nadar, intentando tres veces llevar una guía á tierra, lo que sólo se consiguió á última hora y ayudados por los dos botes americanos de que llevo hecho mención. Nosotros arriamos un bote que parecía bueno é inmediatamente se fué á pique, y se echó al agua un bote de vapor, que sólo pudo hacer un viaje, porque también se fué á pique por efecto de las averías que tenía, al intentar volver á bordo segunda vez, quedando agarrados á él los tres ó cuatro hombres que lo llevaban y que se salvaron unos á nado y otros los recogió un bote americano.

El Comandante, ayudado por buenos nadadores, había ido á tierra; el segundo y tercero dirigían á bordo el embarco, y necesitándose dirección en tierra, cuando ya venían los botes americanos, yo me fuí á nado, ayudado por dos cabos de mar llamados Juan Llorca y Andrés Sequeiro y mi hijo y Ayudante, Teniente de Navío D. Angel Cervera.

Concluído el desembarco de la gente, fuí invitado por el Oficial americano que mandaba los botes de seguirle á su buque, que era el yate armado *Gloucester*, á donde fuí acompañado de mi Capitán de bandera, herido, de mi hijo ayudante y del segundo del buque, que fué el último que lo abandonó.

Durante este período, el aspecto del buque era imponente, porque se sucedían as explosiones y estaba para aterrar á las almas mejor templadas.—Nada absolutamente creo que pueda salvarse del buque, y nosotros lo hemos perdido todo, llegando la inmensa mayoría absolutamente desnudos á la playa.—Pocos minutos después que el *Teresa*, embarrancaba el *Oquendo* en una playa como á media legua al Oeste de él, con un incendio parecido al suyo, y se perdieron de vista por el Oeste el *Viscaya* y el *Colón*, perseguidos por la Escuadra enemiga.—Según me ha manifestado el Contador del *Oquendo*, único Oficial que está en el mismo buque que yo, la historia de este desgraciado buque y su heroica tripulación es la siguiente, que tal vez se rectifique algo, pero sólo en detalles, no en el fondo de los hechos.

El desigual y mortífero combate sostenido por este buque, se hizo más desigual aún porque al poco tiempo de comenzado, un proyectil enemigo entró en la torre de proa matando á todo el personal de ella, menos un artillero que quedó muy mal herido.—A la batería de 14 cm., barrida por el fuego enemigo desde el principio, sólo le quedaron dos cañones útiles con los que continuó defendiéndose con una energía incomparable.—También la torre de popa quedó sin su Oficial-Comandante, muerto por un proyectil del enemigo que entró al abrir la puerta para poder respirar, porque se asfixiaban dentro.—No conoce el Contador la historia de la batería de tiro rápido, y sólo sabe que disparaba, seguramente, lo mismo que toda esta valiente tripulación.—Hubo dos incendios: el primero, que se dominó, ocurrió en el sollado de proa, y el segundo, que se inició á popa, no se pudo dominar, porque ya no daban agua las bombas, quizá por las mismas causas que en el *Teresa*.

Los ascensores de municiones de 14 cm., faltaron desde el principio, pero no faltaron municiones en la batería, mientras que pudo batirse, por los repuestos, que á prevención, se habían puesto en todos los buques.—Cuando el valiente Comandante del *Oquendo* vió que no podía dominar el incendio y no tenía ningún cañón en estado de servicio, fué cuando se decidió á embarrancar, mandando previamente disparar todos los torpedos, menos los dos de popa, por si se acercaba algún buque enemigo, hasta que llegado el último extremo, mandó arriar la bandera, minutos después que el *Teresa* y previa la consulta á aquellos Oficiales que estaban presentes. Los Comandantes segundo y tercero y tres Tenientes de Navío habían ya muerto. El salvamento de los supervivientes fué organizado por su Comandante, que ha perdido la vida por salvar la de sus subordinados. Hicieron una balsa, arriaron dos lanchitas, únicas embarcaciones que les quedaban útiles, y últimamente fueron auxiliados por embarcaciones americanas, y según me dijo un insurrecto con quien hablé en la playa, también les auxilió un bote que éstos tenían.—Sublime era el espectáculo que presentaban estos dos buques; las contínuas explosiones que se sucedian sin cesar, no acobardaban á estos valientes, que han defendido sus buques hasta el punto de no haber podido ser hollados por la planta de ningún enemigo.—Cuando fuí invitado por el Oficial americano á seguirlo, según digo á V. E. I. anteriormente, di instrucciones para el reembarco al tercer Comandante D. Juan Aznar, á quien no he vuelto á ver desde entonces.—Al llegar al buque americano, que era el yate armado *Gloucester*, encontré allí una veintena de heridos, pertenecientes en su mayor parte á los cazatorpederos, los Comandantes de éstos, tres Oficiales del *Teresa*, el Contador del *Oquendo* y nos reunimos entre todos hasta 93 personas, pertenecientes á las dotaciones de la Escuadra.—El Comandante y Oficiales del yate nos recibieron con las mayores atenciones, esforzándose por atender á nuestras necesidades, que eran de todo género, porque llegábamos absolutamente desnudos y hambrientos; me manifestó el Comandante, que como su buque era tan pequeño, no podía recibir aquella masa de gente, é iba á buscar un buque mayor que los embarcara.—Los insurrectos, con quienes yo había hablado, me habían dicho que con ellos tenían unos 200 hombres, entre los que había cinco ó seis heridos, y me añadieron de parte de su Jefe que si queríamos irnos con ellos, les siguiéramos y nos auxiliarían con lo que ellos tenían, á lo que les contesté que dieran las gracias á su Jefe y le dijeran que nosotros nos habíamos rendido á los americanos; pero que si tenían Médico, les agradecería que curara á una porción de heridos que teníamos en la playa, algunos de ellos muy graves.

Al Comandante del yate le comuniqué esta conversación con los insurrectos y le supliqué reclamara nuestra gente, lo que me prometió, enviando al efecto un destacamento con bandera. También envió algunos víveres de que tan necesitados estaban en la playa.

Seguimos después hacia el O. hasta encontrar el grueso de la Escuadra, de la que se destacó el crucero auxiliar *París*, y nuestro yate siguió hasta frente á Cuba, donde recibió órdenes, con arreglo á las que, unos fuimos trasbordados al *Iowa* y otros lo fueron á otros barcos, de ellos, los heridos al buque hospital.

Durante mi permanencia en el yate, pedí á los Comandantes de los cazatorpederos noticia de la suerte que les había cabido, teniendo el sentimiento de saber su triste fin.

De lo ocurrido al *Furor*, puede V. E. I. enterarse detalladamente por la adjunta copia del parte de su Comandante; en él encontró una muerte gloriosa el Capitán de Navío D. Fernando Villaamil, y el número de bajas acredita cómo se ha conducido este pequeño buque, cuyo Comandante también fué herido levemente.

También acompaño á V. E. I. copia del parte que me ha producido el Comandante del *Plutón*, quien también está herido en un pie y cuyo buque tiene en este dia una historia tan gloriosa como su compañero, y ambos como no puede pedir más ni el más exigente.

Cuando llegué al *Iowa*, donde fuí recibido con toda clase de honores y consideraciones, tuve el consuelo de ver en el portalón al bizarro Comandante del *Viscaya*, que salió á recibirme con su espada ceñida, porque el Comandante del *Iowa* no quiso que se desprendiera de ella en testimonio de su brillante defensa. Adjunta es también copia del parte que me ha producido, por el cual vendrá V. E. I. en conocimiento de esta historia tan parecida á la de sus hermanos *Teresa* y *Oquendo*, lo que prueba que los mismos defectos han producido las mismas desgracias, habiendo sido todo cuestión de tiempo.

En el *Iowa* estuve hasta el 4 por la tarde en que fuí trasbordado al *San Luís*, donde encontré al General segundo Jefe y Comandante del *Colón*.

Cuando estando aún en el *Iowa*, se incorporó el Almirante Sampson, le pedí permiso para telegrafiar á V. E. I., haciéndolo en los siguientes términos:

«En cumplimiento de las órdenes de V. E., salí ayer mañana de Cuba con toda la Escuadra, y después de un combate desigual contra fuerzas más que triples de las mias, toda mi Escuadra quedó destruida, incendiados y embarrancados *Teresa*, *Oquendo* y *Vizcaya* que volaron; el *Colón*, según informes de los americanos, embarrancado y rendido; los cazatorpederos á pique. Ignoro aún las pérdidas de gente, pero seguramente suben de 600 muertos y muchos heridos, aunque no en tan grande proporción. Los vivos somos prisioneros de los americanos. La gente toda rayando á una altura que ha merecido los plácemes más entusiastas de los enemigos. Al Comandante del *Vizcaya* le dejaron su espada. Estoy muy agradecido á la generosidad é hidalguía con que nos tratan. Entre los muertos está Villaamil y creo que Lazaga; entre los heridos Concas y Eulate. Hemos perdido todo y necesitaré fondos.—CERVERA.—4 de Julio 98.»

En cuyo telegrama hay que rectificar la suerte del *Plutón*, que no fué echado á pique, sino que, sin poderse sostener á flote, consiguió embarrancar como V. E. I. verá en el parte de su bizarro Comandante.

Una vez en el *San Luís*, el General segundo Jefe y el Comandante del *Colón* me enteraron de su triste suerte, produciendo el primero el parte de que acompaño copia también, absteniéndome de comentarios, que huelgan respecto á un parte producido por este distinguido General, de hechos ocurridos fuera de mi vista.

Réstame decir á V. E. I., para completar los rasgos característicos de esta lúgubre jornada, que nuestros enemigos se han conducido y se conducen actualmente con nosotros, con una hidalguía y delicadeza que no cabe más; no sólo nos han vestido como han podido, desprendiéndose de efectos no sólo del Estado, sino de propiedad particular, sino que han suprimido la mayor parte de los «hurras» por respeto á nuestra amargura; hemos sido y somos objeto de entusiastas felicitaciones por nuestra acción, y todos, á porfía, se han esmerado en hacernos nuestro cautiverio lo más llevadero posible.

Ignoro aún las pérdidas de gente, por estar repartidos en diversos buques, pero estarán en las ideas que hace concebir el telegrama antes inserto.

En resumen: la jornada del 3 ha sido un desastre horroroso, como yo había previsto; el número de muertos es, sin embargo, menor del que yo temia; la Patria ha sido defendida con honor y la satisfacción del deber cumplido deja nuestras conciencias tranquilas, con sólo la amargura de lamentar la pérdida de nuestros queridos compañeros y las desdichas de la Patria.

A bordo de este buque hay, además del segundo Jefe y yo con nuestros Ayudantes, un Jefe, cuatro Oficiales y 32 individuos del *Infanta María Teresa;* el Contador y 35 individuos del *Oquendo;* los tres Comandantes, 11 Oficiales, siete Guardias Marinas y 347 individuos del *Vizcaya;* los tres Comandantes, 14 Oficiales y 191 individuos del *Colón;* el Comandante, el Maquinista Mayor y 10 individuos del *Furor;* el Comandante, un Oficial y 19 individuos del *Plutón*, y el Teniente de Navío de primera clase D. Enrique Capriles, á quien embarqué de trasporte en el *Vizcaya* cuando dejó el mando de la Provincia.

De toda esta gente envío á V. E. I. relaciones que continuaré cuando tenga noticias de los demás.

También acompaño á V. E. I. relación de los Jefes, Oficiales y Guardias Marinas muertos, heridos, contusos y desaparecidos y otra de los heridos no Oficiales que hay en este buque; la gran masa de heridos está á bordo del buque hospital que es el vapor *Solace*.

Como comprendo que V. E. I. podrá tener dificultades para transmitir esta comunicación, me permito enviarle un traslado al Excmo. Sr. Ministro de Marina.

De los hechos particulares, dignos de mención, que no afectan al conjunto de la acción, daré parte por separado, á medida que los vaya conociendo.

Dios guarde á V. E. I. muchos años.—En la mar, á bordo del *San Luis*, 9 de Julio de 1898.—PASCUAL CERVERA.

Parte del Colón.

EL GENERAL 2.º JEFE (PAREDES) AL ALMIRANTE (CERVERA)

Excmo. Sr.: Tengo el honor de trasladar á V. E. I. el parte que del combate y suerte habida al acorazado *Colón* el día 3 del corriente, me comunica su dignísimo Comandante, que dice así:

«Cumpliendo las órdenes recibidas, salí con el buque de mi mando, ocupando el puesto designado, del puerto de Santiago de Cuba, estando tanto avante con el Morrillo á las 9^h 45^m de la mañana, rompiendo el fuego contra el *Iowa*, que era el buque más próximo en el momento de la salida.

Cinco minutos más tarde, siendo el buque más avanzado de la línea enemiga el *Brooklyn*, ordené á las baterías que todos los fuegos se dirigieran sobre él y lo que fuera posible contra el *Oregon*, que se hallaba por la aleta de babor y al que no podía dedicarse atención por la falta de cañones de caza y retirada. Así se efectuó, disparando contra dicho buque 184 disparos con los cañones de 15 centímetros y 117 con la batería de 12 cm., teniendo la seguridad de haber hecho blanco con un diez por ciento de los tiros.—Desde luego vi que ni el *Brooklyn* ni el *Oregon*, que emprendieron la caza, podían alcanzarme y se quedaban más rápidamente el primero que el segundo y continué cerca de la costa haciendo rumbo al Cabo Cruz.—A la una de la tarde empezó á bajar la presión de calderas, disminuyendo las revoluciones de 85 á 80, empezando, por tanto, á ganarme en andar el *Oregon*, que poco tiempo después rompió el fuego contra el buque con sus cañones de caza de grueso calibre, al que sólo pude contestar con disparo del cañón número 2 de la batería, guiñando al efecto lo necesario, aunque esto acortase la distancia.—En vista de esto y vista la seguridad absoluta de ser apresado por el enemigo, de acuerdo con Vuecencia, por no ser conveniente distraer á ningún Jefe y Oficial de sus destinos, dada la extructura y disposición de las escotillas, que representaba una pérdida de tiempo muy necesario y con el ánimo de aprovechar hasta el último momento la ocasión, si se presentaba, de hacer fuego, y con el fin de evitar llegase el de ser apresado, resolvimos embarrancar y perder el buque y no sacrificar estérilmente las vidas de los que se habían batido con el valor heroico, la disciplina y serenidad que Vuecencia ha podido apreciar por sí mismo, y como consecuencia del acuerdo se hizo proa al río Tarquino, en cuya playa embarranqué, con velocidad de 13 millas, á las dos de la tarde. Ya varado el buque y reunidos los Jefes y Oficiales, todos manifestaron su conformidad á lo hecho, por comprender que de seguir, aunque no fuera más que momentos, corría inminente peligro de caer en poder del enemigo y ser un trofeo de guerra que era necesario á todo trance evitar.

Poco después quedamos prisioneros de guerra del *Brooklyn* cuyo Comandante se presentó á bordo poco tiempo después. Durante el combate he tenido un muerto y veinte y cinco heridos, cuya relación acompaño á V. E. como resultado de los proyectiles del enemigo, que aunque nos alcanzaron en gran número, no hicieron averías en la parte protegida del buque.

Es cuanto tengo que poner en conocimiento de V. E., expresando al mismo tiempo mi convicción, que todos y cada uno han cumplido con su deber en las difíciles circunstancias en que se efectuó la salida, las desventajosas del combate por la superioridad del enemigo y la deficiencia grande de los medios de ataque de mi buque.»

Y yo por mi parte, como testigo de los sucesos, réstame sólo manifestar á Vuecencia Ilustrísima, que en medio de nuestra pena por la pérdida de los buques y del personal digno y heróico, cabe la satisfacción de que todos han cumplido con su sagrado deber de defender su bandera y Patria, demostrando una vez más que la Marina española puede sucumbir, pero jamás con la deshonra.

Todos á bordo del *Colón* fueron dignos imitadores de nuestros antepasados, imposible es recomendar á ninguno de sus dignos tripulantes, rayaron en el heroismo, mas sería dejar de cumplir con un sagrado deber si no expresara á V. E. I. que su valiente Comandante colocóse á una altura que no hay frases que expresarlo puedan, sólo sí que honra al Cuerpo en que sirve.

Dios guarde á V. E. muchos años.—En la mar á bordo del *San Luis*, 6 de Julio de 1898.—JOSÉ DE PAREDES.

Parte del «Oquendo.»

EL TENIENTE DE NAVÍO (CALANDRIA) AL ALMIRANTE (CERVERA).

Excmo. Sr.: El Oficial que tiene el honor de dirigirse á V. E., es el más antiguo de los de la dotación del acorazado *Almirante Oquendo* que sobrevive al combate del día 3 de Julio último, por lo que se cree en el deber de dar cuenta á Vuecencia de lo ocurrido en él, en el buque de su destino y pone en su superior conocimiento lo que sigue: Iniciado el movimiento, se tocó zafarrancho de combate, y el Oficial que suscribe pasó á ocupar su puesto, que era la caseta de observación de torpedos del puente de popa, desde la cual pudo observar los movimientos de la Escuadra enemiga, encontrándose ésta á la salida del buque, navegando en línea de fila, rumbo al O. y en cabeza el crucero *Brooklyn*. Una vez franco el canal, se siguieron las aguas del matalote de proa y se rompió el fuego por la banda de babor, siendo constantemente hostilizado por los buques enemigos, especialmente por el acorazado *Iowa* y el crucero *Brooklyn*, siendo éstos también los que preferentemente fueron batidos por nuestras baterías, por pasar á juicio del que suscribe á una distancia de ellos inferior á 3.500 metros.—Se continuó navegando hasta dejar al *Iowa* algo retrasado por la aleta de babor, pero al alcance de su artillería, encontrándose en estos momentos el *Brooklin* por la amura de la misma banda, y los demás buques navegando por la popa del *Iowa* á distancia. Esta era la situación de la Escuadra enemiga al ser avisado por el tubo acústico de haber incendios en las cámaras de torpedos de popa, viendo, al salir de la caseta, que las llamas salían por la escotilla de Oficiales situada en la toldilla, y comprendiendo era imposible dominar aquél, por las proporciones que tenía, fuí al puente de proa á dar cuenta al señor Comandante, en el momento en que ya se disponía á varar el buque, gobernando sobre estribor, y temiendo que los torpedos de proa explotasen en el momento de la varada, si ésta era muy violenta, por ir completamente listos, lo mismo que los de los demás tubos, indicó al señor Comandante la conveniencia de que se dispararan, operación que se efectuó en la cámara de proa por el Alférez de Navío D. Alfredo Nardiz y personal á sus órdenes.

En el momento que el buque embarrancaba, llenas de muertos y heridos las cubiertas, la artillería inútil y devorados por el incendio, el señor Comandante ordenó al que suscribe arriara la bandera, pero tanto por la poca energía con que dió la orden, como por la vacilación natural en los que debían ejecutarla, no hubo lugar á que la triste orden se cumpliese; el fuego que en aquel momento tenía grandes proporciones, quemó la driza y la bandera cayó entre las llamas.

Esto es cuanto el que suscribe ha podido apreciar del combate, por estar, por su destino, aislado del resto del buque; los demás detalles que incluyo á continuación, son reconstituidos de las noticias y datos adquiridos posteriormente.

Las órdenes dadas á las dos baterías y torres, fueron graduar las alzas á distancia que variasen desde 2.400 á 3.200 metros; al cuarto disparo de cañón número 6 de 14 centímetros, saltó el cierre, roto por el eje de giro, matando é hiriendo á los sirvientes y dejando ciego al artillero; á los pocos momentos eran tantas las bajas en la batería superior, entre las que se contaban, el Comandante de la misma, Teniente de Navío D. Enrique Marra-López y el Alférez de Navío D. Juan Díaz Escribano, ambos heridos, que sólo los cañones 2 y 4 pudieron ser cubiertos, continuando haciendo fuego, hasta que rotos los dos ascensores, y en la imposibilidad de subir proyectiles con aparejos, por impedirlo los incendios declarados en las cámaras centrales de popa y proa, se continuaron disparando los proyectiles que estaban en cubierta, que á falta de otros conductores acarreaban el Teniente de Navío D. Enrique Marra-López, el Guardia Marina D. Quirino Gutiérrez y el tercer Condestable Antonio Serrano Facio.—La batería de tiro rápido quedó en su mayor parte destruida, desmontados varios cañones y muertos ó heridos casi todo su personal, y entre los muertos el segundo y tercer Comandantes.

En la torre de proa al disponerse para hacer el tercer disparo, entró un proyectil por entre el cañón y la cañonera y destrozando parte del carapacho, mató al Comandante de ella, Teniente de Navío D. Eugenio Rodríguez Bárcena y al tercer Condestable Francisco García Pueyo y dejó muy mal herido al artillero de primera José Arenosa Sixto, rompiendo además las tuberías y aparatos. En la de popa también fué muerto por un casco de granada su Comandante, el Teniente de Navío don Alfonso Polanco y Navarro. Una granada que entró en la cámara de torpedos de popa, dejó fuera de combate á todo su personal, y á los pocos momentos, explotando otra en la central de popa, ocasionó bastantes bajas, entre ellas el Alférez de Navío D. Emilio Pascual del Pobil, que fué herido.

Dispuesto por el señor Comandante la inundación de los pañoles á consecuencia de los incendios, trasladó esta orden el Teniente de Navío D. Tomás Calvar al primer Maquinista D. Juan Pantín, el que fué á cumplimentarla á la cámara central de proa, donde estaban ardiendo los maleteros de la gente, consiguiendo inundar los pañoles de proa, no pudiendo inundar los de popa por el voraz incendio que consumía el comedor y camarotes de Oficiales, las taquillas de las clases y las despensas. Este incendio se comunicó seguidamente á la plataforma de popa por las maderas incendiadas del piso y comedor de Oficiales, que caían por la escotilla del ascensor y hubiera ocasionado el inmediato incendio y voladura del pañol de 14 centímetros, si el tercer Condestable Germán Montero y el marinero Luis Díaz, no hubieran tapado sus escotillas, primero con cuarteles de madera y después con camas mojadas, y no consiguiendo, á pesar de sus esfuerzos, desmontar el ascensor para arriar la tapa de la escotilla, abandonaron la plataforma cuando les era imposible permanecer en ella, cerrando antes los pañoles de 28 centímetros.

Después de varado el buque y por orden de su Comandante, se pararon las máquinas, se abrieron las seguridades y se desalojaron las máquinas y calderas, empezando el salvamento; para llevarlo á cabo, hubo que renunciar á los botes grandes, por impedir el incendio arriarlos y estar otros inutilizados, consiguiéndose echar al agua el chinchorro, que se fué á pique, utilizándose con éxito las dos lanchitas y teniendo lugar hechos distinguidos, de los que, así como de los ocurridos en combate, doy cuenta á V. E. por separado.

Al arrojarse al agua el que suscribe, quedaban en el castillo el señor Comandante, el Alférez de Navío D. Alfredo Nardiz, algunos individuos de marinería, el primer Contramaestre D. Luis Rodriguez y el primer Maquinista D. Juan Pantin; estos dos últimos aseguran que después de mi salida, el señor Comandante, que rehusaba salvarse, cayó, por último, en cubierta, llevándose las manos al pecho, presa, al parecer, de un ataque de disnea y auxiliándolo, cubrieron su cuerpo con una bandera al creerlo cadáver, de lo que tuve noticia á bordo del vapor *Haward*.

El buque quedó varado á una distancia de 10 ó 12 millas, próximamente, de la boca del puerto de Santiago de Cuba.

Es cuanto tengo el honor de poner en conocimiento de V. E. en cumplimiento de mi deber.—Dios guarde á V. E. muchos años.—Camp Long, Portsmouth Navy Yard 20 Julio de 1898.—Excmo. Sr.—ADOLFO CALANDRIA.

Parte del «Vizcaya.»

EL CAPITÁN DE NAVÍO (EULATE) AL ALMIRANTE (CERVERA).

Excmo. Sr.: En cumplimiento de las órdenes recibidas de V. E., en la mañana del 2 del presente procuré alistar el buque para poder salir á las cuatro de la tarde; pero como el reembarco de la primera Compañía no empezó hasta esa hora, eran las seis y media cuando el buque se encontró dispuesto para salir á la mar. En ese momento se arboló la bandera de combate por los Oficiales, á quienes arengué con el recuerdo de las obligaciones que impone la Ordenanza y los actos heroicos realizados por nuestros predecesores en esta honrosa carrera. Seguidamente, precedida de un exordio, recibimos de rodillas la bendición del Padre Capellán.—Con la bandera arbolada esperamos las últimas órdenes de V. E. y á las nueve de la mañana del siguiente día 3 estaba el buque listo para seguir las aguas del buque insignia.— A 9^h de tiempo verdadero se dió avante para seguir al *Teresa* y á las 9 y 30, rebasada la punta de la Socapa, se dió toda fuerza y gobernó con arreglo á lo que Vuecencia se sirvió prevenirme de antemano. Desde este momento, Excmo. Sr., se rompió el fuego contra los buques enemigos, que muy nutrido en un principio, fué decreciendo en la batería de 14 cm. por los defectos de sus cañones y cargas, de los que ya V. E. tiene conocimiento.—A pesar de esos defectos, el entusiasmo y la inteligencia de los Oficiales que las dirigían y la excelente disciplina de sus dotaciones hicieron que, en las dos y media horas que duró el combate, dispararan los de la banda de babor 150 tiros, habiendo hecho el que más 40 disparos y de 25 para arriba los demás, á excepción de uno que sólo pudo hacer ocho.—Las averías de estos cañones fueron muchas, pero muy especialmente las ya conocidas de escupir las agujas, no cerrarse el cierre y no entrar los proyectiles.—Cañón hubo que para poder disparar su carga se probaron antes siete, y otro que pasó de las ocho y que siempre entró en batería á fuerza de trabajos y golpes.—En la batería baja fué siempre el fuego muy nutrido en las dos primeras horas, pero después fué tal el número de proyectiles enemigos que entraron é hicieron averías en las piezas de barlofuego, ó sea de babor, que todas quedaron inútiles y la mayor parte desmontadas.

El número de bajas en la batería alta fué tal que, cuando aún disparaba uno de los cañones, ya no había gente que lo cubriera; y en la batería baja llegó momento en que por no haber sirvientes ni conductores para los cañones, hubo necesidad de disminuir la que se dedicaba á extinguir los continuos incendios que se desarrollaban, causa que, unida á que la tubería de contra-incendios quedó inútil por los tiros enemigos, hizo que aquéllos tomasen tal incremento que no fuese posible el extinguirlos. Se puede asegurar que el número de víctimas en ambas baterías era, á las dos horas de empezar el combate, de 70 á 80, en su mayoría muertos, y entre ellos el Comandante de la baja Teniente de Navío D. Julián Ristory y Torres, quien por su bravura merece un puesto de honor en los anales de la historia de nuestra Marina.

Por la valiente arremetida que al empezar el combate dió al enemigo el buque insignia, no fuimos en un principio tan castigados de sus proyectiles, pues solamente dos de sus buques acorazados nos hacían fuego; pero en la segunda hora, ya fuimos el blanco de cuatro: el *Broolkyn* por babor, *Oregon* por la aleta de la misma banda, *Iowa* por la popa y el *New-York* por la aleta de estribor, pero muy cerrado á la popa, de modo que solamente con el cañón de 28 cm. de esta extremidad se podía responder *Iowa* y *New-York*. Los cañones de reductos de estribor pudieron disparar contra el *New-York* cuatro ó cinco tiros el de proa y popa; pero como aquel buque, después de hacer fuego por su banda de babor, guiñaba á la popa, resultaron muy inciertos.

Eran las 9^h 35^m cuando ya fuera del puerto y arrumbados á montar Punta Cabrera, recibimos el primer tiro del enemigo, y á las 11^h 50^m, cuando ya sin poder hacer fuego con ninguna de las piezas de babor, traté de probar si el *Brooklyn*, que era el que más nos acosaba por babor y el que estaba más cerca, nos esperaría para arremeterle, y con dicho objeto se guiñó á dicha banda; pero aquel barco hizo lo mismo, indicando que no quería emplear más que su artillería.—El que suscribe, herido en la cabeza y espalda, fué obligado á retirarse, para ser curado, en estado casi exánime por la pérdida de sangre, pero resignando el mando por el momento en el segundo Comandante, con instrucciones *claras* y *concretas* para no rendir el barco y vararlo ó incendiarlo antes que aquello pudiera suceder. En la enfermería me encontré al Alférez de Navío D. Luis Fajardo, que le estaban curando de una herida muy grave en un brazo, y al preguntarle qué tenía, me dijo «que le habían herido un brazo, pero que aún le quedaba uno para la Patria.»

Ya estancada la sangre de mis heridas, subí de nuevo al puente y ví que el segundo Comandante había ordenado arrumbar á la tierra para varar, pues no solamente no había cañones que pudiesen disparar y un incendio en la popa había tomado tal incremento que era imposible pensar en dominarlo, sino que vino á complicar más esta triste situación la iniciación de otro incendio en la plataforma de proa, producido por haber reventado un tubo de vapor y la explosión de una ó varias calderas del grupo de proa.—A pesar de que el segundo Comandante, Capitán de Fragata D. Manuel Roldán y Torres, había obrado con arreglo á las instrucciones y si cabe sin haberse excedido, reuní inmediatamente á los Oficiales que estaban más próximos, entre ellos al Teniente de Navío de primera D. Enrique Capriles, y les pregunté si había alguno entre ellos que creyera se podía hacer algo más en defensa de la Patria y de nuestro honor y unánimemente respondieron que no cabía hacer más.—Inmediatamente, para impedir que la bandera de combate pudiera servir de trofeo al enemigo, ordené al Alférez de Navío D. Luis Castro que izara otra y arriara aquélla para ser quemada, operación que se efectuó con toda diligencia.— A las 12^h 15^m y bajo un fuego nutridísimo de los cuatro acorazados ya dichos, varó el que fué crucero *Viscaya* en los bajos del Aserradero y en condiciones que era imposible su salvamento, no sólo por la disposición del buque sobre los bajos y la índole de éstos, sino que también sabía habían de explotar todos los pañoles, si bien dando tiempo para el salvamento, como sucedió.—Varados, ordené al segundo Comandante que dispusiera todo para un salvamento inmediato, y éste, con algunos Oficiales, fueron á tratar de arriar botes, pero como me diese cuenta de que sólo había uno útil, dispuse que éste fuese empleado con preferencia en trasportar heridos, y autoricé para que todo el que supiese nadar y tuviese salvavidas ó algo que flotase lo suficiente para mantenerlo, pudiera echarse al agua y tratar de tomar los arrecifes del bajo que estaba á unos 90 metros de la proa.—Este salvamento se hizo con todo orden á pesar del espectáculo imponente que presentaba el buque ardiendo, explotando los repuestos de artillería y fusil y elevándose las llamas por encima de las cofas y chimeneas y con las planchas del costado al rojo. En el último bote de heridos fuí embarcado por el tercer Comandante y Oficiales y trasportado á tierra, y allí me recogió un bote americano, que me condujo al *Iowa*, dándome cuenta después el segundo Comandante de que á bordo no habían quedado más que los muertos, pues él había dirigido el salvamento á popa de los que allí se habían refugiado á última hora y á quienes mandó tirar al agua agarrados á cabos que preventivamente se amarraron con toda seguridad, y en esta disposición esperaron él y los demás á ser recogidos y que efectivamente lo fueron por el bote de á bordo.—Excelentísimo señor: el comportamiento del Comandante, Oficiales y dotación del *Iowa*, que fué el barco á que nos condujeron los botes americanos, fué en extremo delicado.—Fuí recibido con la guardia formada: al querer entregar mi sable y revólver á su Comandante, no los quiso recibir porque no me había rendido á su barco sino á cuatro acorazados y que no tenía derecho á él.

El comportamiento de los Oficiales y dotación fué brillantísimo, y muchos hechos heroicos que se registraron serán motivo de recomendación especial si V. E. en su día lo ordenase.

De los heridos conducidos al *Iowa*, murieron cinco al poco tiempo de llegar, y se hizo su entierro con los mismos honores que emplean los americanos con los suyos, formando la guardia y haciendo tres descargas de fusilería, entierro al que asistieron todos los prisioneros y que fué dirigido por el Capellán del que fué *Viscaya*.

Es todo cuanto tengo el honor de participar á V. E. al notificarle la pérdida de mi buque, en combate con cuatro muy superiores, sin que se haya arriado la bandera y sin que el enemigo haya posado su planta en él, ni aún para el salvamento, faltando á su dotación en el día de hoy 98 individuos.

Dios guarde á V. E. muchos años.—En la mar, á bordo del vapor *San Luis*, prisionero de guerra, á 6 de Julio de 1898.—ANTONIO EULATE.

Parte del «Furor.»

EL TENIENTE DE NAVÍO DE PRIMERA CLASE (CARLIER) AL ALMIRANTE (CERVERA)

Excmo. Sr.: A las nueve y media de la mañana del 3, y previa orden del Jefe de la escuadrilla de torpederos que venía á bordo, desatracamos del muelle de las Cruces de Santiago de Cuba y nos pusimos en movimiento siguiendo las aguas del *Oquendo*, y antes de llegar á Punta Gorda empezamos á sentir el fuego del combate entre la vanguardia de nuestra Escuadra y la enemiga, y caer cerca del buque varios proyectiles.

Poco después, en la boca del puerto, dispuso el Jefe meter á estribor y seguir á toda fuerza de máquina hacia el O. las aguas de la Escuadra, rompiendo el fuego sobre el enemigo, recibiendo desde los primeros momentos enorme cantidad de disparos de la mayor parte de la Escuadra enemiga, alcanzándonos proyectiles de todos los calibres.

Inmediatamente empezamos á sentir los desperfectos y bajas causadas por tan nutrido fuego, ocurriendo éstos en el orden siguiente: rotura de un tubo de vapor en la máquina; destrucción del cilindro de media de estribor; inundación de la popa y hundimiento de ésta; rotura de una caldera; mayores destrozos en la máquina; destrucción de las tres calderas restantes; fuego en varios sitios del buque, siendo el de mayor intensidad el de la camareta de maquinistas, bajo la cual estaba el pañol de granadas, y por último, rotura del servo-motor del timón y guardines; todo esto fué ocurriendo progresivamente y en muy poco tiempo, sin que durante él dejásemos de hacer fuego sobre el enemigo, notando ya sobre la cubierta gran número de heridos y algunos muertos.

A las 10^h 45^m próximamente, y en vista de todo lo expuesto que vió y puse en conocimiento del Jefe de la escuadrilla, dispuso embestir á tierra, lo que no pudimos conseguir, y considerando el barco perdido y no pudiendo dominar el fuego que invadía la popa y centro, y teniendo más de la mitad de la dotación fuera de combate y el barco sin gobierno ni máquina, dispuso el Jefe arriar la bandera y los botes, y que en éstos y con los salvavidas se fueran á tierra los que pudieran hacerlo, cuya orden di al segundo Comandante, alcanzando algunos proyectiles á varios de los que á nado se dirigían á tierra.

Cesado el fuego enemigo, atracaron á bordo dos botes de un yate americano, en el que embarcamos los pocos que quedábamos á bordo, sin que el enemigo hiciera más que pisar la cubierta, y al darse cuenta de la situación, embarcar precipitadamente, temiendo una explosión, como así sucedió poco después de desatracar del barco, el cual se fué á pique como á una milla larga de tierra.

Reconstituida la lista de la dotación, compuesta de 75 hombres, han quedado ilesos 11 individuos; 8 muertos han podido identificarse; 10 heridos han sido recogidos, y de los 45 individuos restantes que figuran en lista como desaparecidos, aunque algunos quedaron muertos en cubierta y no fué posible su identificación y otros lo fueron en el agua, abrigo la esperanza, que deseo ver confirmada, de que una parte de ellos haya ganado la tierra.

Entre los muertos identificados tengo el sentimiento de comunicar á V. E. que figura el que fué mi digno Jefe, el distinguido y brillante Capitán de Navío D. Fernando Villaamil.

Todo lo que pongo en conocimiento de V. E. en cumplimiento de mi deber.

A bordo del *San Luis* 8 de Julio de 1898.—DIEGO CARLIER.

Parte del Plutón.»

El Teniente de Navío de primera clase (Vázquez) al Almirante (Cervera)

Excmo. Sr: En cumplimiento á las órdenes recibidas del señor Jefe de la División de torpederos, á las 9ʰ 30ᵐ de la mañana del 3 del actual, largué las amarras dadas al muelle de las Cruces y maniobré convenientemente para dejar el puerto de Santiago de Cuba.

Sobre el pequeño poblado de Cinco Reales me encontraba cuando empecé á notar la caída de proyectiles, consecuencia natural del combate trabado entre la vanguardia de nuestra Escuadra y la americana; continué siguiendo exactamente las aguas del *Furor*, según orden recibida, y una vez próximo á desembocar, rompí el fuego contra los buques más próximos y di avante á toda fuerza; con una lluvia de proyectiles fui saludado al encontrarme fuera del puerto y de gobernar hacia el Oeste. Así empezó el combate, recibiendo más fuego á medida que avanzaba é iba entrando en el centro de la Escuadra americana.

Próximamente á las 10ʰ 45ᵐ un proyectil de grueso calibre atravesó el sollado de la marinería, se inundó rápidamente y metió al buque de proa; casi al mismo tiempo, otro ú otros proyectiles chocaron contra las calderas de proa y las explotaron y otro entró por el pañol de municiones de mi cámara y además de producir una vía de agua, trajo consigo un incendio en dicho lugar.

En las circunstancias señaladas, seguí navegando aún, aunque con velocidad no crecida, y siempre duramente hostilizado por los americanos, á cuyo fuego no dejé de contestar; mas viendo que por momentos el buque se hundía por el agua entrada á proa, en la cámara de calderas y en la mía, consideré que el buque no podía tardar en sumergirse y traté de embarrancar en una pequeña playa que tenía próxima; mandé meter sobre estribor y entonces noté la falta de gobierno, por haberse inutilizado el servo-motor y roto uno de los guardines; continuó el buque su marcha avante y embistió contra las rocas, destrozando por completo su proa. Por esta parte saltó á tierra una parte de la dotación por disposición mía al tratar de hacer el salvamento, otros se echaron al agua por estribor, ganando algunos la tierra; entonces abandoné el puente, fui á mi cámara, tomé el paquete de cuanto reservado tenía, recibido de V. E. y del señor Jefe de la División de torpederos, y ésto, unido al cuaderno de señales de reconocimiento número 32 y al Código y clave Perea, lo arrojé al agua, arriando después la bandera. Seguí hacia proa y ya no me fué posible ganar la tierra por esa parte, por haber cambiado el buque de posición, llamé á la canoa que con algunos hombres iba para tierra y embarcando en ella pude tomar las rocas, sintiendo á poco una explosión y poco después el buque quedaba sumergido hasta la cubierta.

Cesado el fuego de los americanos, mandé izar un trapo blanco, viniendo á recogernos un bote de aquéllos, que nos condujo á uno de sus buques.

De la dotación nos encontramos presentes 21 individuos, entre éstos cinco heridos; los restantes componen el número de los muertos y desaparecidos, según la relación que ya tuve el honor de dar á V. E.

Es cuanto tengo el honor de poner en el superior conocimiento de V. E. en cumplimiento de mi deber.

En la mar, á bordo del *San Luis*, 6 de Julio de 1898.—PEDRO VÁZQUEZ.

EL GENERAL EN JEFE (BLANCO) AL ALMIRANTE (CERVERA).

Received at Portsmouth. N. H. 1^h 52^m P. M. July 11-1898.
Dated Washington D. C. 11.

To admiral Cervera.—Portsmouth N. H.

«*The following telegram has been received for you from the Capitain General of Cuba.*—«Insistiendo en mi deseo de aliviar la suerte de esos heroicos defensores de la Patria que tan valerosamente han sucumbido en desigual combate, y á quienes, como á V. E., rindo un tributo de admiración, le ruego me manifieste la cantidad que necesita y donde he de situarla, á cuyo fin, para ganar tiempo, me dirijo también al Cónsul francés en New-York. Copio igualmente á continuación la primera parte del manifiesto que el 4 de Julio dirigí al pueblo de Cuba, con motivo de aquel suceso, que dice así: Habitantes de la isla de Cuba: no siempre al valor acompaña la fortuna. La Escuadra española mandada por el Contraalmirante Cervera, acaba de realizar el acto de heroismo más grande, quizás, que registran los anales de la Marina en el presente siglo, combatiendo contra triplicadas fuerzas americanas; ha sucumbido gloriosamente en los mismos momentos en que la considerábamos salvada del peligro que la amenazaba dentro del puerto de Santiago de Cuba. El golpe es rudo, pero sería impropio de pechos españoles desmayar, etc., etc.»—LONG, SECY NAVY.»

EL ALMIRANTE (CERVERA) AL GENERAL EN JEFE (BLANCO).

Portsmouth N. H. 11 Julio 1898.

«Recibo cable V. E. que agradecemos mucho. La gente desembarca aquí donde permanecerán, quedando con ella cinco Oficiales de guerra, dos Médicos, dos Capellanes, un Guardia-marina. Los Oficiales seguimos á Annapolis, donde nos reunirán. Como todo absolutamente lo hemos perdido, necesitaremos unos sesenta mil duros oro por el momento.»

EL GENERAL EN JEFE (BLANCO) AL MINISTRO DE MARINA (AUÑÓN).

Habana 11 Julio 1898.

«Cónsul en Jamaica dice que V. E. espera detalles pérdida Escuadra. En cablegrama fecha 3 corriente, di á V. E. y á Ministro Guerra, de su salida de Santiago de Cuba, en los mismos términos en que la comunicaba el Comandante de Marina y General División. Posteriormente, con fecha 5, di traslado Ministro Guerra del parte del Contraalmirante Cervera del mismo día, participando destrucción Escuadra. Ninguna otra noticia oficial he recibido acerca de tan desgraciado suceso que embarga por completo el ánimo de todo buen español, no pudiendo, por lo tanto, participar á V. E. los detalles que desea, no mereciéndome tampoco crédito lo que por la prensa americana circula con variedad. Todo indica, sin embargo, que el desastre ha sido menor de lo que he supuesto en un principio respecto á las bajas sufridas, especialmente en el número de muertos.»

EL MINISTRO (AUÑÓN) AL COMANDANTE GENERAL APOSTADERO (MANTEROLA).

Madrid 11 Julio 1898.

«Para aclarar dudas compruebe y trasmita literalmente cuatro primeras palabras del telegrama dirigido por Almirante Cervera á General en Jefe desde playa del Este.»

El General en Jefe (Blanco) al Almirante (Cervera).

From Playa del Este, to Admiral Cervera.--Care Commandant Naval Station Portmouth New Hanpshire.

July 12—1898.

«*Flagship New-York off Santiago 12.—The following telegram was received from General Blanco for you.*—Me entero con profundo sentimiento telegrama V. E. ayer y admiro comportamiento Jefes, Oficiales y dotaciones. Quizás habiendo elegido otra hora para salir hubiera sido distinto el resultado. Sampson asegura en su parte no haber sufrido más que tres bajas. ¿Es eso posible? Dígame V. E. los fondos que necesita y como he de situarlos y cuente V. E. como todos los Jefes, Oficiales y tropa á sus órdenes, con la expresión del más vivo interés y el deseo de aliviar su situación cuanto de mí dependa. *(Signed).* BLANCO.—ADMIRAL SAMPSON.» (1)

El Almirante (Cervera) al General en Jefe (Blanco).

Portsmouth N. H. 13 Julio 1898.

«Recibo el telegrama que V. E. me expidió á playa del Este, de donde me lo comunican.—Profundo dolor me causa que todos mis actos merezcan la censura de V. E.—Me lisongeo de justificarlos en su día, así como los hechos se han encargado de demostrar que no exageraba cuando emitía mi opinión á V. E., que también censuró.—La salida de noche no hubiera ahorrado la pérdida de la Escuadra y seguramente hubiera triplicado el número de muertos, todo en el caso de que hubiera podido realizarla, lo que dudaban los prácticos.—Muchas gracias por sus ofrecimientos y en mi telegrama anterior ya le pedía sesenta mil pesos oro.

---

(1) Este telegrama debió expedirse en la Habana el dia 5 ó 6.

EL ALMIRANTE (CERVERA) AL MINISTRO (AUÑÓN).

Annapolis Md. 16 Julio 1898.

«Acabamos de llegar, segundo Jefe, 43 entre Jefes, Oficiales y Guardias-marinas. En Portsmouth quedaron las clases y gente con cuatro Oficiales de guerra, dos Médicos, dos Capellanes y un Guardia-marina. En el hospital de Norfolk hay 48 heridos.»

EL MINISTRO (AUÑÓN) AL ALMIRANTE (CERVERA).

Madrid 18 Julio 1898.

«El Ministro de Marina saluda respetuosamente á prisioneros españoles. De Habana enviáronle fondos.»

EL ALMIRANTE (CERVERA) AL MINISTRO (AUÑÓN).

Annapolis Md. 12 Agosto 1898. (1)

«Presumo que al firmarse (la) (2) *preliminares* paz tendremos inmediata libertad, si esto ocurre sin haber recibido instrucciones, pienso contratar pasaje girando importe contra V. E. ó Comisión de Londres.»

EL COMANDANTE GENERAL APOSTADERO (MANTEROLA) AL MINISTRO (AUÑÓN).

Habana 17 Agosto 1898.

En cumplimiento (de las) órdenes (de) V. E. Contesto su cable (de 11 Julio).» (3)

EL MINISTRO (AUÑÓN) AL ALMIRANTE (CERVERA).

Madrid 17 Agosto 1898.

«Si prisioneros recobran libertad incondicional, puede contratar pasaje regreso, prefiriendo, en igualdad (de) condiciones, bandera nacional, y siendo posible, un buque á Ferrol y otro á Cádiz y Cartagena, girando importe.»

EL ALMIRANTE (CERVERA) AL MINISTRO (AUÑÓN).

Annapolis Md. 18 Agosto 1898.

«Diaz Moreu ha obtenido permiso Gobierno americano y sale para Madrid. También regresa Médico Jurado gravemente enfermo acompáñale Capellán Riera.»

---
(1) Recibido en Madrid el 16.
(2) El original tenia la palabra *preliminares* y no (la).
(3) Véase el telegrama, página 172.

EL ALMIRANTE AMERICANO (MAC-NAIR) AL ALMIRANTE (CERVERA.)

«*Academia Naval de Annapolis (Md.)—Agosto 20, 1898.—Señor Contraalmirante D. Pascual Cervera.*—Muy señor mío: Tengo el honor de poner en conocimiento de V. E. que el Gobierno de los Estados Unidos pondrá en libertad al Almirante Cervera y Oficiales á sus órdenes, mediante la condición de que empeñen su palabra de honor en la forma usual, bastando la del Almirante en lo referente á las clases de tropa y marinería. No puede concedérseles la libertad en ninguna otra forma. Llamo la atención de V. E. acerca del hecho de haber sido puestos en libertad y de haber empeñado su palabra en la forma que se indica, próximamente 20.000 hombres, de los cuales algunos han regresado ya á España, siendo éste el procedimiento seguido por el General en Jefe de las tropas de los Estados Unidos que operaron en Santiago de Cuba.»

EL CONTRAALMIRANTE (CERVERA) AL ALMIRANTE AMERICANO (MAC-NAIR).

Excmo. Sr.: El Código penal de la Marina Militar de España define como delito y pena, la aceptación de la libertad bajo palabra de no hacer armas durante la guerra; por tanto, nosotros no podemos hacerlo, y tengo el honor de ponerlo en conocimiento de V. E.—De esto doy parte á mi Gobierno.—Quedo etc.—Annapolis 20 de Agosto de 1898.—PASCUAL CERVERA.

EL ALMIRANTE (CERVERA) AL MINISTRO (AUÑÓN).

Annapolis Md 20 Agosto 1898.

«Oficialmente me comunican que Gobierno americano nos dejará en libertad si damos palabra de no hacer armas durante la guerra, como lo han hecho los veinte mil hombres de Santiago. He contestado que no podemos porque nuestro Código penal considera como delito este hecho.—Suplico á V. E. me dé instrucciones.»

EL TENIENTE DE NAVÍO DE PRIMERA (CAPRILES) AL MINISTRO (AUÑÓN).

Annapolis Md 20 Agosto 1898.

«No aceptaré libertad bajo palabra ni aún autorizado por V. E.

EL MINISTRO (AUÑON) AL ALMIRANTE (CERVERA).

Madrid 23 Agosto 1898.

«Apruebo negativa de Oficiales prisioneros á recobrar libertad bajo palabra de no hacer armas, y advierta Teniente de Navío primera Capriles que, aunque otra sea su intención, resulta irrespetuoso su aviso al admitir la posibilidad de que el Gobierno autorice lo que el Código pena.

El Ministro (Auñón) al Almirante (Cervera).

Madrid 28 Agosto 1898.

«Manifieste en qué concepto vienen Diaz Moreu, Jurado (y) Riera.»

El Almirante (Cervera) al Ministro (Auñón)

Annapolis Md. 29 Agosto 1898.

«Jurado marchó enfermo; Riera para cuidarle. *Detalles oficio 12 corriente* (1) En libertad Moreu, no intervine.»

El Almirante (Cervera) al Ministro (Auñón).

Annapolis Md. 31 Agosto 1898.

«Gobierno americano nos concede libertad incondicional. Procedo á buscar vapores para transporte con arreglo órdenes de V. E.»

El Ministro (Auñón) al Almirante (Cervera).

Madrid 1.º Septiembre 1898.

«Puede V. E. contratar vapores necesarios regreso prisioneros, pero, por razones sanitarias, diríjanse si un solo buque, á Santander, y si dos, uno á Santander y otro á Vigo.»

El Almirante (Cervera) al Ministro (Auñón).

Annapolis Md. 3 Septiembre 1898.

«Comisión que envié New York ha contratado transporte gente por 11.185 libras, pagaderas á la vista en Londres, orden Krajewski Pesant y C.ª Giro contra la Comisión de Marina. Avisaré salida.»

El Ministro (Auñón) al Almirante (Cervera).

Madrid 4 Septiembre 1898.

«Aprobado flete y siendo un solo buque, diríjase Santander y avise salida.»

---

(1) Lo que va en bastardilla no está en el impreso.

El Almirante (Cervera) al Ministro (Auñón).

Nueva York 8 Septiembre 1898.

«Llegaron heridos (de) Norfolk embarcando (en) City (of) Rome; mañana llegarán Oficiales *de Annapolis*. Pasado saldrá vapor para Portsmouth (y) recogerá grueso gente. Yo salgo ahora para preparar embarque.» (1)

El Almirante (Cervera) al Ministro (Auñón).

Portsmouth 12 Septiembre 1898.

«Salimos.—Probable llegada (el) 21.—Suplico instrucciones para que Comandante Marina pasaporte Jefes (y) Oficiales para sus casas, excepto los que, nombrados por mí, llevan inmediato cargo expedición.

El Almirante (Cervera) al General en Jefe (Blanco).

Portsmouth N. H. 12 Septiembre 1898.

«Salimos para España.»

El Contraalmirante (Cervera) al Ministro de Marina (Auñón).

Excmo. Sr.: Al volver á pisar la tierra de nuestra amada Patria, creo de mi deber condensar en una relación, lo más breve posible, la historia de lo ocurrido desde el desastre del 3 de Julio al día de la fecha.—No molestaré la atención de Vuecencia con los muchos trasbordos que en los primeros días tuvimos que hacer, limitándome á consignar que todos los prisioneros quedamos divididos en tres grupos: uno, al que yo pertenecía, en el crucero auxiliar *San Luis;* otro, el más numeroso, en el crucero auxiliar *Harvard*, y otro, el menos numeroso, pero compuesto de los heridos y enfermos más graves, que estaba en el buque-hospital *Solace*.

Ya tuve el honor en el parte del desgraciado combate del 3 de Julio, de manifestar á V. E. la piedad y cortesía con que nos recibió el enemigo, sólo interrumpida en un desgraciado incidente ocurrido en el *Harvard* (2), del que me ocuparé en oficio aparte, y algún pequeño rozamiento ocurrido en Portsmouth N. H., que no merece especial mención.—El Gobierno americano había preparado en la isla Seavey

---

(1) Lo que va entre paréntesis no estaba en el original y sí en el impreso; al contrario lo que va en bastardilla.

(2) Este oficio no se inserta por no creerlo necesario. Está en el impreso citado. El incidente á que se alude, fué la muerte de seis marineros y otros muchos heridos, de los cuales algunos murieron después, producida por los centinelas americanos en la madrugada del 5 de Julio.

un campamento compuesto de barracas de madera para las clases, marinería y tropa; es decir, para todo el que no fuese Oficial vivo y efectivo, á los cuales nos destinaba la Academia Naval establecida en Annapolis Md., con excepción de todos los heridos y enfermos más graves que debían ir al Hospital de Marina de Norfolk Va. La primera expedición que llegó fué la del *San Luis*, en la que venía yo, que fondeó en Portsmouth N. H. el 10 de Julio, en cuyo día tuve conocimiento de los puntos á que se nos destinaba.—Solicité por medio del *Captain* Goodrich, Comandante del *San Luis*, que con la gente que había de acampar en la isla Seavey quedaran algunos Oficiales, y que nosotros lleváramos á Annapolis Md. algunos marineros para que nos sirvieran de criados, lo cual fué concedido por el Gobierno americano, y en su consecuencia nombré á los Tenientes de Navío D. Antonio Magaz, de la antigua dotación del *Vizcaya;* D. Fernando Bruquetas, de la del *Teresa;* D. Adolfo Calandria, de la del *Oquendo*, y D. Antonio Cal, de la del *Colón;* al Alférez de Navío D. Carlos Boado, de la del *Plutón*, y al Guardia-Marina D. Enrique Morris, para que sirviera de intérprete por su dominio del inglés, los cuales quedaron todos, menos Calandria que no estaba en el *San Luis*, sino en el *Harvard*. También quedaron los primeros Médicos D. Salvador Guinea y D. Alejandro Lallemand, segundo D. Gabriel Montesinos y los Capellanes D. Matías Biesa y D. Antonio Granero, para asistir á los muchos enfermos que teníamos y atender á las necesidades espirituales de todos.—Durante nuestra permanencia en Portsmouth N. H. recibimos la visita del señor Obispo de Portland y Cura de Portsmouth, cuya caridad no tengo palabras con que poder expresar.—En Portsmouth estuvimos hasta el 14 que salimos para Annapolis, donde fondeamos el 16, en cuyo día lo hizo el *Solace* en Norfolk, y desembarcó sus heridos y enfermos, de lo que di cuenta telegráfica á Vuecencia.—El *Harvard* tuvo el 4 de Julio por la noche el incidente á que antes he aludido; fondeó el 15 en Portsmouth, desembarcó el Teniente de Navío Calandria, primer Médico D. Adolfo Núñez y la gente, fondeando en Annapolis en la tarde del 20 que desembarcaron los Jefes y Oficiales que en él venían.—En Annapolis fuí recibido con los honores correspondientes á mi empleo; me dieron para vivir una casa bien amueblada donde he permanecido todo el tiempo con el Capitán de Navío de primera clase D. José de Paredes y uno de mis Ayudantes, con la servidumbre necesaria para estar muy bien; los Jefes y Oficiales fueron bien alojados y tratados siempre con la mayor consideración; el Gobierno americano tuvo la atención de nombrar Superintendente de la Academia al Contraalmirante Mac-Nair para que yo no estuviera á las órdenes de un Oficial de menor categoría; en una palabra, en Annapolis Md. hemos estado atendidos y bien tratados como quizá la Historia no registre nada igual en el trato á prisioneros.

Cuando ya estuvimos instalados y tuve la ropa indispensable para poder hacerlo, pensé visitar á nuestra gente, solicitando al efecto permiso del Gobierno americano para ir á Norfolk Va., y concedido que fué, el 4 de Agosto salí de Annapolis Md., llegando al amanecer del 5 á Norfolk, donde fuí recibido con las mayores atenciones, creo que por orden expresa del Gobierno americano. Pasé el día con los enfermos y heridos, algunos gravísimos, y por la noche emprendí el viaje de regreso, llegando á Annapolis en la mañana del siguiente. En el hospital encontré á todos bien tratados, atendidos y considerados, y tuve el gusto de conocer á Mr. Arthur C. Humphreys, que fué nuestro Vicecónsul hasta que estalló la guerra, que ha sido el amigo y consuelo de nuestros heridos, y después me ha servido para el transporte de ellos á New-York, con el fin de embarcar en el *City of Rome*, lo que se ha hecho por sus gestiones desinteresadas tan bien y tan económico, como yo no podía imaginar. Creo deber recomendarlo á V. E. I.—Ya en Annapolis, solicité permiso para ir á Portsmouth N. H., y el Gobierno se apresuró á concedérmelo y dar instrucciones para que se me atendiera.—El 12 de Agosto salí de Annapolis Md. llegando á Portsmouth á las once de la mañana del día 13 siguiente, encontrando en la estación un Teniente de Navio, que me esperaba por orden del C. A. Carpenter, Superintendente del Arsenal, quien me invitó á que me alojara en su casa con mi Ayudante, un Contador que llevé para distribuir una paga, y el Alférez de Navío D. Narciso Díez, á quien llevé para relevar á D. Carlos Boado, que estaba muy delicado de salud, de lo que me excusé por ser demasiada carga.—El espectáculo aquí variaba, porque no sólo no encontré el bienestar de Annapolis, sino que me pareció que ni la consideración de Norfolk, al revés: desde luego saltaba á la vista que se carecía de bienestar material, y en las relaciones con nuestros enemigos, creí ver rozamientos, y hasta en alguien el deseo de hacerles sentir, especialmente á los Oficiales, que eran prisioneros, haciéndoles sufrir las amarguras de su triste suerte, sin llegar nunca al agravio abierto, pero sin duda no llenando los deseos y seguramente el espíritu que reinaba en las altas esferas gubernamentales. Respecto á la parte material, diré á V. E. I. que el número de casetas construidas para alojamiento de la gente era de 10, de 100 pies de largo por 15 de ancho, de suerte que el terreno cubierto era de 15.000 pies cuadrados; como teníamos más de 1.500 hombres, resultaban para cada caseta 150, y por hombre sólo 10 pies cuadrados.—Los Oficiales tenían una sola caseta, cuyas dimensiones no recuerdo, pero que estaba ocupada toda alrededor con los camastros, que no merecen el nombre de camas; en crujía tenían una mesa, alargada por unas tablas, y para sentarse, indecorosos restos de sillas, sacados no sé de donde. Con el mejor arte que pude, le hice ver esto al Almirante Carpenter, y en honor á la verdad, debo decir que al salir yo dos días después, ya tenían sillas, se construía otra caseta para comedor, y estaban dadas las órdenes para tapar tanta rendija como tenía la antigua caseta.—Salí de Portsmouth N. H. el 16 de Agosto, llegando á Annapolis Md. en la tarde del siguiente día. El 20 de Agosto me pasó el Almirante Mac-Nair la carta que acompaño á V. E. marcada con el número 1, y que contesté con el documento número 2 (1), participando á Vuecencia lo ocurrido en telegrama, al que V. E. contestó aprobando la contestación.— En vista de la decisión del Gobierno americano de que diéramos la palabra, y no pudiendo hacerlo con arreglo á nuestras leyes, creí deber pasarle al Almirante Mac-Nair las cartas números 3 y 4 (2) que acompaño en borrador, en que trataba respec-

---

(1) Ver página 175.
(2) . Dejan de insertarse varios de los documentos citados por no creerlos necesarios.

tivamente de los inválidos y de los fogoneros contratados en Cuba y que tienen derecho á que se les envíe allí.—También me participó el Almirante Mac-Nair en carta marcada con el número 5, que estuviéramos preparados para dejar la Academia. Aparte de esto no ha habido más incidentes que los que han muerto después de desembarcar, de que envío lista, y la venida á España del Capitán de Navío don Emilio Díaz Moreu, primer Médico D. Antonio Jurado y Capellán D. José Riera, de que tiene V. E. conocimiento.—El 31 de Agosto me escribió el Almirante Mac-Nair una carta notificándome que el Gobierno americano nos dejaba en libertad en los términos que indica, y en el acto nombré una Comisión compuesta del Teniente de Navío de 1.ª clase D. Juan B. Aznar y Contador de Navío D. Eduardo Urdapilleta, para que pasara á New-York á buscar pasaje, según las órdenes de V. E., y que pasara un Médico también á New-York para que se comprasen las medicinas que no tuviese el vapor, y pudieran hacer falta, y yo, con mis Ayudantes, me dispuse á dar una vuelta á última hora para orillar las pequeñas dificultades que se pudieran presentar.—Antes de seguir adelante he de hacer presente á V. E. que por todas partes donde hemos pasado nos han demostrado las mayores simpatías á nuestro infortunio, convirtiéndose éstas, á veces, en imponentes manifestaciones.—He recibido muchas visitas y muchos servicios de personas de distinción, y algunas de muy elevada jerarquía, y en Annapolis todo el vecindario ha sido muy bueno para nosotros.—El Almirante Mac-Nair y todo el personal á sus órdenes, se ha distinguido por su cortesía exquisita, por lo que creí deber ponerle una carta de que acompaño minuta. Para el orden de la expedición tenía nombrados á los Tenientes de Navío de primera D. Juan B. Aznar y D. Carlos González Llanos, Tenientes de Navío D. José Butrón y D. Lorenzo Milá, Capitán de Artillería D. Manuel Hermida, Alférez de Navío D. Enrique de la Cierva y Guardias-marinas D. Juan Muñoz y don Raimundo Torres.—A todos los demás Jefes y Oficiales que me lo han pedido les he permitido irse á España, sin darles para ello socorro ninguno, y son los que constan en la unida lista.—De ello también puse telegrama á V. E.—Ya todo preparado en Annapolis Md., me pareció conveniente dar una vuelta por Norfolk, New-York y Portsmouth N. H., antes de que el vapor estuviese listo, y así lo hice, alegrándome de ello, pues zanjé pequeñas dificultades que tal vez hubieran entorpecido la marcha del vapor, haciéndonos pagar estadías.—De los fogoneros contratados en Cuba pidieron irse 20, y sólo fueron los 19 que expresa la adjunta lista, con pasaje á la Habana, y oficio al Excmo. Sr. General del Apostadero, rogándole los haga continuar á Cuba.—Con nosotros había 29 prisioneros del Ejército, entre ellos ocho Oficiales, y pedí instrucciones al General en Jefe con arreglo á las cuales, seis marcharon á la Habana, y el resto han venido con nosotros. Todos han recibido algún socorro, de que estaban muy necesitados.—En Portsmouth N. H. ha sido preciso dejar al marinero de primera José María Vilar Toimil, porque los Médicos manifestaron que su traslación á bordo constituía un peligro inminente para su vida. Dejé al señor Comodoro Geo. C. Remey, cincuenta dollars para sus gastos y la carta de que acompaño minuta.—La Comisión nombrada para el flete del vapor, lo hizo en los términos que indica el contrato de que remito á V. E. copia.—En los términos previstos, ayudados muy eficazmente por las autoridades americanas, se hizo todo el embarco sin incidente alguno, sin faltar nadie, y á las doce del día 12 estábamos en movimiento, camino de la Patria, retratándose en todos los semblantes la alegría que á todos embargaba.—La travesía se ha realizado con un tiempo hermoso y todo el mundo ha ganado extraordinariamente y muy en expecial los enfermos, cuyo número que eran más de 300 cuando yo llegué á Portsmouth N. H., se ha reducido á 180, y los que quedan están mejor, en general; de suerte que muy pocos tendrán que salir en camilla, y con la satisfacción de no haberse muerto ninguno en la travesía.—Tampoco ha habido ningún desorden ni ha sido preciso amonestar á nadie.—Nos han acompañado cuatro miembros de la Cruz Roja, cuyos nombres constan en la adjunta relación y que se han conducido muy bien.

Adjuntas son las listas del personal que viene, que en todo suman dos Generales, ocho Jefes, 70 Oficiales y Guardias-Marinas, 1.574 clases, marinería y tropa pertenecientes á la Marina, y dos Oficiales y 21 individuos de tropa pertenecientes al Ejército.—Antes de cerrar esta larga historia, permítame V. E. que le manifieste que los Oficiales que han estado en Portsmouth N. H. con la gente, se han conducido de un modo admirable por el tacto, paciencia y prudencia que han tenido; del personal sanitario y Capellanes, ya en oficio de 11 de Agosto manifesté á Vuecencia sus méritos, que hoy confirmo. Y de algunos otros que también han contraido especiales méritos, se enterará V. E. por la adjunta copia de un oficio del Teniente de Navío D. Antonio Magaz, que era el Oficial más antiguo. El Teniente de Navío de primera clase D. Juan B. Aznar, y el Contador de Navío D. Eduardo Urdapilleta, han desempeñado la comisión de fletar el vapor de la mejor manera posible, dado el estado del mercado. Este Contador Urdapilleta ha demostrado ser uno de los mejores Oficiales de su Cuerpo, lo que tengo mucho gusto en consignar.— Dios guarde á V. E. muchos años.—Santander y Septiembre 20 de 1898.—Excelentísimo señor.—PASCUAL CERVERA.

EL GENERAL EN JEFE (BLANCO) AL ALMIRANTE (CERVERA). (1)

Ejército de operaciones en Cuba.—E. M. G.—Excelentísimo señor: Acabo de recibir el parte que, fechado en la mar el 9 de Julio último, se sirve V. E. dirigirme, del combate sostenido por la Escuadra á sus órdenes en aguas de Santiago de Cuba el día 3 del mismo mes contra fuerzas navales de los Estados Unidos, y al trasladarlo hoy mismo al Ministro de la Guerra para conocimiento del Gobierno de S. M., le digo lo siguiente:

«Excmo. Sr.: En el día de hoy he recibido del señor Almirante D. Pascual Cervera el parte documentado que en copia

---

(1) Este oficio lo recibí en Madrid á poco de mi vuelta de los Estados Unidos.

acompaño á V. E. del combate que sostuvo en aguas de Santiago de Cuba el 3 de Julio próximo pasado, fechado en la mar el 9 del mismo mes.—Si la pública notoriedad del hecho no bastase para encarecer el bizarro comportamiento de nuestros marinos en aquella jornada, sobraría con la lectura de ese documento para apreciar el valor, la serenidad y la abnegación de que dieron relevantes pruebas en aquel rudo combate, contra fuerzas muy superiores, tanto los Generales, Jefes y Oficiales, como las dotaciones de los barcos, que si por desgracia no vieron coronados con la victoria sus valerosos esfuerzos, acreditaron una vez más las virtudes militares que atesora la Marina española, dando el más alto ejemplo de heroísmo.—En atención á lo expuesto, juzgo que se han hecho acreedores á una señalada recompensa por su distinguido comportamiento, así el señor Contraalmirante Cervera, como los Comandantes de los barcos que componían la Escuadra y cuantos en él tomaron parte, rogando á V. E. se sirva inclinar el ánimo de Su Majestad la Reina (q. D. g.) para que se digne otorgárselas.»

Nada tendría que añadir á lo que anteriormente dejo consignado que no fuera para tributar nuevos elogios al bizarro comportamiento de V. E. y de la Escuadra á sus órdenes y lamentar con este Ejército y con la Nación entera el sacrificio de tantas vidas inmoladas en aras del honor nacional; pero como quiera que en el primer párrafo de su escrito expresa Vuecencia un concepto del que no puedo menos de hacerme cargo, siquiera sea en breves palabras, cúmpleme manifestarle que, si en él se trata de hacerme responsable de los resultados de aquella desgraciada función de guerra, acepto de antemano cuantas responsabilidades puedan caberme por efecto de las órdenes que, guiado por los más patrióticos fines, creí conveniente dictar á V. E. desde que me cupo la honra de tener á mis órdenes la Escuadra de su digno mando.

Dios guarde á V. E. muchos años.—Habana 7 de Agosto de 1898.—RAMÓN BLANCO.—Excmo. Sr. Contraalmirante Don Pascual Cervera.

El Almirante (Cervera) al General en Jefe (Blanco).

Excmo. Sr.: Hasta anoche no ha sido en mi poder el respetable oficio de V. E., fecha 7 de Agosto, que aun cuando viene sin firmar lo tengo desde luego por verdadero, en razón de habérme llegado junto con la carta confidencial fecha 15 del pasado Septiembre, en la que me anuncia su remisión por haberse extraviado el que me envió á los Estados Unidos.

Doy á V. E. muchas gracias, no sólo en mi nombre, sino en el de todos los que fueron mis subordinados, por el pie que puso á su traslado al Excmo. é Iltmo. Sr. Ministro de la Guerra, de mi parte del desgraciado combate del 3 de Julio.

Y respecto al que para mí pone V. E., creo deber explicar el alcance y motivos que me impulsaron á poner en cabeza de mi parte el concepto que motiva lo que V. E. se sirve decirme. Séame antes permitido decir que no quiero acriminar á nadie, ni echar tampoco responsabilidades sobre nadie, sino únicamente declinar las que *á priori* pudieran caer sobre mí y no me correspondan.

Es lo cierto que nosotros hemos aceptado una guerra con los Estados Unidos, para la cual no estábamos preparados, porque nos faltaban Escuadras, que es con lo que se defienden las colonias, habiendo sido éste el tema de una interesante correspondencia oficial y confidencial que sostuve con el Gobierno antes de que la guerra fuese inminente é inevitable.

Es cierto también que cuando esta guerra llegó á ser inevitable, quise formar un plan de campaña y el Gobierno me negó que viniese á Madrid con tal objeto.

Mis ideas sobre este particular eran que de todos modos habíamos de perder Cuba, y si destruían mi Escuadra, única fuerza naval de consideración con que contábamos, á la ruina de mi Escuadra seguiría una paz humillante con muchas más pérdidas; los hechos me han dado la razón en esto.

Para conservar la Escuadra, era preciso atraer al enemigo, lejos de su base de operaciones, á donde no podría llevar todas sus fuerzas y nosotros tendríamos las nuestras reunidas y con más recursos; pero nunca pude exponer estas ideas, que explican por qué me opuse enérgica y tenazmente á la salida para las Antillas.

Esa salida fué la señal de nuestra pérdida, como he tenido el honor de decir á V. E. en un telegrama, así que nada me sorprendió que ocurriera y por eso mi encabezamiento.

Quizás si yo no hubiese salido, se hubiera reembarcado Shafter, porque así me lo han asegurado en los Estados Unidos, y yo así lo creía entonces, por más que eso sólo hubiera prolongado algunos días la agonía de Santiago de Cuba, cuya plaza ví perdida desde el momento que llegué, como se lo anuncié al Gobierno en telegrama de 21 de Mayo, dos días después de mi entrada.

Explicado el encabezamiento de mi parte, que no tiene por objeto echar responsabilidades sobre nadie, sino declinar las que creo que no me corresponden, sólo me resta reiterar á Vuecencia las gracias por las lisonjeras frases que nos dedica.

Dios guarde á V. E. muchos años.—Madrid 8 de Octubre de 1898.—Excmo.—PASCUAL CERVERA.—Excmo. Sr. General en Jefe del Ejército de operaciones en Cuba.—Habana.

EL GENERAL EN JEFE DEL EJÉRCITO DE LA ISLA DE CUBA. *Particular.—Habana Septiembre 15, 1898.—Excelentísimo señor D. Pascual Cervera.*—Muy señor mío y distinguido General: Tan luego como recibí su telegrama de despedida de Portsmouth, le contesté deseándole buen viaje; pero ya se había usted embarcado, como podrá ver por el despacho adjunto (1), por lo cual me tomo la libertad de escribirle para cumplir ó corresponder á aquel deber de cortesía.

No sé si al fin recibiría V. mi comunicación fecha 7 de Agosto próximo pasado, acusándole recibo del parte que tuvo V. la bondad de dirigirme el 9 Julio anterior, y por si así

---

(1) *The international Ocean Telegraph Co.—Septiembre 12, 1898.—Excelentísimo señor General Blanco.*—Dicen de Portsmouth que su despacho de hoy para el Almirante Cervera queda sin entregar por haberse marchado interesado para España en el vapor *City Rome* antes de recibirse el cable.

no fuera y estando en el deber de hacerlo, le acompaño un duplicado de la referida comunicación.

Y ya que tengo la pluma en la mano, permítame V. que le conteste hoy también á un concepto de uno de sus telegramas, que no creí deber hacerme cargo de él por telégrafo y mucho menos en aquellos momentos.

Me decía V. que nunca me habían merecido sus actos más que censuras: yo no he censurado á V. nunca, mi General; por el contrario, siempre le he prodigado las alabanzas que se merece, antes y después de su venida á Cuba.

Y recordará V. que apenas llegado, ya le saludé felicitándole por su habilísima derrota. Después, podrá haber habido disidencia entre el modo de pensar de ambos; censuras, ninguna, por lo menos de mi parte; pues no creo tome como tal una frase de mi carta, dictada en uno de los instantes de mayor amargura que he pasado en mi vida, bajo la impresión de aquella gran desgracia nacional y en la que me limitaba á expresar una duda. (1)

De todos modos, y aunque V. no necesita de mi apoyo, ni el mío podrá servirle de nada, pues aquel golpe me ha herido á mí más que á V., tenga V. la seguridad de que estaré siempre á su lado y al lado de la Marina, cualquiera que sean las vicisitudes de los calamitosos tiempos que corremos y la actitud que V. mismo guarde respecto á mí.

Con este motivo y deseando á V. sinceramente todo género de felicidades, se ofrece como siempre suyo afmo. atento seguro servidor q. b. s. m.—RAMÓN BLANCO.

Madrid 7 de Octubre de 1898.—Excmo. Sr. D. Ramón Blanco.—Muy señor mío y respetado General: Anoche recibí su favorecida de 15 de Septiembre próximo pasado, junta con el oficio de 7 de Agosto, que por cierto se olvidaron de ponérselo á V. á la firma. Hoy contesto también el oficio.

Innecesario era que me hubiese V. enviado la nota que me remite de «The international Ocean telegraph C.º», porque

---

(1) Dicha carta no llegó á mi poder.

¿había yo de dudar nunca de su exquisita cortesía? Eso no era posible.

No he sido yo solo quien vió censuras en algunos de los telegramas de V. y muy especialmente en el que me dirigió á Santiago de Cuba, que no tengo á la vista porque aun no he recibido los documentos que dejé en dicha ciudad en previsión del desastre, en el cual me decía V. que creía que exageraba, y otra porción de cosas que no reproduzco por no hacerlo de memoria y no hacer muy larga esta carta que siento no pueda ser breve para no molestarlo mucho.

Usted recordará que le contesté que yo debía acatar sus juicios y no discutirlos, porque me parece que un subalterno no puede ni debe hacer otra cosa, y si después en otro telegrama apunté á V. la imposibilidad de salir de noche, fué sólo á título de información que debo ampliar ahora.

Como Santiago de Cuba carecía de artillería, en el sentido moderno de la palabra, pues aparte de los cañones del *Mercedes,* montados en la Socapa y Punta Gorda, no había más que dos piezas Krupp de 9 cm., ineficaces contra los buques, y obuses y cañones absolutamente de desecho, el enemigo no se preocupaba si se acercaba, haciéndolo mucho por las noches, que quedaban como una piña en las inmediaciones de la boca.

Durante la noche tenían siempre un buque, que relevaban cada tres ó cuatro horas, á menos de una milla de distancia de la boca, manteniéndola constantemente iluminada, y por si eso no bastara, tenían otros buques pequeños más cerca y botes de vapor lamiendo las puntas de la boca. Alguna vez cambiaron estos botes fuego de fusilería con nuestras fuerzas.

En estas condiciones, era *absolutamente imposible* salir de noche, porque en un canal tan estrecho, deslumbrados por tan vivo resplandor en los ojos, no habría podido seguirse la canal, y habríamos perdido los buques, embarrancados unos y abordados otros con sus propios compañeros.

Y aun suponiendo que consiguiéramos salir, antes de estar fuera el primero, ya habríamos sido descubiertos y batidos desde el primer momento por los fuegos convergentes de toda la

Escuadra, y acerca de la eficacia de ese fuego, puede juzgarse por lo ocurrido con el *Reina Mercedes* en la noche del 3 al 4 de Julio.

En cambio, de día, la Escuadra enemiga estaba más dispersa y aun tenía algunos buques ausentes, como lo estaba el *Masachussets* el 3 de Julio.

Contando, como yo contaba, con el desastre seguro, mi tarea se reducía á tener el menor número posible de muertos y evitar que los buques cayeran en poder del enemigo, cumpliendo, como se cumplió á la letra, un artículo de las Ordenanzas de la Armada que en un cable me citó el Ministro de Marina.

Si Santiago de Cuba hubiera estado siquiera regularmente artillado, la Escuadra enemiga habría estado siempre á cinco ó seis millas, lo menos, y entonces no habrían podido alumbrar la boca del puerto con eficacia, y en esa zona podríamos haber maniobrado con algunas, aunque remotas probabilidades de éxito.

Alude V. en su carta á una frase de otra, que no he recibido, y mi telegrama de Portsmouth, sólo fué respuesta al que me puso V. contestando el mío de 4 de Julio, en el que hay una frase que poco más ó menos dice: «Si la salida hubiera sido á otra hora, quizás el resultado hubiera sido distinto»; repito que no tengo á la vista los telegramas y rectificaré las palabras que no sean empleadas.

Confieso que en esta frase ví una nueva censura y me complazco en ver en su carta que no fué esa su intención, aunque resultó tal á juicio de algunas, muy pocas, personas á quienes consulté.

Doy á V. muchas gracias por el apoyo que me ofrece, y aun más por los generosos términos en que lo hace.

Y aun cuando mi actitud ya va expresada en el oficio, creo deber aquí exponerla con más amplitud.

Nunca he tenido, ni en mí cabe, rencor contra nadie, y mucho menos contra la respetabilísima personalidad de V.; por consiguiente, no pienso atacar á nadie; pero tengo necesidad de defenderme de tanto como aquí se ha dicho contra mí, y eso lo haré; sintiendo mucho si indirectamente resulta alguien atacado.

Si sólo se tratara de mí, aquí haría punto final y pediría mi pase á la Reserva, que es mi aspiración hace ya tiempo; pero al llegar á España encuentro á la Nación extraviada en parte, acerca del juicio de estas cosas en sus relaciones con el porvenir, y á la Marina, ofendida por los ataques de que ha sido objeto tan injustamente, y que me mira con atención y fijeza encarnando en mis asuntos su honor mancillado; y no puedo hacer traición á la Marina y mucho menos á la Patria.

Por eso, después que mi conducta haya sido juzgada, ó la causa sobreseída, publicaré toda mi correspondencia, y si no me faltan las fuerzas, formaré el juicio crítico de todo lo ocurrido, no descendiendo á personalidades, sino inspirándome en los intereses de la Patria y los peligros que entreveo para las Canarias, Baleares y Ceuta. Si de esto se derivara (no lo quiera Dios) alguna personalidad, no sería mía la culpa.

Y al terminar ésta, permítame V. que le ofrezca el testimonio de mi respeto profundo, quedando suyo afmo. seguro servidor y subordinado, q. b. s. m.—PASCUAL CERVERA.

APÉNDICES

que justifican por sí solos muchas de las afirmaciones contenidas en el texto.

I

Instrucciones para la expedición de la Escuadra de Reserva á las costas de América (27 de Mayo.)

EL MINISTRO (AUÑÓN) AL ALMIRANTE (CÁMARA).

Excmo. Sr.: Terminado el armamento de esa Escuadra del digno mando de V. E., y abastecida de víveres y carbón, dispondrá V. E. su inmediata salida para el puerto de Las Palmas, donde, sin pérdida de tiempo, repondrá sus consumos de máquina y tomará la cantidad de víveres que V. E. juzgue necesaria, con arreglo á los respectivos destinos de las diversas unidades. En Las Palmas organizará V. E. la Escuadra en tres divisiones: la primera, compuesta del acorazado *Carlos V*, cruceros *Rápido*, *Patriota* y *Meteoro* y aviso *Giralda* (1), quedará al mando inmediato de V. E.; la segunda, constituída por los

(1)

	Capacidad de carboneras.	Consumos diarios á 11,22 mill.ˢ por h.ª	Idem á 15 millas.
Carlos V.......	2.000 toneladas.	70 toneladas.	169
Rápido.........	2.362 »	66 »	158
Patriota........	2.749 »	Se ignora.	Se ignora.
Meteoro........	1.945 »	99 »	236
Giralda........	436 »	23 »	48

acorazados *Pelayo* y *Vitoria* y destroyers *Osado, Audaz* y *Proserpina*, estará á las órdenes del Comandante más antiguo, que lo es el del *Pelayo*, Capitán de Navío D. José Ferrándiz y Niño; y la tercera, de la que formarán parte los cruceros auxiliares *Buenos Aires, Antonio López* y *Alfonso XII*, será mandada por el Capitán de Navío D. José Barrasa y Fernández de Castro. De dicho puerto saldrá la Escuadra reunida, y con el fin de que sus movimientos ulteriores no puedan ser sorprendidos, bien hará rumbo á las Antillas hasta separarse suficientemente de las Canarias y de la derrota más frecuentada por los buques que cruzan aquellas aguas, ó bien evolucionará á la vista de las islas, simulando ejercicios tácticos, en espera de la noche, durante la cual cada una de las divisiones, previa la orden de V. E., tomará la dirección que convenga á los fines que á continuación se detallan:—La primera, del mando de V. E., arrumbará á las islas Bermudas, y á distancia conveniente de ellas destacará V. E. un buque rápido para que adquiera en Hamilton las posibles noticias, además de las que el Gobierno cuidará de comunicarle por conducto de nuestro Cónsul D. José García Acuña, residente en dicho puerto, sobre la situación, número y calidad de las fuerzas enemigas distribuídas á lo largo de sus costas del Atlántico; bien entendido, que la comunicación con las Bermudas debe reducirse á dicho buque y tan sólo por el tiempo indispensable para el objeto indicado, pasando el resto de la división lejos de la vista de tierra, para que su presencia en aquellas aguas sea inadvertida.—Teniendo en cuenta las noticias que adquiera y rehuyendo el encuentro con fuerzas superiores, recalará V. E. sobre el punto de la costa de los Estados Unidos que considere más conveniente, á ser posible Charleston, para llevar á cabo de Sur á Norte, una serie de actos de hostilidad, cuya energía graduará V. E. según las circunstancias, tanto contra posiciones fortificadas, como sobre todos aquellos lugares que por su importancia industrial, militar ó comercial justifiquen y hagan fructuosa la operación.—Llamo á V. E. la atención respecto á la conveniencia de que el recorrido por la costa sea de Sur á Norte, como dejo indicado, porque siendo Cayo-Hueso la principal base de operaciones del enemigo, las fuerzas que éste destaque para oponer á las de V. E. irán en su seguimiento y no á su encuentro, como sucedería en el caso contrario.—V. E. determinará hasta qué punto haya de llevar las hostilidades, atento á que el objeto de éstas no es sólo tomar represalias de los actos injustificados del enemigo contra nuestras costas, sino principalmente llamar su atención hacia el Norte, dividir sus fuerzas y facilitar los movimientos de la tercera división, al propio tiempo que los de la Escuadra del Almirante Cervera. Podrá convenir á V. E., pero no se le impone como un deber, remontarse hasta una latitud que le permita destacar á Halifax un crucero para que el Teniente de Navío D. Ramón Carranza, comisionado en el Canadá, pueda comunicarle las noticias que á prevención haya adquirido.—Cumplido sobre la costa americana el fin propuesto y siguiendo la derrota que ofrezca á Vuecencia mayor seguridad, procurará, si razones de más peso no se oponen, recalar al Norte de la isla Mariguana ó de las Turcas, para recoger en estas últimas las noticias que el Gobierno cuidará de hacer llegar á V. E. y desde esa ventajosa posición podrá dirigirse, según le convenga y á su elección, á la costa Sur de Cuba por el freu de punta Maisí para tomar el puerto de Santiago de Cuba, rodear hasta el de la Habana, ó por el Norte de los Cayos tomar el de San Juan de Puerto Rico. Las presas que á su paso pudiera hacer durante esta expedición, si las condiciones del buque ó la naturaleza del cargamento lo mereciesen, las despachará V. E. para la Península, convenientemente marinadas ó las incorporará á la división, según los casos; y si la utilidad que ofreciesen no compensara los cuidados que demandan, preferible será deshacerse de ellas echándolas á pique ó dándolas fuego, después de trasbordar á esos buques lo que considere aprovechable, y en todo caso su personal y banderas, armamento portátil y documentación.

La segunda división, tanto para que su separación del resto de la Escuadra permanezca ignorada el mayor tiempo posible, como para que pueda acudir en caso necesario al punto de la Península ó de Canarias, donde su acción defensiva lo reclame, se mantendrá cruzando entre los paralelos de 30 y 36° Norte, el meridiano de 9° Oeste y la costa de Africa, de diez á doce días á contar desde la fecha en que empezó á maniobrar con independencia, que es el tiempo probable que tardará V. E. en arribar á las costas de América, pasado el cual vendrá la división á las aguas de Cádiz á recibir órdenes.—La tercera división, al separarse de la insignia de V. E., se dirigirá á cortar, por la latitud de cabo San Roque, la derrota de los buques que desde los puertos de la costa Oriental de los Estados Unidos van á la América del Sur ó al Pacífico, y de los que vienen de retorno. En esa misma derrota se mantendrá cruzando hasta la latitud de 10° Norte, todo el tiempo que su radio de acción (medido por el del buque que lo tenga menor) le consienta, contando con el regreso. El objetivo de esta expedición será hacer al enemigo el mayor número posible de presas, respecto á las cuales se atendrá el Comandante de la división á lo que antes dije á propósito de las que pudiera hacer V. E.—Tanto en caso de avería como en cualquier otro fortuíto que forzara á tomar puerto á alguno de los buques de esta división, encargará V. E. que si hay posibilidad de elegir, se dé preferencia á las colonias francesas. Con una antelación prudencial, destacará el Jefe de estas fuerzas uno de sus buques á Fort de France (Martinica), donde recibirá órdenes del Gobierno y adquirirá las noticias que puedan interesarle; pero, si por causas imprevistas no encontrase á su llegada las órdenes que dejo anunciadas, se entenderá que la división debe regresar al puerto de Las Palmas, siguiendo la derrota más corta, después de dar un prudente resguardo á las fuerzas enemigas si el poder de éstas impone esa necesidad.—El Gobierno desea que, tanto V. E. como los Jefes de la segunda y tercera división, cuando naveguen independientes, procedan dentro de las líneas generales que quedan trazadas, con toda la libertad de acción que sea necesaria para asegurar el propósito; en la inteligencia de que habrá cumplido mejor el que más daño cause al enemigo con menos exposición de las fuerzas propias.—Si las vicisitudes de la navegación brindasen á Vuecencia ocasión oportuna para reunirse con la Escuadra del Almirante Cervera, lo hará desde luego, quedando ambas fuerzas unidas hasta que el Gobierno resuelva ó hasta que ambos Generales, de acuerdo ó prevaleciendo la decisión del más antiguo, hallasen conveniencia en nueva separación. En los puntos á que arribasen ó en los encuentros que tuviesen, así como en las visitas, reconocimientos y capturas que hiciesen, se atendrán, V. E. y sus subordinados, á los preceptos del derecho internacional, procurando evitar todo motivo de reclamación de las potencias neutrales.—La Reina y el Gobierno confían en que esta expedición encomendada al celo de V. E. y de sus subordinados, será realizada en términos que alcancen el aplauso de la Nación y sirvan como gallarda muestra de lo que puede suplir á la escasez de medios materiales, la actividad, la inteligencia y el buen deseo puestos al servicio del Rey y la Patria.—Madrid 27 de Mayo de 1898.

II

El Almirante (Cámara) al Ministro (Auñón).

Cádiz 5 Junio 1898.

«Puedo asegurar á V. E. que todos cooperan conmigo para inmediato alistamiento, que si no marcha con la rapidez deseada, sólo obedece á dificultades imposibles de vencer por la mejor voluntad.—Reitero que *Rápido* y *Patriota* sólo pueden llevar en depósitos de carbón y bodegas 3.000 toneladas de carbón á lo sumo.—*Carlos V* rellenará cuanto pueda mientras duran obras artillería de 10, pues antes estaba en calado pruebas velocidad.—Paso conferenciar con Capitán General Departamento después de haber inspeccionado buques, para orillar cuantas dificultades se presenten y para lograr deseos Vuecencia que son los míos, prometiéndome mucho la próxima semana.»

III

El Ministro de la Guerra (Correa) al de Marina (Auñón).—*Cádiz.*

Madrid (sin fecha) (mediados Junio).

(El Gobernador militar de Cádiz trasladó al Ministro de Marina, el siguiente telegrama recibido del de la Guerra):

«(Descifre V. E. por sí mismo).—Sírvase manifestar á Ministro Marina, con toda reserva, que he recibido gravísimas noticias de Filipinas y que Gobierno considera necesaria urgente salida Escuadra ó parte de ella ya alistada, á fin de calmar ansiedad opinión, levantar espíritu fuerzas que combaten, sabiendo salida refuerzos.»

IV

El Ministro de Marina (Auñón) al Comandante General de la Escuadra de Reserva (Cámara).

15 Junio 1898.

Excmo. Sr.: Terminado el armamento de la Escuadra del digno mando de V. E., abastecida de víveres y carbón, provistos los buques de sus correspondientes certificados de arqueo por la regla primera y embarcados en los transportes las tropas y repuestos que se expresan en la adjunta nota, dispondrá Vuecencia su inmediata salida con rumbo al SO. y en hora conveniente para que con esta dirección anochezca sin haberse alejado del Estrecho de Gibraltar.—Después de anochecer dejará V. E. en libertad, para que sigan con independencia las respectivas comisiones que tienen del Ministerio de la Guerra, á los trasatlánticos *Alfonso XII* y *Antonio López,* y con el resto de la Escuadra y del convoy embocará el Estrecho de Gibraltar con la velocidad necesaria para que al amanecer se encuentre ya en el Mediterráneo y fuera de la vista de los vigías de aquella plaza.— Asegurado este propósito, dejará en libertad á los transportes carboneros cuyo andar no les permita seguir á la velocidad de la Escuadra y hará rumbo á Suez, procurando evitar en lo posible la vista de las tierras.—Se procurará que el consumo en los buques de gran calado se vaya proporcionando metódicamente, á fin de que al llegar á Suez vayan igualados en lo posible, á fin de facilitar el paso del Canal en condiciones reglamentarias, sin necesidad ó con la menor necesidad de trasbordo ó desembarco de pesos.—Llegada á Port-Said y noticiadas á este Ministerio por el cable las condiciones en que llega la expedición y las facilidades ó dificultades que se ofrezcan para pasar el Canal y medios que puedan emplearse para vencer estas últimas, si las hubiera, se le trasmitirán órdenes de continuar ó modificar la comisión que lleva. En el primer caso ó en el de no haber medio de comunicación con el Gobierno, rellenará los destroyers del combustible necesario para que puedan regresar á Mahón, y les ordenará dirigirse en conserva á dicho punto directamente ó con las escalas que estíme necesarias.—Hecho esto, pasarán los demás buques el Canal, tomarán los prácticos y personal árabe que considere necesario para aliviar el duro trabajo de los fogoneros en el Mar Rojo, y eligiendo el punto de sus costas ó de la isla Socotora, ó cualquiera otra que considere adecuada para el objeto, completará los víveres y combustible de los buques, tomándolos de los carboneros de menos andar, si se le hubieran incorporado, y dejando á éstos el necesario para el viaje de retorno, los despachará para Cartagena.—Si no se hubiesen incorporado los carboneros de poco andar ni tuviese noticias de ellos, podrá tomar el combustible de los que acompañan á la Escuadra y seguir viaje, dejando á los primeros, si fuese posible, sin daño de la necesaria reserva, instrucciones para su encuentro con la Escuadra ó para su permanencia en Suez ó regreso á España, según estime conveniente.—Desde la altura de Socotora se dirigirá V. E. á las islas Laquedivas por si en alguna de ellas tuviese proporción de resguardarse para completar el carbón de la Escuadra, y desde allí, si no tuviese necesidad de tocar ó de destacar algún buque á los puertos de Ceilán, continuará su viaje en la forma que luego se dirá.—

En cualquier punto en que queden alijados los buques carboneros que acompañan á la Escuadra, podrá despacharlos para la Península ó al punto más próximo en que puedan renovar su carga, indicándoles, en este caso, dónde podrán reunírsele de nuevo.—Desde las Laquedivas podrá hacer su derrota, eligiendo, según las circunstancias, entre embocar por el Norte del Estrecho de Malaca para volver á rellenar de carbón en algún fondeadero de la costa Norte de Sumatra ó por el Estrecho de la Sonda para tocar en Singapoore ó en Batavia, si lo cree necesario, continuando por una ú otra ruta á Labuan en Borneo, ó finalmente, correrse por el Sur de Sumatra y Java para entrar en el Estrecho de Lombok y dirigirse directamente á Mindanao, renunciando á la escala de Labuan.—Si optase por una de las dos primeras derrotas, podrá comunicar en Labuan con Madrid, dar á conocer el estado en qué llegan los buques y recibir la confirmación ó reforma de estas instrucciones, después de lo cual podrá dirigirse con la Escuadra reunida ó destacar buques, según sea á su juicio más eficaz, á Balabac, Joló, Basilan ó Zamboanga, reforzar con las tropas expedicionarias los destacamentos ó ponerse en comunicación, si hubiese medio, con las autoridades de Manila para combinar las operaciones ulteriores.—Siendo el objeto principal de la expedición el afianzamiento de nuestra soberanía en el Archipiélago filipino y muy aventurada toda suposición acerca del estado en qué se encontrarán las islas en la fecha relativamente remota en que ha de verificarse su arribo á Mindanao, podrá V. E. desde este punto adoptar por sí todas aquellas resociones que se encaminen á procurar el éxito total ó parcial de esta empresa, según las circunstancias, ya socorriendo las Bisayas, ya costeando el Archipiélago por el E. para verificar el desembarco de las fuerzas en la contracosta de Luzón, si las condiciones del terreno en la parte más próxima á la Laguna y á Manila permiten verificarlo, ya rodeando la isla por el Norte para operar sobre Subic ó Manila, si las noticias que adquiera sobre las fuerzas enemigas le permiten arrostrar su encuentro en condiciones en que no sean de notoria inferioridad y aun destacando el convoy de tropas con mayor ó menor escolta ó sin ella, si así conviniera, para mayor facilidad de movimientos ú ocultación del verdadero propósito. Lograda que sea la comunicación con el Gobernador General de Filipinas, procederá de acuerdo con él y dentro de los medios de que disponga para cuanto conduzca á la defensa ó reconquista del Archipiélago, pero procurando maniobrar mañosamente como la Ordenanza recomienda, para evitar encuentros notoriamente desfavorables, considerando como punto esencial evitar el sacrificio inútil de la Escuadra y dejar siempre á salvo el honor de las armas.—El Gobierno, que se halla penetrado de lo difícil de la misión que se le confía y de la deficiencia de los medios de que ha sido posible proveerle, traza á V. E. estas líneas generales como expresión del objetivo final que se propone; pero dejándole en completa libertad de separse de ellas siempre que las circunstancias le hagan apreciar más probabilidades de éxito procediendo de distinta manera.—Si en el curso de la navegación tuviese necesidad de hacer arribadas por averías ú otras causas, tendrá presente la conveniencia de preferir las posesiones francesas y aun las del reino del Siám. Las presas que á su paso pudiera hacer durante la expedición, las marinará, incorporará á la Escuadra, despachará á puerto español ó destruirá por fuego ó barreno, según las circunstancias, y el aprovechamiento que tengan ó impedimenta que representen, después de trasbordar á los buques de la Escuadra lo que considere aprovechable y en todo caso su personal y banderas, armamento portátil y documentación.—El Gobierno desea que, tanto V. E. como los Jefes de los buques ó grupos que en ocasiones determinadas puedan operar fuera de su vista, procedan dentro de las líneas generales que quedan trazadas, pero con toda la libertad de acción que sea necesaria para asegurar el propósito, en la inteligencia que habrá cumplido mejor el que más daño cause al enemigo con menor exposición de las fuerzas propias, y de que S. M., el Gobierno, la Nación y la propia conciencia quedarán satisfechos si cada cual en su esfera se atiene en todos sus actos á la letra y el espíritu de nuestras Ordenanzas.—En los puertos á que arribase ó en los encuentros que tuviese, así como en las visitas, reconocimientos y capturas que hiciese, se atendrá V. E. y sus subordinados á los preceptos del derecho internacional, procurando evitar todo motivo de reclamación de las potencias neutrales. Algunos días después de la partida de la Escuadra, será despachado para incorporarse á ella en Suez el trasatlántico *Isla de Luzón* con víveres, carbón, materias lubricadoras, pertrechos y personal que haya quedado por enfermedad ú otras causas, á cuyo buque puede trasbordar las tropas que conduce el *Buenos Aires* para dejar á éste más expedito y desembarazado para las operaciones militares que convenga encomendarle.—La Reina y el Gobierno confían en que esta expedición, encomendada al celo de V. E. y de sus subordinados, será realizada en términos que alcancen el aplauso de la Nación y sea gallarda muestra de lo que puede suplir, á la escasez de medios materiales, la actividad, la inteligencia y el buen deseo puestos al servicio del Rey y de la Patria.—De Real orden lo digo á V. E. para su cumplimiento.—Dios guarde á Vuecencia muchos años.—Cádiz 15 de Junio de 1898.—RAMÓN AUÑÓN.

Nota que se menciona.

Grupo A.—Buques combatientes que han de llegar al término de la expedición.................... $\begin{cases} Pelayo. \\ Carlos\ V. \\ Patriota. \\ Rápido. \end{cases}$

Grupo B.—Buques combatientes que han de regresar desde el Canal........ $\begin{cases} Audaz. \\ Osado. \\ Proserpina. \end{cases}$

Grupo C.—Buques transportes de tropas.... $\begin{cases} Buenos\ Aires. \\ Panay. \end{cases}$

Grupo D.—Buques transportes de carbón.... $\begin{cases} Colón. \\ Covadonga. \\ San\ Agustín. \\ San\ Francisco. \end{cases}$

Grupo E.—Buques destinados á diferentes comisiones que saldrán con la Escuadra y se separarán de ella... $\begin{cases} Alfonso\ XII. \\ Antonio\ López. \\ Giralda. \\ Piélago. \end{cases}$

Orden de marcha.

○ *Audaz.*   ↑   ●*Osado*

```
    ○       ○       ○       ○
    2       4       3       1

    ○       ○       ○       ○
   12       6       5      11

    ○       ○       ○       ○
    8      10       9       7
```

○   ○
Proserpina.   *Giralda.*

○
Piélago.

1 *Pelayo.*—2 *Carlos V.*—3 *Patriota.*—4 *Rápido.*—5 *Buenos Aires.*—6 *Panay.*—7 *Colón.*—8 *Covadonga.*—9 *San Francisco.*—10 *San Agustín.*—11 *Alfonso XII.*—12 *Antonio López.*

V

El Almirante (Cámara) al Ministro (Auñón).

Port-Said 30 Junio 1898.

«Después de cuatro días de estar esperando resolución del Gobierno egipcio para trasbordar carbón al *Pelayo,* nos prohibe el trasbordo y nos intima abandonar inmediatamente todos sus puertos. En vista aspecto crítico de la cuestión, y de acuerdo con Ministro España que está en Port-Said y Cónsul, procuro ganar tiempo hasta recibir instrucciones amplias telegráficas V. E., pues de aventurar hoy pasar Canal sin poder hacer carbón aquí ni en Suez, tendría que llevar á remolque *Pelayo* todo Mar Rojo por no haber hasta Bab-el-Mandeb puerto á propósito para trasbordarlo. Si para evitar conflictos internacionales me fuera imposible mantenerme aquí hasta recibir instrucciones V. E., saldría á Mediterráneo y aguardaría fuera aguas territoriales, sobre máquina en espera sus telegramas.»

VI

El Comandante General de la Escuadra (Cámara) al Ministro (Auñón).

Comandancia General de la Escuadra de Reserva.—Estado Mayor.—Excmo. Sr. —Desde el 16, día de nuestra salida de Cádiz, hasta el de la llegada á este puerto, el tiempo ha sido inmejorable, la salud del equipaje y su espíritu animado excelente, habiendo podido practicar á diario por mañana y tarde todos los ejercicios militares.—El 17, el *Patriota, Rápido* y *Buenos Aires* tomaron á remolque á los tres destroyers, remolque que faltó diferentes veces en el curso de la navegación, y en la tercera singladura, el que daba el *Buenos Aires* al *Proserpina* de tal manera que perdiendo el cable de acero se vió imposibilitado dicho buque de remolcarlo de nuevo. Ordené entonces que el *Carlos V* lo tomase á remolque, lo que efectuó sin novedad. Como ya he tenido el honor de decir á

Vuecencia, á todos faltó el remolque diferentes veces, debido á la mala disposición y poca solidez de la guirnalda que llevaban los destroyers; los buques remolcadores proporcionaron carbón y víveres á los que remolcaban, faena que se efectuó siempre con la posible rapidez y sin más inconveniente que el de moderar la velocidad de la Escuadra. Los destroyers tuvieron diferentes averías en sus máquinas, que remediaron con los recursos de á bordo y que sólo fueron de alguna importancia en el *Audaz,* al que faltó el vástago de la bomba de aire, lo que lo detiene en este puerto para fundir otro. En este buque insignia ocurrieron averías de escasa importancia en los aparatos de alimentación y en la bomba de aire de la máquina de babor, lo que se remedió sin dificultad.—El 26 por la mañana, próximos á Port-Said, una niebla espesísima nos obligó á moderar la máquina durante una hora, forzamos una vez pasada y á las 11 y 20 embocamos la canal, quedando amarrados á mediodía.—Dios guarde á V. E. muchos años.—A bordo del *Pelayo,* Port-Said 1.º de Julio de 1898.—Excmo. Sr.—MANUEL DE LA CÁMARA.

VII

EL MINISTRO (AUÑÓN) AL ALMIRANTE (CÁMARA).— *Cartagena.*

Madrid 23 Julio 1898.

«Reincorporados á su Escuadra los cazatorpederos salga para Cádiz con *Pelayo, Carlos V, Rápido, Patriota, Buenos Aires* y cazatorpederos, navegando aterrado para que pueda ser visto desde poblaciones españolas, ostentando ante ellas bandera nacional, iluminada de noche por focos que dirigirá también á poblaciones. Si encuentra guardacostas, comunique con ellos. Avíseme anticipadamente hora salida. Los carboneros que hayan descargado ó trasbordado el carbón bueno que tenían, pueden seguir Cádiz con Escuadra ó sueltos.»

INCIDENTE DEL "HARVARD"

El Contraalmirante (Cervera) al Almirante Americano (Mac-Nair) Superintendente de la Academia Naval.

Excmo. Sr.: Cuando llegué á Portsmouth N. H., leí en los periódicos que en el *Harvard* había ocurrido un acontecimiento que costó la vida á seis de mis marineros, resultando otros muchos heridos.—Como conozco, por una parte, el espíritu de disciplina que tiene mi gente, cuya conducta es inmejorable, y por otra parte veo por mí mismo la generosidad y extremada cortesía con que nos trata la nación americana, lo que he tenido el gusto de expresar por escrito al señor Almirante Sampson y *Captain* Goodrich y me complazco en consignar aquí, no dí crédito á esta noticia, que supuse era una de tantas invenciones como diariamente se ven en la prensa.—Pero al llegar ayer el *Harvard*, me enteré, con sorpresa, de que lo ocurrido es cierto.—Siempre es gravísimo un hecho que cuesta la vida á seis inocentes, y si éstos reunen la calidad de ser además inofensivos prisioneros de guerra, la gravedad se aumenta como no se ocultará á V. E.—Dado el espíritu de justicia y generosidad que reina en esta nación hacia nosotros, prisioneros como estamos, debo creer y creo que se habrá abierto una amplia é imparcial información que tenga por objeto depurar los hechos y hacer justicia al par que prevenga la repetición de otros como el de que tengo el sentimiento de ocuparme.—Si la generosidad del Gobierno americano llegara hasta informarme de la investigación que se haya hecho y de si se han examinado hombres de los míos ó solamente lo han sido sus matadores, así como de las medidas adoptadas, yo quedaría sumamente agradecido á esta nueva deferencia. Si además se me autorizara para comunicarlo á mi Gobierno con las reflexiones que me sugiera su lectura, todo el mundo civilizado reconocería en esto un progreso gigante en el derecho de gentes.—Si el Gobierno americano no juzga conveniente acceder á mi ruego, no volveré á tratar del asunto mientras permanezca prisionero.—Suplico á V. E. dispense cuanto le molesto, siquiera porque sólo inspiran estas líneas el amor á la justicia y á mis subordinados.—Dios guarde á Vuecencia muchos años.—Annapolis Md., 21 Julio de 1898.—PASCUAL CERVERA.

El Contraalmirante (Cervera) al Almirante americano (Mac-Nair) Superintendente de la Academia Naval.

Excmo. Sr.: Con fecha 21 de Julio próximo pasado, tuve el honor de dirigir á V. E. una carta en la que trataba del incidente ocurrido en el *Harvard* que costó la vida á seis de mis marineros y fueron heridos otros de los que algunos han muerto después.—V. E. tuvo la bondad de enviarme una carta del Excelentísimo Sr. Ministro de Marina, en la que dicho señor tuvo á bien decirme que cuando fuese posible proceder á la reunión de testigos se me informaría de ello.—No es la impaciencia, ni mucho menos la duda quien pone la pluma en mi mano, porque sería un agravio á la nación americana y no deseo incurrir en esa falta; es simplemente el deseo de contribuir, en lo que pueda, al esclarecimiento de la verdad en pro de la justicia, remitiendo á V. E. copia del parte que me produjo el Teniente de Navío de primera D. Juan Aznar, y que va adjunto.—Por no molestar la atención de V. E. no se lo he enviado antes, pero ahora que leo en los periódicos que vuelve de Cuba el Regimiento á que pertenecían los soldados que hicieron fuego sobre mis hombres, he creído que era llegado el momento

oportuno de hacerlo.—Dios guarde á V. E. muchos años.—
Annapolis Md., 29 Agosto 1898.—Pascual Cervera.

Documento que se cita.

«Excmo. Sr.: Como persona más caracterizada de los prisioneros recogidos por el crucero auxiliar de los Estados Unidos *Harvard,* tengo el honor de dar cuenta á V. E. de todo lo sucedido desde el momento en que me separaron de Vuecencia en la playa.—Una vez en tierra toda la gente que quedaba del *Infanta María Teresa,* incluso los heridos, nos dirigimos hacia el interior de la manigua, en donde encontramos un sitio despejado donde estar al resguardo de las explosiones del buque, y en el que podríamos establecer un campamento si hubiéramos de pernoctar.—A las 3^h de la tarde próximamente apareció un Teniente de Navío de la Marina americana, acompañado de una pequeña fuerza armada de marinería y con víveres en abundancia para más de un día, el cual nos anunció, después de preguntar con gran insistencia si habíamos sido maltratados por los insurrectos, que quedábamos bajo la protección de su bandera hasta el siguiente día que vendría á recogernos un buque grande. Dicho buque, que resultó ser el *Harvard,* llegó aquella misma tarde y envió sus botes á recogernos, haciéndose el embarque con alguna dificultad á causa de la mar que ya rompía bastante. Estando en la operación del embarco, llegaron unos 250 hombres del *Oquendo,* que habían estado detenidos en el campamento del cabecilla insurrecto Cebrero, los cuales también fueron recogidos por el *Harvard.* Llegados á este buque á las nueve de la noche, se proveyó á cada Oficial de una muda de faena y zapatos y se nos señaló alojamiento en la cámara de primera clase, dándonos la orden de que debíamos permanecer en los alojamientos desde las diez de la noche hasta las seis de la mañana, sin que pudiéramos durante el día comunicar con las clases y marinería que habían sido colocados á popa en la cubierta superior. Los heridos fueron curados aquella noche en la cubierta del buque por los Médicos del mismo, ayudados por los del *Oquendo,* Guinea y Parra, y trasbordados en la mañana del siguiente día 4 al buque-hospital *Solace.* A pesar de haberlo gestionado con ahinco, no fué posible conseguir que separasen las clases de la marinería, continuando todos reunidos, acorralados se puede decir, á popa vigilados por soldados voluntarios del *Massachusets.*—En este día 4 se hizo la lista de todo el personal prisionero, la cual, con las alteraciones ocurridas hasta el día del desembarco en Portmouth N. H., tengo el honor de incluir á V. E.—A las dos de la mañana del día 5, estando en mi camarote, fuí llamado á la cámara del Comandante del buque. *Captain* S. Cotton.—Este señor, en presencia del segundo Comandante, me manifestó su pesar por los graves acontecimientos que habían ocurrido á bordo hacía una hora y que dieron por resultado la muerte, á mano airada, de algunos prisioneros. Según las averiguaciones hechas por el Comandante y que me comunicó, lo sucedido fué lo siguiente: Un prisionero, á las $11^h.30^m$ de aquella noche, traspasó hacia proa los límites que tenían señalados por medio de unos cabos tendidos de babor á estribor. El centinela le ordenó que retrocediera, y mostrándo resistencia á hacerlo le hizo fuego. Al ruido se despertaron los 600 hombres, que, repito, estaban amontonados á popa y se levantaron con la natural excitación; la guardia, que estaba sobre las armas, les ordenó que se sentaran, y como no obedecieran les hizo una descarga, que produjo cinco muertos y unos 14 heridos; dando también lugar á que mucha gente se tirara al agua. Estos últimos fueron recogidos por los botes del buque. Después de haber terminado de hablar el Comandante, le hice presente lo que deploraba el hecho; que, desde luego, podía asegurar que nuestra gente era incapaz de haber dado lugar á que se la hiciera fuego; que la desobediencia al centinela primero y á la guardia después, sería debida al desconocimiento del idioma y que si la guardia en vez de ser de voluntarios hubiese sido del Ejército regular, seguramente no hubiera ocurrido nada. Como durante el tiempo que permanenecimos en el *Harvard* no se nos permitió comunicar con nuestra gente, no he podido enterarme por ella de lo ocurrido aquella noche. Solamente pude hablar un momento con el Contramaestre de víveres del *Teresa,* y éste me dijo que la gente se había levantado asustada creyendo que lo que había era fuego á bordo. Como todos los testigos se encuentran en Portsmouth, creo que no sería difícil averiguar con exactitud lo ocurrido, que resultará, sin duda alguna, un atropello, á juzgar por las demostraciones de sentimiento por lo ocurrido, que me hizo alguno de los Oficiales del buque.—Los heridos fueron curados por nuestros Médicos y trasbordados al siguiente día á un buque-hospital, excepto uno que falleció aquella misma noche.—Al medio día del 5 fueron arrojados al agua los cadáveres de los seis infelices fusilados la noche anterior. Al acto asistieron formadas las brigadas del buque con sus Oficiales á la cabeza, toda nuestra gente formada y la guardia militar del buque, que presentó las armas durante la ceremonia é hizo tres descargas al caer al agua los cadáveres. Estos estaban cubiertos con la bandera española y recibieron nuestras oraciones y la bendición del Capellán del *Teresa,* antes de dárseles sepultura.—Hasta el día 7 no se pudo conseguir que empezaran á separar las clases de la marinería, siendo instaladas aquéllas en la cámara de tercera clase y los cabos de mar en los sollados de emigrantes con la facultad de subir á cubierta á popa. A todos se les dió una muda de ropa interior, jabón y una tohalla.—Desde la noche en que nos recogieron hasta el día 8 estuvimos navegando entre Altares y Punta Cabrera. El día 8, á medio día, fondeamos en Playa del Este y se empezó á hacer carbón. Por la tarde embarcaron como prisioneros cuatro Oficiales y 200 hombres del *Cristóbal Colón* y desembarcaron los voluntarios del *Massachusetts,* que fueron reemplazados por 40 hombres de Infantería de Marina.—A las 4^h de la tarde del día 10 salimos para Portsmouth, en cuyo puerto fondeamos á las $7^h\ 30^m$ de la mañana del día 15. En este viaje empezaron á presentarse muchos casos de fiebre en nuestra gente con fatal desenlace en algunos de ellos, que fallecieron en las fechas que V. E. puede dignarse ver en la relación que se acompaña; á las nueve de la mañana del día 16 desembarcaron para el Arsenal todas las clases y marinería con el Teniente de Navío D. Adolfo Calandría, excepto 55 enfermos que quedaron á bordo en observación y que desembarcaron el día 18 con los Médicos Guinea y Lallemand. A las 5^h 30^m de este día, salimos á la mar y fondeamos en este puerto de Annapolis á las cinco de la tarde del día de ayer. Antes de terminar, me creo en el deber de hacer presente á V. E. las muchas atenciones y deferencias que con nosotros tuvo el Comandante del *Harvard,* Capitán de Navío señor Cotton, que trató de hacer nuestra estancia en su buque lo menos penosa posible.—Es todo cuanto tengo el honor de poner en conocimiento de V. E. en cumplimiento de mi deber. Dios guarde á V. E. muchos años.—Annapolis, Naval Academy 21 de Julio de 1898.—*Juan B. Aznar,* Teniente de Navío de primera clase.—Es copia.—CERVERA.

EL SECRETARIO DEL DEPARTAMENTO DE MARINA DE LOS ESTADOS UNIDOS AL CONTRAALMIRANTE CERVERA.

Excmo. Sr.: El Superintendente de la Academia Naval ha presentado en este Departamento traducciones de la carta de Vuecencia del 29 último y del informe del Teniente de Navío de primera D. Juan Aznar que en aquella se menciona, respecto al desgraciado incidente ocurrido á bordo del vapor de los Estados Unidos *Harvard* en la noche del 4 de Julio último, del que resultaron muertos y heridos algunos marineros españoles, prisioneros de guerra á bordo del citado buque.—Al recibir su primera comunicación, la del 21 de Julio, acerca de este asunto, dirigió inmediatamente este Departamento una carta al honorable Secretario de la Guerra, fechada el 23, con copia de la carta de V. E. y de todos los demás documentos referentes á este asunto que aquí obraban. Esta providencia se tomó porque, si bien el incidente ocurrió á bordo de un buque de guerra, reconoció este Departamento que los disparos fueron hechos por hombres que pertenecían al Ejército. Al propio tiempo se pedía opinión al Secretario de la Guerra sobre si en el asunto procedía una investigación mancomunada ó si ésta habría de ser hecha por aquel Departamento solamente. Como no se recibió contestación, este Departamento dirigió subsiguientemente, en 18 de Agosto último, otra comunicación sobre la materia. Creo conveniente agregar, que ayer se trasmitieron copias al Honorable Secretario de la Guerra, de la carta de V. E. del 29 de Agosto y del informe del Teniente de Navío de primera Aznar, llamando su atención hacia la anterior correspondencia y pidiéndole con eficacia una pronta resolución del asunto en vista de la premura que éste presenta, puesto que los prisioneros españoles que dependen de este Departamento van á ser entregados pronto y, además, el regimiento á que pertenecen los hombres que hicieron los disparos pudiera ser disuelto en breve. En conexión con esto es procedente añadir que, cuando ocurrieron los hechos que se están tomando en consideración, el Comandante del *Harvard* instruyó una información sobre las circunstancias del suceso, cuyos resultados se comunicaron al Contraalmirante Sampson, Comandante en Jefe de la Escuadra, el cual, después de estudiar el asunto, consideró que no era necesaria ulterior indagación.—Renovando á V. E. la expresión del sincero pesar, que se le manifestó en carta de este Departamento, fechada en 23 de Julio último, porque haya ocurrido incidente tan desgraciado, y asegurando á V. E. que han de darse los posibles pasos para promover, en lo que á este Departamento corresponda, cuantas investigaciones pudieran ser necesarias y oportunas respecto al asunto, queda de V. E. con el mayor respecto.—CHAR H. ALLEN.—*Acting Secretary.*—Washington 1.º Septiembre de 1898. (1)

(1) Ya en España, recibí el resultado de la información que por orden del Ministerio de la Guerra hizo el Oficial del Cuerpo Jurídico Militar Mr. Edgar Dudley, con motivo de este sangriento y desgraciado incidente, de la que han deducido que se trataba de un hecho fortuito, no habiendo responsabilidad por parte de nadie. Todos estos documentos los remití al Ministerio de Marina.

ÍNDICE

DE LOS DOCUMENTOS MÁS IMPORTANTES

Documentos anteriores á la guerra.

	Páginas.
8 Enero 1898........—Cablegrama del General Blanco al Ministro de Ultramar sobre el estado económico de la Marina en Cuba....................	11
30 Enero 1898........—Carta del Almirante al Sr. Spottorno y Acta en que se acredita conservaba éste en su poder una colección de documentos entregados por el Almirante................	13 á 15
3 Febrero 1898.......—Carta del Almirante al Ministro Moret sobre la necesidad de conceder asignaciones á los individuos de la Escuadra.............	16
6 Febrero 1898.......—Oficio del Almirante al Ministro, exponiendo el estado de la Escuadra..............	17
16 Febrero 1898......—Carta del Almirante al Ministro de Marina, sobre la situación de las fuerzas navales de España.......................	29
25 Febrero 1898......—Oficio del Almirante al Ministro, sobre estado comparativo de las fuerzas navales de ambos países.......................	32
26 Febrero 1898......—Carta del Almirante al Ministro, acentuando el oficio anterior y pidiendo que su opinión fuese conocida de la Reina y Consejo de Ministros....................	36
4 y 7 Marzo 1898.....—Cartas cruzadas entre el Ministro y el Almirante, estableciendo la comparación de fuerzas..........................	38 á 45
16 Marzo 1898.......—Carta del Almirante al Ministro, expresando entre otras cosas la necesidad de eludir la guerra y evitar el concepto equivocado que había sobre las fuerzas navales.........	47

	Páginas.
4 Abril 1898.........—Telegrama del Almirante al Ministro, pidiendo ir á Madrid para concertar plan de campaña y contestación del Ministro.........	53
4 y 6 Abril 1898..... -Cartas del Almirante y el Ministro sobre los telegramas anteriores..................	53
7 Abril 1898.........—Telegramas del Almirante al Ministro insistiendo en la necesidad de concertar plan de campaña, y contestación del Ministro..	55

De Cádiz á Cabo Verde.

8 Abril 1898.........—Instrucciones recibidas en Cabo Verde......	57
19 Abril 1898........—Carta del Almirante al Ministro sobre estado de los buques y situación internacional...	61
20 Abril 1898. ....—Acta expresando la opinión del Almirante y sus Capitanes sobre destino ulterior de la Escuadra......................	63
21 Abril 1898........—Oficio comentando el Acta anterior........	64
21 Abril 1898........—Telegrama del Almirante al Ministro insistiendo en la opinión anterior, y contestación del Ministro..................	68
22 Abril 1898........—Telegrama del Almirante al Ministro rechazando la responsabilidad de la orden de salida para Puerto Rico..............	69
22 Abril 1898........—Telegrama del Almirante al Ministro, preguntando si se había declarado la guerra y contestación de éste....................	70
22 Abril 1898........—Interesante carta del Almirante al Ministro..	71
22 Abril 1898........—Telegrama del Almirante al Ministro insistiendo en las consecuencias desastrosas de la salida para América y pidiendo sea conocida del Presidente del Consejo toda su correspondencia oficial y confidencial....	72
23 Abril 1898........—Telegrama del Almirante al Ministro preguntando si se ha declarado la guerra.......	73
23 Abril 1898........—Acta de la Junta de Generales de la Armada celebrada en Madrid................	73
24 Abril 1898........—Telegrama del Ministro al Almirante sobre la Junta de Generales, comunicando además ser enemiga la bandera americana.......	82
24 Abril 1898........—Carta del Almirante al Ministro, contestación al telegrama de salida para las Antillas...	82

	Páginas.
25, 26, 27 y 28 Abril 98.—Telegramas del Almirante al Ministro sobre las dificultades para el embarco del carbón.	84 á 86

De Cabo Verde á Curazao y Santiago de Cuba.

5 Mayo 1898.........—Carta del Almirante al Sr. Spottorno remitiendo copia de un telegrama de Villaamil á Sagasta........................	88
12 Mayo 1898........—Acta de la Junta de Capitanes, celebrada frente á Martinica.....................	93
14 y 15 Mayo 1898....—Telegrama del Almirante al Ministro, de llegada á Curazao y contestación de éste...	93 y 94
15 Mayo 1898........—Parte de campaña hasta la llegada á Curazao.	95

Santiago de Cuba.

19 y 20 Mayo 1898....—Telegramas del Almirante al Ministro manifestando llegada á Santiago de Cuba, escasez de carbón y situación difícil de la plaza.	101 y 103
21 Mayo 1898........—Telegrama del Almirante Manterola, expresando lamentable estado de las fuerzas navales del Apostadero................	107
22 Mayo 1898........—Telegrama del Almirante, contestación al anterior...........................	109
23 Mayo 1898........—Telegrama del Ministro al Almirante noticiando salida Escuadras enemigas.........	110
24 Mayo 1898........--Telegrama del Almirante al Ministro dando cuenta estado de la situación y acuerdo de la Junta de guerra..................	112
24 Mayo 1898........—Acta de la Junta de guerra habida sobre la situación.........................	112
24 Mayo 1898........—Carta del Contraalmirante Rocha felicitando por la llegada á Santiago de Cuba y su contestación......................	114 y 115
25 Mayo 1898........—Telegrama del Almirante al Ministro notificando bloqueo y contestación de éste....	116
26 Mayo 1898........—Acta de la Junta de guerra para discutir posibilidad de salida..................	121
28 Mayo 1898........-Telegrama del General en Jefe al Ministro de la Guerra, sobre recursos enviados á Santiago de Cuba.....................	125

		Páginas.
3 Junio 1898.........	—Telegrama del Almirante al Ministro noticiando operación del *Merrimac*........	128
3 y 4 Junio 1898.....	—Telegrama del Ministro de la Guerra al General en Jefe sobre operaciones de la Escuadra y contestación de éste.............	128
8 Junio 1898.........	—Telegrama del Ministro al Almirante sobre facultades concedidas á éste.............	130
8 Junio 1898.........	—Acta de la Junta de guerra expresando opinión sobre salida Escuadra............	130
11 Junio 1898........	—Oficio del Almirante al General Linares, pidiéndole que las baterías de la boca alejen por la noche á la Escuadra enemiga y contestación de éste....................	132
22 Junio 1898........	—Telegrama del Almirante Manterola, trasladando otro del Ministro ordenando se haga pedido de municiones y contestación..	137
23 Junio 1898........	—Telegrama del Almirante al Ministro sobre progresos hechos por el enemigo y sus proyectos ante el estado de la situación.....	138
24 Junio 1898........	—Acta de la Junta de guerra habida con motivo de las posibilidades sobre salida........	139
24 y 25 Junio 1898....	—Telegrama del Ministro al Almirante poniendo la Escuadra á las órdenes del General Blanco. Contestación.................	140
25 Junio 1898........	—Telegrama del Almirante al General en Jefe poniéndose á sus órdenes y expresando estado Escuadra.....................	141
25 Junio 1898........	—Carta del General Linares al Almirante trasmitiéndole deseo del General Blanco de conocer su opinión. Contestación.......	142
25 Junio 1898........	—Telegrama del Almirante al General en Jefe ampliándole su opinión...............	144
26 Junio 1898........	—Interesante telegrama del General en Jefe al Almirante sobre la salida.............	144
26 y 27 Junio 1898...	—Telegrama del Ministro al Almirante sobre la salida y contestación.................	145 y 146
27 Junio 1898........	—Telegrama del Almirante al General Blanco, contestando al suyo del 26 sobre la primera orden de salida.................	146
28 y 29 Junio 1898....	—Telegrama del General en Jefe al Almirante dándole instrucciones para la salida y contestación........................	147

	Páginas.
1.º Julio 1898.........—Telegrama del Ministro de Marina al General en Jefe, aprobando las instrucciones para la salida de la Escuadra................	148
1.º Julio 1898.........—Acta de la Junta de guerra habida con motivo de la orden de salida................	149
1.º Julio 1898.........—Telegrama urgentísimo del General en Jefe al Almirante dándole la orden de salida....	151
1.º Julio 1898.........—Telegrama urgente del mismo ordenándole apresure la salida..................	151
2 Julio 1898.........—Telegrama urgentísimo del General en Jefe al Almirante ordenándole salga con la mayor premura........................	152

Salida de Santiago de Cuba.

4 Julio 1898.........—Telegrama del Almirante al General en Jefe dándole cuenta del combate sostenido á la salida...........................	155
9 Julio 1898.........—Parte del combate....................	157
12 y 13 Julio 1898....—Telegrama del General en Jefe al Almirante contestándole al suyo sobre el combate. Contestación de éste...............	173

En Annapolis.

20 á 23 Agosto 1898...—Comunicaciones sobre concesión de libertad bajo palabra......................	175
31 Agosto 1898.......—Libertad incondicional..................	176

En España.

20 Septiembre 1898...—Parte á la llegada á Santander............	181
7 Agosto 1898........—Oficio del General en Jefe al Almirante acusándole recibo del parte del combate....	181
8 Octubre 1898.......—Oficio del Almirante al General en Jefe contestando al anterior.................	183
15 Septiembre 1898...—Carta del General Blanco al Almirante con que acompañaba su oficio acuse de recibo del parte del combate. Contestación.....	184
APÉNDICES que justifican por sí solos muchas de las afirmaciones contenidas en el texto...	189
Incidente del *Harvard*..	203

ERRATAS MÁS IMPORTANTES

Página	Línea	Dice.	Debe decir.
19	11 y 12	para	por
24	29	Sí; se	Si se
57	7 y 8	cumplida	tranquila
58	15	inferior	superior
62	8	antes de las Canarias	antes, las Canarias
137	28	Enviaré	Envíase
145	32	10 Junio	Aunque en el texto original pone 10 Junio, se refiere al Acta del día 8, pues el 10 no hubo Junta.
151	13	nformación	información
159	9	as	las
164	18	*Brooklin*	*Brooklyn*
171	26	*Capitain*	*Captain*
177	30	Nota (2)	Al final se han insertado las comunicaciones referentes á este suceso.

ADICIÓN

Carta del Almirante Cervera á D. Juan Spottorno y Biernet.—Citada en la carta y acta de las páginas 13 y 14 del texto. (1)

Puerto Real 14 de Marzo de 1896.—Querido Juan, hace tres días recibí la tuya del 9. (2)............................
....

El conflicto con los Estados Unidos parece conjurado, ó por lo menos aplazado, pero puede resucitar cuando menos se lo piense, y cada día me confirmo más en que sería una gran calamidad nacional.

Como no tenemos apenas Escuadra, á donde vaya ha de ir toda, porque fraccionarla sería en mi juicio el mayor de los disparates, pero el segundo quizá sea enviarla á las Antillas, dejando indefensas nuestras costas y el Archipiélago filipino. Por mi parte, no envidio la triste gloria, si gloria puede haber en ser vencido á ciencia cierta, de perecer á la cabeza de la Escuadra; si me toca, tendré paciencia y cumpliré con mi deber, pero con la amargura de considerar mi sacrificio estéril y antes de ir, han de oir esto que te digo Beránger y Cánovas.

Todavía, si nuestra corta Escuadra estuviera bien dotada de todo lo necesario, y sobre todo bien adiestrada, podría intentarse algo, pero tú dices muy bien que no hay más municiones que las de los pañoles, y yo añado que peor que eso es la falta de organización en todos conceptos, hija de muchas

---

(1) Hecha ya la impresión de todo el libro, remite el Sr. Spottorno esta carta citada en otra del 30 de Enero de 1898 que va en la página 13 y en el Acta inserta en la 14. No pudiendo ya encabezar el libro, como debiera, se pone al final de él.

(2) Los puntos puestos representan cosas de familia.

causas entre las que descuellan la absurda economía de carbón, el contínuo pase de los buques de una situación á otra y las exigencias locales.

No me extraña lo que me dices respecto á mi persona, porque Beránger me cree su enemigo, y en verdad que yo no soy enemigo suyo ni de nadie. Soy, sí, enemigo del sistema que conduce á este desorden y á esta desorganización, y me acuerdo instintivamente del Almirante Byng ahorcado en Plymouth por una cosa parecida, Persano después de Lissa, Mathews exonerado después de Cabo Sicié, Bazaine condenado á muerte después de Metz y ahora Baratieri que viene á ser juzgado en Consejo de Guerra y ya se adelanta que será condenado á muerte ó á reclusión perpétua.

Y esto es que, cuando los pueblos están desorganizados, sus gobiernos (que son el producto de esa desorganización) lo están también, y cuando viene un desastre lógico, no quieren ser sus causas verdaderas, sino que siempre gritan ¡traición! y buscan al pobre víctima que expía las culpas que no son suyas. Por estas razones estuve muy vacilante antes de aceptar la faja, pero ya que la acepté, pecharé con las consecuencias que esto trae, y como te digo antes, cumpliré con mi deber, pero recordaré las palabras de Jesucristo, y no por mí tanto como por la pobre España diré: «Señor, si es posible pase de nosotros este cáliz....»

Butler me parece muy buena elección, pero lo compadezco como á cualquiera que le toque.

Estas cosas no es ocasión nunca de divulgarlas, y menos ahora, por lo que te encargo gran reserva sobre lo que te digo, pero al mismo tiempo te suplico que no rompas esta carta, sino que la guardes por si conviniera alguna vez conocer mis opiniones de hoy.

Adiós etc...... tu primo.—PASCUAL.

PUNTOS DE VENTA

En Ferrol: Imp. de «El Correo Gallego,» de Abizanda y C.ª

En Madrid y provincias: D. Fernando Fé, librero, y sus corresponsales.

PRECIO

Una peseta en toda España.

www.ingramcontent.com/pod-product-compliance
Lightning Source LLC
Chambersburg PA
CBHW030510080526
44586CB00011B/133